企业与企业家丛书　陈凌　主编

PROFITS AND SUSTAINABILITY

A HISTORY OF GREEN ENTREPRENEURSHIP

盈利与可持续发展

一部关于全球绿色企业家精神的历史

Geoffrey Jones

〔美〕杰弗里·琼斯　著

黄　蕾　林立强　译
陈　凌　章迪禹　校

商务印书馆
创于1897　The Commercial Press

Geoffrey Jones

PROFITS AND SUSTAINABILITY

A History of Green Entrepreneurship

Oxford University Press

Oxford 2017

企业与企业家丛书总序

钱穆先生曾有言："中国史如一首诗，西洋史如一本剧。一本剧之各幕，均有其截然不同之变换。诗则只在和谐节奏中转移到新阶段，令人不可划分……西洋史正如几幕精彩的硬地网球赛，中国史则直是一片琴韵悠扬也。"我一直对钱穆先生在其名著《国史大纲》的序言中的这个比喻印象深刻。中西方在各个方面的差异都很大，也正因此，学术界才应该保持兼容并蓄的态度，一方面多认真学习吸收对方的优点，另一方面应该珍惜自己的经验并不断发扬光大。另外，进行越来越多的中外历史的阅读比较以后，我发现中国史的这一片琴韵悠扬中有一个严重的缺失，那就是，中国历史一直缺乏对商人阶层的认识和记录，而司马迁在《史记·货殖列传》中对于早期历史中商人代表的描述，则成了遥远的孤响。在古代中国，所谓士农工商，商在末位。商人再成功，只有通过红顶商人的途径才有可能被正史所记取。中国历史上有太多王侯将相的丰富曲折历史，而对于社会经济发展做出重要的贡献的工商人士却留下太少的笔墨。对比欧洲历史，我们可以寻找到大量商人或企业家的生平和传记，而在欧洲博物馆里陈列有大量商人的油画，浩如烟海的西方文艺作品背后都有商人家族的身影。

　　随着现代化进程，尤其是改革开放以来，国人对于商人阶层的看法发生了重大改变，大家开始把工商企业经营者称为"企业家"，而中国最优秀的企业家所领导的企业快速成长发展，陆续成为各个行业全国甚至全球的领导者。这是一个令人欣喜的社会现象。从某种意义上来说，中国的崛起离不开中国企业家和他们所领导的企业的蓬勃发展。中国企业家阶层终于得到了经济社会中应有的地位和尊重，明星企业家的创业励志故事成为年轻人趋之若鹜的畅销作品，严肃的学术研究也开始不断涌现。

　　现代的企业史和企业家传记是有关历史的跨学科研究，它们不仅仅是历史描述，更是对企业史和企业家现象的深度分析。这样的研究成果不仅超越了单纯企业家成功故事这样的文学体裁，而且是基于细致历史研究的社会科学深度案例和专题研究。这就需要经济学者、管理学者和历史学者甚至包括企业家本人来进行深入对话和反思。因此，扎实可信的企业史和企业家传记是专题的历史学研究，而不是文学作品。

　　本丛书的直接缘起，来自笔者在 2018 年初访问中国出版业历史最为悠久的商务印书馆，与时任学术出版中心主任郑殿华先生，编辑朱绛先生、宋伟先生畅聊了许久。我们发现，商务印书馆与浙江大学都始建于 1897 年，而商务印书馆创办双子星之一的张元济先生还是浙江嘉兴人，这也算是商务印书馆与浙江大学的一种缘分吧。在这次访谈中，我们一起拟定了企业与企业家丛书的出版计划。其实，严肃的、能够接受时间考验、具有学术价值的企业史和企业家著作不仅应运而生，而且是正逢其时。当企业家阶层作为推动社会发展的有生力量，从后台走向前台，逐渐走向现代世界的中心位置时，真实、客观又富有批判性地开展企业史和企业家传记研究，记录企业家的坎坷，拷问企业家的灵魂，提炼企业家的智慧，将成为关心和支持企业家阶层的各方人士的共同事业。

这套丛书就是这一事业的小小尝试，这套丛书也得到了浙江绍兴企业家吕柏仁、吕柏松兄弟的资金支持。我们计划引进国外高水平的企业史和企业家传记的同时，陆续推出由中国学者撰写的中国企业史和企业家传记作品。这是美好的事业，值得我们共同努力！

陈凌

2022 年 1 月于浙江大学紫金港校区

中文版序

首先，我要衷心感谢本书的译者黄蕾副教授和林立强教授，正是因为他们的努力，这本书的中文版才能和大家见面。本书探讨了 21 世纪中国和世界面临的最大问题之一：自然环境的危机。气候变化、水资源短缺和污染对社会稳定和人类健康构成了重大威胁。这些问题需要在诸多层面上加以解决，既需要公共政策，也离不开每个人的努力。本书聚焦于企业家们的活动，了解他们在多大程度上能为一个可持续发展的世界做贡献。

中国和许多国家一样正面临着诸多环境方面的挑战，但中国政府和人民也在积极应对这些挑战。自 2012 年以来，中国政府大力倡导生态文明及社会，主要包含两大步骤。首先，2012 年 11 月，中共十八大做出战略决策，强调"大力推进生态文明建设"。其次，2017 年 10 月，中共十九大提出："推动形成人与自然和谐发展现代化建设新格局，为保护生态环境做出我们这代人的努力。"这是中国首次在国家最高层面做出绿色生态社会的决策。

在中国企业身上我们也看到了进步。2010 年，阿里巴巴集团开始将年收入的 0.3% 用于可持续发展项目的投资。2017 年，蚂蚁金服成为绿色数字金融联盟的创始合伙人，该联盟致力于运用数字技术推动绿色金融的发展①。还有许多其他中国企业也活跃于可持续发展行业。远大集团通过生产清洁空调系统和其他可持续发展产品，加强了中国建筑业的绿色发展。当前，中国有超过1万家经由农业农村部中国绿色食品发展中心认证的绿色食品公司，它们生产了超过2.6万种产品。正如本书所说的，中国公司已经大大降低了全球市场上太阳能光伏电池板的成本，来自中国的企业——金风科技是世界领先的风能公司之一。

在西方社会，绿色企业也在蓬勃发展。自从本书的英文版问世以来，越来越多的大型传统公司开始收购绿色品牌。2017年，亚马逊以137亿美元的价格收购了美国最大的有机食品零售商全食超市公司（Whole Foods Market）。这是亚马逊有史以来最大手笔的一次收购。截至收购时，亚马逊的市值已接近5000亿美元，并占据了美国电子商务市场1/3的份额。尽管西方许多大公司声称他们致力于应对气候变化，并发布了可持续发展报告，但"可持续发展"这一术语的定义却过于宽泛，因此想要对可持续发展加以合理的评估是一项颇具挑战性的任务。与此同时，地球的各项生态环境指数仍在持续恶化。

自本书第一版问世以来，一些相关领域的变化也让形势变得不那么乐观。首先，与环境问题相关的科学技术正在不断发展。通过科学技术分析发现，环境危机这一问题正变得日益严峻。2018年，联合国政府间气候变化专门委员会（IPCC）发布了一

---

① 此处应为：2017年1月20日——新浪科技讯北京时间1月20日下午消息，联合国环境规划署（UNEP）联合蚂蚁金服在达沃斯世界经济论坛上正式启动绿色数字金融联盟（Green Digital Finance Alliance）。——译者注

份大型报告，该份报告警告说，到 21 世纪末，全球将面临气温升高 3 摄氏度的风险。这将带来前所未有的洪水、干旱和热浪等自然灾害。越来越多的证据已经证实了这一点：冰川正在融化，许多动植物正濒临灭绝，而海洋的污染也日益严重，塑料垃圾随处可见。在 2016 年世界地球日上，全球 178 个缔约方共同正式签署了《巴黎协定》，随后又有一些国家相继加入了这一协定。缔约国做出自愿承诺，将竭力减排，以保持 21 世纪全球气温上升不超过 2 摄氏度。但这方面的进展并不尽如人意。2017 年，特朗普政府宣布美国退出《巴黎协定》，而美国是全世界第二大温室气体排放国。

本书中所提供的历史证据表明，当今的环境挑战需要我们提供一个系统性的解决方案。公共政策无法有效支持可持续发展，消费者对可持续发展问题亦漠不关心，在这样的大背景下，不少企业家仍在竭力推进可持续发展愿景的落地。创新型企业、政府和消费者需要共同努力，携手应对并逐渐扭转环境带来的不利影响。

本书是一部企业史领域的著作。企业史这一学科在 20 世纪 20 年代和 30 年代的欧洲和美国生根发芽，随后便不断蓬勃发展。欧洲、日本、美国和其他地方都有大型的企业史专业学会和高质量的学术期刊。在中国，企业史的研究起步相对较晚，但它正在迅速成长。2017 年 3 月，当我访问福建师范大学时，我遇到了一群致力于企业史研究、充满活力的学者。他们一直有着企业史研究的雄心壮志，也在规划举办各类研讨会并组建起属于中国的企业史研究机构。中国的企业史学家们正面临着一个重大契机，他们可以帮助外国学者了解中国是如何迅速发展为世界第二大经济体的。他们还有机会学习西方在企业史方面的经验教训，其中包括对环境生态问题的重视度不足等问题。我希望这本著作中文译本的问世能鼓励企业史这一学科在中国获得进一步的发展，并鼓励新一代的中国企业史学家探索商业和可持续发展相关的议题。

杰弗里·琼斯

美国　波士顿

2019 年 6 月

目录

自序

  这是一部关于全球绿色企业家史的著作,本书论及的企业家们怀抱企业可以使世界环境的发展更加具有可持续性的美好梦想,这种情怀在各方面都与社会上的常规认知有所不同。首先,大多数人认为绿色企业是近些年才产生的,但这本书将绿色企业的历史追溯到了 19 世纪;其次,这本书关注的是企业家个体而非大型企业,这些企业家多数是不同寻常的,因此人们更多地关注他们受到信奉的宗教和哲学思想的影响,而不是他们在企业的具体业务运营;另外,大多数人常常将绿色企业与高科技初创企业联系在一起,但本书关注的绿色企业家所从事的行业包含了建筑、金融、有机食品、自然美景、旅游、垃圾回收以及风能和太阳能等。这些企业大多规模较小,无利可图,而且"存活期"较短。他们中大多数人的名字就和他们对可持续发展的贡献一样,早已被人们遗忘。这本书涉及的很多研究内容都是原创的,诸如进行的众多访谈等,但它并不是一部基于对企业档案深入研究而撰写的企业史。因为在大多数情况下,我们没有相应的档案用来支撑研究分析,反而要通过一些非传统方式获取材料。本书的创新之处在于它所涉猎的范围和观点,以及对其他文献所探讨的人和事物(不再只作为商业个案对待)的重新诠释。这本书要展现给读者这样一幅场景:那些被同时代的人们视为怪异甚至疯狂的企业家个体，是如何战胜巨大的困难进而改变世界的。

这本书的问世，有赖于整个研究团队的奉献精神。乌娜·塞德（Oona Ceder）和卢布纳·布瓦马内（Loubna Bouamane）做了基础性的研究，使用了多种语言进行采访。他们自愿把时间和精力投入到这项超出其职责范围内的工作当中对于本书的完成是至关重要的；安德鲁·斯帕福拉（Andrew Spadafora）是一位优秀的思想史学家，在语言学方面造诣颇深，他从哥斯达黎加到丹麦，走遍世界各地来进行采访和研究，并对文稿字斟句酌。

vi　　感谢哈佛商学院全球研究中心各地分支机构人员的协助。在土耳其伊斯坦布尔，执行主任埃塞尔·塞金（Esel Cekin）高效率地开展了一系列的访谈，在此过程中还要感谢希格登·塞利克（Cigdem Celik）和泽尼普·麦戈努尔（Zeynep Maggonul）对访谈工作的大力支持；在圣保罗，非常感谢里卡多·雷森·德皮尼奥（Ricardo Reisen de Pinho）的帮助和款待；在东京，执行主任佐藤伸男（Nobuo Sato）持续为我提供帮助；此外，在东京办公室与助理主任山崎真香（Mayuka Yamazaki）一起共事使我受益匪浅。这几年来，她为我介绍了数十位日本绿色企业家，并陪同我一起采访了他们。共事期间，我们在长崎、札幌和东京进行的访谈工作意义重大，总体上讲，我对绿色企业在日本的发展历程从根本上受到了这些研究与讨论的影响。

这本书的研究是基于对亚洲、欧洲、拉丁美洲和美国的企业家和经理人的数十次访谈完成的，书的末尾列出了一份完整的受访人名单。因此，感谢这些绿色企业家们愿意抽出时间来分享他们的见解。还要感谢为这本书做出贡献的其他学者、学生、图书馆员等等，尤其要感谢西马·安布尔（Seema Amble）、哈特穆特·伯格霍夫（Hartmut Berghoff）、卡洛斯·戴维拉（Carlos Davila）、帕特里克·弗里登（Patrick Fridenson）、本·格廷格（Ben Gettinger）、佩尔·汉森（Per Hansen）、马特·霍普金（Matt Hopkins）、巴特·范·霍夫（Bart van Hoof）、西洛·荣金德（Thilo Jungkind）、木村正二（Masato Kimura）、高正阳（Zhengyang Koh）、比尔·拉齐尼克（Bill Lazonick）、劳拉·林纳德（Laura Linard）、克里斯蒂娜·卢宾斯基（Christina Lubinski）、克里斯·马奎斯（Chris Marquis）、埃伦·姆尔加德（Ellen Mlgaard）、西蒙·莫瓦特（Simon Mowatt）、曼努埃尔·罗德里格斯－贝拉（Manuel Rodriguez-Becerra）、基蒂·斯卢伊曼（Keetie Sluyterman）、埃里克·斯塔姆（Erik Stam）和田中和一郎（Kazuhiro Tanaka）。此外，还要感谢在奥克兰、日内瓦、渥太华、东京、乌默奥、乌特勒支和华盛顿特区参加研讨会的学者们所提供的意见反馈，以及新西兰奥克兰理工大学和哥伦比亚波哥大安第斯大学对我造访的接待。

我要特别感谢研究绿色企业的前辈历史学家安－克里斯汀·伯格奎斯特（Ann-Kristin Bergquist），以及令人尊敬的著名经济与企业史学家大卫·梅雷特（David Merrett），他们曾经认真耐心地点评过我之前出版的五部专著的早期版本。2015 年，他们又共同阅读了本书的初稿，就如何对其进行重新修改给出了大量、广泛的建议，并逐章进行详细的评论。他们不承担本书最终版本（他们并没有看过这个版本）的文责，但他们所做的工作对我的著作而言是至关重要的；杰夫·斯特拉邦（Jeff Strabone）对本书手稿认真细致地编辑,使这本书不再晦涩难读;我还要感谢牛津大学出版社编辑克莱尔·肯尼迪(Clare Kennedy)和大卫·穆森(David Musson)的耐心指导。

这本书的研究也得到了哈佛商学院研究与教员发展部门的慷慨资助,在此我也对他们表示感谢。

最后,非常感谢我的家人迪伦·琼斯(Dylan Jones)和拉塔纳·普罗姆拉克(Rattana Promrak)的耐心与包容。

杰弗里·琼斯

哈佛商学院

前言:可持续发展的企业

自然环境的恶化是人类面临的最大挑战,但这不是我们面临的唯一的、甚至不是最直接的挑战,因为不平等与贫困问题、恐怖主义问题、所谓"流氓国家"问题以及地区冲突问题也困扰着全世界数十亿人。然而,我们可以设想一种最糟糕的情形:如果人类在星际旅行方面没有取得突破性的进展,地球上自然环境的大规模恶化就有可能毁灭我们人类以及地球上的其他许多物种。

地球表面环境持续恶化的情况已经被同行评议类科学报告记录在案,这些报告包含了日益增多、似乎"危言耸听"的内容。2013 年和 2014 年,联合国政府间气候变化专门委员会发布了强有力的证据,涉及人为造成的全球变暖、海平面的上升以及许多其他环境恶化的迹象。自 18 世纪工业革命以来,人为温室气体排放似乎将全球平均温度提高了 1 摄氏度。人们讨论最多的罪魁祸首是燃烧化石燃料所释放的二氧化碳气体。但是一些重要研究成果也确认了甲烷气体排放的严重影响,甲烷气体排放是由家畜饲养、稻田、生物质燃烧和水力压裂(或液压破碎)岩石以获取石油和天然气所造成的。自 1980 年以来,气温上升的速度比 1850 年以来的任何 10 年都要快。[1] 有人预测,如果没有采取重大行动,到 2100 年会出现气温上升 6 摄氏度的危急情况,这将对全球产生灾难性的影响。[2]

　　进入 21 世纪，卫星图像显示北极冰层正在变薄、融化和破裂。2000 年，巨大的沃德亨特冰架开始破裂。2005 年，联合国千年生态系统评估报告显示，24 个被调查的生态系统中有 15 个发生了恶化，其中包括淡水系统、珊瑚礁、湿地和森林。[3] 类似热浪、干旱和野火的极端天气事件也大都与气候变化有关。[4] 剩余的淡水资源在不断增长的人口面前也岌岌可危，其中 1/3 的地下水资源位于地下水储备中，而在某些地区（如印度西北部和加利福尼亚州的中央谷地等）的地下水储备正在迅速枯竭中。2016 年全球海洋委员会报告称，由于污染、过度捕捞以及深海石油和矿产开采，位于海洋且占世界总存储量 97% 的水资源处于危险状态。[5]

　　与此同时，包括非洲的卡萨布兰卡和约翰内斯堡，中国的北京和上海，南亚的新德里和卡拉奇，以及拉丁美洲的里约热内卢和圣地亚哥在内的非洲、亚洲和拉丁美洲的大城市居民，他们每年大部分时间都笼罩在烟雾和污染的阴霾之中。一些科学家认为，地球历史上第六次大规模生物灭绝正在进行中，据统计在 20 世纪就有超过 400 种脊椎动物物种在人类的眼皮子底下消失了。[6]

　　正如本书所描述的那样，关于自然环境遭到破坏的警告可谓老调重弹，但很长一段时间以来，主流政策的制定者、企业或消费者却对此置若罔闻。然而，社会和政府方面从 20 世纪 60 年代开始高度重视环境问题，20 世纪 80 年代后其力度逐渐加大，尤其在森林砍伐、生物多样性丧失、水资源短缺和气候变化方面。到 21 世纪的前几十年，人类获得的相关科学证据开始迫使一些世界领导人呼吁采取系统性的行动。这些领导人包括美国前副总统艾伯特·戈尔(Al Gore),其至包括天主教教皇方济各(Pope Francis)。前者的 2006 年题为《难以忽视的真相》(*An Inconvenient Truth*)的纪录片由戴维斯·古根海姆(Davis Guggenheim)执导,一些人评价该片大大加深了世人对全球变暖的认识,[7] 而后者则在 2015 年发布了教会历史上第一个关注自然环境问题的通谕,称全球应对气候变化和环境恶化的行动是全人类的道义责任。[8]

　　尽管来自环境恶化的证据和不断升级的环境警报络绎不绝,但根深蒂固的利益与人们接受环境信息的缺乏已经遏制了全球范围内的大规模行动。一项学术研究报告称,2015 年全球 40％的成年人根本不具备全球环境危机意识。虽然美国、欧洲和日本的成年人具有这方面认识所占比例在 90％上下,但在包括印度和中国在内的许多发展中国家,成年人环保意识远低于此。[9] 很少有政府将环境的可持续发展置于其他问题之上优先考虑。1997 年至2014 年期间,具有国际约束力的全球减排条约《京都议定书》(Kyoto Protocol)的达成是国际社会唯一值得信赖的尝试。截至2009 年,已有 180 多个国家肯定了《京都议定书》,但美国并未参与。[10] 2015 年在巴黎,来自 195 个国家的代表在联合国气候变化大会上达成了一项将在 2020 年生效的协议,旨在充分减少碳排放,使全球变暖"远低于 2 摄氏度"。[11] 这项协议是国际政策共识方面取得的突破,还是最终成为由于执行机制不明确而实施太少、太晚的案例,我们将拭目以待。

　　本书着重讨论企业在我们所面临的环境危机中所起的历史作用,即不讨论造成环境危机的原因,而是讨论如何缓解环境危机。从某种程度看,这是一部与众不同的企业史著作,因为其他大多数企业史大都广泛地关注于那些试图成功获利的企业家与公司的沉浮。

绿色企业史的独特之处在于讲述了一个关于不同阶层人物的不同故事：他们的主要动机是改变人们乃至整个世界的行为。本书将第一批绿色思想家和活动家称为企业家，如果他们在世，他们自己也会因为自己被赋予这个称号而感到不知所措与不合时宜：因为他们中的大多数人根本不这么看待自己。然而，绿色企业的历史始于 19 世纪和 20 世纪初的这些"古怪的嬉皮士"，他们早在一个世纪之前就出现了，比如西尔维斯特·格雷厄姆（Sylvester Graham）、贝尔纳·麦克法登（Bernarr Macfadden）和本尼迪克特·鲁斯特（Benedict Lust）。

企业史有时会体现全球文化的变迁，但通常就像装饰或色彩所起的点缀作用那样，并不那么起眼。在这项研究中，文化的变化（浪漫主义、素食主义、环保主义"抱树"）* 既是当今风能、有机食品、自然美的知识基础，也是企业为了将自己重新塑造成"绿色"品牌而不惜付出的昂贵代价。要追溯这些数十亿美元产业的起源，我们必须就此做深入研究。

本书讲述了一群企业家鲜为人知的故事，他们认为企业可以帮助创造一个更加可持续发展的世界。它挑战了绿色企业始于 20 世纪 60 年代的观点，** 挑战了绿色企业家精神（Entrepreneurship）[12]（亦被称为可持续，环境或生态）始于 20 世纪 90 年代甚至

---

　* "抱树"是反环保主义者形容环保运动的讽刺语。（*均为译者所注，下同。）

　** 本书将 Entrepreneurship 译为"企业家精神"，国内一些学者也将其译为"创业精神"。

更迟的观点(对这一现象的首次研究始于 20 世纪 90 年代)。[13] 它的根源可以追溯到更早以前,源于那些崇尚不同寻常生活方式的人们的信念,源于激进分子的狂热,以及梦想家们在人们尚未准备好迎接新世界到来之前做出的时运不佳的努力。100 多年以来,正是那些从未实现大规模经营又没有留下任何痕迹的企业家以及那些从未获利的企业家,开启了绿色企业之路。

我们需要修正绿色企业家史,并以长远的眼光看待这场运动:[4] 这是一场花了很长时间才达到顶峰、但现在来得正是时候的运动。本书所做的尝试就是两项工作:重新修订与重新审视这段历史。

创造人类世时代

2000 年,诺贝尔奖获得者保罗·克鲁岑(Paul Crutzen)和尤金·F. 斯托默(Eugene F. Stoermer)提出,人类已经将世界推向了一个新纪元,他们称之为"人类世"(the Anthropecene)。在"人类世"中许多具有地质意义的条件和过程已经被人类活动从根本上改变了,[14] 越来越多的科学证据证实了这一说法。[15]

人类一直影响着自然环境。大自然是狂暴且反复无常的,正如 19 世纪生物学家赫伯特·斯宾塞(Herbert Spencer)的名言所说:只有最适应自然界的物种才能生存。人类在很长一段时间内的进化,与这种自然环境屈服于人类并服从于人类的目标有着密切的关系。发展定居农业与驯化动物作为人类的衣食来源是这一进程的里程碑事件。建立庇护所和城市以及发展远距离贸易和交换方法,则是另外一个更有意义的里程碑。即使只是在局部地区,一个小小池塘或沼泽地的排水系统也可以减少蚊子传播的病毒,进而将一个村庄蜕变成一个城镇。

到了 18 世纪,人类的干预已经从根本上改变了地球上大部分可居住地区的自然景观。然而,即使在经济最发达的地区,如欧洲的北海地区、中国与印度的城市,自然界的主宰力依然十分强劲。人的一生十分短暂且压力重重,即使对富有的精英阶层来说亦是如此。在过去的岁月里,像天花这样的传染病致死、致盲人数达数百万之多。饥荒和瘟疫频繁暴发。普通人囿于出生地终老一生,即使那些社会精英阶层出行的速度也囿于一匹马或一艘帆船的速度。

这种情况随着 18 世纪英国工业革命的出现而开始改变。克鲁岑和斯托默将人类世的开始日期定在 1820 年,因为工业革命使人类控制和破坏自然环境的能力得到了极大的提高。地质学家随后的研究表明,从技术层面上讲,新的地质时代可能要早于 20 世纪中叶。[16] 但是仍然有一种共识,即这一过程的基础始于煤(而非木柴和木炭的使用)以及金属的使用,前者的使用发端于工业革命,后者的使用则达到了前所未有的规模。过去以生物为基础的经济逐渐被以煤炭、钢铁为基础的地理经济所取代。在 18 世纪早期,热、电和光的供应仍然依赖于动物及其脂肪、水、风和森林。如1700 年,估计英国 2/3 的能源消耗来自动物。[17] 但随着英国成为第一个工业国,这种情况发生了变化。到 1850 年,蒸汽动力已经提供了英国 30% 的能源供应。[18]

化石燃料和现代科学的兴起,通过扩大工厂生产与扩大经济的规模和范围,使得社会生产力大幅度提高,进而推动了全球商业的发展。19世纪30年代,随着蒸汽火车的普及,以及随后蒸汽轮船的出现,地理距离带来的限制开始减少,这意味着开辟新的市场和在遥远的土地上开发自然资源成为可能。遍布全球的交通运输基础设施使得兴建大规模的牛羊养殖场的梦想变成现实,这些牛羊能以工业化规模运输到屠宰场制成肉类和兽皮。农作物被运往世界各地以扩大生产。[19]植物和庄稼在各大洲之间移动,产量大大增加。生物多样性大大减少。森林被砍伐成木材或生产成为商品。[20]人们担心随着作物种植的加强,土壤的肥力正在下降,这首先导致了世界范围内对天然肥料的需求,最后导致开发合成肥料。

19世纪最后几十年开始的第二次工业革命,见证了环境的日益恶化。这种变化与重工业(如钢铁)的扩张、化学工业的创新、化石燃料的增加使用以及电气化均相关。石油作为化石燃料的一种天然资源,可以和煤一起产生蒸汽,也可以用来为新发明的内燃机提供动力。电力原理的发现、电池和发电机作为动力源的发明,以及输电和配电装置的横空出世,进一步大大提高了对能源的需求。

从工业革命开始的生产力进步使数百万人摆脱了贫困,这代表了人类历史上一次意义非凡的突破。以前,经济增长和人口增长总是被粮食及资源稀缺所遏制,即所谓的"马尔萨斯陷阱"(Malthusian trap)。虽然生产力提高带来的收入增长在世界范围内分布极不均衡(19世纪工业化的西方国家与世界其他地区之间出现了巨大差距),但普通人的生活水平、寿命和健康状况都发生了改变。[21]

20世纪又有了惊人的发展。尽管经历了两次世界大战和大萧条,世界GDP总量还是从1900年的1.98万亿美元增长到1992

年的 28 万亿美元,[22] 2014 年更是达到 77 万亿美元。在 21 世纪,现代经济增长从西方扩散到日本、苏联和中国,也扩散到印度和巴西等发展中国家。当时出现了一波又一波的新产业:汽车、制药以及 1945 年后才诞生的计算机和信息技术。所有这些创新活动都需要能源的大量消耗:据估计,1900 年之后世界消耗的能源量超过了人类历史上所有时期能源的消耗量。化石燃料的使用是关键,但 1945 年后天然气和核能提供了额外的能源来源。[23]

浪漫的反应

1968 年,美国生态学家加勒特·哈丁(Garrett Hardin)在一篇题为《公地悲剧》("The Tragedy of the Commons")的论文中阐述了生产力和财富显著增长所带来的负面影响。他发现了一个核心的困境,即理性(和善意)个人的利己主义可能导致公共利益的损害。哈丁在谈到污染问题时写道:"理性的人发现他将废弃物排放到公共场所过程所耗费的成本,要低于在排放前净化这些垃圾的成本。因为这对每个人都适用,所以我们就被锁进了一个'污染自己巢穴'的系统中。"[24] 哈丁指出了一个中心问题:用经济学家的话说,个人和企业的活动存在着许多负面的外部性,这些外部性完全没有被解释,也没有被计税。事实上,它们会被称为"外部性",就表明人们对它们承担的责任非常小。它们被视为"外部"(即外在的),而真正重要的是:追求盈利是企业的"内部"事务。

对自然环境的"污染"并不是什么秘密,哈丁也不是第一个观察到这种污染的人。此事引起了世人的警觉,并促进了保护运动的产生。环境史学家拉马钱德拉·古哈（Ramachandra Guha）指出，始于19世纪的第一波环保主义浪潮"是在工业革命的基础上逐步展开的"。[25]

现代经济增长所带来的破坏性影响在当地和全球都是不同的。例如，西方帝国主义在刚果等地开采稀有矿物，并破坏这些地方的环境。与此同时在他们国内，工厂和发电厂又都位于贫困和少数民族聚居地中。19世纪的大饥荒发生在英国殖民地（爱尔兰和印度），而英国人仍然饫甘餍肥，对他们的行为所造成的社会和生态混乱无动于衷。

工业化对西方国家自身自然环境的不利影响引起了更多的批评。来自欧洲的移民定居美国的态势迅速扩张，使得像美洲野牛这样的动物在很短的一段时间内都遭到猎杀，几乎灭绝，于是"保护"自然环境的呼声开始高涨。到19世纪中叶，社会上保护自然免受人类活动破坏性影响的呼声此起彼伏。[26]

大西洋两岸各类的自然、健康和以精神为导向的运动，孕育了一场新生的保护运动。随着环境问题带来的损失成为公众关注的焦点，在大西洋两岸的浪漫主义和超验主义运动中，出现了对自然界新的崇敬形式。威廉·华兹华斯（William Wordsworth）、亨利·大卫·梭罗（Henry David Thoreau）、约翰·缪尔（John Muir）等人虚构了一种崭新的、准宗教式的方法，来臆断和阐明人类与自然的关系。[27]19世纪中期的美国哈得逊河风景画派将乡村的自然美景以及人与自然的和谐共存浪漫化。[28]

在19世纪下半叶，"保护"成为一项制度化的运动。1872年，美国的保护主义情绪促使了世界上第一个国家公园——黄石国家公园（Yellowstone national park）的建立。[29] 1892 年，出生于苏格兰的加州荒野探险家约翰·缪尔在旧金山创立了塞拉俱乐部（Sierra Club）*，它后来成为美国最有影响力的大自然保护协会。[30] 在欧洲，科学家们也将环境问题编写成册，如记录了栖息地和物种的丧失情况。1866 年，德国动物学家恩斯特·哈克尔（Ernst Häckel）创造了"生态学"一词。[31] 保护野生动物和自然环境的志愿团体也成立起来，他们呼吁保护鸟类不被捕杀，呼吁人们不要用羽毛来制作女帽和其他衣服，这些都成为早期社会关注的焦点。[32]

8　　欧洲各地的保护协会普遍对现代化都没有好感，但它们往往采取不同的形式表现出来。在英国，画家、作家和景观设计师们像在美国一样，引领着乡村地区的理想化潮流，他们认为乡村地区正受到现代化的威胁。这个新概念是由有组织的中产阶级公民团体提出的，该团体认为私人如果拥有自然和文化美景，则应该向所有人开放，而不仅仅是将它们据为己有（这些拥有者通常是贵族）。在德国，出现了一种批判工业化的文化民族主义。与英美不同，在德国是政府部门（尤其是像普鲁士这样的州政府）而不是基层组织推动了保护工作。[33] 总的来说，环境保护主要是由欧洲和美国的社会精英推动的，但到了新世纪，它无疑成了一个非常紧迫需要解决的问题。1913 年，瑞士动物学家保罗·萨拉辛（Paul Sarasin）召集了 16 个欧洲国家以及美国的代表，成立了一个国际自然保护委员会（Commission for the International Protection of Nature）。[34]

---

* 塞拉俱乐部是一个美国历史最久、最有影响力的环境和自然保护组织，由著名的环保主义者约翰·缪尔于 1892 年 5 月 28 日在旧金山创办。

工业化带来的第二个后果是工业污染,这迅速招致了一些社会的批评和政府的反应。煤炭燃烧产生的烟雾已然成为新兴工业化城市的一个巨大污染问题。伦敦在维多利亚时期被称为"雾都",在阿瑟·柯南·道尔(Arthur Conan Doyle)等作家的小说中,大雾就是主角。反对这种污染的激进主义环保活动相当多,有些人将其与后来的环保运动相提并论。[35]在英国,借鉴侵害公共利益的判例法,相关立法于19世纪30年代得以通过,并在19世纪60年代予以强化以控制污染,尤其是黑烟和煤炭的排放。立法的执行力度反映了英国上议院贵族阶层的持续影响力。农村土地的所有者们尤为关心化工厂对他们土地的环境影响。[36]相比之下,尽管德国有数千起关于烟雾污染的投诉,但相关针对性的民间激进主义活动却少得可怜。与英国和美国相比,德国的烟雾污染控制仍然缺乏系统性。要说是哪一项活动更值得采取行动,很显然,保护自然话题的风头盖过了污染控制的话题。[37]

在美国,空气污染触发了公民激进主义运动,在巴尔的摩、芝加哥、辛辛那提、匹兹堡和圣路易斯等城市建立了数十个反对烟雾污染协会,协会试图通过游说来达到控制烟雾污染的目的。妇女团体在许多协会中的作用都很突出,因为她们在美国的诸多城市中发起了更广泛的清洁和卫生运动。[38]而商业领袖和组织则通常反对污染治理,但有时也会出现在支持环保的阵营中。[39]反对烟雾污染运动取得了一些显著的成果。1907年,芝加哥市紧随着针对有关过量烟雾问题的法案,率先通过了关于烟雾检查的立法。根据该立法,市政工程师加强了对烟雾的控制,并为企业提供减少排放的建议。这一体系不久后被推广至美国的其他工业城市。[40]

烟雾控制、设立国家公园以及保护运动取得的其他成果,修正了 1914 年前现代经济增长带来的一些更为明显、令世人感到意外的后果,创造了颇为有利的市场空间。然而,在接下来的半个世纪却进入了一个经历两次世界大战和大萧条的时代,现代化和工业化的环境弊端随着这些进程的扩散和深化而加剧。为此出现了更多的警告和替代方案,但环境问题更能激发活动人士的积极性,而对政策制定者的影响则稍逊些。

到了 20 世纪 20 年代,欧洲和美国以外的国家也发出了一些警告声,但基本上没有达到理想中的效果。米格尔·安吉尔·德·奎维多(Miguel Angel de Quevedo)是一名水利工程师,他发起了旨在保护墨西哥日渐枯竭森林资源的运动,并于 1922 年成立了墨西哥林业协会(Mexican Forestry Society)。然而在 1939 年,他还在哀叹这个国家的森林资源继续"因为贪婪导致贫瘠与毁灭"。[41] 在同一时期的印度,甘地(Mohandas K. Gandhi)不仅反对英国殖民统治,而且反对现代工业化所带来的影响以及在农业中使用化学制品,同时主张社区自给自足而不是进行全球贸易。[42] 然而,当印度在 1947 年赢得独立后,甘地对生态的担忧就很快被一一否决了——印度做出了大举投资于工业化以及修建大坝的决定。[43]

在由于政府优先发展经济阻碍了环保活动积极分子的作用而 10 产生上述恶果之后,农业产业化引起的土壤侵蚀问题出现了。[44] 1939 年,受雇于一个政府机构——帝国土壤科学局(Imperial Bureau of Soil Science)的两名英国土壤科学家,格雷厄姆·杰克(Graham Jacks)和罗伯特·怀特(Robert Whyte),出版了唤起人们记忆的著作《对地球的掠夺》(*The Rape of the Earth*),由于美国市场的敏感性,此书后来改名为《消失的土地》(*Vanishing Lands*)。[45]这本从历史性和世界性出发讨论土壤侵蚀问题的长达300页著作探讨了环境退化所带来的政治和社会后果,权衡了经济成功和环境成本之间的关系。杰克和怀特写道:"资本的流动一直是社会进步的主要源泉之一,但资本主义从未认真考虑过它对土壤腐殖质含量和结构的影响。不过,其影响已经足够令人震惊,再也不能被忽视了。"[46]虽然这些影响并没有完全被忽视——科学家和活动家们持续跟踪观察着它们造成的影响——但是政府和工业界依旧我行我素地追求着他们自认为应该优先发展的事项。

无视政府部门警告的传统在第二次世界大战结束后继续存在。威廉·沃格特(William Vogt)1948年出版的《生存之路》(*Road to Survival*)展现了一幅人口增长和资源减少的荒凉画卷。作者曾担任美国联邦机构美洲事务协调员办公室科学和教育司副司长,该书广泛讨论了拉丁美洲、非洲、亚洲和美国面临的环境压力。沃格特记录了土壤侵蚀、土壤肥力下降、水资源短缺以及诸如石油和矿产等不可再生资源的枯竭等证明了"废品心理学"的严重问题,他认为这些问题在美国最为明显。[47]工业与环境之间的平衡再次成为一个突出的主题。沃格特说:"人类认为对工业有益的东西必然对土地有益。这可能是历史上付出代价最高的错误之一。"[48]沃格特的书十分畅销,但对公共政策或企业策略却没有明显的影响。[49]正如环境史学家约翰·麦克尼尔(John McNeill)所说的那样,1970年以前,"环境思维仅限于非常狭窄的社会群体之中"[50]。

如果说因环境遭受破坏而发出的警示声难以被世人知悉,同样地,一些重大环境影响问题可能也得不到理解。当时,几乎没有人了解燃烧化石燃料以及甲烷排放对气候的影响。1896 年,瑞典科学家斯凡特·阿伦尼乌斯(Svante Arrhenius)观察到二氧化碳具有提

11　高全球温度的潜力,但这并不是他工作的核心,他预测任何影响都将在很长一段时间内发生。20 世纪 30 年代,美国地质学家托马斯·罗德·钱柏林(T. C.Chamberlin)在观察到北大西洋地区的气候变暖后,开始强烈预警这一问题,但他的观点并没有得到科学界的重视,科学界仍然对气候变化的重大影响持怀疑态度。[51]

事实上,直到 20 世纪 60 年代,人类活动影响气候的可能性才开始得到更广泛的讨论,而且是在地球明显变冷的背景下。1970年,麻省理工学院举行了一场为期一个月的会议,讨论人类活动对环境的不利影响,会议指出二氧化碳排放量明显增加,但与会者缺乏计算其影响程度的工具。[52]这次开创性的会议直接促使 1972 年斯德哥尔摩会议的召开,这是由来自 14 个国家的专家参加并集中讨论人类对气候的影响的首次会议。尽管对正在发生的事情没有达成共识,更不用说出台什么解决方案,但会议发表的题为《无意中的气候变化》(Inadvertent Climate Modification)的会议总结性报告,详细讨论了污染物和温室气体的排放问题。[53]过了很长一段时间之后,气候变化问题才引起科学界以外的广泛关注。

从 19 世纪开始,人类创造财富的力度是空前的,但也付出了代价,随着时间的推移,这些代价的积累足以开创一个新的、独特的地质时代。少数人了解到污染、森林砍伐、土壤侵蚀和其他环境破坏的现状,但要求采取环保行动的呼声却很难被听到。现代经

济增长带来的好处是如此之大，以至于从根本上挑战这一进程被证明不是一个严肃的主张。浪漫主义的自然运动推动了许多最初的保护运动，传统上，人文学者一直在研究这些运动，包括最近的生态批评领域。本书回顾了 19 世纪对工业化及其对自然影响的最初抨击，作为介绍"绿色企业史"的第一章。这些运动不仅仅局限于诗歌和哈得逊河画派，还催生了第一批的绿色企业。

企业与自然环境

商业企业是财富创造和环境恶化这两个故事中密不可分的主角。工业革命是由许多发明家和小型创业公司发起的。[54] 19 世纪全球化的传播也是由数百家欧美企业共同推动的。许多公司在海外地区投资，为其国内的工业化和城市化寻找原材料和产品。他们采用了崭新的、强有力的技术来进行矿物资源的开采。他们通过移山建造大型露天矿，通过建造会释放砷和硫等有毒物质的熔炉，从而为电力的传播提供了所需要的铜。[55]

19 世纪下半叶，美国和西欧大企业的数量急剧增长。运输的改善与新技术的发展齐头并进，后者使每单位产出的成本随产量的增加而大大降低。第一批达到一定经济规模的行业包括炼油、冶金和食品加工，这些行业都采用了连续且流动的制造方式。随着时间的推移，他们设立了内部研发部门，推动了化工和电力等行业的创新浪潮。电力和公用事业公司发明了新的通信技术，如电报和后来的电话。大型多元化公司发展了其内部组织结构，尤其是多部门制结构，这使得它们能够跨产品和地域进行扩张。[56] 于是，企业行为对当地环境的影响开始慢慢淡出了管理决策者们的视野。

现代企业过去是、现在仍然是异质型组织。尽管资本主义永远以追求利润为目标，但至少有两种可用的企业优先权和价值模型：股东模型和利益相关者模型。前者只追求利润，而后者要求公司的决策必须考虑到除利润之外一系列问题的影响。从历史上看，对企业在社会中所起作用这个问题，还是有一些商界领袖的看法颇具长远的眼光。在 19 世纪甚至更晚时候的美国和欧洲，都可以找到对雇员和社区实行家长式管理作风的公司，这些公司往往由家族所拥有。然而，随着公司的上市，重视企业社会责任的策略愈发少见。随着资本主义的股东价值模型从 20 世纪 80 年代开始在全球传播，这种策略几近绝迹。[57] 从可持续性的角度来看，股东模型的问题在于，它不允许对可持续性抱有任何兴趣，除非可持续性与股东价值最大化完全一致。

13　　本书中讨论的绿色企业家代表了利益相关者模型的一个子集。商业企业在提高生产力和推动增长方面取得巨大成功的同时会带来环境方面的后果，而他们则专注于对这种环境后果提出基于市场的应对措施。本文所论及的不是一个劣迹斑斑的公司试图洗刷他们行为的故事，而是一个为促进可持续发展而专门创建的新公司的故事。这本书选取的事例涵盖了广泛的行业，如食品、美容、能源、垃圾治理、建筑、旅游和金融，不能保证涉及面足够广泛，且上述行业的选取也并不是要贬低服装、汽车及其他行业中绿色企业事例的重要性。

本书所涉及的企业家们创建了营利性企业，这些企业试图通过向消费者提供可替代性价值主张来应对可持续性挑战，这些可替代性价值主张通常包括以提高价格在内的方式来换取企业对环境产生较少的影响。第一批这样的企业家出现在 19 世纪，但在很长一段时间内，他们仍然是资本主义制度中的小众角色，因为他们的价值主张对消费者或决策者没有多大吸引力。它们甚至对大多数环保主义者没有什么吸引力，因为这些环保主义者形成一个普遍的看法，即只要是以盈利为目的的企业就是会破坏自然环境的。

环境问题的核心以及描述这些环境问题所用的语言随着时间的推移发生了巨大变化，这在一定程度上让绿色企业家们的历史被人淡忘。直到 20 世纪 90 年代甚至更晚的时候，才有人声称自己为绿色企业家。出于这个原因，本书采用了一个宽泛的绿色企业家的定义，进而也就把那些以实现环境可持续性为目标而创立的营利性企业纳入此范畴。

在对当代绿色企业家进行研究之后，人们很容易得出结论，这类企业家在诸如企业生态承诺的强度和性质方面也存在着不同类型。例如，罗伯特·艾萨克（Robert Isaak）将严格建立在可持续原则基础上的"绿色环保"企业家，与那些随着时间的推移而产生生态担忧的企业家以及那些有多种动机（包括生态动机）的企业家进行了区分。[58]利兹·瓦利（Liz Walley）和大卫·泰勒（David Taylor）则确定了四种类型的绿色企业家。第一种类型是"远见卓识的拥护者"，最接近艾萨克所说的绿色环保企业家，这类企业家希望以一种激进的方式使社会和经济更加可持续化。第二种类型是"道德标新立异者"，也是由价值观驱动的，但他们的想法来自他们 14 的朋友圈和生活方式，而不是他们改变世界的愿景。另外两个类别均属利润驱动型，而不是上述的价值驱动型。其中"创新机会主义者"发现生态问题是有利可图的利基市场，而"临时型"绿色企业家则是通过社交或其他网络途径，无意中发现生态可以当作一项生意来投资。[59]

在本书中，绿色也可以从动机出发来定义。这里的绿色企业家与"绿色环保""远见卓识的拥护者"和"道德标新立异者"的类别最为匹配。然而，从历史上看，直至今日，生态问题往往与社会和伦理问题重叠在一起。事实上，本书讲述的历史故事中的一部分，是为早期绿色企业奠定基础的社会和健康问题之一。无论他们的企业是否对真正的可持续发展问题或可感知的可持续发展问题产生影响，只要受到这种广泛的可持续发展问题所激励，就都属于本书定义的绿色企业家范畴。这里讨论的绿色企业家是一个跨越不同行业、不同类别的群体。此外，制度企业家也必须考虑在内。他们都面临着强大的、追求传统的、完全以利润为导向的竞争对手。

本书介绍的第二组企业家是较为传统型的，他们的主要动机是利润，而不考虑可持续发展。这类企业家与刚才提到的"创新机会主义者"和"临时型"这两类人最接近，通常出现在旅游业和垃圾治理等行业，这些行业本身就包含着一些鼓励潜在的可持续的激励措施，无论其意图如何，在这些行业中最终确也产生了一些绿色企业家。一些传统的企业家也逐渐拥有了充分的环保意识，绿色企业与传统企业之间的简单二分法受到了挑战。将垃圾治理和旅游业归为一类是有启发意义的，因为近几十年来，其他行业的激励措施也发生了变化，这些措施鼓励保持传统动机的企业追求更具可持续发展的战略或市场利基。

　　本书提出了三个主要问题。首先,纯粹的绿色企业家与追求生态投资的传统企业家他们各自的动机是什么?本书前一部分章节将探讨他们的特点和动机,以及这些特点和动机是如何随着时间、行业和地域的不同而变化的。本书会特别关注所谓的外生条件(诸如文化、技术、规章和法律的变化、产业结构、对产品或服务需求的变化等)如何影响企业家本身的动机及他们对环境问题中的商业机会的看法。这一调查提出了一组十分类似于管理文献中关于创建新企业和新类别的问题。我们将探讨企业家的个人认知过程与企业家在特定制度背景下的定位,以解决两个为什么的问题:其一,为什么个人会"想象"出一个不同于他们生活的世界?其二,为什么他们相信营利性企业是实现那个世界的手段?[60]

　　其次,这些企业家是如何执行他们的战略?本书随后几章将探讨企业家在建立企业的过程中,如何通过开拓新的市场和产品来颠覆性地采取行动。与几乎所有初创企业一样,他们面临着融资渠道、现有的分销和零售渠道有限或根本无法取得的问题。令问题更加复杂的是,从历史上看,绿色企业家面临着来自潜在金融供应商(加上消费者)更大的质疑,即为什么他们提供的产品或服务是很重要的。企业家需要挑战和改变现有消费者的偏好和消费模式。更重要的是,他们需要找到建立企业信誉度与正当性的办法,这包括制度创业、游说政府以及与其他环境利益集团的合作。后面几章将展示这些挑战有多么的困难。

　　最后,财务表现和可持续发展的结果是什么?这个问题需要考虑到作为一名绿色企业家是否获利以及何时才能获利,或者,用一项学术研究的标题来说,"'绿色'是否值得"[61]?更广泛地说,这本书中提到的绿色企业对环境可持续发展做出了积极还是消极的贡献？以及本书所展示的历史证据是否表明盈利和可持续性存在兼容的可能性或者已经实现兼容？

　　针对这些问题，本书将从时间维度与比较研究两个方面进行探讨。第一部分"心系绿色"审视了从 19 世纪到 1980 年期间绿色资本主义的基础，讲述了"英雄"甚至是"怪人"的故事，他们通常都是一些在极其困难的情况下寻求建立绿色企业的人。这些章节详细考虑了个人动机，研究了其所采用的策略，并探讨了最终结果。在第二部分"绿色企业"中，本书转而讨论 1980 年之后的时期，那时环境问题开始迅速提升到消费者和决策者的议事日程上。这一部分首先考虑许多绿色企业的突然扩张，然后转向探索关键主题，包括建立机构、绿色金融和与政府的关系。该部分的最后一章论述了企业环保主义的兴起及其意义，即在股东资本主义发展的同时，大企业却突然出现了明显的环保化现象。最后，本书结论部分对绿色企业的历史教训进行了概述与总结。

本章注释

1. Intergovernmental Panel on Climate Change, Working Group 1, *Climate Change 2013 : The Physical Science Basis* (2013).

2. Joseph B. Lassiter, Sid Misra, and Stephanie Fuzio, "Climate Change: An Unfolding Story," Harvard Business School Case No. 9-815-079 (rev. January 14, 2015); Pitila Clark, "Washington and Brussels Put Beijing and Tokyo in Shade on Emissions Cuts," *Financial Times*, October 23, 2015.

3. ⟨http://www.millenniumassessment.org/en/Condition.html#download⟩, accessed October 22, 2016.

4. ⟨http://www.wri.org/publication/fact-sheet-connection-between-climate-change-and-recent-extreme-weather-events⟩, accessed March 2, 2016.

5. 〈http://www. some. ox. ac. uk/wp-content/uploads/2016/03/GOC_2016_ Report_FINAL_7_3.low_1.pdf〉,accessed October 10,2016.

6. Stuart L. Pimm, et al.,"The Biodiversity of Species and Their Rates of Extinction,Distribution, and Protection," *Science* 344, no. 6187, May 30, 2014.

7. "An Inconvenient Truth," 〈http://www.imdb.com/title/tt0497116〉,accessed February 3,2016.

8. "Encyclical Letter Laudito Si of the Holy Father Francis on Care for Our Common Home," 〈http://www. vatican. va/content/francesco/en/encyclicals/documents/papa-francesco_20150524_enciclica-laudato-si. html〉, accessed January 1,2016.

9. Tien Ming Lee, Ezra M. Markowitz, Peter D. Howe, Chia-Ying Ko, and Anthony A. Leiserowitz,"Predictors of Public Climate Change Awareness and Risk Perception around the World," *Nature Climate Change* 5 (2015),pp.1014-20.

10. Forest Reinhardt,Gunnar Trumbull,Mikell Hyman,Patia McGrath,and Nazli Z. Uludere Aragon,"The Political Economy of Carbon Trading," Harvard Business School Case No. 9-710-056(rev. April 27,2011).

11. United Nations Conference on Climate Change,〈http://www. cop21. gouv.fr/en〉,accessed January 2,2016.

12. Pratima Bansal and Andrew J. Hoffman,"Retrospective,Perspective,and Prospective," in Hoffman and Bansal (eds.), *The Oxford Handbook of Business and the Natural Environment* (Oxford: Oxford University Press,2012),pp.4-8.

13. Robert Isaak,"Globalization and Green Entrepreneurship," *Greener Management International* 18 (1997),pp.80-90; Michael Lenox and Jeffrey G. York,"Environmental Entrepreneurship," in Bansal and Hoffman (eds.), *Oxford Handbook of Business and the Natural Environment*,pp.70-82; Michael Schaper (ed.),*Making Ecopreneurs: Developing Sustainable Entrepreneurship* (Aldershot: Ashgate,2005).

14. Paul Crutzen and Eugene F. Stoermer,"The Anthropocene," *Global Change Newsletter*, May 2000, 〈http://www. igbp. net/download/18. 316f18321323470177580001401/1376383088452/NL41. pdf 〉, accessed

October 22,2016.

15. Colin N. Waters, et al.,"The Anthropocene is Functionally and Stratigraphically Distinct from the Holocene," *Science* 351, no. 6269 （January 2016）.

16. Ibid.

17. Roger Fouquet, *Heat, Power and Light* （Cheltenham: Edward Elgar, 2008）.

18. Ibid.,p.125.

19. Alfred W. Crosby, *Ecological Imperialism: Biological Expansion of Europe, 900-1900* （Cambridge: Cambridge University Press,2004）.

20. Richard P. Tucker, *Insatiable Appetite: The United States and the Ecological Degradation of the Tropical World* （Berkeley: University of California Press,2000）.

21. William Fogel, *The Escape from Hunger and Premature Death, 1700-2100: Europe, America, and the Third World* （New York: Cambridge University Press,2004）; Leandro Prados de la Escosura,"Capitalism and Human Welfare," in Larry Neal and Jeffrey G. Williamson （eds.）, *The Cambridge History of Capitalism*, vol. 2 （Cambridge: Cambridge University Press, 2014）, pp. 501-29; Kenneth Pomeranz, *The Great Divergence: China, Europe, and the Making of the Modern World Economy* （Princeton,NJ: Princeton University Press,2000）.

22. J. R. McNeil, *Something New Under the Sun: An Environmental History of the Twentieth-Century World* （New York: Norton,2000）,p.6.

23. McNeil, *Something New*, pp.14-15.

24. Garrett Hardin,"The Tragedy of the Commons," *Science*, n.s., 162, no. 3859 （December 13,1968）,pp.1243-8.

25. Ramachandra Guha, *Environmentalism: A Global History* （New York; Longman,2000）,p.4

26. George Perkins March, *The Earth as Modified by Human Action* （New York: Scribner,Armstrong & Co,1874）,p.vii; Roderick F. Nash, *Wilderness and the American Mind* （New Haven, CT: Yale University Press, 2001）.

27. Stephen Hussey and Paul Thompson,"Introduction: The Roots of Envi-

ronmental Consciousness," in Hussey and Thompson (eds.), *Environmental Consciousness* (New Brunswick,NJ: Transaction Publishers,2004),pp. 1-18.

28. Linda S. Ferber, *The Hudson River School: Nature and the American Vision* (New York: New York Historical Society,2009).

29. Paul Schullery and Lee H. Whittlesey,*Myth and History in the Creation 18 of Yellowstone National Park* (Lincoln: University of Nebraska Press, 2003).

30. Guha,*Environmentalism*,pp.49-54; Stephen Fox,*The American Conservation Movement: John Muir and His Legacy* (Madison: University of Wisconsin Press,1985); Donald Worster,*A Passion for Nature: The Life of John Muir* (Oxford: Oxford University Press,2008).

31. Robert J. Richards, *The Tragic Sense of Life: Ernst Haeckel and the Struggle over Evolutionary Thought* (Chicago,IL: University of Chicago Press,2008).

32. Patrick Matagne,"The Politics of Conservation in France in the 19th Century," *Environment and History* 4 (1998),pp.362-3.

33. Karl Ditt and Jane Rafferty,"Nature Conservation in England and Germany 1900-70: Forerunner of Environmental Protection," *Contemporary European History* 5,no.1 (1996),pp.1-28; William Rollins,*A Greener Vision of Home: Cultural Politics and Environmental Reform in the German Heimatschutz Movement*,*1904-1918* (Ann Arbor: University of Michigan Press,1997); Hans-Werner Frohn and Friedemann Schmoll,*Natur und Staat: staatlicher Naturschutz in Deutschland*,*1906-2006* (BonnBad Godesberg: Bundesamt für Naturschutz,2006).

34. Fred Van Dyke,*Conservation Biology: Foundations*,*Concepts*,*Applications* (New York: Praeger,2008),p.19.

35. Brian W. Clapp,*An Environmental History of Britain Since the Industrial Revolution* (London: Longman,1994).

36. Ben Pontin,"Integrated Pollution Control in Victorian Britain: Rethinking Progress within the History of Environmental Law," *Journal of Environmental Law* 19,no. 2 (2007),pp.173-99.

37. Frank Uekötter, *The Greenest Nation? A New History of German*

Environmentalism (Cambridge,MA: MIT Press,2014),pp.43-66; Frank Uekötter,*The Age of Smoke* (Pittsburgh,PA: University of Pittsburgh Press,2009),pp.28-44.

38. Suellen Hoy,*Chasing Dirt* (Oxford: Oxford University Press,1995), chapter 3.

39. Christine Meisner Rosen,"Business Leadership in the Movement to Regulate Industrial Air Pollution in Late Nineteenth-and Early Twentieth-Century America," in Hartmut Berghoff and Adam Rome (eds.),*Green Capitalism? Business and the Environment in the Twentieth Century* (Philadelphia: University of Pennsylvania Press,2017),pp. 53-76.

40. Uekötter,*Age of Smoke*,pp. 20-42; Christine Meisner Rosen,"Businessmen against Pollution in Late Nineteenth Century Chicago," *Business History Review* 69,no.3 (1995),pp.351-97.

41. Guha，*Environmentalism*,pp.36-8.

42. Ibid.,pp.19-24,128-9.

43. Mahesh Rangarajan,"Of Nature and Nationalism: Rethinking India's Nehru," in John R. McNeill,José Augusto Pádua,and Mahesh Rangarajan (eds.),*Environmental History as if Nature Existed* (New Delhi: Oxford University Press,2010),pp.111-29.

44. Randal S. Beeman and James A. Pritchard,*A Green and Permanent Land: Ecology and Agriculture in the Twentieth Century* (Lawrence: University of Kansas Press,2001),chapters 1 and 2.

45. Stephen Mosley,*The Environment in World History* (London: Routledge,2010),p.76.

46. Graham Vernon Jacks and Robert Orr Whyte,*The Rape of the Earth: A World Survey of Soil Erosion* (London: Faber and Faber,1939),p.210.

47. William Vogt,*Road to Survival* (New York: William Sloane Associates, 1948),p.67.

48. Vogt,*Road to Survival*,pp.34-7.

49. Pierre Desrochers and Christine Hoffbauer,"The Post War Intellectual Roots of the Population Bomb: Fairfield Osborn's 'Our Plundered Planet' and William Vogt's 'Road to Survival' in Retrospect," *Electronic Journal of Sustainable Development* 1,no. 3 (2009).

50. McNeill, *Something New*, p.337.

51. Spencer R. Weart, *The Discovery of Global Warming* (Cambridge, MA: Harvard University Press, 2008).

52. Weart, *Discovery of Global Warming*, p.70.

53. Ibid., p.71; Carroll L. Wilson and William H. Matthews (eds.), *Inadvertent Climate Modification* (Cambridge, MA: MIT Press, 1971).

54. Robert C. Allen, *The British Industrial Revolution in Global Perspective* (Cambridge: Cambridge University Press, 2009), chapter 7.

55. Timothy J. LeCain, *Mass Destruction: The Men and Giant Mines that Wired America and Scarred the Planet* (New Brunswick, NJ: Rutgers University Press, 2009); Duncan Maysilles, *Ducktown Smoke: The Fight over One of the South's Greatest Environmental Disasters* (Chapel Hill: University of North Carolina Press, 2011).

56. Alfred D. Chandler, *Strategy and Structure: Chapters in the History of the American Industrial Enterprise* (Cambridge, MA: MIT Press, 1962); Chandler, *The Visible Hand: The Managerial Revolution in American Business* (Cambridge, MA: Harvard University Press, 1977); Chandler, *Scale and Scope: The Dynamics of Industrial Capitalism* (Cambridge, MA: Harvard University Press, 1990).

57. Geoffrey Jones, "Debating the Responsibility of Capitalism in Historical and Global Perspective," *Harvard Business School Working Paper*, No. 14-004, July 2013.

58. Robert Isaak, *Green Logic: Ecopreneurship, Theory and Ethics* (Sheffield: Greenleaf, 1998).

59. Liz Walley and David W. Taylor, "Opportunists, Champions, Mavericks...? A Typology of Green Entrepreneurs," in Schaper (ed.), *Making Ecopreneurs*, pp.27-42.

60. Joep P. Cornelissen and Jean P. Clarke, "Imagining and Rationalizing Opportunities: Inductive Reasoning and the Creation and Justification of New Ventures," *Academy of Management Review* 35, no. 4 (2010), pp.539-57.

61. Stefan Ambec and Paul Lanoie, "Does It Pay to be Green? A Systematic Overview," *Academy of Management Perspectives* 22, no.4 (2008), pp. 45-62.

第一部分

心系绿色

第一章 食品和能源行业的早期探索

　　19世纪和20世纪初期，绿色企业的先驱诞生于食品和能源行业。现代经济的变迁改变了这两大行业。随着人口数的日益增长，农场人口逐渐向城市迁徙，企业家们建立了交通运输网络，将农产品供应和销售到世界各地。从生产食品的农民、农场主，到商品贸易和运输公司，再到从事包装和销售业务的制造商和零售商，知名消费品推动了食品行业的发展。与此同时，煤矿开采公司和石油公司的涌现大幅提高了能源产量，使这一时代的生产力有了惊人的增长。化石燃料供应了充足的能源，从而带动工业机械的运转，食品被源源不断地生产出来并运往各地。少了这一巨大网络中的任何一环，20世纪和21世纪的城市化将在瞬间毁灭。这是城市人口赖以生存的基础。但从全球范围来看，让城市化持续运转的这一体系在全球范围内是否真的具有可持续性呢？

　　正是在这样一个空前盛世之下，一些离经叛道的个体开始畅想世界的另一种可能性。他们并非前工业化时期的拥趸，也不是抵制烟雾污染的活动家，更不是试图拯救森林和野生动植物的自然资源保护主义者。他们想要创办营利性企业，比起保护过去，他们更关注如何建立起一个可持续的未来。他们中的许多人认为利润是调节传统体系下生态环境外部因素的手段。一些人被认为是当代绿色企业家的先驱,但他们的焦点和思维方式所反映的是他们当时的时代背景,而不是当下的。一方面想要保证人类饮食健康和社区环境的可持续性,但另一方面一些国家和地区的居民却连电都用不上,这是他们的关切所在。从广义上来看,这一思维方式被认为是想要填补传统资本主义体制下生态环境外部性的缺口。

在第一波环保主义浪潮期间所创办的公司通常规模都很小,虽然创办者倾尽全力但从财务方面看也并不成功。这是一些不走寻常路、甚至说是离经叛道的个体的故事,尽管外人并没有将他们视作企业家,但其中一些人还是颇有名气的。他们的故事乍看起来有点像奇闻逸事,但他们是第一批绿色企业家的代表,他们的经历生动地再现了在传统资本主义体制之外另辟蹊径、寻找另一种可能性的曲折过程。显然,这些看似非主流的探索和尝试,为绿色企业的未来打下了技术、工艺和观念上的基础。

健康食品业务

伴随着现代经济的发展,人口数量的激增给食品供给带来了前所未有的挑战。全球人口数量从 1800 年的 9 亿增长到 1900 年的 16 亿。这期间的人口增长有相当一部分是集中在西方工业化国家:欧洲的人口从 1.87 亿增长到 4 亿,美国的人口从 500 万增长到 7600 万。随之而来的便是城市化进程。到 1850 年,半数以上的英国人生活在人口数为 2000 人以上的城镇,半个世纪过后这一比例上升到了 3/4。[1] 自人类第一批城市建立以来,食品就已经被商业化了,食品贸易也在不断发展,但 19 世纪人口的激增使得食品生产和贸易要有大幅度的提升作为保障。

　　该产业的规模扩张是通过多种方式实现的。美国和其他地方的土著居民被赶走后,他们留下的空地被迅速占领和被殖民化,耕地面积大幅增加。对新型农业耕种技术的大量投入提升了农业生产力,在缩短了土壤肥力的恢复期的同时,增加了机械设备和新型化学制品的使用频率,尤其是化肥。[2] 最初,有机肥料(主要是海鸟粪和天然硝酸盐)被从秘鲁、智利运往北美和欧洲,用于农业耕种。早在 19 世纪,化肥就已经开始在部分地区使用,1909 年,用于从大气中捕捉氮的哈布－博世法(Haber-Bosch process)问世,化肥在西方国家的使用进一步扩大。20 世纪中叶,氮肥的使用在全球铺开,替代了传统的动植物肥料。化肥的广泛使用助推了粮食产量的提高,这是 20 世纪全球人口数得以翻番的最重要原因。[3]

　　由于某些国家和地区专注于食品业的销售,其农产品的国际贸易额增速超过了产品产量的增速。技术的进步,例如制冷技术的发明也进一步推动了食品运输的专业化,[4] 这使得原产于阿根廷的牛肉能被供应到全球市场。由于英国的殖民统治,印度成为一个巨大的茶叶种植园,为英国消费者提供他们最爱的非本土产的饮料。纵向一体化的跨国公司,如联合果品公司(United Fruit Company)则将中美洲国家变成了香蕉的原产种植地,让美国人养成了吃水果的习惯。得益于交通网络的打通和市场营销手段的创新,人们可以尽情享用来自世界各地的水果。[5]

　　在这个时期间,除了个别地方偶尔有饥荒发生之外,西方世界的食品供应变得更加充足,种类也更为丰富。在城市化水平更高的西方国家,随着专业的食品加工商和制造商的出现,食品生产的工业化程度也变得更高。廉价的糖和化学防腐剂成为常见的食品添加剂,尤其后者的发明问世大大延长了食品的保质期。糖类的消费量大幅上升,随之而来的是高发的口腔疾病。[6] 包装食品品牌,例如亨氏食品公司和金宝汤公司的罐装蔬菜和汤类产品畅销全球市场。大型零售机构,如连锁店、合作社应运而生,它们大量销售价格低廉、保质期长的食品。[7]

　　一直以来,食品掺假现象屡禁不绝,而城市化的过度发展、过长的产业供应链、防腐剂的滥用,加上监管力度不足,这些都让食品掺假有了可乘之机。19 世纪后半叶,发生在德国、英国和欧洲等一些地区的食品掺假丑闻不绝于耳,城市里贫穷人口所消费的食品更是如此,不少工人死于食物中毒。[8] 在大西洋两岸,一种用于治疗日常轻症、消化不良和其他症状的所谓“专利药”(有时被当作食品和饮料销售)的外包装上,厂家没有标明其所含的药物成分,而在药品销售过程中所披露的不实信息也没有受到相应的监管。[9] 抗议药物滥用的社会活动逐渐增多,这些都被历史学家一一记录下来,并最终促进政府有关部门出台相应的监管措施。英国于 1875 年通过的监管条例加大了安全标准的推行力度,尽管当时牛奶和其他食品的掺假事件仍时有发生。[10] 而在美国本土,政府对食品掺假的监管力度相对有限,这里的食品掺假问题显得更为严重。社会活动家们的努力最终促成了 1906 年联邦首部相关立法法案——《食品和药品法案》(Food and Drug Act)的诞生。该法案由当时规模尚小的联邦化学局负责执行,法案规定使用某些有害成分和具有误导性的宣传属于违法行为。[11]

虽然政府开始针对食品掺假和危险专利药加强监管,但后人不应忽视同一时期那些打破常规的绿色企业家所做出的贡献。尽管他们所提的一些观点对于 21 世纪的环保主义者而言并不陌生,但他们关注的焦点更多是人类的健康,而不是自然环境。绿色企业家的主要宗旨并不是推动监管力度的增强,而是希望通过创办企业使得消费者了解到他们正面临日益增长的健康风险,而这些企业能够为人们提供健康食品的解决方案。

这类企业往往是伴随着社会运动和宗教运动而诞生的。在美国,一场以"健康革命"为主题的社会运动为企业的建立提供了理论和思想基础。它兴起于 19 世纪初的波士顿,与一位名为西尔维斯特·格雷厄姆的长老会牧师有关。1829 年,这位牧师发明了被美国人现称为 Graham 全麦饼干的雏形。它用全麦和高纤维面粉代替广为流行的白面包,后者在制作过程中使用了化学添加剂。[12]格雷厄姆认为白面包中的化学添加剂是不健康的,因为它容易激起人们的性欲,并可能增强自慰的倾向。在他看来,这么做是有伤风化的,还可能造成智力水平下降。他宣扬健康、清淡的饮食习惯,不吃肉、不喝酒、多做运动,在他看来,这种生活习惯对个体和社会都是大有裨益的。[13]格雷厄姆参与了 1850 年在纽约成立的美国素食协会(American Vegetarian Society)的创办工作。此后在美国和欧洲,为了改变伴随现代化而来的不健康的饮食和生活方式,素食主义逐渐普及起来。[14]

尽管格雷厄姆自己并没有创办企业,但他的理念却成为许多初创企业所信奉的基石。这些企业包括"格雷厄姆寄宿公寓"和一些小型店铺。詹姆斯·凯勒·杰克逊(James Caleb Jackson)博士

将格雷厄姆的理念与水疗理论结合,创办了一家健康水疗所,并于
1863 年发明了一款名为 Granula、配合牛奶一起吃的冷麦片早餐
食品。因此杰克逊还创立了 Our Home Granula 公司,专门制造
这种早餐食品和一款健康的咖啡产品。[15]

27　　格雷厄姆和杰克逊都对基督复临安息日会教派的创始人产生
了影响,这个组织十分关注健康革命。1863 年,这一教派在密歇
根巴特克里市正式成立。3 年后,又成立了一家疗养院。1876 年,
一位名为约翰·哈维·凯洛格(John Harvey Kellogg)的医师成
为该疗养院的医学主管。凯洛格是一位热心的素食主义者、Gra-
ham 全麦饼干的忠实消费者,擅长制作用蔬菜为原料的健康食
品,它对人体更为健康,价格也不高。1897 年,凯洛格和哥哥威
尔·凯斯(Will Keith)共同创办了一家公司来进一步开发他们的
产品。考虑到面包产品可能带来的健康问题,为了寻找有助于性
节制的清淡食品,凯洛格让他的哥哥用麦片糊做尝试。结果偶然
地发现麦片糊在被放置一整晚后就风干了。随后他对产品进行了
一系列工艺改良,最终做成了薄麦片,随后这款谷物早餐玉米片便
成为公司标志性的产品"凯洛格玉米片"。为了扩大市场,威尔·
凯斯在产品上做了一些妥协,他趁做事严谨的弟弟去欧洲期间,在
烤玉米片里加了糖,使它们更美味。结果两人因此起了争执,约
翰·哈维强烈反对在食品中加糖。1906 年,威尔·凯斯成立了自
己的公司,和他的兄弟分道扬镳,在后来的 4 年里,借助突出的市
场营销和广告手段实现了 100 万美元的销售额。在长达 10 年的
针对凯洛格商标使用的官司中,威尔·凯斯最终胜诉。虽然只是
卖低纤维的含糖麦片,但从 1922 年起,他逐渐将凯洛格麦片公司

打造成一家大型跨国消费品公司。[16]

在美国健康革命蓬勃发展的同时，大洋彼岸的英国也出现了一群市场同行者。在英国，这些小型公司开始制作健康食品，卖给水疗会所和疗养院。1898 年，世界上最早的健康食品商店在工业城市伯明翰开张。一群奉行素食主义的商人陆续开了素食主题的餐厅、商店和酒店。约翰·亨利·库克（John Henry Cook）负责打理这项事业，在一位顾客问他吃什么样的食品才算健康后，他提出了"健康食品商店"（health food store）这一概念。库克是基督复临安息日会的一员，同时也是一名素食主义者，他在 1901 年收购了这家商店，在店内摆放上新鲜水果和蔬菜，并从凯洛格公司进口了早餐包装食品。1908 年，库克又建立了一家工厂用来专门生产健康食品，并开始为其他商店供应货品。到了 1925 年，他的企业产品手册被寄往 500 多家健康食品商店，6 年之后，他出版了一本名为《行业创始人如何成功经营健康食品店》（*How to Run a Health Food Store Successfully by the Founder of the First*）的书籍，分享了他一路走来的心路历程。[17]

在两次世界大战之间，英国和美国的健康食品商店数量日渐增长，大部分店铺的规模都不大、是由家族所有和管理的。[18] 这些商店有着精准的客户定位，这些客户往往非常重视健康饮食和健康的生活方式。一批企业家随后也纷纷效仿。其中就包括贝尔纳·麦克法登，1868 年，他出生于密苏里州，那时他叫伯纳德·阿道弗斯·麦克法登（Bernard Adolphus Mcfadden）。当他 4 岁时，他妈妈死于肺结核，在他 12 岁的时候，他也得了肺结核并险些因此丧命。他希望能在健身房中锻炼身体，却负担不起高昂的会员费。事业成功之后,他为自己建了一个带有吧台和哑铃的健身房。当他痊愈之后,逐渐明确了自己的使命,即传授"健康之道"。随后他搬到了纽约,1899 年,麦克法登创办了一本名为《体育文化》(*Physical Culture*)的杂志,并出版了共 5 册、长达 2969 页的《体育文化百科全书》(*Encyclopedia of Physical Culture*),该书第一版发行于 1911 年,此后定期修订。他同时还开了一家一美分体育文化连锁餐厅和一家他称为"疗养院"的水疗会所。即便是在健康食品和生活方式的先驱中,麦克法登也算是一个异类。遵循他的声音发展理论,他会不定期且毫无征兆地大喊大叫。即便如此,他依然能够把业务打理得有声有色。1918 年,《体育文化》的累计读者数量达到了 50 万人。到了 1935 年,他所出版的杂志累计发行量超过了 700 万册。[19]

德国的工业化比英国开始的要晚一些,但发展速度迅猛,尤其是 1871 年德国统一成为单一的民族国家之后,以食品和健康为主题的社会运动相继兴起。[20]这些社会运动有时也和浪漫、自然崇拜的意识形态相互影响。长期以来,德国有许多文学和哲学作品强调树木和森林的重要性,对老树尤其崇拜,这一传统依旧延续至今。工业化进程引起了特别的警惕,因为它似乎在侵蚀树木的生存空间。[21]"生命改革运动"(Life Reform movement)逐渐成为一个热衷参与社会活动群体的官方名称,这些群体成员包括了自然疗法医师、自然治疗师、裸体主义者和素食主义者,他们敦促人们吃简单健康的食品,照顾好自己的身体。[22]年轻未婚的新教中产阶级男士是这个理念忠实的拥趸,他们在供应他们喜爱的食物的餐厅用餐。这些餐厅后来成为出售食品和个人护理用品的小型专业零售店的主体,顾客在这里可以买到体现生命改革运动理念的产品。[23]

1887 年,卡尔·布朗(Carl Braun)在柏林开设了第一家此类改革商店。他是一名自然疗法医师,他发现在当时的市场很难买到他所推荐的外衣和毛巾。在此后的 3 年里,他开始销售可可粉、巧克力,值得注意的是,那时候这些食品仍被视为健康食品。随后他将销售产品的范围扩大到食品和健康产品。[24] 在最初的那段时间里,直邮营销是一种非常重要的营销手段,因为只有在大城市里才有商店。但随后,越来越多的商店相继开张。他们热心地向客户提供关于产品的建议,尤其鼓励消费者购买水果和人造黄油,这在当时也被认为是替代黄油的健康备选方案。[25]

到 1914 年,约有 80 家的改革商店遍布德国各地,但德国南部的数量较少。[26] 大多数改革商店都是小企业,但少数几家的业务逐渐壮大。其中最为成功的一个代表便是柏林的 Gesundheits-Zentrale 商店,它是由名为卡尔·曼(Carl Mann)的商人所创办的。截至 1911 年,他在柏林至少拥有 7 家店铺,年收入大约为 100 万德国马克(约合 25 万美元)。从 1911 年起,曼将所有的利润都投入到慈善事业。[27] 尽管第一次世界大战对其经营造成重大损失,但该店仍被保存了下来,并成为德国商业的一大特色。截至 1925 年,德国共有 200 家改革商店,到了 1932 年,这一数量增至近 1000 家。这些改革商店和零售店铺、改革产品的小型制造商建立起了密切的联系。[28]

随着德国部分人群移居到世界各地,健康食品、自然疗法、生命改革的理念在全球范围内产生了重大影响,它对美国的影响尤为明显。本尼迪克特·鲁斯特生于 1872 年,在德国的黑森林区长大,他是传播这些理念的关键人物。1891 年,他先到美国工作,但不幸感染了肺结核,随后回到德国接受自然疗法医师塞巴斯蒂安·克奈普(Sebastian Kneipp)神父的治疗。痊愈之后,他深入领会了克奈普关于自然药物的讲学内容;1896 年他移民美国,将这些理念传播到了美国。为了站稳脚跟,他进入纽约顺势疗法医学院(New York Homeopathic Medical College)进行学习,并在 1901 年毕业。[29] 同年,他在纽约成立了美国自然疗法学院(American School of Naturopathy),这也是全球第一家传授自然疗法的学校。同时,他还建立了美国自然疗法学会(Naturopathic Society of America)。1919 年,该学会更名为美国自然医学协会(American Naturopathic Association),它也是美国第一家由自然疗法师所组成的行业协会。[30]

30　　　鲁斯特在新泽西州成立了他自己的 Yungborn 水疗疗养院。[31] 1913 年,他在佛罗里达成立了第二家 Yungborn 水疗疗养院。他将欧洲主要的自然运动理念引进到了美国,包括水疗、草药疗法、空气和日光浴、素食等,并翻译了许多有关自然健康的德语经典著作。[32] 此外,他还创办了相关杂志,将印度的阿育吠陀和瑜伽引入美国。他在 20 世纪 20 年代创办了《自然之路》(*Nature`s Path*)期刊,印度治疗师尤伽南达(Paramahansa Yogananda)是主要的几位替他供稿的印度医师之一。[33] 然而事与愿违,因其非传统的治疗手段,如人体推拿和在康养度假村进行的裸体日光浴,鲁斯特遭受到部分权威人士和医疗协会的讽刺。[34]

　　和很多早期关注食品和健康的人士一样,鲁斯特也是素食主义者,但他对健康食品构成要素的其他看法随着时间的推移也在发生改变。随着生命改革运动在 19 世纪 70 年代逐渐成形,该运动的先驱之一爱德华·巴尔茨(Eduard Baltzer)对德国农业过分聚焦畜牧养殖,而没有为人们提供种植足够的蔬菜提出了批评。他为素食主义找到了充分的理由,但他同时亦认可适当地使用化肥能够帮助作物生长。在他看来,消除饥饿是可持续发展领域的一个关键性议题。在接下来的 40 年里,生命改革运动开始为天然肥料寻找实践机会。[35]尽管生命改革运动主要在城市中进行,一些成员开始从事农民和园丁的工作,尝试使用堆肥、绿肥和地膜覆盖等新的技术。在 1928 年,这些农民成立了自己的组织——"自然农业和定居工作组"(Arbeitsgemeinschaft Natürlicher Landbau und Siedlung,ANLS)。该组织强调在水果和蔬菜的种植生产过程中绝不使用人造肥料。[36]

在生命改革运动中,出现了一家名为伊甸园(Eden)的农产品供应商。这家主营水果种植的合作社是 1893 年"回归土地定居运动"(back-to-the-land settling movement)的一部分,这项运动是由居住在柏林附近奥拉宁堡的素食主义者发起的。伊甸园合作社最初用于种植的土地质量很糟,含有砂土,但定居者们聪明地利用柏林街边垃圾和污水污泥中的矿物肥料来提高土壤质量。几年后,使用社区内部生产的天然肥料便成了惯例。尽管最初人们并没有打算将生产改革运动中的试验产品用于销售,他们的初衷是为了自给自足,但很快他们便发现销售这类产品的商机。该公司以盈利为目的的水果种植始于 1898 年,最初选择的是草莓这种经济作物。因为水果和果汁不含化学防腐剂,因此它们成了含酒精 31

产品的替代品。在此后的 20 年里，天然蜂蜜、素食主义食用的肉类替代品和人造黄油也相继出现。[37]

到了 20 世纪 20 年代，一系列聚焦天然食品、避免使用化肥以及推崇健康生活方式的农业企业、零售店、水疗馆和出版社等各类组织相继在英国、德国和美国出现。从事这些经营活动的人，尽管特点不尽相同，但身上具有一些共性。这些人通过广泛参与社会运动相互认识，这也为他们带来了潜在客户群。个人动机会受到不同宗教背景、精神信仰的影响，也会受到反文化观念的影响，包括这一时期的裸体主义和自然疗法。麦克法登和鲁斯特的患病经历同样也成了随后许多绿色企业家的创业动机。尽管这些创业公司在当时不属于主流之列，有一些企业还是找到了一定份额的利基市场，并实现了规模化发展，例如一些德国的改革商店，英国库克的健康食品公司和美国麦克法登的健康杂志。这也揭示了消费者愿意接受健康食品的一个重要原因——凯洛格玉米片之所以能够打入大众消费市场并获得巨大的成功，离不开一个前提，即威尔·凯斯所提议的糖的加入。

回顾这些公司的创立过程，其根本的动力是源自对工业化生产的食品、不健康的城市生活方式会毁掉人们健康并对社会造成威胁的顾虑。他们倡导食用天然食品或吃素对人们健康有利的观点，例如这样可以降低自慰的倾向，即便是在当时这也显得有些匪夷所思。然而，这些观点可以被看作一个更长远趋势的起点，吃天然食品或有机食品更多是一种意识主张而未经证实。一个世纪之后，吃有机食品的好处依旧会受到质疑和挑战。最近的一项重要研究表明，尽管医学研究者发现了有机食品在"安全"方面的优势，例如可以避免摄入残余杀虫剂,但他们并未发现和食用传统食品相比,有机食品在营养方面具有何种优势。[38]

鲁道夫·斯坦纳,人智学和绿色企业

鲁道夫·斯坦纳(Rudolf Steiner)是一名哲学家,也是人智学运动(esoteric spiritual movement)的创始人,乍看之下,和麦克法登、鲁斯特相比,他的名字出现在绿色企业家相关著作里,会让人觉得有些不可思议。但斯坦纳所提出的社会哲学理论一直不断发展,注定会成为当今激励绿色企业家的一大动力源泉。斯坦纳本人也有一段简短的创业经历,这段经历连同其他的成就一起,为现代有机食品行业发展奠定了基础。

斯坦纳的出生地位于今天的克罗地亚,当时是奥匈帝国版图的一部分。他声称自己 8 岁时就已经开始和精神世界沟通。他在维也纳学习数学和物理,并从德国罗斯托克大学获得哲学博士学位。他深受德国唯心主义思想的影响,尤其是约翰·沃尔夫冈·冯·歌德(Johann Wolfgang von Goethe)作品的影响。当他在 1897 年搬到柏林之后,他开始介入通神学(Theosophy),这一神秘的思想受到了印度教和佛教的影响。虽然斯坦纳和当时通神学运动领袖在意见上有分歧,但他们都竭力维护科学调查的重要性,也都认定信仰耶稣基督的独特价值。斯坦纳自己的宗教观点包含对轮回转世说(reincarnation)的信念,这和传统的基督教并无太多相似之处。1913 年,他转而创立了自己的人智学说,一门关于"精神科学"的学说,它试图在科学和宗教之间找到折中点。斯坦纳认

为人类忘记了他们在古代对身体、灵魂和精神的认知,而 19 世纪
的唯物主义是压死骆驼的最后一根稻草。他认为人类既生活在地
球上,同时也存在于精神世界,并认为人需要在这两个世界中都表
现良好。这在一定程度上是因为随着时间的推移,人类会不断经
历轮回转世,从而发生性别和文化上的改变。[39]

　　斯坦纳的理念被他那个时代的多数人看成是奇怪的,甚至是
荒诞的,这些理念和当时主流思想相去甚远。[40]这些思想和可持续
性之间的关联尤为明显地体现在他工作的两个方面。首先,它们
提供了深远、全面的诊断和解决方案。斯坦纳认为物质世界和精
神世界之间出现了一个缺口,这一缺口需要被填补,这就为从全方
位的角度来看待环境挑战和提出相应的解决方案奠定了基础。在
第一次世界大战结束后,政治经济局势混沌不堪,斯坦纳提出的
"社会三重性理论"对随后的创业企业也产生了重要影响。他认为
人类社会的三个维度,经济、法律和文化维度需要保持自主性的同
时也需要通过协商达成共识,因为这三个维度是相互依存的。[41]第
二,随着时间的推移,斯坦纳的观点越来越强调要和他人一起协
作,找到精神和科学研究的切实应用场景。斯坦纳和他的追随者
们在医药、农业、儿童教育和建筑领域建立了许多新的机构,创造
了新的方法和一种名为资本主义企业的新型组织。

　　正是出于对人类健康、药物滥用的担忧才使得斯坦纳最终决
定步入商界。正如凯洛格、鲁斯特和其他许多对健康饮食方式心
存忧虑的人一样,斯坦纳也主张素食,强调素食对健康的重要
性。[42]他的理念也伴随着和几位关键人物的对话不断发展。1907
年,一位名叫奥斯卡·史米德(Oskar Schmiedel)的化学家找到斯

坦纳,他十分认同斯坦纳的观点,但同时也担心自己的健康。他们开始一同研究具有疗愈能力、源自植物的天然成分。此前,斯坦纳遇见了年轻的伊塔·韦格曼(Ita Wegman),她出生于荷属东印度群岛的一个殖民地家庭,1911 年在苏黎世大学获得了医学博士学位。韦格曼与史米德、斯坦纳一起,运用人智学关于治疗和药物的理念去钻研天然药物。[43]

从 1913 年起,博学的斯坦纳对艺术产生了浓厚的兴趣,开始建造歌德堂*。这是一栋位于瑞士多尔纳赫、雕刻精美、双穹顶的木质建筑,它也是一座“精神科学”的学堂。在经过来自 17 个不同国家的志愿者长达 7 年的努力之后,这座学堂正式建成。[44]虽然并没有接受过建筑学专业的训练,但斯坦纳认为建筑对弥合物质世界和精神世界缺口至关重要。他曾这样说道:“每一栋建筑,多多少少带走了地球上的一些阳光、风雨,或许还有植物和动物的一部分生命。因此建筑本身必须具有治愈性高品质以弥补这种牺牲。”[45]歌德堂遵循有机设计的理念,其建筑内部每一个元素、形式和颜色都承载着与建筑整体之间的内在联系,反之整体也通过变形而浑然天成地渗透进每一个元素内。[46]斯坦纳认为到过这里的人会自然地领悟它的精神寄语。显然,这过于乐观,但他试图把他的精神哲学纳入建筑实践的活动中,这一想法本身就很大胆,也为后代的建筑师提供了一个制式框架。[47]

与此同时,斯坦纳的机构也包括了由药剂师和化学家管理的部门,他们负责开发人智医学产品,这通常被看作对传统医药的补 34

---

* 本书封面图即第一座歌德堂与周围建筑的鸟瞰图。

充,而不是替代品。在人智医学的体系里,运用植物和矿物质制作的药物与按摩、运动和医疗咨询相结合并发挥作用。在第一次世界大战期间,韦格曼遵循斯坦纳的建议,运用槲寄生的提取物,研发了一种癌症治疗方法。时至今日这依旧是欧洲德语系国家医生在癌症治疗中普遍使用的一种替代药物,不过疗效如何仍有待进一步证实。[48]

　　在第一次世界大战期间以及结束后的一段时期里,斯坦纳开始了他的经商历程。1919 年 10 月,他在多尔纳赫为人智学学者们做了一次演讲,他呼吁以他的三重性理论为核心,展开一场全球范围内的革新运动。埃米尔·默特(Emil Molt)是一位德国企业家,也是华德福-阿斯托里亚烟草公司的老板,他也在当天做了发言。当时,他正和斯坦纳一同筹备建立斯图加特的第一所华德福学校(Waldorf school),为烟草公司工人的孩子提供教育。斯坦纳很早就形成了自己的教育理念,现在终于可以将它运用到教育实践中去。[49]默特建议成立公司,为传播斯坦纳的观点提供经济上的资助。经过一番思考和斟酌,斯坦纳提出了建立一家"类似银行的机构"来推动人智学说价值理念的传播。银行本身并不着眼于利润最大化,而是为了给其他公司提供资金和管理方面的支持。他的愿景是打造一家有盈利能力、可持续发展的公司,并建立一种新的企业文化。[50]就三重性而言,斯坦纳认为资本是企业家在文化维度里创造的,在法律和经济维度里资本被用作贷款,创造的利润被用于还贷,支持教育和文化机构,确保整个体系能够实现循环运转。[51]

　　创业初期,这些商业机构的生存境况充满了挑战。这家被命名为"明天银行"(Der kommende Tag A.G.,原意"即将到来的一天")的机构于 1920 年成立,简称为 Komtag。斯坦纳担任银行的董事长。[52]Komtag 收购了一家位于施瓦本格明德的消费品制造厂,斯坦纳想把它打造成医药品的实验室,同时他在附近的斯图加特和瑞士的阿勒斯海姆建立了两家新的医疗诊所。[53]斯坦纳和史米德负责药物、剃须皂和生发油产品的技术研发工作。至 1922 年,295 项"配方"被建议投入生产,其中超过 100 项是由斯坦纳发明的。[54]斯坦纳还为这些产品亲自设计了有德语和英语双重提示的产品包装。[55]在瑞士,他也运用了相似的模式在阿勒斯海姆建立了一家名为 Futurum A.G.的公司,旨在把药品生产业务和韦格曼开的诊所相结合。[56]

在政治和经济形势极为动荡的时代背景下,斯坦纳和他的观点也遭受到越来越多的来自外界的攻击。1923 年,歌德堂被烧毁。于是他又着手建立第二座歌德堂,这一次用的是更为坚固的钢筋混凝土,而不再是木材。修建工作从 1925 年开始,而那一年斯坦纳去世,新歌德堂在他去世后的第三年完工。该建筑设计、材料、颜色和空间的使用与其所处地理位置浑然一体,这体现了一种显著的、独特的建筑命题,而这在当时被许多传统建筑师所忽视或鄙视的。[57]

斯坦纳建立的新公司也历经了最为艰难的时刻。这次它们面临的是流动性方面的挑战。1922 年,实验室和韦格曼的治疗诊所从 Futurum 公司业务中剥离出来,新成立了一家名为 ILAG 的瑞士合资企业(1927 年再次更名为维雷德)。这次斯坦纳拒绝了担任董事会的工作,他希望把更多精力投身到精神层面的任务中去。韦格曼、史米德和斯坦纳的名字至今仍以公司创始人的身份出现在公司网站上。[58]这家公司后来收购了 Futurum,后者的业务经营状况不尽如人意,两家公司在 1924 年正式合并。[59]进一步的机构重组使世界人智学会后来持有了维雷德公司 1/5 的股票。[60]1924 年,剩余的德国公司资产也被归入瑞士公司的名下,由后者接管,这可能是阿道夫・希特勒(Adolf Hitler)前一年在慕尼黑发动政变后,斯坦纳担心德国未来的政局状况所致。斯坦纳将他的公司称为“经济和精神共存之企业”,虽然这家公司大部分股东都是人智学的学者,其依旧坚守可持续发展的原则,而不是靠政府补贴度日。[61]

　　从那时起,斯坦纳也开始思考如何运用人智学的理论来指导植物的种植。斯坦纳参与了一项农业活动,这项活动是由包括埃哈德・巴奇(Erhard Bartsch)在内的几位德国农户发起的。巴奇本人在听了斯坦纳于 1913 年的那次公开演讲后,便对人智学产生了兴趣。在第一次世界大战服役结束后,巴奇开始学习农业,并在另一位支持者卡尔・冯・凯瑟林克伯爵(Count Carl von Keyser-lingk)的科别日采(Koberwitz)庄园进行了一年的实习。和包括恩斯特・施特格曼(Ernst Stegemann)在内的同事一起,巴奇通过调查问卷的方式,尝试评估德国农民对人智学和农业之间潜在关系的兴趣度。他们选取了一系列问题和议题,期待斯坦纳能就这些议题阐述他的想法,并说明它们和农业之间的相关性。这为斯坦纳 1924 年在凯瑟林克的庄园进行的一系列农业讲座打下了基础。斯坦纳把已被广泛传播的许多概念纳入其中,例如把农场看作是生命体,但他同时也加入了新的概念,如混合农业、动物的使用、避免使用化肥、运用宇宙力量让土壤变得更加肥沃,如何在不用杀虫剂的前提下控制害虫和杂草,等等。在斯坦纳看来,土壤、植物和动物的健康有赖于它们和宇宙创造力之间的联系。[62]

斯坦纳把自己的讲座看成是一趟未完成的旅程,它们帮助确立了"生物动力学农业"(biodynamic agriculture)领域的标准,这一词语最初是由巴奇和施特格曼提出的,而非斯坦纳。[63]这些原则包括了所谓的九大"配方",如旨在改善土壤健康、促进作物生长,同时进行轮作、施肥以增进作物和牲畜之间的融合。这些配方的核心是将发酵过的矿物作物和动物肥料用在堆肥、土壤和作物上。此外,该方法强调植物会受到天象的影响,因此种植和收获需要与月球和星球的运动轨迹保持一致。[64]

不幸的是斯坦纳最终病倒了,在他生命的最后几个月里,伊塔·韦格曼负责照料他,他们共同完成了他的最后一本书,为他们共同开发的新药提供了理论基础。[65]后来更名为维雷德的这家公司幸存了下来。约瑟夫·范·里尔(Josef van Leer)担任公司管理委员会的主席,他为公司提供商业和物质层面的保障,与韦格曼负责的科学精神层面的医疗和临床研究工作形成互补。[66]到了20世纪20年代中期,他们的产品线愈加丰富,包括一系列针对疾病的药物、保健品和有助于消化的健爽茶。生发油和剃须皂是由遵循生物动力学原理种植出来的植物成分提取制成的,公司因此成为现代自然美容行业的奠基人。[67]1924年,维雷德旗下子公司在英国和荷兰陆续成立,1926年又在美国和捷克斯洛伐克成立了另外两家小型子公司。[68]

斯坦纳留下的遗作虽不多,但有着深远的影响力。伴随着人智学运动的分裂,公司内部对于韦格曼所扮演的角色产生了分歧。[69]20世纪20年代,华德福学校在英国、美国陆续开设;60年后,全球范围内出现了将近600多家这类的学校。[70]尽管维雷德公司的第一笔分红直到 1929 年才发放，但它还是幸存下来。而公司的第二笔分红直到第二次世界大战结束后才得以发放。[71] 在这期间，鲁道夫·郝思嘉（Rudolf Hauschka）博士致力于对健康和美妆产品之间的生物动力学联系加以探索，他是一名受到斯坦纳影响的奥地利化学家。他与韦格曼合作，在 1929 年发明了水基玫瑰花瓣提取物，随后成为此类药物的基础，这项实验也促使他在 1935 年在德国创立了 WALA 实验室。30 年后，他和伊丽莎白·西格蒙德（Elisabeth Sigmund）推出了基于人智学的护肤品产品线。[72]

生物动力学农业的所依赖的标准也成为有机农业的重要基石之一。它的支持者们将建立机构和确立原则列为优先要务。1924 年，巴奇、凯瑟林克和施特格曼成立了第一家正式的人智学农业组织：世界人智学会实验圈（Experimental Circle of the Anthroposophical Society）。[73] 第二家机构德米特（Demeter）成立于 1927 年，执行委员会中 2/3 的会员来自之前成立的组织，但它的会员扩展到"实验圈"会员之外的群体，包含了那些对此项目感兴趣的农户。[74] "实验圈"作为行业内研究工作和设定标准的主体，也是制造特殊人智学装备的唯一制造商，非德米特会员无法接触到这部分业务。德米特具有很强的执行力，建议农民尝试斯坦纳的方法，同时参与生物动力学农产品的市场营销活动。该机构所使用的商标自 1928 年启用，帮助推广生物动力学农产品。[75] 半个多世纪来，德米特依旧是唯一被认可的有机产品认证计划。

另一群人则将生物动力学理念传播到欧洲其他国家和大西洋彼岸。在 20 世纪 20 年代晚期，一位曾和斯坦纳合作过的德国化学家埃伦弗里德·法伊弗（Ehrenfried Pfeiffer）按照生物动力学农业原则，把荷兰瓦尔赫伦岛 Loverendale 地区的一个前总理女儿所拥有的农场加以改造，随后它成为两次世界大战之间欧洲最大的生物动力学公司。[76]斯坦纳的理念通过他的美国学生传播到了美国。1926 年，纽约市 Threefold 集团公司旗下收购了一家位于纽约市西北部郊外罗克兰县的农场。这也成为北美地区第一块使用生物动力学耕种方法的农田。1933 年，他们在 Threefold 农场举办了第一期暑期培训班，其中一位受邀演讲嘉宾是法伊弗。1938 年，他在美国永久定居，并在宾夕法尼亚州的金伯顿小镇创立了一家生物动力学示范农场，它对第二次世界大战结束后有机食品市场的兴起起到了重要影响。[77]

回顾鲁道夫·斯坦纳的一生，他曾有着多重身份，企业家只是他众多角色中的一个。生物动力学是否能奏效并将如何发挥作用？槲寄生有什么功效能够用于癌症治疗？斯坦纳和他的追随者的许多主张至今仍然是未解的谜题，更不用说那些关于人类发展及世界宏伟蓝图的相关叙述了。然而，斯坦纳确实为后人提供了一个激进的、全面的、可持续发展的理念，这个观点的产生部分是基于三重性的概念。他认为通过经济－精神互通的手段，以及农业、教育和建筑等领域的专业手段可以实现这一愿景。让人惊讶的是，斯坦纳的思想虽然与现代化经验相悖，却穿越时间和地域产生了共鸣，启发了新一代的绿色企业家。

风能和太阳能

19 世纪晚期出现的另一批绿色企业家关心的是能源问题，而不是食品和健康。这些企业家是今天的风能和太阳能行业领域的先驱。如果说那些从事食品和健康行业的企业家主要受到精神世界和社会议题的启发,那么替代能源业的先驱则有着更为复杂的动机,既包括了强大的宗教和社会动机,也因为一些个体看到了农村地区和欧洲遥远的殖民地存在能源供给缺口,觉得填补这一缺口有利可图。

不管他们的动机是什么,正如早期食品行业的企业家所面对的情况一样,风能和太阳能行业的企业家在早期也面临着一个依靠化石燃料并已经获得巨大成功的现有产业竞争者。化石燃料生产的增加推动了制造业的发展,也提升了西方国家的生产力。这一时期,欧洲能源消费的绝对值增长了 20 倍,人均水平增加了 7 倍。在 1820 年到 1910 年期间,90% 的能源消费增长来源于对煤炭的消费,它为西欧国家提供了超过 4/5 的能源供给。尽管能源消费不断增长,但价格却显著下滑。[78]

煤电象征着资本主义企业的胜利成果。在欧洲最大的煤炭生产国英国,越来越多的地主以及专业化煤矿开采公司开展深度变革,运用深井开采技术,使得大量煤矿得以被开采。到了 19 世纪 70 年代,一个大型工业体逐渐形成并发展起来,超过 50 万名的工人受到雇用,产品总量的 4/5 被出口到世界各地。到了 20 世纪,德国成为欧洲第二大工业国。美国是当时全球最大的工业国,许多新技术被广泛运用,并通过铁路创造了一个全国性市场。联邦法律对工业行业采取了保护措施,他们在公有土地上开采的矿产归他们自身所有,其中既有大公司也有成千上万家只有一到两名员工的小企业。[79]

作为第二大类的化石燃料，石油在最初时其重要性不及煤炭。在 1910 年，石油消费在欧洲能源消费中所占的比例还不足 1%。[80]然而，当 1859 年有公司在宾夕法尼亚开掘了第一个现代油井，企业家们就纷纷开始寻找新的油井，起初是在美国，随后扩散到世界各地。大型纵向一体化的公司，如洛克菲勒标准石油公司和皇家荷兰壳牌石油公司相继兴起，它们的业务包括石油生产、炼油和配送。在 20 世纪 20 年代，为了保证自己在中东石油储备上的利益不受损害，西方大国一直处于外交对抗中。[81]

化石燃料（主要是煤炭）让发电成为可能，人类之后发明了照亮世界的电灯泡和街灯。借助于电报和电话技术，远距离通信成为可能，后期还出现了电影院。1882 年，发明家托马斯·爱迪生（Thomas Edison）在纽约下曼哈顿区建立了第一家美国中央发电站。随后这家企业逐渐发展成电力行业巨头——通用电气。在接下来的 10 年里，塞缪尔·英萨尔（Samuel Insull）开始为一家名为芝加哥爱迪生的电力公司工作，它运用高压输电线把小型发电机整合成大的发电单元。城市里第一次有了电，同时伴随着蒸汽机和传输技术的发展，城市和乡村之间逐渐有了相互联通的电网。19 世纪 80 年代初期，一些电厂在大急流城、渥太华和尼亚加拉大瀑布相继建立，水电在美国和加拿大逐渐兴起，带动了传输技术的发展，尽管这些电厂造价不菲，但此后的边际成本却很低。到了1914 年，全球共有 55 条电压在 7 万到 15 万伏之间的输电线，长度从 19 英里*到 245 英里不等。在接下来的 20 年里，人均电力消

---

*　1 英里约为 1.61 千米。

费出现了显著的增长。[82] 随着电力消费的增长,电力成本开始下降。1902 年到 1930 年期间,美国的平均电价下降了 400%。电力供应被当作是一项公共事业。在美国和许多欧洲国家,市政府推出了针对发电站的监管制度,发电站在某些国家被划为政府所有,在两次世界大战之间,许多国家的政府对电网系统实施了进一步的监督和规划。[83]

化石燃料和电力的发展为一个动态的能源系统的形成创造了有利条件。这一系统成功的关键在于运输系统,由于它的出现,化石燃料和电力才得以被输送到世界各地[84],政府对此大力支持。正如在序言中所介绍的,人们当时对这些技术的进步所带来的气候变化等潜在的负面影响一无所知。因此,开发无污染的风能或太阳能技术在当时看来既缺少激励机制,也缺乏市场机遇。针对化石燃料作为一种有限的自然资源,当时也有很多的讨论。早期保护运动预见了自然资源禀赋日渐枯竭所带来的问题。早在 1865 年,著名英国经济学家威廉·斯坦利·杰文斯(William Stanley Jevons)就提出警告称煤炭供给已经受到威胁。在《煤炭问题》(*The Coal Question*)一书中,他提出了"杰文斯悖论"(Jevons Paradox),即能源生产效率的提升会导致能源消费的增加,而非能源消费的减少。[85] 尽管如此,化石燃料资源有限性所带来的担忧似乎很难激发早期企业家投入到风能和太阳能业务开发上来。

将风和太阳视为一种能源并不新鲜。人类使用风车至少有 2000 年了,但和燃煤蒸汽机相比,它完全不具有竞争力。一些风车继续被用于研磨谷物等传统用途。[86] 随着机械化的重要性日渐提高,在获取化石燃料和电力难度较大或费用较高的地区,出现了一些新的机遇。

美国内陆地区广阔的空间为使用小型的、风轮直径为一到几米的机械风能抽水系统提供了机遇。企业从事这项事业主要的动 41 机是盈利。这个系统最初出现于 19 世纪 50 年代的哈勒戴(Halladay)风车上,它是由一位来自康涅狄格州的机械师为了在大平原上使用而设计的。该企业的主要市场是横贯大陆的铁路公司,因为蒸汽机车在运行过程中需要补水,为此将煤炭用作燃料的成本太高。早期风车的性能逐渐改善,尤其在 1870 年钢片发明之后。这些低成本的美国抽水风车被大量生产及安装在美国的腹地,并被广泛出口。[87]

风能在一定程度上成了有好奇心的发明家的专属活动。有人尝试用多叶片风车设计来做发电试验。第一次使用大型风车发电是在俄亥俄州的克利夫兰市,这是由发明家查尔斯·弗朗西丝·布拉什(Charles F.Brush)所打造的,他通过弧光系统等一系列发明获利颇丰。1888 年,他在自家后院建立了一座高达 60 英尺 * 的风力发电机,成为世界上第一位用风力发电的人。为了存储电力,他在地下室安装了电池。这台直径 56 英尺、由 144 片木质叶片组成的风轮工作了 20 年,但发电功率只有 12 千瓦 。[88]

20 世纪 20 年代,风力发电系统受到飞机螺旋桨设计尤其是单翼机机翼的启发,改良后的发电机在大平原的乡村地区得到了广泛应用,起初是为了给农场提供照明,为晶体收音机组的电池充

---

　*　1 英尺约为 30.48 厘米。

电,随后又为冰箱、冷柜、洗衣机和电动工具等提供电力。

雅各布斯风能公司(Jacobs Wind Energy Company)是这个时代最有代表性的风能公司之一。它是由马塞勒斯(Marcellus)和乔伊·雅各布斯(Joe Jacobs)两兄弟共同创立的,他们的父母带着他们迁移到了蒙大拿州东部的乡村地区。家人想用电,但需要从最近的小镇上获得汽油,而小镇距离他们有 40 英里。兄弟二人尝试把一个抽水风车变成风机房。他俩都全职在农场工作。乔伊没有受过正规教育,而马塞勒斯也只念到了高一,学了一些在农场生活的人所需掌握的基础电学知识。马塞勒斯从学校回到了农场后,他和自己的兄弟乔伊一起在 1922 年建造了第一台涡轮机。3 42 年后,他们认为多叶轮速度太慢,不足以产生足够的电力。马塞勒斯学过飞行,他的直觉告诉他飞机的螺旋桨或许能够解决这个问题。第一次世界大战留下了大量物资,包括飞机螺旋桨和发动机。这台设备仅需低价就能买到,它可以被用于开发风力涡轮机技术。[89]

1927 年,马塞勒斯发明了三叶片涡轮机,这成为他的商标产品。1929 年,他正式成立了公司,并得到了周边农户的资金支持。雅各布斯的农场是唯一在夜间亮灯的农场,这为他们的机器起到了强有力的示范效应。人们在几英里之外就能看见灯光,并开车到雅各布斯的农场来一探究竟。1931 年,他们把公司搬到了明尼阿波利斯市,为这里的乡村地区提供电力,因为这里还没有安装电线。[90]

这一时期,丹麦出现了除美国之外的第二个现代风能行业的先驱,在风能开发的过程中,可持续发展议题也开始被关注。丹麦

是一个不寻常的国家，由于人口激增和对森林的过度开发，它在
18 世纪中期经历了一场生态灾难，差一点就要沦为一片沙地。这
段历史激发了一项重要的环保行动，包括种植欧滨麦、强化排水系
统、增加苜蓿在轮作中的使用等。[91]这些较为环保的做法激发了丹
麦国人的环境意识，进而催生了本书后续章节将要提到的几个重
要的绿色行业。

丹麦素来就有使用风车把谷物研磨成面粉的传统，波尔·拉
库尔（Poul la Cour）将这一技术带到了一个新高度。拉库尔在农
场长大，毕业于哥本哈根大学气象学系，他自幼受到 19 世纪路德
教牧师和哲学家葛隆维（N. F. S.Grundtvig）的影响，葛隆维是丹
麦人心中了不起的人物，强调自由和创造力的美德。有时，他也会
被拿来和美国的拉尔夫·瓦尔多·爱默生（Ralph Waldo
Emerson）做比较。1891 年，拉库尔成为丹麦南部阿斯科乌民众
高等学校的一名老师，他开始探索用风力涡轮机发电。他是世界
上第一位对风洞中人造气流进行系统化试验的人。他对工业化后
乡镇糟糕的社会条件不满，这使得他想要做点什么去改变现状，改 43
善农村地区的生活，提高人民的生活水平，这样人们就不会想要离
开农村去乡镇了。他认为拥有电力是关键，但当时丹麦的发电站
只为城市地区服务，他想要找到在农村供电的办法。基于丹麦当
代工程师和科学家们关于气动升力和阻力的研究成果，拉库尔发
明了一个风车，起初它为发电机供电，为高中校舍照明提供电力，
进而又为附近的村庄供电。[92]拉库尔申请了一系列发明专利，但赚
钱绝非他关注的焦点。他想要把技术分享给别人。为了加快这一
进程，他成立了风电技工协会（Society of Wind Electricians）。[93]

在第一次世界大战期间,进口煤炭短缺造成的能源短缺使得风能在丹麦流行起来。和邻国瑞典不同,丹麦没有森林、没有水电,也没有煤矿储备,因此风能是煤炭短缺时最为可行的能源方案。到了1918年,丹麦全国境内共建有250个风力涡轮发电机,其中120多台和发电站进行联网。在这一背景下,拉库尔和他的一位学生成立了一家名为Lykkegaard的风力涡轮机制造公司,随后,由水泥厂史密斯公司(F. L. Smidth & Co.)重新组织的创业公司也加入其中。史密斯公司和Kramme & Zeuthen飞机制造公司合作开发拥有气动机翼的新型涡轮机和输出功率为40—70千瓦的混凝土塔,被认为是把涡轮机制造和空气动力学连接在一起的行业开拓者。[94]

两次世界大战之间,煤电厂纷纷为国家电网的建设供电,这大大打击了丹麦和欧洲其他地区风能行业的发展。Lykkegaard和史密斯公司急需制造大量涡轮机,但丹麦使用风力涡轮机的发电站数量在1920年到1940年期间,从75家下降到25家。第二次世界大战爆发,加上燃油短缺,又为风能行业提供了一个短暂的发展契机。[95]欧洲其他地区在这个时期也有了关于风电的各种试验,但真正落地的却少之又少。1927年,曾为电机厂工作过的法国工程师乔治·达里厄(George Darrieus)注册了第一个垂直轴风力机专利,使得涡轮机可以从任意角度吸收风能,而不再需要随着风向改变做调整。遗憾的是这一发明直到20世纪60年代晚期才被真正利用。[96]

在美国,风能的发展也遭遇了现代化进程的挑战。联邦政府44 通过针对农电协会(Rural Electrification Association,REA)实施的一系列措施,刺激严重受挫的农业经济发展,扩大电网规模,这也对雅各布斯风能公司带来了冲击。农电协会成为雅各布斯风能公司的竞争对手,前者有着过剩产能,因此它将雅各布斯风能看成是眼中钉。但是一些农村地区依旧无法联入电网。尽管雅各布斯风能的设备成本较高,但它们有时却是获得可靠电力的唯一方法。雅各布斯风能的销售在 1946 年到 1950 年期间达到巅峰。到了 20 世纪 50 年代,公司已经建立了 5 万多个风机房,经销网络遍布全球,他们把设备卖给拥有大片土地、需要电力的富裕的农户。随着煤电电网的进一步普及,该公司的增长速度逐渐放缓,直至 20 世纪 60 年代末期申请破产。[97]

风能和太阳能产业的发展有许多相似之处。像风能一样,太阳能也可以成为一种能源,这从来就不是什么秘密。被动式太阳能,或将太阳能用于生活空间的照明和取暖的传统也由来已久。但没有相应的技术能够存储或捕捉太阳能。19 世纪出现了新的技术进步。因为坚信化石燃料最终将消耗殆尽,法国数学家奥古斯丁·穆托(Augustin Mouchot)发明了第一个使用带有抛物面集热器的太阳能蒸汽动力装置。运用抛物槽进行蒸汽生产仍然是太阳能发电的关键技术,直到第二次世界大战之后,人们才开始使用光伏板将太阳光直接转换成电。穆托发明了一种太阳能蒸汽机,并得到法国政府的支持,在阳光充足的法属殖民地阿尔及利亚进行试验。他开发了一种太阳能发电机,1878 年巴黎世界博览会上它成为获奖展品,但由于没有得到后续资金的支持,这个充满好奇心的点子未能得到进一步开发。[98]但人们对太阳能潜力的兴趣依然存在。据估计,在 1880 年到 1914 年期间,流行科学杂志《科学美国人》(*Scientific American*)上共发表了近 50 篇关于太阳能的文章。[99]

　　与风能一样,煤炭价格昂贵,由此企业家看到了太阳能背后蕴藏的盈利机会。加州光照资源丰富,缺乏煤炭,在 19 世纪 90 年代,一些太阳能热水器公司在加利福尼亚州先后成立。[100] 从英国移民到波士顿的奥布里·伊尼厄斯(Aubrey Eneas)在加利福尼亚州成功创办了一家太阳能公司。伊尼厄斯从一位瑞典工程师那里得到了启发,他设计的铁血蒸汽动力战列舰"莫尼特号"在美国内战期间得到吹捧。1892 年,伊尼厄斯在波士顿创立了太阳能汽车公司(Solar Motor Company)。他在美国西南部的干旱沙漠中发现了一个商机。那里对蒸汽动力灌溉的需求在不断增长,但当地缺乏易于获取的煤炭资源,这就为太阳能发电提供了巨大的机会。经历过几次试验的失败,伊尼厄斯采用了穆托的锥形反射器设计,更均匀和高效地加热锅炉,从而产生更多的蒸汽。1903 年,伊尼厄斯将太阳能汽车公司搬迁到洛杉矶,并开始在整个区域大力推销他的机器。[101] 他开发了大型太阳能集热器,为蒸汽机和农业灌溉水泵供电,并开始在加利福尼亚州和亚利桑那州周围销售。然而,这些大型集热器的制造方法难以适应当地不可预测的冰雹和强风天气。伊尼厄斯最终从太阳能行业中退出,他认为这项技术生产成本过高且无法实现盈利。[102]

　　伊尼厄斯并非唯一退出美国的太阳能行业的企业家。在 20 世纪 20 年代,加利福尼亚太阳能热水器业务受到了日益增长的廉价天然气供应的冲击。佛罗里达州出现了新的业务机会,那里正在经历一个房地产热潮,但天然气的价格并不便宜。一家名为太阳能热水器（Solar Water Heater Company）的公司在迈阿密成立，并成功地把太阳能热水器产品装在了迈阿密许多的住宅项目上。1926 年，伴随着一场大规模的飓风灾难和佛罗里达州的房地产开发热潮的结束，公司也败下阵来。1935 年以后，佛罗里达州出现了第二次短暂的太阳能热潮，当时联邦住宅管理局的抵押贷款计划推动了又一波购房热潮，这些房屋大多装有太阳能热水器。太平洋战争爆发后，铜价上涨终结了行业的繁荣景象。[103]

　　在炎热、阳光充沛的发展中国家，太阳能似乎会有更好的发展前景。最重要的例子是英国的保护国埃及，美国企业家弗兰克·舒曼（Frank Shuman）在那里建立了太阳能业务。舒曼是一位来自费城的发明家，他因为发明了一款用于天窗、汽车挡风玻璃、护目镜和机床卫士的防碎玻璃，而发家致富。1906 年，他开始试水太阳能发动机。了解了伊尼厄斯的失败经历之后，舒曼开始着手设计成本较低的太阳能发动机。1907 年，舒曼在自家后院里建造了一个小型示范基地。为了推广自己的太阳能发动机、激发潜在投资人的兴趣，舒曼在全市范围内发布广告，邀请公众参加他的太 46 阳能发动机示范展示活动。1910 年，为了测试他的设计，舒曼建了一个大约面积是原来 10 倍的工厂。收集太阳能总面积超过 1 万平方英尺。它每小时大约能生产 600 磅*蒸汽，产生 25 马力的动力——每分钟能够将 3000 加仑**的水抽到 33 英尺高。为了与煤炭产业进行竞争，舒曼认为太阳能发电厂的规模需要扩大。他

---

　*　1 磅约为 0.454 千克。

　**　1 加仑约为 3.79 升。

很快就设计了一台由占地 60 英亩 * 的太阳能收集器驱动的 1 万马力蒸汽机。[104]

和穆托一样，舒曼也对化石燃料的有限供应存在着忧虑。1911 年 9 月，他在《科学美国人》杂志上发表的一篇论文中写道："太阳能的未来发展前途无量……在遥远的将来，当天然燃料已经耗尽，它仍然是人类唯一的生存手段。"[105]这篇论文的刊登恰逢公众在对即将出现的煤炭和石油短缺展开辩论之时。但他仍难以吸引投资人的兴趣，之后把目光转向市场广阔、全球化导向的伦敦资本市场，在那里，他的同事兼顾问工程师 A.S.E. 阿克曼（A.S.E Ackermann）在资本市场有人脉，同时也和科学界保持着紧密的联系。1911 年，舒曼和他的合伙人得以建立太阳电力公司（东半球），并说服了足够数量的投资者购买股份，帮助其在埃及创立太阳能项目。[106]

英国占领下的埃及似乎是舒曼的理想选择。它阳光充沛，缺乏煤炭储备，毗邻尼罗河的土地只有经过适当的灌溉才能耕种，因此机械化灌溉的比例也在增加。舒曼租了位于埃及行政中心玛阿迪（Maadi）村的土地，把零部件从费城运往埃及，用于试验性工厂。英国殖民政府的支持是至关重要的，舒曼很快就明白了事情的复杂性。政府工程师针对改进项目给出了十分高昂的报价。为了节省成本，舒曼决定在玛阿迪白手起家，使用当地的材料建设工厂，而不是在费城建设零部件，再把它们运到埃及。第一家商业性太阳能发电厂很快在当地建成。[107]

---

* 1 英亩约为 4046.8 平方米。

找到高性价比提高埃及灌溉系统的方法让当地政府很是兴奋,因为这也能增加棉花作物的产量。当地政府为舒曼提供了英属苏丹一个3万英亩的棉花种植园,让他在那里建立一个更大的太阳能发电厂。由于德国、英国和法国在中东和非洲地区的竞争,德国政府在了解到太阳能的潜力后,奖励舒曼20万美元,让他在 47 东非设计和建造太阳能灌溉系统。这次的成功使得发明家敢于设想建立更大的太阳能发电厂,包括在撒哈拉沙漠中建立一个2万平方英里的工厂,它能产生2.7亿马力的发电功率——需要特别指出的是,这个数量等于1909年全球燃烧的所有燃料总和![108]

舒曼雄心勃勃发起的太阳能计划在第一次世界大战爆发后被迫中止。在玛阿迪工厂工作的工程师包括舒曼在内,都回到了他们自己的国家,在几个月之内,工厂就被拆除,只剩下零件和废金属。1918年,舒曼死于心脏病发作。由于化石燃料的价格在战后衰退期急剧下降,进一步对太阳能进行试验的动力也不复存在了。[109]

在两次世界大战之间,一批创业公司应运而生,它们制造风力涡轮机,给水加热,并在埃及建造了太阳能地热电站。这些努力背后所蕴含的动机是多种多样的:拉库尔的宗教信仰、以及通过给农村供电来维系农村社会的想法,与当代食品和健康行业企业家的理念不谋而合。尽管当时绿色企业家这个词语还不存在,舒曼认为太阳能是应对有限资源枯竭最有效的方法这一观点,也使他成为一位对可持续性议题感兴趣的绿色企业家。相比而言,雅各布斯和伊尼厄斯是较为传统的企业家,他们从基于化石燃料的新兴能源系统的缺口中找到了获利的机会。问题在于这些缺口随着化石燃料价格的下降和国家电网的普及而逐渐缩小。舒曼在埃及的经验表明,如果没有技术上的突破,使得太阳能和风能价格变得足够便宜,并得以和化石燃料竞争,那么只有政府提供物质支持才有可能取得商业上进展。

小结

在 19 世纪,无论是针对原始森林还是色彩缤纷的鸟类,精英自然保护主义者聚焦于防止利欲熏心的资本家浪费全球资源,导致资源枯竭。与此同时,营利性绿色企业的诞生为取代当时所主导的商业模式提供了另一个路径,这一点几乎被所有当代主流学者所忽视,更不用说未来的历史学家了。这些早期的绿色企业家认为,农业和食品的工业化可能会因其成分侵害人们的身体,破坏人们的健康,而缺乏电力的社区是难以实现可持续发展的。他们早期创业的动机,包括改善健康和社会环境,为后来人们对自然环境的关切打下基础。在食品和健康行业尤其如此,创业动机反映了企业家参与更广泛的社会运动,独特的宗教和精神层面的议题和反文化信仰。当然也不仅限于这两个行业,在太阳能和风能领域,类似的企业家与传统企业家共存,这些企业家看到了有利可图的市场机会。

在西方工业社会的大背景下,本书考察的企业家和企业可能会显得有些边缘化,甚至无关紧要。正是那些为了获取利润的传统企业,完成了为迅速扩张的人口提供食物和能源的艰巨任务。相反,在一些工业化国家,健康食品和生活方式被创造,这最多也只能算是利基市场。风力发电为丹麦和美国的农村供电,埃及的太阳能发电也是如此,但事实证明这样的机会转瞬即逝。

但从更长远的角度来看,未来绿色企业的许多基础已经形成。在食品业方面,健康商店和改革商店是可以持续经营下去的。格雷厄姆、凯洛格和库克坚持认为加工食品和在植物生长中使用化学制品的元素会对人类健康有害,这也成为天然和有机食品行业的一个根本性假设。

波尔·拉库尔、弗兰克·舒曼等人通过研究和实践证明了能源获取对于社会可持续发展的重要性,他们认为风能和太阳能可为人们提供所需的能源。鲁道夫·斯坦纳提出了一个激进的可持续发展观,并提出了通过坚持"经济-精神互通"的企业、生物动力学农业、教育和建筑来实现这一愿景的切实途径。这些想法在多数人看来是离奇的,但它们将推动未来多个行业的创新。几十年来的实践成果包括有机农业基本原理的形成以及第一个抛物面太阳能槽。这些创新将在几十年后以更大的力量回归,并受到新需求的驱动,其中最重要的是拯救地球,使其免受灾难性气候变化的影响。

本章注释

1. Rondo Cameron, *A Concise Economic History of the World* (Oxford: Oxford University Press, 1989), pp.189-93.

2. Giovanni Federico, "Growth, Specialization, and Organization of World Agriculture," in Larry Neal and Jeffrey G. Williamson (eds.), *The Cambridge History of Capitalism*, vol. 2 (Cambridge: Cambridge University Press, 2014), pp.52-60.

3. Stephen Mosley, *The Environment in World History* (London:

Routledge,2010),pp.73-5.

4. Federico,"Growth," p.49.

5. Geoffrey Jones, *Multinationals and Global Capitalism* (Oxford: Oxford University Press,2005),pp.50-2.

6. Derek J. Oddy, *From Plain Fare to Fusion Food* (Woodbridge: Boydell Press,2003),chapters 1-3.

7. Alfred D. Chandler, *Scale and Scope* (Cambridge, MA: Harvard University Press,1990),pp.149-61.

8. Peter J. Atkins,Peter Lummel,and Derek J. Oddy (eds.), *Food and the City in Europe since 1800* (Aldershot: Ashgate,2007),chapters 7-10.

9. Thomas Richards, *The Commodity Culture of Victorian England* (Stanford,CA: Stanford University Press,1990),pp.168-204.

10. Oddy, *From Plain Fare to Fusion Food*,pp.30-2.

11. James Harvey Young, *Pure Food: Securing the Federal Food and Drugs Act of 1906* (Princeton,NJ: Princeton University Press,1989).

12.格雷厄姆发明的全麦饼干于 1931 年问世,其形态与现如今含糖款的饼干一致。Adee Braun, "Looking to Quell Sexual Urges? Consider the Graham Cracker," *The Atlantic*,January 15,2014.

13. Gerald Carson, *Cornflake Crusade* (New York: Rinehart & Co,1957), pp.52-3;Samuel Fromartz, *Organic, Inc.* (New York: Harcourt,2006), pp.148-9.

14. Peter J. Atkins and Derek J. Oddy, "Food and the City," in Atkins, Lummel,and Oddy (eds.), *Food and the City*,p.8.

15. Carson, *Cornflake Crusade*,chapter 5; Fromartz, *Organic, Inc.*,p.151.

16. Carson, *Cornflake Crusade*,chapters 8-10; Frank Murray and Jon Tarr, *More than One Slingshot: How the Health Food Industry is Changing America* (Richmond,VA: Marlborough House,1984),pp.13-14; Fromartz, *Organic, Inc.*,pp.153-5.

17. Ray Hill, *The Health Food Store: A Nostalgic Look at the First—Its Origins, Philosophy and Development* (Stroud: Nuhelth Books,1998),pp.5-10; William Shurtleff and Akiko Aoyagi, *History of Seventh-Day Adventist Work with Soyfoods, Vegetarianism, Meat Alternatives, Wheat Gluten, Dietary Fiber and Peanut Butter (1863-2013)* (Lafayette,CA:

Soyinfo Center,2014),p.248.

18. Murray and Tarr, *More than One Slingshot*,chapter 1.

19. Ben Yagoda,"The True Story of Bernarr Macfadden," *American Heritage* 33,no. 1 (1981).

20. Alain Drouard,"Reforming Diet at the End of the Nineteenth Century 50 in Europe," in Atkins,Lummel,and Oddy (eds.), *Food and the City*,pp. 220-1.

21. Christof Mauch,"Introduction," in Christof Mauch (ed.), *Nature in German History* (New York: Berghahn Books,2004),pp.2-4.

22. Judith Baumgartner, *Ernährungsreform : Antwort auf Industrialisierung und Ernährungswandel* (Frankfurt: Peter Lang, 1992); Eva Barlösius, *Naturgemässe Lebensführung: zur Geschichte der Lebensreform um die Jahrhundertwende* (Frankfurt: Campus, 1997); Florentine Fritzen, *Gesünder leben: die Lebensreformbewegung im 20. Jahrhundert* (Stuttgart: Steiner,2006).

23. Barlösius, *Naturgemässe Lebensführung*, pp.23, 103, 106-12, 129, 183; Baumgartner, *Ernährungsreform*,pp.115-16.

24. Fritzen, *Gesünder leben*,p.44.

25. Baumgartner, *Ernährungsreform*,p.109.

26. Fritzen, *Gesünder leben*,pp.46,48.

27. Baumgartner, *Ernährungsreform*,p.116.

28. Fritzen, *Gesünder leben*,p.51.

29. Gordon Kennedy and Kody Ryan,"Hippie Roots & the Perennial Subculture," 〈http://www.hippy.com/php/article-243.html〉,accessed August 20,2009.

30. Gordon Kennedy, *Children of the Sun: A Pictorial Anthology, from Germany to California 1883-1949* (Ojai, CA: Nivaria Press, 1998), pp. 125-6.

31. Kennedy and Ryan,"Hippie Roots."

32. Kennedy, *Children of the Sun*,pp.125-6.

33. Kennedy and Ryan, "Hippie Roots"; Benedict Lust, *Yungborn: The Life and Times of Dr. Benedict Lust and Pilgrimages to the Great Masters* (East Wenatchee, WA: Healing Mountain Publishing, 2006 edition);

Friedhelm Kirchfield and Wade Boyle, *Nature Doctors*: *Pioneers in Naturopathic Medicine* (Portland, OR: Medicina Biologica, 1994).

34. Kennedy and Ryan, "Hippie Roots"; Lust, *Yungborn*; Kirchfield and Boyle, *Nature Doctors*.

35. Corinna Treitel, "Artificial or Biological? Nature, Fertilizer, and the German Origins of Organic Agriculture," in Denise Phillips and Sharon Kingsland (eds.), *New Perspectives on the History of Life Sciences and Agriculture* (Cham: Springer, 2015).

36. Holger Kirchmann et al., "Fundamentals of Organic Agriculture," in Holger Kirchmann and Lars Bergström (eds.), *Organic Crop Production*: *Ambitions and Limitations* (Dordrecht: Springer, 2008), pp. 13-38; Gunter Vogt, "The Origins of Organic Farming," in William Lockeretz (ed.), *Organic Farming*: *An International History* (Trowbridge: Cromwell Press, 2007), pp.14-16; Gunter Vogt, *Entstehung und Entwicklung des ökologischen Landbaus im deutschsprachigen Raum* (Bad Dürkheim: Stiftung Ökologie & Landbau, 2000), chapter 3.

51 37. Baumgartner, *Ernährungsreform*, pp.125-33, 159-60, 191-2, 179.

38. Crystal Smith-Spangler et al., "Are Organic Foods Safer or Healthier Than Conventional Alternatives? A Systematic Review," *Annals of Internal Medicine* 157, no. 5 (2012), pp.348-66.

39. The best general introduction to Steiner is Gary Lachman, *Rudolf Steiner*: *An Introduction to His Life and Work* (New York: Penguin, 2007).

40. Peter Selg, *Rudof Steiner*: *Life and Work*, vol. 1 (Great Barrington, MA: Steiner Books, 2014), p.xv.

41. Uwe Werner, *Das Unternehmen Weleda*, 1921-1945: *Entstehung und Pionierzeit eines menschengemässen und nachhaltig ökologischen Unternehmens* (Berlin: BWV, 2014), pp. 21-2; Rudolf Steiner, *The Threefold State*: *The True Aspect of the Social Question* (London: Allen & Unwin, 1920).

42. Drouard, "Reforming Diet," p.221.

43. Peter Selg, *Dr. Oskar Schmiedel*, 1887-1959: *Der erste anthroposophische Pharmazeut und Weleda-Direktor. Eine Dokumentation* (Arlesheim: Ita Wegman Institut, 2010), pp. 52, 66-73; Werner, *Das Unternehmen*

Weleda,pp.13-16.

44. Selg,*Steiner*,p.xix.

45. Cited in〈http://architecturesteiner.com〉,accessed October 22,2016.

46. Kenneth Bayes, *Living Architecture: Rudolf Steiner's Ideas in Practice* (Edinburgh: Floris Books,1994).

47. Fiona Gray,"Between Theory and Practice: Rudolf Steiner Philosopher and Architect," *Association of Architecture Schools of Australasia* (*AASA*) *Proceedings*,Deakin University,2011; Carole M. Cusack,"'And the Building Becomes Man': Meaning and Aesthetics in Rudolf Steiner's Goetheanum," in Carole M. Cusack and Alex Norman (eds.),*Handbook of New Religions and Cultural Production* (Leiden: Brill, 2012), pp. 173-91.

48.〈http://cancure. org/12-links-page/45-iscador-mistletoe〉, accessed January 4,2016.

49. Liselotte Frisk,"The Anthroposophical Movement and the Waldorf Educational System," in Cusack and Norman (eds.),*Handbook*,pp.193-211.

50. Christoph Lindenberg,*Rudolf Steiner: Eine Biographie*,*Vol. 2*, *1915-1925* (Stuttgart: Verlag Freies Geistesleben,1997),pp.698-701.

51. Frederick Amrine,"Discovering a Genius: Rudolf Steiner at 150,"〈http:// www. anthroposophy. org/fileadmin/vision-in-action/being-human-2011-01-Amrine-Discovering.pdf〉,accessed July 18,2016.

52. Werner,*Das Unternehmen Weleda*,pp.24-5.

53. Ibid.,pp.28-9,31.

54. Ibid.,p.63.

55. Ibid.,p.36.

56. Ibid.,pp.35-6.   52

57. Fiona Gray, "Rudolf Steiner: Occult Crank or Architectural Mastermind," *Architectural Theory Review* 15, no. 1 (2010), pp. 43-60;〈https://www. goetheanum. org/The-Goetheanum-Building.133.0. html? &L = 1〉,accessed August 2,2016.

58. Werner,*Das Unternehmen Weleda*,p.43. IIAG 是 Internationale Laboratorien und Klinisch-Therapeutisches Institut Arlesheim A.G 的缩写。

59. Werner,*Das Unternehmen Weleda*,p.48.

60. Ibid.,pp.50-1.

61. Selg, *Schmiedel*, pp.10, 100-1; Werner, *Das Unternehmen Weleda*, pp. 54-6.

62. Vogt, *Entstehung*, pp. 98, 116, 126; Herbert H. Koepf, "Bartsch, Erhard," in Bodo von Plato (ed.), *Anthroposophie im 20. Jahrhundert: Ein Kulturimpuls in biografischen Porträts* (Dornach: Verlag am Goetheanum,2003),p.53.

63. Uwe Werner, *Anthroposophen in der Zeit des Nazionalsozialismus, 1933-1945* (Munich: Oldenbourg,1999),p.82.

64. Alex Norman, "Cosmic Flavour, Spiritual Nutrition: The Biodynamic Agricultural Method and the Legacy of Rudolf Steiner's Anthroposophy in Viticulture," in Cusack and Norman (eds.), *Handbook*, pp.214-18.

65. Rudolf Steiner and Ita Wegman, *Fundamentals of Therapy* (Whitefish, MT: Kessinger Publishing,2010 edition).

66. Werner, *Das Unternehmen Weleda*, pp.61-2.

67. Selg, *Schmiedel*, pp.101-2.

68. Werner, *Das Unternehmen Weleda*, pp.83,87,103.

69. Selg, *Schmiedel*, pp.120-54.

70. Heiner Ullrich, "Rudolf Steiner (1861-1925)," *Prospects: The Quarterly Review of Comparative Education* 24, no. 3-4 (1994), pp.555-72, reprinted at ⟨http://www.ibe.unesco.org/publications/ThinkersPdf/steinere.pdf⟩.

71. Werner, *Das Unternehmen Weleda*, p.106.

72. ⟨http://www. drhauschka. com/about-dr-hauschka-skin-care/our-history⟩, accessed January 31,2016.

73. Koepf, "Bartsch, Erhard," p.53.

74. Herbert H. Koepf and Bodo von Plato, *Die biologisch-dynamische Wirtschaftsweise im 20. Jahrhundert: Die Entwicklungsgeschichte der biologisch-dynamischen Landwirtschaft* (Dornach: Verlag am Goetheanum, 2001),pp.73-5.

75. Gunter Vogt, "The Origins of Organic Farming," in William Lockeretz (ed.), *Organic Farming: An International History* (Trowbridge: Cromwell Press,2007),pp.19-22.

76. Arie Hollander,"'Tegen Beter Weten In': De Geschiedenis van de Biologische Landbouw en Voeding in Nederland (1880-2001)," Utrecht University Ph.D.,2012. 作者在此感谢迪克•赫兰德(Dick Hollander)的热心分享。

77. Bill Day,"Ehrenfried Pfeiffer,the Threefold Community,and the Birth 53 of Biodynamics in America," ⟨https://www.biodynamics.com/threefoldday⟩,accessed February 3,2016.

78. Astrid Kander,Paulo Malanima,and Paul Warde,*Power to the People: Energy in Europe over the Last Five Centuries* (Princeton: Princeton University Press,2013),pp.131-8,157.

79. Sean Patrick Adams, "The US Coal Industry in the Nineteenth Century," ⟨http://eh.net/encyclopedia/? article = adams.industry.coal. us⟩,accessed January 8,2016.

80. Kander,Malanima,and Warde,*Power*,p.131.

81. Geoffrey Jones,*Multinationals and Global Capitalism* (Oxford: Oxford University Press,2005).

82. Kander,Malanima,and Warde,*Power*,p.267.

83. William J. Hausman,Peter Hertner,and Mira Wilkins,*Global Electrification* (Cambridge: Cambridge University Press,2008),chapter 1; IER, "History of Electricity," August 29,2014,⟨http://instituteforenergyresearch.org/history-electricity⟩,accessed June 13,2016.

84. Christopher F. Jones,*Routes of Power: Energy and Modern America* (Cambridge,MA: Harvard University Press,2014).

85. William Stanley Jevons,*The Coal Question: An Enquiry Concerning the Progress of the Nation, and the Probable Exhaustion of Our Coal-Mines* (London: Macmillan,1865).

86. Kander,Malanima,and Warde,*Power*,p.155.

87. Robert W. Righter,*Wind Energy in America: A History* (Norman,OK: University of Oklahoma Press,1996),pp.24-5.

88. Ibid.,pp.42-54.

89. Interview with Paul Jacobs,December 1,2010,Minnetonka,Minnesota.

90. Righter,*Wind Energy*,pp.90-104.

91. Thorkild Kjærgaard, *The Danish Revolution 1500-1800: An*

Ecohistorical Interpretation （New York: Cambridge University Press, 1994）.

92. Flemming Tranaes, *Danish Wind Energy*, ⟨http://www. spok. dk/ consult/ reports/danish _ wind _ energy. pdf⟩, accessed July 2, 2016; Righter, *Wind Energy*, p.61.

93. Per Dannemand Andersen, "Review of Historical and Modern Utilization of Wind Power," ⟨https://www. scribd. com/document/ 294233554/Review-HIstoricalrrghfgyhgvcModern-Utilization-Wind-Power⟩, accessed October 22, 2016.

94. Jens Vestergaard, Lotte Brandstrup, and Robert D. Goddard, "A Brief History of the Wind Turbine Industries in Denmark and the United States," *Academy of International Business （Southeast USA Chapter） Conference Proceedings*, November 2004, pp.322-7.

54 95. Ibid.; Paul Gipe, *Wind Energy Comes of Age* （New York: John Wiley, 1995）, pp.53-4.

96. Robert Y. Redlinger, Per Dannemand Andersen, and Poul Erik Morthorst, *Wind Energy in the 21st Century* （Basingstoke: Palgrave Macmillan, 2002）, p.44; Gipe, *Wind Energy*, pp.171-4.

97. Interview with Paul Jacobs; Marcellus L. Jacobs, "Experience with Jacobs Wind Driven Electric Generating Plant 1931-1957," *Proceedings of the United Nations Conference on New Sources of Energy*, 1961.

98. Jennifer Puddicombe, "Solar Thermal Electric Power," *Science Creative Quarterly* 6（2011）, ⟨http://www.bioteach.ubc.ca/solar-thermal-electric-power/⟩, accessed February 2, 2016.

99. Frank T. Kryza, *The Power of Light: The Epic Story of Man's Quest to Harness the Sun* （New York: McGraw-Hill, 2003）, p.28.

100. Alexis Madrigal, *Powering the Dream: The History and Promise of Green Technology* （Cambridge MA: Da Capo, 2011）, pp.84-6.

101. ⟨http://renewablebook. com/2010/08/03/chapter-excerpt-aubrey-eneas-and-the-birth-of-solar-steam-power/⟩, accessed August 22, 2011.

102. Travis Bradford, *Solar Revolution: The Economic Transformation of the Global Energy Industry* （Cambridge, MA: MIT Press, 2006）.

103. Daniel M. Berman and John O'Connor, *Who Owns the Sun? People*,

Politics, and the Struggle for a Solar Economy (White River Junction, VT: Chelsea Green Publishing,1996),p.15.

104. Ibid.,chapter 1.

105. Frank Shuman,"Power from Sunshine: A Pioneer Solar Power Plant," *Scientific American*, *September* 30,1911,p.291.

106. Kryza, *Power of Light*,pp.81-9.

107. Anonymous, "An Egyptian Solar Power Plant, Putting the Sun to Work," *Scientific American*, January 25,1913,p.88.

108. 〈 http://renewablebook. com/chapter-excerpts/350-2/〉, accessed August 22, 2011.

109. Kryza, *Power of Light*, p.257; L. C. Spencer, "A Comprehensive Review of Small Solar-Powered Heat Engines: Part 1. A History of Solar-Powered Devices Up to 1950," *Solar Energy* 43,no. 2 (1989),pp.191-6.

第二章　中毒的地球:20 世纪 30—50 年代的绿色企业

　　从 20 世纪 30 年代到 50 年代,由于早期环保主义的势头逐渐式微及至消失,环境保护倡导者们竭力向世界各地更广泛的民众发出呼吁。到了 20 世纪中叶,绿色企业面临着一场艰苦的战役,它们既要赢得消费者的心,也希望通过自己的努力进而影响政府政策。

　　环保主义的式微有几大迹象。新成立的环保协会比以前少了。反对煤烟(雾)污染的社会运动陷入沉寂,这一运动在第一次世界大战后的德国几乎彻底销声匿迹。[1] 第一次世界大战爆发前,全球范围内对环境的关注也似乎突然消失了。随着战争的爆发,保罗·萨拉辛的国际自然保护委员会面临解体,直至他去世前(1929 年),他试图振兴该组织的努力也无疾而终。1923 年和1928 年先后举行了保护野生动物和野生植物群的国际性会议,但并未取得显著成果。[2]

　　尽管保护自然资源的努力并未完全消失,但背后的热情早已不在。在美国,富兰克林·罗斯福(Franklin Roosevelt)总统是一位热心的自然资源保护主义者,他建立了 29 个国家公园和纪念碑,在他的倡导下,人们种植了 20 亿棵树木,但同时也建造了数十座破坏了野生动物栖息地的水电站堤坝。[3]1933 年之后,纳粹德国政府也曾致力于生态保护。阿道夫·希特勒本人也是一名素食主义者,他在上台后不久便通过了一项重要的动物保护法案。尽管纳粹政权的环保政策与他们的多数其他政策不一致——党内派系所持的立场不同——但党派的确制定了具体的政策,包括 1935 年的《帝国自然保护法》(Reich Nature Protection Law),该法加大了对环境保护的力度。[4]

在这些右翼思想家表达对环境的担忧的同时,世界上多数国 56 家的注意力都被更严重危机所左右。1929 年,华尔街经济突然崩溃,随后迎来了经济大萧条,失业率居高不下,人们的收入急剧下降。随着 1935 年美国推出了社会保障制度,以及许多西欧国家在第二次世界大战后朝着福利国家发展,人们的注意力转移到社会和经济可持续发展相关议题上,而不仅是关注环境的可持续性。战争本身对环境造成了前所未有的破坏,但也推动了武器制造、计算机和疫苗领域的技术创新。西方民主国家的胜利被广泛地看作是高科技的胜利。在接下来的新时代里,人们充分相信技术是大有裨益的,这也是随后西方世界在和苏联的冷战中最终占据上风的重要因素。[5]那时,工业生产已经扩展到了整个大西洋地区的经济圈。正是由于意识到这个问题的重要性,20 世纪 30 年代,苏联推行了以重工业为基础的计划经济制度。战后,那些刚刚赢得独立的亚非国家也转向国家计划经济和重工业发展道路,努力建设现代化经济,试图摆脱贫困。[6]

对工业化国家而言,当务之急是从战争的破坏中恢复过来,重新实现经济增长。从 20 世纪 50 年代起,在石油生产扩张和能源价格下降的背景下,欧洲和日本开始迎来了一个充满经济奇迹的时代。新的商品和分销模式相继出现,伴随电视机出现的是新的广告模式。战争结束后以至大萧条时期,跨国公司引领了全球资本主义的复苏。它们把美国企业研发实验室的创新成果带到了世界各地,成为产业创新的主要驱动力。事实证明,在普及汽车和冰箱等消费品方面他们做得很成功,但却对伴随汽车消费大量增长而来的铅和二氧化碳排放的增加,以及冰箱碳氟化合物排放量的迅速增长熟视无睹。[7]

　　传统资本主义国家的企业在迎合西方消费者需求方面富有创造性,并且也很成功。20世纪50年代,美国的牛肉生产商转向中美洲的热带雨林,寻求生产汉堡所需的瘦牛肉。由于速溶咖啡市场的增长迅猛,咖啡生产商也开始寻求新的货源。随之而来的多半是巨大的社会负面影响和生态后果,包括对森林的大面积破坏。[8] 环境史学家克里斯蒂安·菲尔斯特(Christian Pfister)发明了"20世纪50年代综合征"(1950s syndrome)一词来形容那个时代前所未有的资源浪费和能源消费。[9]

　　笼罩在生态系统上的乌云没有被忽视。许多科学界的人士对环境问题表达了严重关切。1952年,法国国家自然历史博物馆馆长、植物学家罗杰·海姆(Roger Heim)出版了一本名为《破坏与自然保护》(*Destruction et protection de la nature*)的书,以全面的视角阐述了全球环境所面临的挑战,不过却难以影响科学界以外的群体。[10] 在这之前一年,由几位美国科学家牵头发起倡议,成立了一个新的非营利组织,即美国大自然保护协会(The Nature Conservancy),但遗憾的是,这个组织在后续的10年里一直没有全职员工为之服务。[11] 一些反对破坏环境的地方性社会运动也相继出现。在美国，左翼反核运动的支持者抗议核试验对环境造成的破坏。[12] 在西德，也有不少地方环保主义者对森林砍伐和工业污染进行抗议，但在 20 世纪 60 年代以前并未出现相应的立法保障。[13] 尽管如此，对大多数政府、选民和消费者来说，经济发展偶尔带来环境污染是可以接受的代价，特别是当人们认为科学技术有充足的能力可以解决世界性问题的时候，这样的观点更为明显。[14]

因此，在战前和战后的几十年里，人们对环境问题避而不谈，环保主义处于一个尴尬的时期。那些试图将生态问题纳入商业模式里的企业家们在业务发展上可谓是举步维艰，尤其是在面对消费者的时候。美国出版商和有机食品的宣传者杰罗姆·罗代尔（Jerome I. Rodale）就是其中的一位代表。他从 20 世纪 30 年代起就开始宣传有机食品，并就环境威胁向人们发出警示。正如我们在本章后面会看到的，只有少数几人留意到了他的观点，即使在 30 年后，当他在 1964 年出版《我们中毒的地球和天空》时，情况依旧如此。[15] 这一章节聚焦的便是他和其他 20 世纪中期绿色企业的故事，这些企业遍布食品业、健康行业、太阳能和风能行业、美容业和建筑业。正如我们所将要看到的那样，身处不同行业中的绿色企业家面临的挑战总是相似的，在那个时代，人们对于环保问题并未给予足够的关注。

有机食品业务的缓慢增长

正如前文所述，到了 20 世纪 20 年代，德国、英国和美国相继

58 出现了一些企业，它们倡导食用在种植和加工过程中未使用化学制品的食品。经济大萧条导致人们的收入大幅度下降，再加上第二次世界大战所造成的破坏，这一切都导致关注食品质量的企业被压缩了发展空间。战后数十年的挑战不亚于战争本身，大型企业凭借其娴熟的营销手段和广告宣传，以低廉的价格将越来越多的再加工食品和冷冻食品推向市场。全球农业体系获得显著成功：从 1938 年到 2010 年，人均粮食产量增长了 60%。但世界各地仍然有许多正经受挨饿和营养不良的人，这主要是由浪费和不平等造成的。[16] 食品产量的提高受技术进步驱动明显。化肥的应用从西方传到亚洲和拉丁美洲，在此之前，这些地方的农业体系一直是较为"原生态的"，因为农户没钱来购买这种新的生产要素。这一趋势从 20 世纪 60 年代开始变得愈发明显。[17] 为主流食品行业提供替代品的绿色企业家们面临着多重障碍。因此，食品行业的绿色企业家逐渐淡出消费者的视野，成为一个小众的、地理分布上较为分散的业务群体。

在欧洲德语系国家里，由于改革商店和生物动力学运动，天然食品事业得到了最大程度的支持，但即使在那里，动荡也是一种常态。德米特公司在 1930 年步入破产清算。随后，埃哈德·巴奇重建公司，在销售谷物之外扩大了产品范围，并与德国的改革商店建立了更密切的联系。[18] 他还制定了更加严格的播种标准，农民在生产中需要遵循这些标准才能获得认证。这些标准包括种子必须来自已经种植了三代的、未使用化肥的植物，而且在过去 3 年，该农田也未使用过化肥。改组后的德米特公司于 1932 年成立。[19] 1932 年，德米特公司在慕尼黑专利局正式注册商标，并对产品做出了严格限制，所有产品只能通过生物动力学方法生产。"实验圈"认证工作得以继续开展，旨在对使用德米特商标的农场进行检查。20世纪 30 年代初，德米特和 50 家完全遵循生物动力学的农场以及400 家左右部分采用生物动力学农业的机构建立了合作关系。值得一提的是，生物动力学农业主要被德国东部的大型农场采用，瑞士、奥地利、荷兰、英国、瑞典和挪威也出现了类似的农场。[20]

1933 年，德国纳粹政权上台执政，这对生物动力学运动和改革商店产生了重大影响。令人意外的是，纳粹政权支持有机农业。英国和其他地方也出现了类似但涉及面更广的模式，即极右势力支持有机农业和其他自然的生活方式，这与他们周围现代化的衰败形成强烈对比。[21]在德国，纳粹政权也在一定程度上受到了生物动力学运动的熏陶，并从中受益。1935 年，德米特公司成为纳粹生命改革运动的一部分。[22]1939 年后，纳粹准军事党卫军甚至成立了一个合资企业，它按照生物动力学原理在集中营周围开设农业种植园，并销售德米特公司的产品。

然而，由于生物动力学具有一定的超自然性，在纳粹政权的其他部门却极不受待见。1935 年，世界人智学会被禁止运行。1938年之后，华德福学校也被叫停了一段时间。[23]维雷德公司受到了压迫，但通过强调其在瑞士的公司产权，它最终幸存下来。[24]改革商店的零售商们也面临政治上的挑战。有人指责说反对人造肥料的使用会破坏德国土壤的肥力。和许多其他德国机构一样，在战争期间，改革商店为了生存不得不向纳粹政权妥协。20 世纪 30 年代末，德国约有 2000 家改革商店仍在继续营业。[25]

回想起来，这个时代最重要的一大进展是在英语国家中出现了有机农业的替代模式,而这在很大程度上和鲁道夫·斯坦纳的哲学是无关的。相反,是东亚传统的农业体系为其提供了灵感。第一次世界大战前,人们便朝这个方向努力,迈出了探索的第一步。美国农业学教授富兰克林·金(Franklin H. King)来到中国,韩国和日本,观察当地的农作方法。他震惊于美国本土所广泛使用的化肥,于在 1911 年出版的一本书中,呼吁推广他在亚洲看到的自然耕种法,开展旨在替代大量使用化肥的传统农业手段的"全球运动"。[26]随后,在英国掠取印度的战争期间,在英属印度工作的英国科学家进一步证明了这一洞见。医生罗伯特·麦卡里森(Robert McCarrison)研究了罕萨族人(即今天的巴基斯坦人)并得出结论,他们长寿的主要原因是在于他们几乎全素的饮食习惯,即食用粗粮、蔬菜、水果和奶制品。[27]

　　艾伯特·霍华德(Albert Howard)在此基础上进一步发展了有机农业,他是该领域最有影响力的人物,曾深受印度文化的影响。出生在一个普通农民家庭,霍华德自小接受了农业化学方面的培训,从剑桥大学自然科学专业毕业后,他加入了英国的殖民公务系统。20 世纪 20 年代,他在印度的一家农业研究所工作。以提高作物种植生产力为己任,他研究了印度国内传统的农业方法,并阅读了富兰克林·金关于中国农业方面的著作。他结合印度堆肥的经验发明了"印多尔制肥法"。[28]1931 年,霍华德退休后返回英国,继续开展他的试验。他了解到生物动力学,但对其持怀疑态度,同时对斯坦纳的深奥理论也毫无兴趣。1940 年,他出版了在业界极具影响力的《农业圣典》一书。[29]这本书为禁止使用化肥找到了充分的依据,并提倡以环保的方法来增加土壤肥力。这本书是有机农业理论与实践相结合的一大里程碑,对大西洋两岸的生态思想产生了巨大影响。[30]

霍华德对创业不感兴趣。尽管如此,他的著作仍对战后英美两国的有机农业产生了重要的影响。在英国,霍华德和麦卡里森的研究都对伊芙·巴尔福尔夫人(Lady Eve Balfour)产生了重大影响,巴尔福尔夫人是当地的一个农户,在借鉴了他们的研究后,建立了一个试验性的有机农场。1943 年,她写了一本名为《有生命的土壤》(*The Living Soil*)的书,到 1945 年,这本书已经再版了五次。它借用全球农业和健康饮食方面的实证来证明最健康的食物在种植过程中绝不会使用化学制品。巴尔福尔夫人认为,所有的生物是一个有机整体,它们相互依存。她在第一版的后记中写道:"对于舒适生活的盲目崇拜和拜金主义必须果断被抛弃,取而代之的应该是为上帝服务。"[31]巴尔福尔夫人推动了英国宣传有机理念组织的创建,这个名为土壤协会(Soil Association)的组织成立于 1946 年,它在制定以非生物动力学为基础的有机产品标准方面发挥了重要作用。遗憾的是,将该国仅有的几家有机农场与广大消费者市场联系在一起的尝试最终还是以失败告终。一位记者兼农户弗兰克·纽曼·特纳(Frank Newman Turner)在 1948 年成立了全食协会(Wholefood Society),提供"全食标志"防伪证书,但由于缺乏后续资金的支持,这项举措并没有产生太大的影响。[32]英国土壤协会的创始人之一唐纳德·威尔逊(Donald Wilson)则朝着这一方向更进一步,他在 1959 年成立了有机食品协会(Organic Food Society),并在伦敦开设了一家名为全食的零售商店。这是当时英国唯一的有机食品零售店,它花了好几年的时间才实现盈亏平衡。[33]

61　　　事实上并非只有英国在开发有机食品时遭遇了挑战。这其中包含了诸多方面的挑战，既有对有机食品种植方式的挑战，也有对于谁来开发有机食品的困惑，同时如何说服消费者购买有机食品也是一大难题。即使可以创造出具有供求关系的市场，如何打入传统的分销体系和现有零售渠道从而满足人们所期望的需求也仍是一个挑战。

在战后逐渐富裕起来的美国，消费主义开始盛行，这里所面临的挑战不比英国小。着手解决这些问题需要恒心和耐心。保罗·基恩(Paul Keene)身上就体现了这些可贵的品质。他是新泽西州一所大学的数学老师，在前往印度居住并执教的 2 年期间，他读到了霍华德的作品。1939 年，他又拜见了印度精神领袖甘地，并深受其影响。基恩后来回忆道："我在印度的经历促使我下定决心，彻底改变自己的生活。在印度生活了一段时间后，我不再满足于正规的教学工作。我需要更加靠近生活的本源，因此必须与土壤建立起更为直接的联系。"[34]

保罗·基恩在印度期间遇到了他的妻子贝蒂(Betty)，她出生在一个美国传教士家庭。当他俩回到美国后，开始在 Threefold 农场教书，在那里，他们见到了仍然在宾夕法尼亚州金伯顿小镇农场工作的埃伦弗里德·法伊弗。由于经常接触霍华德和斯坦纳的思想，1946 年，基恩在宾夕法尼亚州中部购买了一个名为 Walnut Acres、面积约为 100 英亩的农场，开始尝试涉足有机农业：他们的第一次丰收来自农场的 6 棵古老的苹果树。基恩慢慢地发展出了用邮购来销售农场产品的业务模式：当传统渠道对有机食品不感

兴趣时,这种巧妙的方法能吸引到不少消费者。到了 20 世纪 60
年代,Walnut Acres 农场销路广开,它开始购买其他地方生产的
天然食品来满足邮购业务的需求。这家农场成为有机食品商业市
场的先驱,基恩夫妇则成为美国新一代有机农户的榜样。[35]

　　另一位企业家也对处于萌芽期的美国有机食品市场产生了重
大影响,而从他最初的职业生涯来看,这一点却并不明显。作为一
家纽约杂货店家庭里 8 个孩子中的一员,杰罗姆·罗代尔自幼身
体虚弱。1914 年,他父亲在 50 岁时去世,当时他只有 15 岁。父
亲的过世加重了罗代尔对个人健康问题的担忧。1921 年,由于担
心反犹太主义会耽误他的职业生涯,他把姓氏从科恩改为罗代尔。[62]
罗代尔曾是一名会计,为美国国税局工作,直到 1923 年,他和他的
兄弟乔(Joe)在纽约共同建立了一家名叫罗代尔制造(Rodale
Manufacturing)的公司。1930 年,经济大萧条导致公司销售下
滑,公司搬到了宾夕法尼亚州较便宜的地方。正是在这个阶段,罗
代尔才对出版业有了兴趣,将其作为规模较大,盈利能力较强的电
气制造业务中一个规模尚小、盈利有限的补充。[36]

　　罗代尔自身对健康的关注促使他参与到出版活动中来。1939
年,他出版了一本名为《睡眠与风湿病》(*Sleep and Rheumatism*)
的书,该书建议患有风湿病的人应该睡在大床上,且所用床垫应符
合人体工程学。[37]在新搬去的郊外地区,他在自家后院里种植蔬
菜。艾伯特·霍华德的作品改变了罗代尔。他在宾夕法尼亚州艾
莫斯附近买了一个农场来试验霍华德提升土壤肥力的方法。农场
经营亏了本,但罗代尔发现当他在农场工作并食用了有机食品后,
自己的健康状况有所改善。1942 年,他创办了一本名为《有机园

艺和农业》（*Organic Gardening and Farming*）的杂志来记录他在农场上的试验。杂志的第一期就收录了霍华德的一篇文章。第一期杂志印了的 1.4 万份，罗代尔将它们免费送给农民。随后，该杂志仅收到 12 份付费订阅的订单，这表明大家对农业社区的兴趣不高，但是家庭园艺师们对此感兴趣。很快，该杂志更名为《有机园艺》（*Organic Gardening*）。[38]

　　罗代尔最大的影响力体现在出版业，而非农业。当时，人们对生态学不感兴趣，有机农业就更不用说了，但罗代尔不知疲倦地强调这一主题的重要性。《有机园艺》和他创立的罗代尔出版社所出版的诸多书籍对于"有机"一词在美国的广泛推广发挥了重要作用。[39]1947 年，他提出了罗代尔饮食（Rodale Diet）这一理念，列出了符合有机食谱的食物清单。同年，他创办了一个非营利基金会——美国土壤协会（US Soil Association），后来被称为罗代尔研究所（Rodale Institute），旨在鼓励有机农业方面的研究。他以传统制造业务的收入为基金会提供资金援助。罗代尔研究所与罗代尔出版社一样，基本无利可图。他的基金会支持法伊弗的研究，其研究表明与喂养含有化肥食物的小鼠相比，用有机食品喂养的小鼠不太容易被激怒，也极少死于胃病。[40]

63　　罗代尔把他的批评火力都集中在历史悠久的美国农业部（USDA）上，这是联邦政府专门负责管理农业的机构。他指责美国农业部不愿意考虑把有机农业的主张正当化。他对医疗从业者只关注为患者开药，而不着眼于提倡健康的有机饮食习惯而感到不满。[41]在他的兄弟乔去世后，再加上需要购买遗孀所持有的 50% 的制造公司的股份，罗代尔出版社面临巨大的财政压力，所以对该业务进行了重组。出版社开始试图增加广告收入。到 1958 年,出版社的销售额达到了 200 万美元,最终它在商业上站稳了脚跟。1960 年,罗代尔创办了一个新的出版物《堆肥科学——垃圾回收期刊》(*Compost Science,The Journal of Waste Recycling*),读者群体主要是大型企业和关心垃圾治理议题的市政府。[42]

罗代尔对全球面临的环境挑战有了越来越全面的认识。《我们中毒的地球和天空》一书在 1964 年正式出版。在这部 700 页的著作中,作者详细讨论了食品生产、药品和化妆品、水和空气所面临的环境和健康方面的挑战,并以核电带来的威胁收尾。这本书的阐述深刻而全面,同时它是基于这样一个观点,即人类和整个生物社群中的每个生物都是"利益共同体"。[43]书中以丰富的案例描绘了自然环境急剧退化的现状,包括伦敦的烟雾、洛杉矶的空气污染和 1960 年 5 月 13 日在波士顿南部带有烟尘的"黑雨"。[44]这本书虽诚意满满,但缺乏广泛影响力,和 2 年前出版的蕾切尔·卡森(Rachel Carson)的《寂静的春天》(*Silent Spring*)相比,它并未得到太多的关注。关于《寂静的春天》这本书,我们将在下一章加以讨论。[45]

当时的欧洲并没有出现能和基恩和罗代尔相提并论的人。尽管战后消费主义盛行,但改革和生物动力学传统保持了德语国家有机食品市场的活跃度。在德国,改革运动不得已与纳粹政权进行合作,尽管战后德国分裂为西德和东德两个国家,但改革运动还是幸存了下来。到了 1956 年,实行社会主义制度的东德仍然有 190 家改革商店,但它们受到了严格的控制,而且被西德改革商店行业协会(Trade Association of the Reform Houses)排除在外。[46]尽管新进入者和老牌企业就产品制造是否遵循改革运动的理念产

生了意识形态上的冲突,西德改革商店的数量和收入仍然有了历
64　史性的突破。[47]来自位于东德的大庄园的供给减少,新的挑战随之
出现。在西德,小规模的家庭农场在开展农业活动方面亦遇到了
许多挑战,西德许多农民的基督教信仰与人智学说的理念是冲突
的,同时,那些使用化学制品的农产品的产量也在不断提升,这对
其构成了巨大的竞争。在 20 世纪 50 年代末,西德的生物动力学
农场数量还不到 100 个。[48]

　　第一章提到的伊甸园合作社也在纳粹政权时代幸存下来,但
最初的地点位于东德。直到 20 世纪 70 年代初,社会主义政权依
旧允许它继续运作,不对它进行直接的国家干预,但这对西方改革
产品业务的影响不大。随后,伊甸园合作社的成员之一和伊甸园
合作社的员工库尔特·格罗斯曼(Kurt Grossmann)在 1949 年成
立了一家新的、位于西德的分公司,成了新的业务中心。原来的合
作社持有其一半的股份。格罗斯曼起初是公司唯一的员工,他在
果汁生产厂租用了一部分空间作为场地;1958 年,该公司租用了
整个工厂,并于 1963 年购买了自己的设备,那时公司已经拥有
100 多名员工。新公司依旧秉持伊甸园合作社的生产原则,但更
加重视在生产过程中避免有害物质,尽可能使用来自有机生物农
业的产品。果汁、罐头食品和蜂蜜是它的主打产品,并且只通过改
革商店的零售渠道来进行销售。[49]

　　在邻国瑞士出现了另一种有机行业的传统模式。身为农户同
时也是瑞士乡村文化运动的负责人汉斯·穆勒(Hans Müller)博
士是一位关键人物,该运动从 20 世纪 30 年代起就致力于保护农
民传统的生活方式,包括坚定的基督教信仰,使其免受工业化的威

胁。穆勒寻求基于传统农业的方法,坚持不使用化学农药和化肥的有机农业,他称这一方法为"有机生物农业"(organic-biological)。[50]战后,穆勒成立了一家有机产品经销商,负责向客户直接配送食品,并出售给改革商店。在苏黎世地区,他甚至把产品卖给了瑞士大型传统零售商米格罗公司。米格罗公司并没有在商店里将穆勒的产品标为有机产品,但产品卖得很好。[51]

穆勒很早就意识到,消费者可能已经做好准备,愿意为不含化学物质的优质食物支付溢价,前提是这个标准要足够清晰。因此,他引入了一个认证体系,其中包括了指导原则、质量印章和合同模板,这些都旨在确保整个农场确实改用了有机方法。穆勒指定了可用的肥料清单,甚至规定对违反规定的行为收取罚款。他和妻子还经营着一家教育机构,帮助农民实现向有机业务的转型。他的想法一部分是来自自然农业的改革理念,但他也吸收了艾伯特·霍华德和其他英语系国家作者的想法。[52]然而,让农民转产仍然是一个挑战,不使用农药通常会导致产量下降,对此,邻近的农民常常对他们所提出的倡导心存不满。[53]

穆勒手下的农民最终在瑞士和德国的喜宝婴儿食品业务中找到了市场。1932 年,乔治·希普(Georg Hipp)在巴伐利亚州成立了喜宝公司。因为信仰天主教的希普一家对纳粹政权持批评态度,他们在政治上受到了迫害。这个企业在战争中幸存下来,并在20 世纪 50 年代后期推出了预先调配好的婴儿食品,这种产品此前只能在美国市场见到。那时的喜宝公司已经开始使用有机原料。[54]

有机行业的发展道路并非一帆风顺。希普家族与瑞士有很强的联系,乔治的妻子是瑞士人。1954 年,当公司的一位常务董事病倒后,乔治去拜访了苏黎世一位著名的医生马克斯·伯奇·本纳(Max Bircher-Benner)博士。在一位信奉素食主义的朋友的推荐下,马克斯医生给病人开了一个生吃水果和蔬菜的饮食药方,在这之后,病人竟奇迹般地康复了,于是马克斯医生成了一名热心的天然食品倡导者。[55]几十年前,他就发明了一种名为"燕麦片"的特制谷物,把现磨谷物和磨碎后的苹果混合物泡在水里。当乔治遇到伯奇·本纳时,医生建议这位喜宝公司的管理者改吃燕麦片早餐。很快,乔治就决定在瑞士市场上进行早餐麦片的商业化生产,前提是产品必须由不含化学物质的天然谷物制成。[56]

当乔治遇见汉斯·穆勒时,他找到了解决办法。公司开始购买受到穆勒影响的、瑞士农民生产的产品。公司还在巴伐利亚的普法芬霍芬县附近买下了一个旧农场,自主开展种植。1954 年,他们在瑞士开始制作燕麦片,1967 年,又在奥地利开设了一家工厂生产玻璃瓶装的婴儿食品。1967 年,乔治的长子克劳斯(Claus)成为公司的负责人,是他加快了公司向有机产品转换的步伐,即便如此,转向全有机产品也花费了几十年的时间。[57]

在德国和瑞士之外的其他国家,一些个体也在努力推广有机农业生产和消费。在法国,亨利·查尔斯·杰弗瑞(Henri-Charles Geffroy)于 1946 年创办了《明亮生活》(*La Vie Claire*)杂志,旨在传播有关天然食品的知识。由于自幼健康状况不佳,他在柏林的改革商店接受食疗,医生让他避免食用加工食品和肉类,多吃谷物,经常生吃水果和蔬菜,在这之后他的健康情况有了好转。1948 年,他与一群朋友建立了一家合作社,把未使用化肥而生产出来的水果，蔬菜和小麦面包卖给杂志的订阅用户。1950 年，他开发了全麦面包的新配方。第二年，他创立了一家名叫 L'Aliment Sain 的公司，将面包和其他有机农产品一起出售，他们还发布了一份以有机农业饮食为主题的健康食谱。[58]

除此之外，在欧洲其他国家几乎很少看到关于有机食品的运动兴起。比如荷兰，政府政策重点是通过大型土地复垦项目和大量使用化肥来提高产量和生产力。在战后的几十年里，荷兰每公顷土地使用的农药和化肥量是全球范围内最高的，这一战略得到了政府的支持，但似乎没有农户对有机感兴趣。土壤协会在荷兰的分支机构成立于 1950 年，直至 20 年后，它仍然处于边缘化的地位。[59]

到了 20 世纪 60 年代，有机农业的推广进度变得异常缓慢，在西方国家市场建立分销渠道和客户群的进度也很慢。在个人健康状况不佳和/或宗教信仰的激励下，少数个体开始向农户和消费者推介有机食品，建立连接两组人群的分销渠道。杰罗姆·罗代尔作为其中最具代表性的一位人物脱颖而出。这并非是因为他在商业上获得了成功，更多的是因为他坚持不懈的个人品质。他用传统业务资助自己的出版事业，同时坚定地认为，消费社会的本质属性是导致环境问题的根源。多亏了改革运动，德语系国家拥有了数量最多的天然和有机食品零售店铺。

争夺非自然的美

如果说到了 20 世纪 60 年代，天然和有机食品市场还十分有限的话,与新兴的天然美妆业务相比,其市场规模还是比较大的。

67　对于那些想要使用天然成分的企业家来说,这是一份极具挑战性
的事业:由于各种原因,19 世纪出现的现代工业站在了绿色环保
的对立面。

首先,这个行业是通过使用时尚的包装出售大众品牌逐渐发
展起来的,通常它会聘请有吸引力的名人和模特来做宣传,这些人
似乎有能力对抗衰老。类似蜜丝佛陀这样的化妆品公司与好莱坞
有着密切的联系。它们为电影明星打造的化妆品随后被卖向大众
市场。基于人们尤其是女性可以掌控自己的外表,并使自己变得
更具吸引力的这一论点,现代工业的所有目标就是要避免人看起
来太过自然。巧妙利用人们对衰老和缺乏吸引力的焦虑,美妆业
发展迅猛,几乎没有受到大萧条和世界大战的影响。随着它的发
展,这个行业为百货商店和其他零售商带来了利润,它们也纷纷看
好这一行业未来的发展潜力。[60]

近代美妆业的发展可以追溯到几千年前的古代埃及,当时的
化妆品是以天然成分为基础的,但其中许多化妆品和染发剂广泛
使用的白铅是有毒的,这是企业家面临的第二大挑战。许多天然
成分没有任何安全性可言。现代美妆业的出现是建立在化学学科
的基础上,美妆公司使用看似更安全、有效的成分替代有害的天然
成分。

与食品行业不同,化妆品中使用的化学成分相对安全一些,也
更有效。一些行业翘楚,包括法国美发护理公司欧莱雅或美国化
妆品公司赫莲娜·鲁宾斯坦(Helena Rubinstein)在内,它们声称
自己销售的产品是基于现代科学的,因此也是安全的。当消费者

安全立法被批准通过时,美妆业被并未被纳入其中。例如,1906年在美国通过的《食品和药品法案》中就没有包括美妆业。直到一些大规模消费者抗议活动将某些公司所生产产品的安全风险揭示出来后,在1938年,针对化妆品行业的监管才被划入美国食品和药物管理局的管辖范围内。除了某些染发剂产品会被要求在包装上提醒消费者某些成分可能对人体造成伤害,政府并没有强制要求制造商提供化妆品成分的有关信息。[61]

正是在这样的背景下,那些试图用天然成分生产美妆产品的企业家在几十年里,几乎始终无人问津。自然美成了反常和边缘化的存在。埃米尔·邦纳(Emil Bronner)是前者的代表,他是德国肥皂制造厂的后代,这家企业成立于19世纪中叶,至今已历经了5代。作为一名肥皂制造学徒,21岁的邦纳在1929年从欧洲移居美国,2年后又移居密尔沃基。他有着与传统背道而驰的观点。他是犹太人,他的妻子是天主教徒,他的三个孩子接受了路德教教会的洗礼。他是全球和平的呼吁者和活动家。他的妻子在1944年去世,此后他变得越来越古怪,在1947年搬到洛杉矶之前,他被妹妹暂时送进了精神病院。

在洛杉矶,邦纳在反对共产主义和饮用水氟化的运动中开始了保健品和肥皂业务。20世纪30年代,他曾为一家肥皂和香水公司工作过,对合成洗涤剂产品深恶痛绝。在自己的初创公司里,他把保健食品(主要是矿物盐)卖给保健品商店,同时开始制作薄荷皂,当他就世界和平和宗教宽容发表演讲时,他会把薄荷皂送给听众。1948年,他开始销售"邦纳博士"品牌的纯橄榄油肥皂,这款肥皂是由天然成分制作而成,几乎不打商业广告。邦纳把他所信奉的道德基准贴在了产品的标签上,即"绝对清洁即虔诚"(Absolute Cleanliness is Godliness)。[62]

邦纳和鲁道夫·斯坦纳对商业的看法一致:他们都把商业看作是支持自己从事社会和思想活动的一种手段。他在洛杉矶潘兴广场发表讲话,那里是激进主义的热土。邦纳呼吁世界团结的必要性,呼吁人们相互尊重,关心环境,他认为天文馆是未来的神殿,在那里,人们可以站在整个宇宙的视角看问题,发现人与人之间的差异是多么的微不足道。[63]虽然他一直喜欢含天然成分的商品,但直到他在健康食品大会上遇到了第四任妻子后,他所秉持的生态信念才被进一步强化。1963 年,他们搬到了圣地亚哥郊外的埃斯孔迪多。邦纳把自己的电话号码和地址贴在了他家门前,以及他所出售的肥皂瓶上作为标志,这样一来,消费者就可以直接和他联系。当人们给他打电话时,谈话经常会转到他的宗教和政治观点上来。消息和产品吸引了消费者从而逐渐打开这一小众市场。到了 20 世纪 60 年代后期,公司的销售额达到了 100 万美元。[64]

在战后初期的欧洲,尤其是法国,人们也开始努力开发天然美妆产品,这些产品往往是由受过正规生物学和医(药)学教育的人们开发的,他们对天然产品的健康效益十分感兴趣,当然他们这么做也有基于社会层面的考量。伊夫·黎雪(Yves Rocher)就是后者中的代表。因为人们纷纷搬到了镇上,他担心布列塔尼的拉加西利小村庄人口会越来越少,于是他在 1959 年创立了一家公司,创造就业机会。这家小公司通过邮购方式销售由植物成分制成的化妆品。[65]

到了 20 世纪 60 年代,没有一家天然美妆企业的规模能超越

Walnut Acres。他们面对的竞争对手是一些强大的老牌企业,这些老牌品牌自信地认为它们能有效地改善人们的天然样貌。少数绿色企业家想要创办替代业务的动机和发家致富无关,这一点也不奇怪。他们希望分享重要的社会议题,或者表达对健康的关切。因此他们的企业在主流市场上往往处于边缘地位。

为可持续性而建筑

伴随着 19 世纪西方工业化而来的是快速的城市化进展。到 1910 年,美国和西欧有 40% 以上的人居住在城镇,而全球人口中的这一比例仅为 18%。20 世纪中叶,城市化进一步加速和蔓延。到 1970 年,大约 70% 的美国人和西欧人生活在城市,全球人口此时大幅增加,约有 37% 的人生活在城市。这反映了西方世界飞速的城市化进程。1910 年,只有 7% 的拉丁美洲人居住在城镇,而 1970 年城市居民的比例上升到 57%。[66]随着时间的推移,城市规模也在迅速扩大。1950 年时,全球只有 2 个人口超过千万的"特大城市":纽约/纽瓦克(1230 万)和东京(1130 万)。到了 1975 年,有 3 个特大城市:东京(2660 万),纽约/纽瓦克(1570 万)和墨西哥城(1070 万)。到 2000 年,全球有了 8 个特大城市。[67]

城市化前所未有的规模也带来了大量的新式设计和建筑施工业务。新建造的房子不再只关注简单的功能性,而成为地位和财富的象征,它们大多是由知名建筑师设计。在城市化进程中,这些建筑师们也组成了自己的行业协会:1834 年英国皇家建筑师学会成立,1857 年美国建筑师学会(AIA)成立。虽然在前工业化社会

70 的规范下,大型建筑主要体现的是贵族精英气质和宗教信仰,但在进入新的工业化时代后,情况早已今非昔比。工业巨头们在乡镇和农村建起了豪宅,这既是享受又是炫耀性消费的象征。

　　房屋、城镇和工厂的建设牵涉到数百万的建筑商和承包商的利益。在 19 世纪,建筑师、建筑商与城市规划师的合作也日益密切。[68]私人和公共主体等建筑环境的扩张变得理所应当,但这对自然环境构成了巨大的挑战。本书第四章将着重讨论城市在垃圾收集和处置方面所面临的全新挑战。工业城市的资源消耗量规模空前,全球化程度也越来越高。[69]它们大规模地燃烧和消耗能源。笼罩在维多利亚城市上空的煤烟促使早期环保激进主义活动的兴起。当法规开始对污染加以管控时,工厂提高了工业烟囱的高度,试图减少毒气排放对人类健康的影响。二氧化硫排放与水混合形成酸雨,而到了 20 世纪 60 年代,这直接导致了湖泊和河流的酸化。

　　随着城市地理范围的扩张,居民们开始利用汽车出行,汽车尾气排放产生了大量的二氧化碳等温室气体。由于电梯、钢梁和大块玻璃等新式材料或工具的发明,人们得以住在高楼大厦或摩天大楼里,这些建筑最早出现在 19 世纪后期的芝加哥和纽约。由于冬季住户需要供暖,夏季需要空调制冷,这直接导致了大量能源的消耗,同时带来了大规模的温室气体排放。采用玻璃幕墙作为外部材料的摩天大楼自 20 世纪 50 年代开始兴起,由于热损耗和增益,这些建筑物也消耗了大量的能源。[70]

　　这样一来,建筑和城市便成了全球生态问题的中心。建筑师需要认真思考建筑如何为全球的可持续发展做出贡献。他们从事的工作素来就与更广泛的生活方式和社会组织方式相关。尽管没有受过建筑专业的训练,鲁道夫·斯坦纳的歌德堂早已成为这样一个先例;建筑设计对人类有着深远的影响。但像有机食品的种植者和零售商一样,建筑师也离不开客户。当斯坦纳和他的支持者为自己的建筑自掏腰包时,建筑行业需要开始说服客户投入资金,为将生态理念转化为实体建筑买单。如果这些绿色建筑的施 71 工和运营成本与传统建筑相比过高,通常项目就很难启动。在接下来的一个世纪里,这些极具生态意识的建筑师通常不得不努力寻找投资人以及零星一些公立机构之外的项目委托,哪怕他们对工业化时代的建筑环境如何促进可持续发展提出了重要的设想。

在美国建筑师弗兰克·劳埃德·赖特(Frank Lloyd Wright)漫长的职业生涯中,富人客户形成了他巩固业务的基石。赖特运用"有机农业"这个术语来描述一种建筑哲学,它试图实现建筑与自然环境之间的和谐共生。在 20 世纪,赖特在芝加哥郊外发展了草原式住宅(Prairie House style)这一理念,他吸取了日本的经验,并针对美国中西部草原特定环境条件对其进行了调整。这些房子是开放式的,它们有长长的窗户,以便实现建筑内部和外部环境的连通。在接下来的几十年中,他的风格经历了几个阶段的演变,他的诸多贡献包括 1943 年推出的"半圆形太阳能房",这使他成为使用工程化、被动式太阳能设计的先驱。1936 年,他还在威斯康星州设计和创立了一个乌托邦社区,他本人也住在那里,并把它称作塔里耶森(Taliesin)。1936 年,他在不幸染上肺炎之后搬到了亚利桑那州,开始建造西塔里耶森(Taliesin West),这是该州建造的乌托邦建筑系列中的第一个。[71]

另一个有着更宏大的远见的人是巴克敏斯特·富勒（Buckminster Fuller），他从没正式获得过建筑师的资格，甚至当他在 20 世纪 60 年代后期被授予荣誉建筑师后，依旧没有获得从业执照。1895 年，他出生在马萨诸塞州一个富有的家庭，从小就极其叛逆，在和他的岳父获得一项生产钢筋混凝土建筑新工艺的专利前，他从哈佛大学申请退学。围绕创造一个成本较低、可以大规模生产的住房的想法，他创办了一家公司，这种建筑可以被空运到任何所需要的位置，但公司在 1927 年破产了。这一幕似乎终结了富勒成功创业的希望，他将自己重新定位为一位有远见的专家，思考科学技术如何拯救地球，特别是通过开发成本低、可以大规模生产的住房的方式。[72]

富勒对于最大限度利用能源住宅（Dymaxion House）有着一个明确的目标。20 世纪 20 年代先进行了初步规划，1945 年再次进行修订，它是一个圆形的铝结构房屋，其中包括一个完全灵活的内部空间，可以大规模生产，并在两天内完成铺设。1947 年，富勒开发了网格穹顶。它轻巧，性价比高，易于组装，和其他任何建筑结构相比，它在没有侵入式支撑柱的情况下可以容纳更多空间。与富勒此前许多想法不同，那些想法要么从未变成现实，要么需要自筹资金，而网格穹顶终于有了客户。1953 年，他为位于密歇根州迪尔伯恩的福特汽车公司总部，设计了第一个商业用途的穹顶，并于 1967 年在蒙特利尔世博会上为美国馆打造了一个 250 英尺的穹顶。美国军方也成为他的一个大客户，在北极圈周围安装了轻型穹顶，用来保护雷达站。[73]

富勒既是一个博学者，同时也是一个资深的出版商和发明家，

并在多所大学执教。他的戴马克松地图（Dymaxion Map）在 1946
年获得专利，这是一个平面的世界地图，旨在启发人们从不同维度
对地球进行整体的思考。[74] 他还曾是"地球号太空船"（Spaceship
Earth）一词的早期使用者。1969 年，经济学家芭芭拉·沃德
（Barbara Ward）出版了一本名为《地球号太空船》（*Spaceship
Earth*）的书。3 年之后的 1969 年，富勒出版了一本议题广泛的著
作，名为《地球号太空船操作手册》（*Operating Manual for
Spaceship Earth*），书中就谈到化石燃料枯竭将带来的严重后果。[75]

虽然，赖特和富勒会被视作接受了一些生态理念，但这并不是
完全的绿色环保（富勒对铝的使用后来被认为是对环境的破坏），
一个更清晰的环保主义理念伴随着生物气候建筑的概念出现。这
是 20 世纪 50 年代由双胞胎兄弟维克多（Victor）和阿达尔·奥戈
亚（Aldar Olgyay）创立并发展起来的。1938 年，兄弟二人在匈牙
利布达佩斯开设了建筑事务所，10 年后他们移居美国。他们断
言，由于气候不同每个地区都需要不同的建筑形式，而工业建筑的
同质化似乎正在扩张。他们在鼓励使用被动式太阳能方面发挥了
尤为重要的作用。两兄弟是多产的作家，同时又在大学拥有教职。
这使得他们与许多生态建筑师不同，他们的事业发展更为稳定。
1957 年到 1963 年期间，维克多设计了 20 多座建筑物。尽管这种
积极响应气候变化的理念逐渐被人们所接受，但成本和其他因素
限制了它的广泛推广。[76]

积极响应气候变化的理念，以及避免能源和资源的过度消耗，
这些理念逐渐在西方国家站稳脚跟。被动式太阳能、户外生活空
间、就地取材和可再生材料的使用是由奥托·凯尼格斯伯格（Otto

73 Koenigsberger)首先提出的,也是热带建筑学派的核心原则。[77]从埃及建筑师哈桑·法赛(Hassan Fathy)的作品中可以看出,传统建筑技术的运用是它的主旋律,他是当时这个行业中具有最强烈的生态意识的代表人物。他出生于一个富有的埃及地主家庭中,但从来没有下过农田,因为他的父亲认为农村是肮脏的。他的母亲则对农村有一个更加浪漫的看法,这一看法深深地影响了年幼的法赛。1926年,在被开罗农业学校拒绝后,法赛转到了开罗大学建筑系继续学习。他被派到一个名叫塔尔卡(Talkha)的埃及小镇,负责监督当地一所学校的建设,在这里他被当地肮脏的环境吓到了。他后来回忆道:"资本家和国家都不愿意承担为农民提供房屋的责任,这些租户无力向资本家支付租金,这样的项目对政治家而言绝对算不上丰功伟绩。这些可怜的人从出生起就被上帝和人们遗弃,他们始终挣扎在肮脏和不舒服的生活中,并度过短暂的、病态的、丑陋的一生。[78]

法赛开始探索如何为穷人建造更便宜的房子,并逐渐摒弃当时在埃及占主导地位的现代建筑风格。他致力于重新发现本地的建筑传统。在20世纪30年代后期,他设计了第一座泥砖建筑。经由太阳晒干的土块不是理想的传热导体,因此白天房子能够保持凉爽。他使用古老的设计方法和材料,考虑了埃及农村地区经济状况并结合了诸多古代建筑和城镇设计的方法。他训练当地居民自己动手制作材料,来建造自己的房子。在努力服务穷人的同时,他也为那些希望运用传统风格建造房屋的富有客户工作。1946年,他受埃及文物部委托,为经历掠夺后变为废墟的卢克索的3000个家庭建造新古尔纳村。他发起了一个富有远见的项目,试图重新挖掘当地的传统。法赛后来说他的目标"始终是通过与见多识广的客户和熟练工匠密切配合,把充满活力、融入本地元素的古尔纳建筑传统找回来"[79]。该项目的一个重要组成部分是"扩大古尔纳的资源,通过贸易为他们提供创收的机会"。这也包括让掌握了传统建筑技艺的村民把这些知识和技能有偿传授给邻近的村庄。[80]

古尔纳村项目获得了国际赞誉,但法赛的职业生涯并未因此实现腾飞。1957 年,因无法忍受官僚主义,他搬到雅典与一群国际规划师合作,在康斯坦丁·多西亚迪斯(Constantinos Doxiadis)的指导下,逐渐发展出了一整套人类环境生态的设计原则。1962 年,他回到埃及,开始在新巴里斯(New Bariss)进行第二个重要的城市规划项目,却被许多人批评为浪漫的梦想家。在古尔纳和新巴里斯,他发现居民对建造自己的房屋并不上心。1989 年,在他去世前不久,他受邀设计一个新的名为"达拉尔伊斯兰"(Dar-Al Islam)的穆斯林社区,社区位于新墨西哥州的阿比丘附近,但最后呈现出来的效果却很不理想。成本超标最终导致沙特阿拉伯从该项目撤资。1973 年,尽管法赛《为穷人而建筑》(*Architecture for the Poor*)一书的英文版问世使他一举成名,他依旧无法如愿实现自己的理想。在职业生涯的最后几年里,他干脆向富人收取佣金,为他们建造休闲旅馆,在实践中反复检验自己的想法。[81]

随着工业化和城市化的不断推进,建筑对自然环境产生了很大的影响。城市及城市里的建筑所产生的自然资源消耗和温室气体的排放规模是前所未有的。一些建筑师开始探索如何让建筑物消耗更少的资源,并使其与自然环境相契合,而不是与之对立。他们在这条道路上的探索有时是源自亲身经历,例如法赛在埃及看到了农村地区的贫困。尽管不同个体间的观点不尽相同,但一些像巴克敏斯特·富勒这样的人物得到的关注则比有机食品、天然美妆、风能和太阳能行业的同行要来得多。作为富有创新精神、技艺精湛的建筑师,他们中的许多人都接触到不少有钱的客户。遗憾的是,由于观点大多过于超前导致无法执行落地,无论是富勒的最大限度利用能源住宅,还是法赛更广阔的社会理想均是如此。这些成就可以被看作是为后人打下了理论基础,而不是改变他们的职业规划。

替代能源:谁会在意?

20 世纪中后期,对风能和太阳能行业的发展而言可谓是充满了挑战。正如我们在第一章中看到的,19 世纪末,传统企业家因为看到能源供应的缺口所带来的机遇,于是创办了早期的绿色企业。到了 20 世纪中期,这样的机会基本不复存在。

廉价的化石燃料和政府对传统能源的支持是挑战的根源所在。20 世纪 50 年代初,煤炭为西欧提供了超过 3/4 的能源,为美国提供了 50% 的能源。尽管政府对本国规模较大的煤炭行业进行了广泛的保护——在英国和其他一些欧洲国家,煤炭行业被国有化,成为巨大的国有企业——这一优势地位正在受到石油行业日益增长的挑战,大型石油公司借助其在中东、非洲和拉丁美洲的特权,增加了石油供应。1958 年至 1970 年间,世界石油价格几乎稳定在每桶 3 美元。考虑到通胀因素,再将其折算成 2010 年的价格(用美元计价),原油价格在这一时期从每桶 19 美元下跌到 14 美元。[82]到 1972 年,煤炭仅占美国能源消费的 1/5,石油却占美国能源总消费的一半左右。[83]碳排放在这个时期迅速飙升。[84]

世界各国的电力生产猛增,并受到政府的严格管控。第二次世界大战后,英国和其他一些欧洲国家将电力供应国有化。在美国,1935 年颁布的《公用事业控股公司法案》(Public Utilities Holding Company Act of 1935)建立了一个严格监管的地区性垄断体系。[85]20 世纪 60 年代,电力公司由中央电厂向 90%的美国家庭供电。[86]在德国,电力由成千上万家地方市政垄断企业提供。德意志电力协会股份公司(Deutsche Verbandgesellschaft)对这些地方垄断企业进行严格的管控并给予协调,这家公司负责管理国家电网。它是由德国最大的电力和燃气事业公司莱茵集团(RWE)于1948 年建立的。[87]除了西方国家以外,世界上其他国家和地区的电力供给也在迅速扩张,各国政府加强了对外资公用事业企业的管控,亚非拉地区的电力系统通常是由这些外资电力公司建立起来的。相对较为廉价的电力供应推动了当地经济的增长。[88]

电力行业或受到政府的严格监管,或为国家所有;煤炭公司或为国家所有,或受到政府政策保护;生产廉价石油的行业又属于寡头垄断,这一切都使得风能和太阳能行业难以打入市场。偶尔出现的能源供应短缺问题会促使政策制定者思考对可再生能源进行战略性投资的需要。1952 年,一份向美国总统提交的报告中提到了化石燃料供应可能会减少。这份报告中有专门的一章来讨论太阳能,它认为太阳能会成为未来的主要能源,并提出了"舒适供暖"

(comfort heating)一词,包括热水供暖、利用太阳能供暖和空调系统供电。报告中甚至简要地提及了发展风能的可能性。[89] 然而,这份报告并没有直接促使政府颁布新的政府政策,一部分原因在于核能在此时展现出了巨大的潜力。1946 年成立的美国原子能委员会预测说一种廉价、安全的重要能源即将投入使用。[90] 因为该能源可同时与核武器进行生产,美国政府和英法两国一样,也在民用核能的发展上也投入了大量资金。世界上第一个用于商业发电的核电厂——英国塞拉菲尔德的卡德霍尔于 1956 年建成并投入使用,它在发电的同时还生产用于防务目的的一种放射性元素——钚。

在这个阶段,太阳能和风能试验还没能取得商业上的成功。就风能而言,一些人探索了借助雅各布斯式风力发电系统来增加风力发电机的潜力。帕尔默·普特南(Palmer Putnam)拥有一家大型出版社,他热衷于风机的发明。他获得了 100 万美元的资助,用于在一家水轮机制造商那里建造一个大型试点风电厂,这家水轮机制造商想要尝试多元化发展的机会。帕尔默在佛蒙特州格林山脉的纽帽山上建立了大型涡轮机。1941 年 10 月,这个风电厂正式投入运行并开始向电力系统供电,它创造了历史。在 1941 年至 1945 年间,这台连接到佛蒙特公用事业网络的涡轮机累计运行约 1100 小时。1945 年,涡轮机发生了严重的叶片折断事故,由于当时仍处于战争期间,该厂无法获得用于武器生产的配件且修理费用太高,之后它便停止了运转。[91]

基于普特南风力发电机组的技术成果,美国工业领域随之开展了进一步的技术试验,彼时政府被视为是获得资金的最佳来源。

联邦电力委员会工程师珀西·H.托马斯(Percy H. Thomas)设计了两台大型风力涡轮机,他认为这两台大型风力发电机可以与水力发电一起使用,尤其适合美国的西部地区,那里缺水的时候可以使用风力;而当风力不强时,又可以通过调用储存在水库中的水力资源进行发电。1951 年,托马斯游说美国国会投入 200 万美元,资助他的风力涡轮机原型。此项计划设想由私人承包商开发,但承诺会将所生产的电力并入电网。该草案包含了以下几个富有远见的观点,即风能可帮助节约不可再生能源,甚至还能带来战略上的利益,例如减少对国外能源供应的依赖。遗憾的是它最终没有得到任何政治上的支持。[92]

丹麦的科学家此时也开展了更多的试验。约翰尼斯·尤尔(Johannes Juul)是丹麦南部法尔斯特一家电力公司的总工程师,他结识了波尔·拉库尔。1959 年,他们建造了一台大型风力涡轮机,并将其投入使用。它高达 78 英尺,设计上没普特南的那么复杂,它运用了一个重大的发明——应急空气动力学断路器,这项发明后来成为行业的永久性标配。该涡轮机运行了 10 年,是当时世界上最大的风力涡轮机,但 1967 年其轴承失效后就没有再进行维修。[93]

回顾这段历史,很显然如果化石燃料相对于可再生能源的价格没出现重大转变,从经济性的角度来看,风能行业就难以进一步发展。同一时期源于太阳能领域的新技术具有更大的发展前景,而不是风能。光伏电池的问世将太阳辐射直接转化为电能,提供了一种不同于抛物面槽发电的替代方式。美国电信巨头美国电话电报公司的研究机构贝尔实验室开展了这方面的研究,但这一发明并没有体现其生态上的属性。1946 年,物理学家罗素·奥尔(Russell Ohl)发明的硅太阳能电池是一个关键性突破。1954 年,包括达里尔·卓别林(Daryl Chaplin)在内的、隶属于贝尔实验室的一些科学家,发明了第一个大功率光伏电池。科学家将该电池向公众进行展示,《纽约时报》(*The New York Times*)的文章对此进行专门报道,文章预测太阳能电池最终将帮助"实现人类最珍视的一大梦想——通过利用几乎无穷无尽的太阳能"。[94]

真正的挑战在于如何将梦想落地。这些新兴的技术执行起来往往很复杂,与化石燃料相比,价格方面也不具有竞争优势。唯一的潜在市场是不用企业家担心成本的一个特殊领域:美国太空计划。该计划需要为其准备发射的卫星提供动力。因此,美国政府成为发家于洛杉矶周围的新兴产业的主要客户,洛杉矶是发展太空计划的两家关键机构——加州理工学院和喷气推进实验室的所在地。他们将在那里设计第一颗即 1958 年发射成功的美国卫星"探索者 1 号"。[95]

洛杉矶地区的小公司引领了光伏太阳能产业的商业化,这些小公司被新兴卫星市场的潜力所吸引。莱斯利·霍夫曼(Leslie Hoffman)便是先驱。1946 年,他在洛杉矶创立霍夫曼电子公司,先是制造小型电子管收音机,然后转向制造电视机,随后又进入半导体行业。1956 年,霍夫曼收购了国家制造产品公司,它拥有贝尔实验室授权许可的光伏原始专利技术。霍夫曼对新技术带来的商机兴趣日渐浓厚。他试图向美国林业局推介它的价值,这些产品能为无人值守的中继站提供电池,并设想把太阳能电池用于加利福尼亚州南部高速公路上的应急呼叫电话。[96]他终于在美国太空计划中找到了市场机会。霍夫曼的太阳能电池最终被搭载在"先锋 1 号"卫星上,这也是有史以来第二个由光伏电池部分供电的美国卫星。这颗卫星使用小于 1 瓦的小型太阳能电池板为其无线电提供动力。[97]

太阳能领域的第二次创业浪潮是由阿尔弗雷德·曼(Alfred Mann)领导的。曼曾在加州大学洛杉矶分校学习物理学,并先后于 1949 年和 1951 年获得学士学位毕业。他对光学的研究兴趣将他指引向了自己的第一份工作——成为洛杉矶 Technicolor 公司的职员,该公司所独有的彩色电影工艺主导了好莱坞电影业。美国陆军曾向 Technicolor 公司寻求帮助,希望它能帮助开发一款适用于导弹制导系统的滤光器,但当时 Technicolor 不想承接这项业务。1956 年,为了拿下这份价值 11200 美元的陆军合同,曼离开公司并成立了一家名为 Spectrolab 的小公司。2 年后,一个来自空军的官员找到曼,说他们想要建造一个由太阳能电池驱动的航天器,但遇到了一个棘手的问题:太阳能电池发热时,它的运转会失效。[98]曼把太阳能电池的生产放在他创立的另一家专门生产半导体的公司 Heliotech 里。1960 年,曼以可观的价格(至少在当时来看)——1000 万美元,将 Spectrolab 和 Heliotech 的子公司卖给快速成长的德事隆集团,后者正在建立军事采购业务。前 Spectrolab 的员工们将引领太阳能创业的新浪潮。在接下来的 60 年中,曼成为一位非常成功的连续创业者,推出了包括心脏起搏器在内的一系列医疗产品,不过他本人在此之后再也没有重返太阳能行业。[99]

霍夫曼和曼相互竞争,争夺太阳能光伏产业中仅有的市场份额,该行业每年的价值在 500 万到 1000 万美元之间,并且几乎完全依赖美国太空计划。这样做的好处是大型电子公司,如得州仪器对这部分市场不感兴趣,就算进入了,很快也会离开。然而缺点是需求量小且未来前景难以预测。有人估计,到 20 世纪 60 年代,光伏的生产能力将超过需求。[100] 除美国之外,其他国家和地区并没有太空计划,因此对太阳能的投资有限。飞利浦和西门子等欧洲电气公司也进行了一些试验性研究,但没有开展商业化生产。[101]

风能和太阳能在这几十年里的发展十分有限。相对风能和太阳能而言,化石燃料的价格太便宜了,前者很难与它竞争。如果政府对哪类新能源感兴趣的话,那应该就是核能。帕尔默·普特南和约翰尼斯·尤尔在风能领域有了重大的技术成就,但考虑到现有技术,它的成本太高。光伏太阳能技术是一项突破,但技术过于复杂,想要降低成本则需要大量投资。莱斯利·霍夫曼和阿尔弗雷德·曼在美国太空计划中发现了一个小的利基市场,但除此之外,想要让太阳能成为一个可行的能源供应方,在当时只是一个难以实现的愿景罢了。

小结

在 20 世纪 30 年代到 50 年代的这几十年中,虽然城市化和燃烧化石燃料导致生态保护成本不断上升,大多数政策制定者、选民和消费者对自然环境所面临的挑战关注并不多。问题其实并不在于无知——如威廉·沃格特是众多意识到环境挑战日益严重的人之一——而在于一系列其他接连不断的挑战,从大萧条到第二次世界大战,再到冷战的爆发,再后来是对包括核能在内的新技术为人类所向往的一个结局带来憧憬。除了美国太空计划中光伏电池新技术的利基市场外,传统企业家缺乏向太阳能或风能行业进军的动力。同时,对绿色企业家来说,行业的进入门槛很高。由于缺少重大的技术进步,风能和太阳能几乎无法与传统燃料相抗衡。同样的挑战也阻碍了其他行业在环保化方面的努力。大多数消费者对使用植物而非化学成分的有机食品或化妆品毫无兴趣。我们谈的都是商界的边缘化人物(有些人甚至是"怪人"),而且在消费者和其他人眼中,他们在将自己的努力成果正当化的过程中,几乎没有取得什么成就。

尽管如此,面对这些障碍,绿色企业家在开拓市场方面所取得的成就远比失败来得让人惊叹。他们以各种不同的方式,把自己和当时的社会舆论区别开来,超越时代,努力追求可持续发展的模式。杰罗姆·罗代尔,哈桑·法赛等人站了出来,他们表达了一个理念,即传统模式并不能带领我们走向可持续发展。一方面是因为身体状况不佳,另一方面是由于受到宗教信仰的影响,汉斯·穆勒,克劳斯·希普,保罗和贝蒂·基恩以及亨利·查尔斯·杰弗瑞等少数人试图向农民和消费者推介有机食品,建立分销渠道,把双方的利益连接在一起。埃米尔·邦纳和伊夫·黎雪运用植物成分制造美妆产品,并开始思考如何分销这些产品。在帕尔默·普特南和约翰尼斯·尤尔的努力下,风能行业取得了根本性的技术进步。像弗兰克·劳埃德·赖特和巴克敏斯特·富勒这样的建筑师提出了一种激进的新方法,来思考建筑与自然环境的关系。这些成就被当时传统业务的成功抢了风头,但回想起来,它们已为未来绿色企业的发展奠定了一定的基础。

本章注释

1. Frank Uekötter, *The Age of Smoke* (Pittsburgh, PA: University of Pitts-
burgh Press, 2009), pp.69-74, 87-103.

2. Fred Van Dyke, *Conservation Biology: Foundations, Concepts, Applica-
tions* (New York: Praeger, 2008), p.19.

3. Douglas Brinkley, *Rightful Heritage: Franklin D. Roosevelt and the
Land of America* (New York: HarperCollins, 2016).

4. Frank Uekötter, *The Green and the Brown: A History of Conservation in
Nazi Germany* (Cambridge: Cambridge University Press, 2006);
Uekötter, *Age of Smoke*, pp.103-12; Gesine Gerhard, "Breeding Pigs and
People for the Third Reich," in FranzJosef Brüggemeier, Mark Cioc, and
Thomas Zeller (eds.), *How Green Were the Nazis?* (Athens, OH: Ohio
University Press, 2005); Karl Ditt and Jane Rafferty, "Nature Conserva-
tion in England and Germany 1900-70: Forerunner of Environmental
Protection?" *Contemporary European History* 5, no. 1(1996), pp.16-19.

5. Ramachandra Guha, *Environmentalism: A Global History* (New York:
Longman, 2000), pp.63-8.

6. Ibid., pp.63-6.

7. Stephen Broadberry and Kevin O'Rourke (eds.), *The Cambridge
Economic History of Modern Europe*, vol. 2 (Cambridge: Cambridge Uni-
versity Press, 2010), esp. chapters 12 and 15; Victoria De Grazia, *Irre-
sistible Empire: America's Advance through Twentieth-Century Europe*
(Cambridge, MA: Belknap Press of Harvard University Press, 2005);
Geoffrey Jones, *Multinationals and Global Capitalism* (Oxford: Oxford
University Press, 2005), pp.92-101.

8. Richard P. Tucker, *Insatiable Appetite: The United States and the Ecolog-
ical Degradation of the Tropical World* (Berkeley, CA: University of Cali-
fornia Press, 2000), esp. chapters 4 and 6.

9. Christian Pfister, "The '1950s Syndrome' and the Transition from a
Slow-Going to a Rapid Loss of Global Sustainability," in Frank Uekötter
(ed.), *The Turning Points of Environmental History* (Pittsburg, PA: Uni-
versity of Pittsburgh Press, 2010), pp.90-118.

10. Michael Bess, *The Light-Green Society: Ecology and Technological Mo-

dernity in France, *1960-2000* (Chicago, IL: University of Chicago Press, 2003), pp.71-2.

11. 〈http://www.nature.org/about-us/vision-mission/history/index.htm〉, accessed June 1, 2013.

12. Thomas Jundt, *Greening the Red*, *White*, *and Blue*: *The Bomb*, *Big Business*, *and Consumer Resistance in Postwar America* (Oxford: Oxford University Press, 2014).

13. Frank Uekötter, *The Greenest Nation? A New History of German Environmentalism* (Cambridge, MA: MIT Press, 2014), pp.60-5.

14. Andrew J. Hoffman, *From Heresy to Dogma* (Stanford, CA: Stanford Business Books, 2001).

15. Jerome I. Rodale, *Our Poisoned Earth and Sky* (Emmaus, PA: Rodale Books, 1964).

16. Giovanni Federico, "Growth, Specialization, and Organization of World Agriculture," in Larry Neal and Jeffrey G. Williamson (eds.), *The Cambridge History of Capitalism*, vol. 2 (Cambridge: Cambridge University Press, 2014), p.49.

17. Stephen Mosley, *The Environment in World History* (London: Routledge, 2010), p.74.

18. Koepf and von Plato, *Die biologisch-dynamische*, pp.121-2.

19. Ibid., pp.122-3.

20. Werner, *Anthroposophen*, p.82; Schmidt, "Landwirtschaft," p.1022.

21. Philip Conford, *The Origins of the Organic Movement* (Edinburgh: Floris Books, 2001), chapter 9; Anna Bramwell, *Ecology in the 20th Century: A History* (New Haven, CT: Yale University Press, 1989), pp.136, 140-8.

22. Gunter Vogt, *Entstehung und Entwicklung des ökologischen Landbaus im deutschsprachigen Raum* (Bad Dürkheim: Stiftung Ökologie & Landbau, 2000), pp.133-51.

23. Uwe Werner, *Das Unternehmen Weleda*, *1921-1945*: *Entstehung und Pionierzeit eines menschengemässen und nachhaltig ökologischen Unternehmens* (Berlin: BWV, 2014), p. 149; Peter Staudenmaier, "Organic Farming in Nazi Germany: The Politics of Biodynamic Agriculture, 1933-1945," *Environmental History* 18 (April 2013), pp.383-411.

24. Werner, *Das Unternehmen Weleda*, pp.146,183,188.

25. Florentine Fritzen, *Gesünder leben: die Lebensreformbewegung im 20. Jahrhundert* (Stuttgart: Steiner,2006), pp.78-97.

82 26. John Paull, "From France to the World: The International Federation of Organic Agriculture Movements (IFOAM)," *Journal of Social Research & Policy* 2 (December 2010), p.94.

27. Vogt, "Origins," p.25.

28. Philip Conford, "Howard, Sir Albert (1873-1947)," *Oxford Dictionary of National Biography*; Conford, *Origins*, pp.51-9.

29. Albert Howard, *An Agricultural Testament* (London and New York: Oxford University Press,1940).

30. Randal S. Breeman and James A. Pritchard, *A Green and Permanent Land. Ecology and Agriculture in the Twentieth Century* (Lawrence: University Press of Kansas,2001).

31. Eve Balfour, *The Living Soil* (London: Soil Association,2006 edition), p.199.

32. Philip Conford, *The Development of the Organic Network* (Edinburgh: Floris Books,2011), pp.35-6,223-5.

33. Ibid., pp.226-7.

34. Paul Keene, *Fear Not to Sow Because of the Birds* (Chester, CT: Globe Pequot,1988), p.vii.

35. Packaged Facts, *The Organic Food and Beverage Market 1996*, Pub ID LA-41900 (April 1996); George de Vault, "What Became of Walnut Acres?," *The Natural Farmer* (Spring 2006).

36. Daniel Gross, *Our Roots Grow Deep: The Story of Rodale* (Reading, PA: Rodale,2008), pp.1-44.

37. Ibid., p.48.

38. Ibid., pp.55-63.

39. Packaged Facts, *Organic Food*.

40. Gross, *Our Roots*, pp.70-4.

41. Maria McGrath, "Food for Dissent: A History of Natural Foods and Dietary Health Politics and Culture since the 1960s," Lehigh University, Ph. D.,2005.

42. Gross, *Our Roots*, pp.96-100, 106.

43. Rodale, *Poisoned*, p.9.

44. Ibid., pp.488-9.

45. Warren J. Belasco, *Appetite for Change* (Ithaca, NY: Cornell University Press, 1993), p.71.

46. Fritzen, *Gesünder leben*, pp.107, 122-4.

47. Ibid., pp.115.

48. Vogt, *Entstehung*, pp.128-9, 160-79.

49. Judith Baumgartner, *Ernährungsreform: Antwort auf Industrialisierung und Ernährungswandel* (Frankfurt: Peter Lang, 1992), pp.239-51.

50. Vogt, *Entstehung*, pp.197-9.

51. Ibid., p.256.

52. Ibid., pp.202-5.

53. Ibid., pp.222-3.

54. Claus Hipp, with Eva Eleonore Demmerle, *Die Freiheit, es anders zu machen* (Munich: Pattloch, 2008); Claus Hipp, *Das Hipp Prinzip: Wie wir können, was wir wollen* (Freiburg: Herder, 2012); interview with Claus Hipp, February 25, 2013.

55. Albert Wirz, *Die Moral auf dem Teller* (Zurich: Chronos, 1993).

56. Interview with Claus Hipp.

57. 见本书第六章。

58. "Association les Guides de la Nature de la Vie et de la Santé, Biographie d'Henri-Charles Geffroy précurseur en écologie: Pourquoi 'L'Alimentation Saine'?" ⟨http://agnvswebmestre.free.fr/biographie_nadh.html⟩, accessed August 4, 2011.

59. Arie Hollander, "'Tegen Beter Weten In'. De Geschiedenis van de Biologische Landbouw en Voeding in Nederland (1880-2001)," Utrecht University Ph.D. thesis, 2012.

60. Geoffrey Jones, *Beauty Imagined: A History of the Global Beauty Industry* (Oxford: Oxford University Press, 2010).

61. Norman F. Estrin (ed.), *The Cosmetic Industry: Scientific and Regulatory Foundations* (New York: Marcel Dekker, 1984), pp.164-9.

62. Christina Lubinski, "Emanuel Bronner," in R. Daniel Wadhwani (ed.),

83

Immigrant Entrepreneurship: *German-American Business Biographies*, *1720 to the Present*, vol. 5 (German Historical Institute, October 25 2013), ⟨http://im migrantentrepreneurship.org/entry.php? rec = 134⟩, accessed October 22,2016.

63. ⟨ https://www. drbronner. com/our-story/timeline⟩, accessed October 22,2016.

64. Lubinski,"Emanuel Bronner."

65. Jones,*Beauty Imagined*,pp.280-1.

66. John McNeil,*Something New under the Sun* (London: Penguin,2000), pp.281-3.

67. ⟨http://www.un.org/esa/population/publications/WUP2005/2005WUP _FS7. pdf⟩,accessed December 14,2015.

68. Anthony Sutcliffe (ed.),*The Rise of Modern Urban Planning*,*1800-1914* (New York: St. Martin's Press,1980); Greg Hise,*Magnetic Los Angeles*: *Planning the Twentieth-Century Metropolis* (Baltimore,MD: Johns Hopkins University Press,1993).

69. William Cronin, *Nature's Metropolis*: *Chicago and the Great West* (New York: W. W. Norton,1991).

70. McNeil, *Something New*, pp.100-8, 281-95; Mosley, *Environment*, pp. 100-10.

84 71. James Steele, *Ecological Architecture*: *A Critical History* (London: Thames & Hudson,2005),pp.71-6.

72. Loretta Lorance,*Becoming Bucky Fuller* (Cambridge,MA: MIT Press, 2009).

73. Steele, *Ecological Architecture*, pp. 143-7; "About Fuller," ⟨http:// www.bfi.org/about-fuller/biography⟩,accessed January 2016.

74. ⟨https://bfi. org/about-fuller/big-ideas/dymaxion-world/dymaxion-map ⟩, accessed July 23,2016.

75. Buckminster Fuller,*Operating Manual for Spaceship Earth* (New York: Pocket Books,1970),p.79.

76. Victor and Aladar Olgyay,*Design with Climate*: *An Approach to Bioclimatic Regionalism* (Princeton, NJ: Princeton University Press, 1963); Vandana Baweja,"A Pre-History of Green Architecture: Otto Koenigs-

berger and Tropical Architecture, from Princely Mysore to Post-Colonial London," University of Michigan Ph.D.,2008,pp.134-5.

77. Baweja,"Pre-History."

78. Hassan Fathy, *Architecture for the Poor* (Chicago, IL: University of Chicago Press,1973),p.3.

79. Ibid.,p.43.

80. Ibid.,p.61.

81. Steele, *Ecological Architecture*, pp.85-93; James Steele, *Hassan Fathy* (New York: St. Martin's Press,1988).

82. WTRG Economics,"Oil Price History and Analysis," ⟨http://www.wtrg.com/prices.htm⟩,accessed January 14,2016.

83. Martin Chick, *Electricity and Energy Policy in Britain*, *France and the United States since 1945* (Cheltenham: Edward Elgar,2007),p.7.

84. Astrid Kander, Paulo Malanima, and Paul Warde, *Power to the People*: *Energy in Europe over the Last Five Centuries* (Princeton: Princeton University Press,2013),p.277.

85. Chick, *Electricity*,p.1.

86. Adam Harris Serchuk,"Federal Giants and Wind Energy Entrepreneurs: Utility-Scale Wind Power in America,1970-1990," Virginia Polytechnic Institute Ph.D.,1995,p.10. 据统计,1963 年电力工业中煤气发电占比 21%,水力发电占 19%,核电仅为 0.3%。

87. Luz Mez,"The Germany Electricity Reform Attempts: Reforming Co-optive Networks," in Atle Midttunn (ed.), *European Electricity Networks in Transition* (Oxford: Elsevier,1997),pp.232-5,241-3; Robert Milward, *Private and Public Enterprise in Europe*: *Energy*, *Telecommunications and Transport*, *1830-1990* (Cambridge: Cambridge University Press,2005).

88. William J. Hausman, Peter Hertner, and Mira Wilkins, *Global Electrifi-* 85 *cation* (Cambridge: Cambridge University Press,2008),chapter 6.

89. United States, President's Materials Policy Commission, *Resources for Freedom*: *A Report to the President* (Washington,DC: U.S. Government Printing Office,1952),vol. 4,chapter 15.

90. Robert W. Righter, *Wind Energy in America*: *A History* (Norman,OK: University of Oklahoma Press,1996),p.144.

91. Ibid.,pp.126-36.

92. Ibid.,pp.136-43.

93. Soren Krohn, "Danish Wind Turbines: An Industrial Success Story" (2002), 〈http://www. ingdemurtas. it/wp-content/uploads/page/eolico/ normativa-danimarca/Danish _ Wind _ Turbine _ Industry-an _ industrial _ succes_story.pdf〉, accessed October 22,2016; Flemming Tranaes, *Danish Wind Energy*, 〈http://www. spok. dk/consult/reports/danish _ wind _ energy.pdf〉, accessed July 2,2016,p.2; Righter, *Wind Energy*,p.150.

94. "Vast Power of the Sun Is Tapped by Battery Using Sand Ingredient; New Battery Taps Sun's Vast Power," *The New York Times*, April 26, 1954,p.1.

95. Phech Colatat, Georgeta Vidican, and Richard Lester, "Innovation Systems in the Solar Photovoltaic Industry: The Role of Public Research Institutions," *Working Paper MIT-IPC-* 09-008, Industrial Performance Center Massachusetts Institute of Technology, June 2009.

96. John Perlin, *From Space to Earth* (Ann Arbor: Aatec, 1999), pp.37-8,164.

97. D. J. Flood, "Space Photovoltaics—History, Progress and Promise," *Modern Physics Letters B* 15.17/18/19 (2001),p.561.

98. Interview with Alfred Mann, August 5,2002, 〈http://www.audiologyon-line. com/interviews/interview-with-alfred-mann-founder-1745〉, accessed October 22,2016.

99. "Textron Unit Plans to Buy Spectrolab, Inc.," *Wall Street Journal*, June 26,1961; Stuart Pfeifer, "At 88, Billionaire Inventor Alfred Mann's Motivated by More than Money," *Los Angeles Times*, September 14,2014, accessed February 7,2016.

100. Colatat, Vidican, and Lester, "Innovation Systems."

101. Geoffrey Jones and Loubna Bouamane, "'Power from Sunshine': A Business History of Solar Energy," *Harvard Business School Working Paper*, No. 12-105, May 2012.

第三章 "地球升起"和
绿色企业的崛起

20 世纪 60 年代至 70 年代期间，环保主义运动突然盛行起来，这让许多参与过环保事业和相关活动的人感到意外。塞拉俱乐部主席、美国生物物理学家兼环保主义者威廉·斯里（William Siri）说："我们这些多年来一直积极参与保护运动的人，以前被认为是怪人，而在一夜之间，我们忽然发现自己变得受人敬仰，不再被称为自然资源保护论者，而是'环保主义者'。[1]与此矛盾的是，绿色企业却难以借助这个时代更广泛的环保活动实现复兴。

就环保主义的第二波浪潮而言，我们可以从几个角度加以诠释，这种转变也常被环境史学家所提及。[2]首先，水污染问题很严重且屡见不鲜。合成洗涤剂行业使用不可生物降解的表面活性剂，导致整个欧洲和美国的湖泊和河流被泡沫覆盖，这促使业界推出了新的监管规定。[3]1969 年 6 月，化学垃圾引发俄亥俄州克利夫兰的凯霍加河发生火灾，大火持续了约二十分钟。这在以前也发生过，但这次事件引发了人们对水污染的严重抗议。[4]几个月前，圣塔芭芭拉油井井喷引发了一场灾难，20 万加仑的石油在加利福尼亚州的海岸线上足足泄漏了 11 天。这一事件直接导致了 1969 年《国家环境政策法案》（National Environmental Policy Act）的出台。此乃美国一大里程碑式的法案,它要求联邦机构提供环境评估和环境影响报告。[5]

其次,虽然环境灾难并非新鲜事,但相较于杰罗姆·罗代尔,新一代的作家拥有更多读者。1962 年,蕾切尔·卡森出版的《寂静的春天》被视作开启了第二波环保主义浪潮。[6] 她特别关注第二次世界大战期间和战后获得专利的一系列新的化学制品,尤其是农药滴滴涕及其对野生动物,鱼类和鸟类的毒害。她还暗示滴滴涕是一种致癌物质。[7] 这本书在《纽约时报》畅销书排行榜上占据长达 31 周,发行量达 50 万册,美国农药行业协会的过激反应无形中为其助了一臂之力,提升了它的知名度。[8]

尽管书中不少科学论点尚未得到充分证明,这本书的成功归纳起来有几大原因。生命体间的联系是很密切的,这一观点影响了广泛的人群,从观鸟者到关心个人健康的人。卡森是一位老练的作家,她已经出版了一本畅销书,为了专注于写作而放弃美国鱼类和野生动物局动物学专家的工作。1960 年,在被确诊乳腺癌后,对人类健康可能造成巨大威胁的事件成为她关注的焦点,4 年后,她因患乳腺癌病逝。最重要的一点是她很聪明:她大量借用纽约两位女性生物动力学农民收集的关于杀虫剂影响的资料,其中包括第一章讨论的生物动力学先驱埃伦弗里德·法伊弗制作的警告滴滴涕的危害小册子。卡森尽量避免提及他们的贡献,因为担心与有机农业的牵连可能会被利用来质疑她的论点。[9]

美国和欧洲作家出版了一系列有影响力的著作,卡森的书是该系列的第一本。这些作者通常是生物学家,他们在这 10 年间持续向外界发出了环境危险的警告。1964 年卡森去世,1 年后,雷蒙德·达斯曼(Raymond Dasmann)警告说,加利福尼亚州的自然之美已经遭到了破坏。让·多斯特(Jean Dorst)和保罗·埃利希(Paul Ehrlich)扩展了环境威胁概念的外延,把人口过剩也纳入其中。[10] 与此同时,经济学家芭芭拉·沃德对英美两国的政策制定者产生了很大的影响,她在 1966 年出版的《地球号太空船》一书中,将她一直关注的发展和社会正义议题与环境的可持续性议题结合在一起探讨。[11]

影响第二波环保主义浪潮的第三个因素是新的社会运动,它们从根本上质疑了现有的社会和政治体制。在美国,反越战抗议、妇女解放和民权运动是 20 世纪 60 年代最具影响力的运动。1968 年,在欧洲许多国家的首都,尤其是巴黎,激进的学生抗议活动席 88 卷了整个城市。环境问题只是反文化的一小方面,其他还包含了嬉皮士和政治异见者,这些更广泛的社会运动使得更多公民参与到环保抗议活动中来。1970 年,查尔斯·雷奇(Charles Reich)出版的《绿化美国》(*The Greening of America*)一书中明确将环境保护需求融入更广泛的议题中,这些议题还包括女权主义、同性恋平权、种族平等、终止军事冲突、消费主义泛滥和企业权力。[12] 社会运动在一定程度上能起到鼓舞环保行业新兴企业家活动的作用,如风能行业就想要改变现有的市场制度和价值。[13] 尽管这种反文化力量能激发人们对另一种生活方式、健康食品和能源的兴趣,但有时这会与追求利润的动机和资本主义格格不入。

太空竞赛在不知不觉中为新兴环保运动所体现的标志性形象做出了贡献。1968 年 12 月 24 日,美国宇航员威廉·安德鲁斯(William Andrews)在阿波罗 8 号上拍摄到了在月球地平线上升起的地球,这是第一艘绕月球运行的太空船。蓝白色的小星球和太空的黑暗形成鲜明对比,展现出的惊人视觉效果,也激发了人们的想象力。这幅名为"地球升起"(Earthrise)的照片很快就被环保运动广泛采用。[14]

"地球升起"的照片无处不在,在 3 年的时间里环保运动建立起强大的机构,新的环保 NGO 成立了。[15] 1969 年,塞拉俱乐部的前执行董事,一名自然主义者,大卫·布劳尔(David Brower)在旧金山创立地球之友(Friends of the Earth)。当塞拉俱乐部拒绝反对在美国发展核电时,布劳尔从俱乐部退出,创办了自己的社团,该社团逐渐成为这场运动的中心。1971 年,来自瑞典,法国,英国和美国的环保主义者在瑞典开了一次会之后,地球之友变得更国际化。[16] 1971 年,为了反对美国在阿拉斯加的原子能测试,绿色和平组织(Greenpeace)在加拿大的维多利亚省成立。[17] 1970 年4 月 22 日,首个世界地球日在美国举行,2000 万美国人走上街头,呼吁保障健康环境的必要性。这个想法源于当时在威斯康星州的民主党参议员盖洛德·尼尔森(Gaylord Nelson),他目睹了圣塔芭芭拉的石油泄漏事件。后来他成功说服热衷于环保的共和党众议员彼得·麦克洛斯基(Pete McCloskey)共同发起这项活动。[18]

89　　1972 年,联合国在斯德哥尔摩召开了第一次国际环境问题会议。这一想法是 4 年前由瑞典代表团在联合国参加一次会议时提出的。在那次会议上,代表团提出了一个和平利用核能的替代计划。通过一位共同的朋友,瑞典驻联合国大使与加拿大前石油行业企业家莫里斯·斯特朗(Maurice Strong)有了接触。斯特朗被加拿大国际开发署聘用,并被任命为斯德哥尔摩会议的秘书长。[19]

斯特朗是一个思路清晰,充满激情的领导者,他深受蕾切尔·卡森和芭芭拉·沃德等作家著作的影响。[20] 通过把发展中国家对发展问题和工业化国家对污染问题的关注联系在一起,他的研究顺利找到了一个方法以打消发展中国家对富裕西方国家的环境忧虑的某些顾虑。[21]

本次会议由斯特朗牵头并邀请到了来自 113 个国家的代表前来参会,由于对不是联合国成员的东德能否参与会议持不同看法,因此苏联不在参会代表之列。斯特朗希望让会议涵盖的内容更广。在活动前,他委托别人制作了一部长达一小时的电影,名叫《地球号太空船的幸存者》(*Survival of Spaceship Earth*),这部电影就是从地球的太空影像开始讲述的。[22] 他还首次鼓励 NGO 参会,会议吸引了成千上万名(主要是年轻人)关注环境的人士,他们也是众多其他相关会议的主要参与者。[23] 大部分的注意力都被放在了符号性的细节上,在会议伊始,大量参会代表都选择骑自行车出行。

斯特朗还委托一家 NGO——国际环境事务研究所(International Institute for Environmental Affairs,IIEA)为会议编写一份背景报告。[24] 这项研究报告由芭芭拉·沃德和微生物学家勒内·杜博斯(René Dubos)撰写,以《只有一个地球》(*Only One Earth*)为标题出版,书的封面上印有一个从太空拍摄的地球图像。[25] 这本书和后续会议一样涵盖了多个议题,包括食品污染、土壤侵蚀和杀虫剂造成的农业退化、垃圾和确保清洁水源的必要性。[26] 此书甚至简要地提到了"所谓的温室效应",认为如果发展中国家在发展中使用越来越多的化石燃料,那么其所产生的排放"可

能会导致地球温度的长期升高".[27] 这次会议推动了一家新机

90 构——联合国环境规划署的成立,但它缺乏运作所需的资源和能

力。[28] 虽然斯德哥尔摩会议可能在全球范围内动员了更多政府机

构参与到环境事务中,在接下来的 10 年里,这一数量从 10 个国家

增加到了 100,但关于全球环境的政策协调仍然充满挑战。[29]

在这个对自然环境关注日益密切的新时代里,对绿色商业模
式的大力支持并没有立即出现。在斯德哥尔摩会议上,与会者对
企业作用的认知是极为粗浅的。人们普遍认为市场无法应对那些
对自己不利的环境外部性,并且认为"生产者"(他们对企业的称
呼)本身就是污染的来源。人们并不认为商业是解决方案的一部
分,而认为它是问题的症结所在,农药行业对蕾切尔·卡森的攻击
进一步证实了这一点。沃德和杜博斯认为,全球政府之间加强协
调是解决之道,他们认为"各国领导人要采取全球性的方法"。[30]

强调政府的角色反映了当时许多国家的主导观点。在许多欧
洲国家,工业由国家所主导十分普遍,而在大多数发展中国家,进
口替代政策和国家规划正刚刚兴起。在这一背景下,当时最具影
响力的环境思想家们认为由绿色经济取代自由市场和传统资本主
义是拯救地球的方式。它被视为处理外部性问题最有效的手段。
1971 年,美国生物学家巴里·康芒纳(Barry Commoner)在一本
畅销书《封闭的循环》(*The Closing Circle*)中提出,美国经济需要
重组,从而符合客观的生态规律。他希望洗涤剂等污染性产品被
天然产品如肥皂所取代。[31] 在 5 年后出版的《权力的贫穷》(*The
Poverty of Power*)一书中,康芒纳认为彻底废除资本主义是应对
环境挑战的唯一有效办法。[32] 1973 年,英国经济学家 E.F.舒马赫

（E. F. Schumacher）出版了《小的是美好的》（*Small is Beautiful*）
一书，对社会制度提出了角度不同但同样尖锐的批评。该书认为，
当代对规模、产量和技术的关注存在根本性的缺陷。相反，它鼓励
运用小型的、合适的技术为人们赋能。舒马赫对有限资源在战后
经济稳定增长时期的巨大消耗提出了警告。该书将大公司的私有
制描述为"使无能的所有者以寄生方式生活在他人劳动成果之上 91
的虚拟架构"，并要求将这些公司一半的股权社会化。[33]

　　具有讽刺意味的是，在这关键的二十年间，只有包括莫里斯·
斯特朗本人在内的为数不多的一些商界领袖活跃在为环境问题发
声的最前沿。例如罗伯特·O.安德森（Robert O. Anderson），他
创建了一家名为大西洋里奇菲尔德的大型石油公司（ARCO），通
过科罗拉多州阿斯彭研究所（Aspen Institute）在环境教育和宣传
方面表现出色。[34]他帮助马丁·布劳尔（Martin Brower）建立了地
球之友，并用个人信托基金成立了国际环境事务研究所来支持以
斯特朗为负责人的斯德哥尔摩会议。[35]在欧洲，意大利实业家奥里
利奥·佩西（Aurelio Peccei）和英国化学家亚历山大·金（Alexander King）于 1968 年创立罗马俱乐部（Club of Rome）*，成为
环境思想的重要守护者。佩西长期担任菲亚特汽车公司的高管，
随后成为奥利维蒂电气公司的总裁。1972 年，麻省理工学院的一

* 罗马俱乐部是关于未来学研究的国际性民间学术团体。该俱乐部创办于 1968
年，创始人是英国科学家亚历山大·金和意大利的著名实业家、学者奥里利奥·佩西。
该团体的宗旨是通过对人口、粮食、工业化、污染、资源、贫困、教育等全球性问题的系
统研究，提高公众的全球意识，敦促国际组织和各国有关部门改革社会和政治制度，并
采取必要的社会和政治行动，以改善全球管理，使人类摆脱所面临的困境。

个团队接受罗马俱乐部的委托撰写一份报告,通过建立数据模型,对自然资源有限的情况下人口快速增长的后果进行分析。这份题为《增长的极限》(*The Limits to Growth*)的报告预测,到 21 世纪中叶,除非对经济增长速度加以控制,否则地球的生态系统将会陷于崩溃。[36]

但具有环保意识的企业领袖与该时代的环保主义者之间的关系并不融洽。斯特朗说,他的商业伙伴经常把他看成是"古怪的",而环保主义者认为他的商业生活"与他们的意识形态是不可调和的"。[37]我们不难看出这背后的理由。1976 年,斯特朗回到加拿大,担任新成立的国有石油公司——加拿大石油公司——的负责人。20 年后,他接管了安大略省电力公司,这是一家大型电力公司,兼具核能发电机业务。1967 年,安德森的大西洋里奇菲尔德公司在阿拉斯加北坡的普拉德霍湾发现了北美最大的可开采原油,其在阿拉斯加建造的石油运输管道,引发了环保主义人士长期的抗议。[38]当代评论家指出,甚至瑞典政府主办斯德哥尔摩会议的动机就包括展示该国污染控制技术方面的产品。会议期间汽车制造商沃尔沃主办了一次工厂参观活动。[39]

由此看来,新一轮环保主义增加了对企业的管制,这一点也不奇怪。从 20 世纪 60 年代起,美国率先在西方国家引入新的消费者安全和环境监管法规,常常成为其他国家参考的模式。[40]出于对人类健康的担忧,美国联邦政府于 1970 年成立了环保局(EPA),针对化工和其他行业,积极出台和实施了新的环境监管法规。[41]1972 年,在瑞典禁用农药滴滴涕的 2 年之后,美国也禁止了滴滴涕的使用,这比英国等一些欧洲国家早了 10 多年。斯德哥尔摩会

议后,美国也开始在新的国际条约中发挥主导作用,如 1972 年的
《伦敦倾废公约》(London Convention on Dumping at Sea)和
1973 年的《濒危野生动植物物种国际贸易公约》(Convention on
International Trade in Endangered Species and Fauna)*。[42]西欧
也出现了一系列新的环境立法,包括与消费者有关的食品和药
品安全法,但该地区的法律法规和美国相比,仍然存在不小差
距。[43]受斯德哥尔摩会议影响,哥伦比亚通过了首部与环境相关的
法律,但斯德哥尔摩会议对其他发展中国家环境监管法规的影响
并不那么显著,因为这些国家的政府仍然将工作重心放在经济发
展上。[44]

相较 20 世纪中期对环境问题的漠视,这 20 年人类在整个世
界范围内见证了可喜的突破。这是一个环保书籍畅销、大量社会
运动兴起、联合国频繁召开会议和新的监管机构辈出的时代。相
较过去而言,环保产业(或事业)更多地被视为问题,而不是机会。
在第二波环保主义浪潮中,绿色企业已没有搭便车的机会了。

荒野先知

绿色企业的持续边缘化在有机食品行业尤为明显。蕾切尔·
卡森小心翼翼地避免公众将她与有机农业联系到一起,就是这种
边缘化的表现。在《有机园艺和农业》中,杰罗姆·罗代尔将《寂静

---

* 《濒危野生动植物物种国际贸易公约》的英文全称应为 Convention on Interna-
tional Trade in Endangered Species of Wild Fauna and Flora(CITES),有时也被译为
"华盛顿公约"。具体见 www.cities.org。

的春天》称为"杰作",在 1962 年到 1972 年间,杂志的订阅用户数量从 30 万增加到了 75 万。[45]卡森就农药对农业危害的警告最终导致滴滴涕和其他农药的禁用,但并非所有化学农药都被禁用,有机食品市场也并未因此而增长。

93　　在此时期罗代尔陷入一场与美国政府的官司之中,事件起源于一本名为《健康查询手册》(*Health Finder*)的出版物,罗代尔被指控在该书广告中提出了包含欺骗性的主张,因此在 20 世纪 60 年代的多数时间里,罗代尔的业务可谓是举步维艰。罗代尔专注于写作,尤其注重健康问题,但外界评论对此并不待见,所以他的儿子鲍勃(Bob)承担起了更多管理公司的责任。[46]直到下一个 10 年伊始,事情才开始好转。1970 年 5 月,在首个世界地球日后的几个星期里,罗代尔在宾夕法尼亚州艾伦镇召开了第一次有机食品研讨会,吸引了 175 位有机食品的种植户和有机食品商店的老板参加。1971 年 6 月 6 日,罗代尔成为《纽约时报》当期的封面人物。封面上,他西装革履,穿过一片农田,他被形容为有机运动"最重要的先知"。两天后,罗代尔在参加迪克卡韦特秀时,因心脏病发作去世。[47]

　　在美国和欧洲,有机食品企业和农场在很大程度上仍然局限在宗教团体、反文化或其他小众的团体组织中传播。传统的食品行业规模巨大,如奶农和种玉米种植户仍享受政府补贴,农产品因此得以保持低价,这在美国尤为明显。得益于纷繁复杂的广告宣传,罐装、冷冻和加工产品无处不在,它们被说成是新鲜和天然的。通过改良基因或添加化学元素的方式,种植和销售的食物颜色能被人工所控制。[48]从 20 世纪 50 年代中期起,麦当劳等快餐店在各地建立了广泛的零售市场和供应链,以极低的价格提供新颖的食品。这些创新方式起源于美国,随后它们和自助超市一起流传到了欧洲。[49]

在食品行业工业化的背景下,让部分农民和消费者对有机食品感兴趣是一项艰巨的任务,只有少数人敢冒险进入。1960 年,农业学研究生弗兰克·福特(Frank Ford)和他的妻子马乔里(Marjorie Ford)在得克萨斯州戴夫·史密斯县赫里福德镇买下了一家带有石磨和仓库的小型工厂。福特开始向杂货店销售石磨面粉,以取代当时在市场上占主导地位的加工型白面粉。Arrowhead Mills 花了 5 年的时间才盈利,它也慢慢建立了一个出售已经包装好的有机食品的业务模式。1970 年,该公司销售额仅有 10 万美元。在 1973 年尝试自杀失败后,福特以基督徒的身份获得新生,此后,他的公司文化多了一层宗教信仰。第二年,福特通过在 94 全国各地旅行,和"拥有小商店、大梦想、却缺少资金"的年轻人见面交流,之后他拥有了 32 家零售商。[50]福特并不急于扩大自己的业务,他希望人们自己种植食物,但到了 20 世纪 70 年代后期,Arrowhead Mills 成了当时美国最大的有机食品经销商之一,产品多达 300 种,年销售额达 1000 万美元。[51]反观传统市场,仅麦当劳一家连锁快餐店的年销售额就超过了 30 亿美元。

在 20 世纪 60 年代后期,新一代的企业家纷纷从反文化运动中走出来,进入有机零售业。他们大多集中在学生和反文化活动家数量众多的城市。许多人都是长寿运动的支持者,他们强调日本传统饮食对健康的益处,它以没有精细化加工的食物为基础,很少或不喝牛奶,不吃红肉,避免精制盐和糖。反过来,健康的食物也被认为是社会健康与和平的关键。日本的哲学老师,尤其是樱泽如一(George Ohsawa)和他的妻子利马(Lima)把长寿运动带到了美国。在 20 世纪 50 年代,樱泽如一的几个学生,如久司道夫和赫尔曼·相原(Herman Aihara)在美国定居。他们最终开了几家小饭馆和小商店,销售进口的味噌(发酵大豆)和天然酱油。[52]

1966 年,久司道夫和他的妻子艾夫琳(Aveline)在波士顿开设了一家名叫埃瑞璜(Erewhon)的小型长寿天然食品商店,店名源自英国作家塞缪尔·巴特勒(Samuel Butler)的乌托邦小说。久司道夫曾在东京大学攻读政治学和法学学位,之后赴美国哥伦比亚大学深造,但由于英语口语不好,最终只是做了许多零星的兼职工作。他曾满怀激情地相信政治运动是实现世界和平的途径,但之后他慢慢摒弃了这一想法,转而追随樱泽如一。久司道夫、艾夫琳和另一位樱泽如一的学生搬到了马萨诸塞州,最初教授指压按摩疗法和合气道,后来又讲授长寿之道。埃瑞璜最初出售几款豆类食品,主要是从纽约供应商那里进口的味噌和酱油。虽然最初的销售额少得可怜,但这家公司却有着与众不同的特点。像生物动力学农业所倡导的一样,长寿之道不仅局限于食用更健康的、不含添加剂的食品。久司道夫回顾了 19 世纪关于健康饮食的社会意义的资料,并强调:更健康的饮食是改变生活方式的一部分,这会给世界带来和平。久司道夫的一名员工提到,他们"有意改变世界,仅此而已"。[53]尽管对于一家小型零售店来说,这个想法未免过于乌托邦,但它也可以被看作是对食品业的一次重新定位,它超越了关注个人健康的层面,而更强调它对社会可持续发展所发挥的重要作用。

　　无论多么富有远见或者多少带一点乌托邦思维，久司道夫和他的伙伴在事业中仍保持务实的一面。即使他们的客户很少，他们的商店还是试图"培养"每一个从店门外经过的潜在客户。他们早期就意识到客户端很难获得他们推荐的多数产品，因此他们需要建立一个供应链和分销链。为此，他们聘请了有才华和富有远见的人。[54]

　　1967 年，21 岁的保罗·霍肯（Paul Hawken）获得了店铺的管理权。霍肯在加利福尼亚州的伯克利长大，随后成了一名高产的环保作家。当时，伯克利是真正意义上的反文化思想的中心。他的父亲在加州大学伯克利分校工作，他也在伯克利念书，但没有毕业。伯克利是政治激进主义的热土，它还与激进的环境观念有关：1967 年，一个名为生态行动（Ecology Action）的组织开始了鼓励回收和反对消费文化的运动。[55]霍肯本人曾与马丁·路德·金（Martin Luther King）的民权运动合作，1965 年，他在密西西比河被 3K 党短暂绑架。[56]

　　霍肯结识了弗兰克·福特和其他一些天然食品的支持者，如旧金山嬉皮圈的领袖弗雷德·罗厄（Fred Rohe）。他们一起在公众面前做演讲，正如福特后来写道的："一大清早，我们坐在一起，共同策划一场天然食品的变革。"[57]

　　霍肯开创了与农民签订合同生产有机农作物的理念，这是扩大有机农业生产的关键一步。1968 年，他和与埃瑞璜最早进行合作的有机谷物供应商达成协议，供应商是位于蒙大拿州的小麦种植户。在 5 年内，埃瑞璜与 35 个州的 57 家农场签订协议，直接为其提供有机食品。埃瑞璜还开发了批发分销业务，到 1973 年，总 96

销售额提高到了 300 万美元以上。这为后续其他的初创公司提供了标准模式,公司业务有时也会得到久司道夫和霍肯的帮助。[58]然而,由反文化活动空想家创办的小规模企业一直很脆弱,并且在长寿和非长寿的观点间也存在很大分歧。1969 年,霍肯亲自前往日本拜访供应商,4 年后他离开了埃瑞璜。1981 年,埃瑞璜的销售额达到了 1000 万美元。零售商起诉埃瑞璜,指责它以批发价出售产品对它们造成了损害。最终埃瑞璜因吃了太多官司而破产。[59]

当健康食品企业家聚集在反文化活动密集的地区时,它们的业务做得更好——那里能提供巨大的潜在市场。加利福尼亚州是美国反文化现象和有机农业实现重大发展的核心地带。1967 年,新成立的加州大学圣克鲁兹分校聘请阿兰·查德威克(Alan Chadwick)发起一个学生园艺项目。查德威克出生于一个富裕的家庭,年轻时曾在多尔纳赫与鲁道夫·斯坦纳一起做研究,并在英国、南非和巴哈马开启了园丁的职业生涯。在那里他凭借手工工具和生物动力学的方法,把一个陡峭的山坡变成了一个花草茂盛的花园。查德威克在圣克鲁兹待了 6 年,园艺项目对新一代加州从事有机农业的年轻人产生了重大影响。[60]

第一个对有机食品沉闷形象发起挑战的就是加利福尼亚州。旧金山湾区是政治激进主义和反文化运动的中心,那里的人也开始品尝以有机食品为原料的新菜肴。从加州大学伯克利分校毕业的艾丽丝·沃特斯(Alice Waters)是一个关键人物,她加入自由言论运动,参与了反越战政治家的竞选活动。1971 年,沃特斯在伯克利开了一家名为潘尼斯之家(Chez Panisse)的小餐馆,它致力于使用当地新鲜的时令食材。她是第一位将"有机"一词写在菜单上的餐厅老板。她发明的"加州美食"(California cuisine)在美国开启了一场食品口味的革命,人们对有机食品开始感兴趣。[61] 但到了 1980 年,加利福尼亚几乎再也没有发生过有机革命。有机农场的数量仍然很少,而其竞争对手——传统农场仍保持高度警惕。[62]

科罗拉多州,特别是博尔德市也孕育了一批天然食品企业。97 像加利福尼亚州的部分地区一样,这个州拥有极致的美景,吸引了远足和山地运动爱好者,他们也成了潜在的客户和企业家。博尔德市政府从 20 世纪 50 年代后期便开始积极保护环境,不再支持周边山区的发展,在城市周边购买绿地,将每年的新房开工率限制在 2%。[63] 科罗拉多大学博尔德分校的教授中,就包括 1967 年出生在英国的经济学家肯尼斯·博尔丁(Kenneth Boulding),他在《即将到来的地球号太空船》("coming spaceship earth")一文中对资源匮乏发出警告,并因此在首个世界地球日前后成为环保活动领域的公众人物。[64] 1973 年,美国推出了第一部有机食品标签法。博尔德积极参与反文化运动。这里也是佛教的重要中心。在 20 世纪 60 年代后期,在距离博尔德约 200 英里的特立尼达镇诞生了一个名为"空降城"(Drop City)的乡村公社,它因其嬉皮士艺术和巴克敏斯特·富勒风格的网格穹顶建筑而闻名,《时代》(Time)和《生活》(Life)杂志对其进行了特别报道。[65]

博尔德的企业集群始于一些小企业。1955 年,玛格丽特(Margaret)和菲利普·伊塞利(Philip Isely)开始销售维生素和全麦食品,并于 1963 年为世界政府造势期间在莱克伍德开设了一家小商店。40 年后,他们的"自然杂货店"(Natural Grocers)总部设

在莱克伍德,价值达 5 亿美元。[66] 1970 年,莫·西格尔(Mo Siegel)
在博尔德创立了草本茶公司诗尚草本(Celestial Seasonings)。因
儿时受哮喘的困扰,他以寄宿生的身份进入修道院和大学预科学
校学习,一位女性朋友把神秘的《地球之书》(*Urantia Book*)介绍
给他。他后来提到,这本书"让我重新审视自己的价值观,并致力
于做一些有价值的事情……于是我立即转向了健康食品行业。"[67]
他采集生长在博尔德周围的草药,开始尝试制作凉茶,并推出了自
己的 36 味药草茶。健康食品商店开业后,逐渐有了稳定的买家,
到了 1974 年,销售额达到 100 万美元。[68] 1984 年,公司以近 4000
万美元的价格卖给了卡夫食品公司。[69]

　　诗尚草本成为其他科罗拉多州企业的表率,同时也是该地区
重要的雇主和专业知识来源。到了 1980 年,商业文化不断发展,
98 反文化人物转型为天然食品零售商和品牌建设企业家。在前一类
中,马克·雷茨洛夫(Mark Retzloff)和 S.M."哈斯"·哈桑(S.M.
"Hass" Hassan)于 1979 年在博尔德建立了珍珠街市场。雷茨洛
夫读大学时是环保活动家,而哈桑是一位印度精神导师的追随者,
该导师所在的神圣之光使命组织(Divine Light Mission)总部位
于丹佛。雷茨洛夫于 1983 年创立了苜蓿市场,成为最早以超市形
式销售多种有机产品的零售商代表之一,不仅销售食品,还销售维
生素、补充剂和其他产品。[70]

　　在欧洲,像 Arrowhead Mills 或诗尚草本这样的分销公司并
不多见。相反,反映改革运动和生物动力学等旧传统的小型零售
店和农场,与受反文化运动和长寿理念启发的初创企业并存,有时
它们甚至相互冲突。

在德语系国家,尽管超市和自助服务的出现打破了传统模式的禁锢,即在商店里提供产品和咨询,改革运动依然继续为天然食品提供零售渠道。在 20 世纪 60 年代中期,德国改革商店的年收入超过了 6400 万美元。甚至一些传统零售商也对改革产品感兴趣,这些零售商需要接受培训并支付费用,以确保其销售的带改革标签的产品没有掺假。[71]

新一代小型有机商品零售商也从反文化运动中诞生,并在一定程度上与改革商店相互竞争。[72] Rapunzel 就是这样兴起的,后来它成为德国领先的有机食品生产商之一。起初,年轻的夫妇约瑟夫・威廉(Joseph Wilhelm)和珍妮佛・韦尔默朗(Jennifer Vermeulen)在一个有小型天然保健食品商店的农场创办了自给自足的公社,它位于巴伐利亚州的奥格斯堡市,距离威廉长大的农场很近。受到给他们提供有机食品的朋友的启发,在韦尔默朗的故乡比利时,他们拜访了有机食品零售商。那家小商店出售燕麦片、坚果黄油和水果棒。1979 年,他们在德国南部的阿尔高地区购买了一片新农场,此前这个农场是公社,这里汇聚了崇尚不同生活方式的人们,同时也是一个历史悠久的自然美景和康养旅游目的地。[73]

从整体上看,德国有机农业也发生了变化,而瑞士人汉斯・穆勒开发的技术通过一位名叫汉斯・彼得・拉什(Hans Peter Rusch)的德国医生传入了德国。拉什认为自然是由"活的粒子" 99 组成的。他发明了一种名为"拉什测试"的土壤肥力测试方法,并卖给了农民。当时,这些观念的科学基础被许多人质疑。即使他们也相信天文的影响和具有魔法的配剂,但对于那些对科学知识研究更感兴趣的生物动力学农民而言，这却引发了一些分歧。[74]

就像在美国一样，长寿运动为一些初创企业的提供了重要启发。英国最著名的例子是一位连续创业的绿色企业家克雷格·萨姆斯（Craig Sams）。巧的是，在孩童时期的疾病经历也激发了他对健康和食物的兴趣。他出生在内布拉斯加州的一个农场，他的父亲过去在第二次世界大战期间的太平洋舰队服役，曾不幸得了一场重病，但在遵循一位好莱坞日本医生所推荐的饮食（包括糙米和全麦面包）后痊愈了。20 世纪 50 年代，当他的父亲还在为美军工作时，全家搬到了英国。已经是素食主义者的萨姆斯得到了沃顿商学院的奖学金，在那里，他第一次听说了长寿之道，正如他后来写道的："有机农业和食物是社会正义、环境保全和人类健康的根本基础。"[75]

萨姆斯受到纽约东村一家餐厅启发，回到伦敦后，1967 年，他和他的兄弟在伦敦开了一家小型的长寿餐厅。由于经营不善很快就倒闭了，但他后来又开了一家名叫 Seed 的餐厅，这家餐厅成为反文化艺术家的聚集地，甲壳虫乐队的约翰·列侬（John Lennon）和他的妻子小野洋子都是餐厅的常客，后者在日本就奉行长寿饮食。萨姆斯发展了邮购业务，开了一家粮店和一家自己制作花生酱的面包店。由于担心该产品能否契合除了遵循长寿饮食和反文化嬉皮士之外的人群市场，萨姆斯于 1972 年在 Harmony 品牌的助推下推出了花生酱。4 年内，它的销售额达 500 万美元，并在传统食品店销售。[76] 1977 年，他还打造了一款开创性的果汁果酱，创造了一个完全"不加糖"的果酱品类。因为它不是严格意义上的长寿食品，萨姆斯使用了另一个品牌名：Whole

Earth。[77]就像瑞士的喜宝一样,萨姆斯是欧洲为数不多的、在 20 世纪 70 年代末能在商业上获得成功的天然食品企业之一。

在其他地方,企业在追求盈利和倡导有机价值方面产生了冲突。在 20 世纪 60 年代,法国新兴的有机运动因为难以在两者间找到平衡,最终分道扬镳。根据汉斯·彼得·拉什的理念,用钙化海藻生产的天然肥料的商业化激起了生物动力学农业支持者的强烈反对,他于 1964 年成立了一个名叫 Nature et Progrès(N&P)的新组织。该组织旨在让消费者更好地了解有机食品,同时努力打造像萨姆斯一样的业务体系。1966 年,罗兰·谢弗里奥(Roland Chevriot)和克劳德·奥伯特(Claude Aubert)在巴黎策划了一个名为健康土壤(Solsain)的创业公司,他们认识 N&P 的创始人。谢弗里奥是一位没有接受过农业培训的工程师,他是 N&P 创始人的哲学顾问,而奥伯特是一位为农民提供技术培训的农学家。他们最初的目标是将天然食品从农村运到巴黎,并让城市居民了解有机和传统种植产品之间的差异。[78]但他们对建立这样业务的兴趣不大。"我们是激进的,"奥伯特后来解释说,"但我们确实对创业没有兴趣,利润也并不能吸引我们。我们的目标是在各地销售有机蔬菜和水果,但它从来没有真正成为一项成熟的业务。我们既没有资金也没有意愿去创业……我们想留在非营利的世界里。"[79]正如第六章将展示的,N&P 在建立有机食品机构方面确实比在销售蔬菜方面更成功。

到了 1980 年,美国和欧洲的有机食品市场份额仍然很小。但也取得了一些小规模的胜利:罗代尔在他去世前被誉为先知。一些可行的零售和分销业务已经建立;诗尚草本和 Harmony 等品牌已不再是小众市场。受到宗教、健康和其他非财务因素的推动，弗兰克·福特、莫·西格尔和克雷格·萨姆斯等绿色企业家为天然食品业务带来了新的思路和方法。重要的是，发展并不能用有机蔬菜出售的数量来衡量，而是要看长寿食品专家和其他企业家所取得的进展，他们将购买更多的天然食品与更广泛的议题，如可持续性和环境问题联系在一起。尽管取得了这些成果，但在庞大的传统食品行业背景下，面对品牌食品生产商和连锁超市，想要取得进展依旧面临诸多挑战，更不用提政府对传统农业的巨额补贴。有机食品运动本身的差异，加上对商业化和规模扩张的勉为其难或感到厌恶，使得它要影响亚文化之外的群体就更困难了。

101

美妆业与反文化

如果说第二波环保浪潮对相关的社会运动与有机食品业务影响较小的话，其对当时规模尚小的天然美妆业则有更为不利的影响。复兴的女权主义运动代表了这样一种思想，即任何装饰都是压迫性的，是父权制的象征。许多激进和受过教育的年轻女性，其中一些人相当喜欢有机食品，在 20 世纪 60 年代末和 70 年代通过不再化妆或剃毛来表达自己的抵抗。[80]

美妆业的知名环保人士也拒绝化妆和剃毛。在《寂静的春天》中，卡森提到了导致癌症的化学制品，尤其是在业界广泛使用合成雌激素。[81]无论产品的成分如何，那些有着强烈生态情结的人通常不喜欢美妆业的整体理念。例如，罗代尔在《我们中毒的地球和天空》中专门有一章用来批评所谓的"人造美"，他抱怨化妆品和皮肤制剂中大量化学物质会带来健康风险,指出一些染发剂有潜在致癌风险,广告亦十分荒谬。罗代尔指出:"一个有健康意识的人,就应该且可以不用化妆品。"[82]

如果说环保主义者等人把传统美妆业看作一个问题而不是机会,反之,以市场为导向的传统行业则将准绿色产业视为一个机会。随着环境问题的兴起,嬉皮士们喜爱花卉,传统行业在广告中也迅速开始使用"自然"一词。这不难做到,因为植物成分一直被使用,只不过是与化学制品结合起来作为防腐剂。主流品牌纷纷强调产品的天然成分,并通过行走在乡间的模特,和其他凸显环境的符号来进行广告宣传。[83]直到 20 世纪 70 年代中期,有关染发剂含致癌成分的科学证据不断增多,这才引起人们对它实际成分的更多关注,一些知名品牌开始着手重新配制它们的产品。[84]

在这 20 年的多数时间里,与健康相关的个人护理业仅出现了少数的几家初创企业,这些企业家的背景与有机食品行业的企业家非常相似。美国缅因汤姆(Tom's of Maine)创始人汤姆·查普尔(Tom Chappell)在 23 岁和他的妻子凯特·查普尔(Kate Chappell)离开了费城,他曾在那里的一家保险公司工作。他们搬到缅因州肯纳邦克的农村,搬家是为了让自己所处的生活环境更好,公司随之创立。他们从事有机园艺,吃未加工的食物。由于在市面上无法为自己和孩子找到天然的个人护理产品,1970 年,查普尔夫妇决定创建并销售自己的产品,他们相信"环保和利润可以兼得"。[85]

查普尔夫妇从 1975 年开始生产无磷洗衣粉,接着又推出第一款天然牙膏。不久之后,他们的女儿出生了,他们开发了第一款天然婴儿洗发水，再是天然除臭剂、漱口水和剃须膏，它们都通过保健食品店销售。汤姆·查普尔是一位虔诚的基督徒，他之后还申请进入哈佛神学院进行学习，公司因此融入了更多基督教福音派的价值观。到 1981 年，该公司的销售额达到 150 万美元。[86]

　　尽管查普尔夫妇取得了成功，但 20 世纪 70 年代后半期，在大西洋两岸建立的另两家企业才正式标志着天然美妆业的壮大。第一家叫美体小铺（Body Shop），当时 34 岁的安妮塔·罗迪克（Anita Roddick）在英国布赖顿市开了一家卖护肤品和头发护理产品商店。罗迪克出生在意大利犹太移民家庭，在为日内瓦国际机构工作期间一直参与解决发展中国家的妇女权利问题，后来走遍了整个非洲和南太平洋地区。决定开一家美妆店的原因是她丈夫想要骑着马环游世界，从布宜诺斯艾利斯到纽约，为此，他们需要把现有的小旅馆业务卖掉。[87]

　　罗迪克想要使用天然成分，这个灵感源自旅行期间看到大溪地和其他地方妇女的传统美容习惯。在与化妆品生产商接洽探讨供应问题后，厂商说她提出的成分要求是"荒谬的"，她找到了马克·康斯坦丁（Mark Constantine），一位当地激进的草药医生和受挫的化妆师，他想创办另一家叫 Lush 的天然个人护理品公司。罗迪克在她自己的厨房里准备了一批产品，并将其包装在她所能找到的最便宜的容器——尿样瓶中。罗迪克的一大突破性见解是，多数人对传统美妆业的不满并不在于产品成分，而是广告中对待女性的方式和对产品功效的夸大其词。她决定销售不同大小的化妆品，而不只是大瓶装。她使用便宜的容器，因为她相信很多女性认为化妆品的大部分成本都花在了"精美的包装"上。[88]

第一家店铺生意很不错,当罗迪克的丈夫在 1977 年回国后
(他的马在过安第斯山脉时死了),夫妇二人开始扩大业务。罗迪
克强调包装便宜和环保原料,最终使得营销大获成功,正如她明确
指责美妆业对女性的剥削一样。在支持环境问题的年轻女性群体
中,公司找到了市场所在,她们认同回收的重要性,避免动物实验,
并且支持社会事业。例如,该公司使用大豆油墨在再生纸上印刷
产品目录,并承诺为每使用一颗用于制作目录纸的树种植两棵
树。[89]罗迪克站在小企业与 NGO 合作潮流的前沿:20 世纪 80 年
代中期,她积极支持绿色和平组织的"拯救鲸鱼运动"[90]。同时,通
过创建自己的营销渠道,采用特许连锁经营战略,公司实现了快速
增长。事实证明,将品牌的价值直接呈现给潜在客户的效果非常
好。到 1984 年,美体小铺的销售额接近 700 万美元,其中在英国
有 45 家门店,其他地方有 83 家门店,并且公司已经满足上市的
条件。[91]

罗迪克的成就不仅在于培育了一家成功的连锁经营企业,而
更重要的是把使用植物成分的化妆品和环境可持续性之间联系在
一起。从更广泛的角度看,这类产品有利于我们生活的地球,这是
罗代尔想都不敢想的。从另一个角度来看,这也是霍斯特·瑞切
尔巴赫(Horst Rechelbacher)亲手创建的公司所取得的成就。瑞
切尔巴赫的父亲是一位鞋匠,他的母亲是一名草药医生。瑞切尔
巴赫于 1941 年出生在奥地利,不久之后,因为贫穷被迫提早结束
学业,成了一名理发师学徒。17 岁那年,他搬到罗马和伦敦,在那
里美发沙龙工作了 5 年后又去了纽约。1965 年,他在明尼阿波利
斯开了一家自己的美发沙龙,因为在参加发型秀时被醉酒的司机

104 撞到了,不得不住院 6 个月,还欠了巨额的医疗费。瑞切尔巴赫的
美发沙龙生意兴隆,但这让他精疲力尽。听了当时印度著名的大
师喇嘛尊者在明尼苏达大学就阿育吠陀医学的古代实践所做的讲
座后,瑞切尔巴赫在 1970 年跟随他到了印度,他在那里待了 6 个
月,研究如何用草药和植物促进健康和长寿。[92]

当瑞切尔巴赫回到美国时,他开始使用植物精油为他的美发
沙龙生产产品,向消费者介绍印度阿育吠陀的哲学和芳香疗法。
他在明尼阿波利斯家中的厨房水槽里制作了第一款丁香洗发水。
艾凡达公司成立于 1978 年。第一款头发护理产品最初是专门用
于瑞切尔巴赫在明尼苏达州的美发沙龙。如同美体小铺一样,美
发沙龙是建立品牌、赢得市场的关键。随后,他推广了将嗅觉、健
康、幸福联系起来的芳香疗法,并将产品范围逐渐扩大,为客户提
供全方位的美妆产品,同时也成为环境和社会事业的拥趸。[93]瑞切
尔巴赫后来在 1999 年写道:艾凡达的目标是巧妙运用地球资源来
打造产品;我们支持土著人的权利,反对动物实验。我们认为这
些做法无论在经济上、环境上和道义上都是有意义的。[94]10 年后,
他把"生态创业"称为受伤星球的新侍者和治疗者。[95]

天然美妆业的关键突破出现在 20 世纪 70 年代末和 80 年代,
当时安妮塔·罗迪克和霍斯特·瑞切尔巴赫突破了美妆业微小的
细分市场格局。相较之前,他们成功地在更广泛的环境和社会背
景下,重塑了天然植物化妆品的品牌形象。他们都通过建立自己
的零售店来解决传统市场营销和零售渠道问题,这对于向消费者
传递他们的信息来说至关重要。即便如此,我们应更理性地审视
这些成就。美体小铺的销售额达 700 万美元,使其在 20 世纪 80

年代中期成为全球最大的天然美妆公司。当时,以欧莱雅、资生堂、雅芳和雅诗兰黛为首的全球最大的化妆品公司,每家公司的年销售额均达数十亿美元。从大的背景来看,天然美妆仍是行业内的一个相对次要的组成部分。

"大地之舟"、堆肥厕所和生态建筑的复兴 105

如同天然美妆业一样,20 世纪 60 年代的第二波环保主义浪潮似乎对建筑物和建筑风格产生的影响也比较有限。这 10 多年间,市政府、大学和其他公立机构在粗蛮主义建筑的高峰期,打造了大量裸露的混凝土建筑。巨大的粗蛮主义建筑,如华盛顿特区的约翰·埃德加·胡佛大楼、波士顿市政厅或英国伯明翰的斗牛场购物中心都成为这个时代备受恶评的标志。在整个西方世界,随着汽车的使用,城市的边缘在不断扩张。美国和欧洲的城市经常被重新设计,以便于汽车通行,同时隔离行人和社区,温室气体排放量迅速增加。

直到接下来的 10 年,在传统建筑中,建筑师开始对自然环境重新产生了认识。1972 年斯德哥尔摩会议的 4 年后,联合国在加拿大温哥华召开了第一次人居会议。这次被称为"首届联合国人居会议"("Habitat 1")的活动引起了人们对由过度城市化等原因导致的"社会、经济、生态和环境恶化"等一系列问题的关注。[96] 正如我们很快就会看到的,1973 年油价的急剧上涨,在一定程度上引发了人们就建筑对环境影响而产生新一轮的担忧。美国建筑师学会开始深入地探讨节能问题,尤其关注如何提高建筑效能和隔热性能。[97]其他的西方国家，因为政府政策的鼓励，建筑规范转向使用更小的窗户，从而实现更好的隔热效果。人们对被动式太阳能的兴趣也有所回升。爱德华·马兹里亚（Edward Mazria）在1979 年出版的《被动式太阳能之书》（*The Passive Solar Energy Book*）中，用非技术性的语言强调了被动式太阳能的潜力，这一技术能使人们能够摆脱电网的局限。事实证明，这对未来几年的影响尤为明显。[98]

　　在这样的背景下，一批生态建筑大师相继出现，尽管他们对建筑环境的影响大都被边缘化，但他们的作品和思想仍值得关注。马尔科姆·威尔斯（Malcolm Wells）就是其中的一位，他曾在美国海军陆战队服役并学习过工程学知识，后来担任大型消费品公司美国无线电公司（RCA）的制图员。1953 年，他获得建筑师资格，顺利接到了项目，为美国无线电公司设计用于 1964 年纽约世博会的展馆。但因为意识到场馆将在 2 年内被拆除，加上肯尼迪总统、教皇和他父亲均在前一年意外去世，他突然顿悟了。当他重新审视他的工作时，他反思了建筑是如何破坏先前存在的东西。受到环保运动和当代法国建筑师雅克·库埃勒（Jacque Couëlle）设计的自由形式建筑的影响，他开始发展"温和建筑"（gentle architecture）理论。威尔斯成了素食者，开始走路上班而不再开车。[99]

　　1971 年，威尔斯在专业杂志《建筑学文摘》（*Architectural Digest*）中提出了新的观点。他认为新建筑应满足的主要目标包括具有使用和储存太阳能的能力，更为科学的垃圾处理系统，并能为野生动物和人类提供栖息地，同时不失美感。[100]他把自己的理念应用到了地下建筑上。他建议美国无线电公司把它的工厂搬到地

106

下,结果这一大胆创新非但没被采用还使这家公司终止了与威尔斯的业务关系。但威尔斯没有放弃。1973 年油价上涨后,他终于开始接到业务。1975 年,新泽西州莫里斯敦地方政府委托威尔斯在地下建立一个行政办公综合体。其他公立机构的订单也蜂拥而至,其中包括纽约植物园的建筑项目。事实证明,立足于私人住宅市场难度很大,但在 1977 年,威尔斯出版了《地下建筑设计》(*Underground Designs*)一书,这是一本手写的钉书,由于人们对超高效房屋的兴趣,该书发行量总数超过 10 万册。这本书所带来的丰厚回报让威尔斯得以搬到马萨诸塞州科德角,在那里他设计了一个完全忠于他自身建筑理念的房子。[101]

另一位建筑师迈克尔·雷诺兹(Michael Reynolds)比威尔斯更为年轻,也更激进。当他从辛辛那提大学建筑系毕业时,他说:"当时的建筑是一文不值的。它与地球无关。"[102]1972 年,他用循环再生材料在新墨西哥州建造了他的第一间房子,这成了他"生物建筑"(biotecture)事业的基础,他将其定义为"在设计建筑物和周边环境时兼顾可持续发展的一项职业"。[103]这个"拇指屋"使用回收来的啤酒罐连接成"砖"。雷诺兹极具试验性的房屋被称为"大地之舟",它被设计成可以完全自我维持的,有自己的风能、太阳能和温室系统。他们只签下了很少几个项目。在邻州亚利桑那,意大利建筑师保罗·索莱里(Paolo Soleri)根据他发展的"生态建筑学"理念,建造了一个完整的房屋,将建筑与生态相结合。索莱里设计的房屋可容纳 5000 人,但实际居住人数从来没有超过 1000人。然而,到了 20 世纪 70 年代初,这个建筑物被永久保留并作为一个参观景点和教育中心,它已累计接待了数千名游客。[104]

　　另两名建筑师对行业所产生的重大影响则超越了他们原本从事的行业。伊恩·麦克哈格(Ian McHarg)是在高度工业化的苏格兰城市格拉斯哥长大的,但 10 岁时,他已经开始在乡村徒步远足了。[105]结束在第二次世界大战中的服役后,麦克哈格前往美国哈佛大学,学习景观建筑和城市规划的双学位。这是一个大胆的尝试,因为当时这两个领域已经高度分化,景观建筑专注于公园和花园设计而不是城市规划。麦克哈格在其职业生涯中一直试图将它们重新整合。[106]

　　麦克哈格在哈佛大学不幸感染了肺结核,加上他大量吸烟,导致了慢性健康问题。在苏格兰医院度过了沉闷的 6 个月后,麦克哈格因其先前军人的身份,获得了转移到位于阿尔卑斯山的瑞士疗养院的机会。疗养院鼓励他多锻炼,多呼吸新鲜空气而不是待在室内。他后来写道:这个试验"强化了我对健康、尊严和自由的重要性的感知,也强化了我对自然疗愈力量的认识。它指引着我一生的工作。"[107]患上这类疾病意味着他最初想成为苏格兰城市规划者的职业计划落空,他失去了成为公务员的资格。他后来接到邀请,在宾夕法尼亚大学研发一个新的景观建筑研究生课程,这里成了培养新一代建筑师的主要基地。受自然保护基金会委托,他在 1969 年出版的《设计结合自然》(*Design with Nature*)成了将生态纳入规划这一理念的标志性出版物。该书总销量超过 25 万册。[108]在 1970 年的首个世界地球日期间,麦克哈格被表彰成为一位杰出的人物。在 4 月 20 日到 4 月 24 日的这一周,他出现在美国全国广播公司一档名为"今天"的节目中,那周节目的重点是环境问题,而在节目的圆桌讨论中,他指出环境恶化的根源在于"西方人对自然的态度"。[109]

1963 年,麦克哈格还与人共同创立了一家建筑事务所。该事务所承接了多个美国城市和地区的规划项目,主要涉及郊区的发展规划,包括应对联邦公路项目扩张而带来的影响,到了 20 世纪 70 年代中期,事务所接到许多公共机构的委托,它们需要对新的联邦环境质量法规做出响应。然而,雄心勃勃的麦克哈格却很少接到从事设计而不是做规划的委托。直到 20 世纪 70 年代中期,他获得了一个机会,受托为伊朗的沙赫设计一个巨大的以环保为主题的公园。该事务所于 1977 年在德黑兰开设了办事处。这个项目相当复杂,而更糟的是,因为它需要大量的灌溉和空调设施,势必对周边环境造成根本性的破坏。项目在伊斯兰革命后被中止,这使他的公司背上了巨额债务,他也因此被迫辞职。[110]随后,麦克哈格把更多精力放在了教育上,成为一名公共知识分子,而不再从事商业活动。

西蒙·范·德·瑞恩(Sim Van der Ryn)是另一位可持续建筑领域的重要人物,其影响也超出了他的职业范畴。出生在荷兰的犹太人家庭,他和家人在第二次世界大战爆发前一天逃到了伦敦,最后在纽约的皇后区定居。范·德·瑞恩认为,这种创伤经历让他很早就对社会正义和生态问题有了持久的关注。他说:"当你逃离一场大屠杀的时候,你不想成为制造下一次大屠杀的一分子。"[111]他在皇后区目睹的大自然各个不断生长的微小碎片激发了他对自然环境的特殊兴趣。他后来指出:"我与大自然的联系始于那里。"[112]

然而他的父母并不鼓励他学艺术,他先是在密歇根大学学习建筑专业,却一直没有什么热情,直到他遇到巴克敏斯特·富勒来大学演讲。范·德·瑞恩后来提到:富勒"真的提供了一个更大的远景,绝不是单纯地设计一座建筑物。而对我来说这是开悟的时刻——从他那里,我明白了问题比建筑本身要大得多。他一直从'整个系统'的维度去思考问题,此后,我也一直这么做。"[113]范·德·瑞恩毕业后加入了加州大学伯克利分校。

1969 年,当校园动荡导致学生和警方之间出现新一轮暴力冲突时,范·德·瑞恩从加州大学伯克利分校休学。他搬到了一个 5 英亩的乡村大院,里面有一个鸡舍,他开始在那里教书,并从事建筑试验。[114]其中包括参与了位于 1972 年成立的 Soto Zen Soto 社区的绿谷农场禅学中心的建设,该社区位于旧金山 17 英里之外。阿兰·查德威克在离开圣克鲁斯后,在那里建了一个花园。[115] 2 年后,范·德·瑞恩为社区建造了许多堆肥厕所,他用这段时间对其进行大力推广。后来他在一本关于厕所的书中写道:"现在看似被压实的、毫无生机的土壤将在堆肥垃圾和洗涤水的滋养下,将重新焕发生机。"[116]然而,这些厕所违反了当地的建筑规范,范·德·瑞恩发现自己被指控多项罪行。[117]在同一时期,他创建了法拉隆湾研究所(Farallones Institute),研究和教授自给自足的生活模式,这一模式包括了采用适当的技术、提高能源效率、利用有机农业和建造堆肥厕所。[118]

与此同时,曾在 1975 年、年仅 36 岁就当选加利福尼亚州州长的杰里·布朗(Jerry Brown)找到范·德·瑞恩,委托他重建位于萨克拉门托的州政府大楼。布朗牵头参与了多个政府环境政策的制定,首先废除了为加利福尼亚石油公司提供税收减免的石油消耗补贴,同时他还暂停在该州建设新的核反应堆。布朗对范·德·瑞恩的最初兴趣源于前者担心地震可能会破坏当地建筑物。范·德·瑞恩不认为这里有重大的地震风险,但他相信,对于美国和全世界而言,环境风险正在加剧。他建议布朗读一读舒马赫的《小的是美好的》。在随后的交流中,范·德·瑞恩建议布朗投资可再生能源,并根据舒马赫的建议,推广一种不破坏生态环境而切实可行的技术。[119]

布朗任命范·德·瑞恩为州政府建筑师,为其团队提供充足的预算和人手。此时,要求新建筑物能耗降低40%的地方法律审批通过,加州开始大量建造由范·德·瑞恩设计的新型节能公共建筑。萨克拉门托的贝特森大楼于1977年开业,事实证明该大楼实际能耗降低了80%。它成为范·德·瑞恩的"个人地标"。[120]

布朗还听从范·德·瑞恩的建议,任命他为"适用技术部"(Office of Appropriate Technology)的负责人。该机构推出了一系列举措。受到小时候在阿姆斯特丹所见所闻的影响,范·德·瑞恩买了50辆自行车,并要求员工在萨克拉门托市内活动时,如果路程不到2英里,就选择自行车出行,而不要乘坐出租车。[121]更重要的是,他在这时期还得到了一个2亿美元的可再生能源和节能项目,这一项目将对全球风能产业产生变革性影响,我们将在第八章中做详细介绍。范·德·瑞恩证明了自己是一个少有的、高效的管理者和部门经理,4年后他回到伯克利,这也是该校有史以来获批的最长离校时间。[122]

这几十年对绿色建筑师们而言在很多方面是令人失望的。生态建筑依旧没有成为主流。最富远见的建筑师所从事的项目,要么没有市场，要么就不成功。地下建筑物、"大地之舟"、堆肥厕所和为伊朗国王建设的主题公园也不例外。索莱里在阿科桑蒂社区有一个实体建筑持续存在，但是他的生态建筑学并没有成为主流。但从另一个角度来看，特别是在20世纪70年代，像威尔斯、麦克哈格和范·德·瑞恩这样的建筑师通过广泛销售专业书籍，参与电视节目走出了建筑圈，最值得一提的是，他们还为州政府做了项目。尽管这些建筑师并没有从设计上获得很多收益，但他们更有效地证明了为什么生态对建筑很重要。

再谈风能和太阳能

20世纪60年代的反文化和环境觉醒仅对当时的少数风能和太阳能企业产生了微弱的影响。鲜少有人讨论人为活动引起的气候变化这一概念，绿色激进主义更多关注的是化学制品的过度使用和工业污染问题，而不是能源经济和碳排放。蕾切尔·卡森在《寂静的春天》中没有提到替代能源。罗代尔在《我们中毒的地球和天空》中也没有提到风能和太阳能。在廉价石油时代，风能和太阳能并不具有足够的吸引力。在丹麦，Gedster风力发电机（在1967年关闭）每千瓦电价是石油发电站电价的2倍，而后者几乎为丹麦提供了所有的电力能源。[123]

风能特别像是封存于过去一个时代的遗迹。20世纪50年代后期，在雅各布斯风能公司不幸破产后，马塞勒斯·雅各布斯和他的儿子们在佛罗里达州启动了一项新业务，在那里尝试建造了当时被称为"环境分区"（environmental subdivisions）的项目，用于

环保建筑和垃圾治理。几年后,他们又回到北方,重建雅各布斯风 111
电公司,但再也没能重振雄风。在 20 世纪 60 年代末,雅各布斯和
其他小公司建造的许多风机都摆放在农场的垃圾堆里直至
生锈。[124]

　　在太阳能领域,光伏电池的高成本使得服务像美国卫星市场
这样的利基市场成为唯一可行的商业战略。即便如此,挑战也依
旧很大,只有那些不在意盈利水平且资本充足的个别企业才会涉
足。这似乎能够帮助解释日本大型电子公司夏普公司进入光伏制
造业的原因,该公司主要生产收音机和电视机,随后在 20 世纪 60
年代生产计算器。公司创始人早川德次在 1970 年的自传中写道:
"我相信未来最大的问题是太阳能和光能的积累和储存。所有的
生物都享受着太阳的恩赐,我们却要依靠发电站的电力。当巨大
的热量和光芒笼罩着我们时,人类必须思考如何利用这些上天给
予的恩赐。"[125]早川在导航辅助设备市场中找到了发展机会。在
1961 年至 1972 年间,夏普公司对日本海岸沿线的 256 座灯塔进
行了太阳能改造。[126]

　　那时,学术和政策环境正在经历一次重大的转变。1971 年在
斯德哥尔摩举行的以"人类对气候的影响"为主题的会议加深了人
们对气候变化可能性的了解。不到 2 年,廉价石油时代在 1973 年
10 月骤然终结,在以色列与阿拉伯邻国间的六日战争后,阿拉伯
石油输出国组织降低了石油产量,并宣布对石油实行禁运,禁止将
石油输送到美国和一些支持以色列的欧洲国家。在 3 个月内,石
油价格从每桶 3 美元上涨到 12 美元,1974 年 3 月禁运解除后,石
油价格一直居高不下。油价飙升提供给了美国和西欧国家一次重

新审视能源政策的机会。

1974 年,福特基金会发表了一份题为《抉择时刻:美国能源未来》(*A Time to Choose：America's Energy Future*)的重要报告。报告运用长期视角审视了来自各方的能源供应,也提到了如何减少包括煤炭在内的化石燃料对气候的进一步破坏。它还详细谈到了"温室效应",强调了核能的潜力,但同时也提到了核能的风险和未解决的核废料问题。然而,风能只是在报告的第 500 页中一笔带过。太阳能,尤其是屋顶太阳能集热器作为一大重要能源来源则受到了更多关注,但太阳能想要实现规模化生产的前提是,它必须得到像美国政府先前提供给核能一样多的启动资金才行。[127]

接下来的几年里,许多新能源政策纷纷出台,包括节能和提升能效的举措。随后,人们的观点有了切实的转变,不再贪婪地消耗看起来似乎无穷无尽的廉价石油。在美国,新的立法陆续出台,包括 1975 年的《能源政策与节约法案》(Energy Policy and Conservation Act)乃至 1977 年能源部的设立。新的节能措施包括全国范围每小时 55 英里的汽车限速和强制性的燃料经济性标准。此外,人们还开始寻找新的能源供给来源。1973 年至 1979 年间,联邦政府用于能源研究的资金增长了 7 倍,包含在核能方面的大量支出。[128]

其他地区对核能也有着同样的热情。从 20 世纪 60 年代到 70 年代末期,世界核电容量从 1GW 增加到 100GW 以上,大部分的增长发生在 20 世纪 70 年代。尽管一些环保活动家,例如《我们中毒的地球和天空》的作者罗代尔警告辐射泄漏存在风险,指出了核废料处置的问题还悬而未决,[129] 但其他人则只看到了核能作为一种取之不尽、用之不竭的可持续能源的可能性。例如,在《只有一个地球》中,沃德和杜博斯不看好风能和太阳能的前景,他们认为核能可以在化石燃料供应有限的情况下,作为另一种备选能源。[130]

核能通常被认为是能源稳定供应的关键,且不会因敌对的地缘政治事件受影响。在法国,国有电力垄断公司——法国电力公司——也大力支持核能,到 20 世纪 80 年代,近 50 家核电厂为全国提供了 70% 的电力。[131]在德国,自第一家商用核电站于 1969 年投入运营以来,核能也出现了很大的增长。瑞典虽然是环境立法的先行者,但也在核电上有很大的投资力度。该国缺乏煤炭资源,更不用说拥有自己的石油供应,瑞典政府试图通过促进经济增长和打造有竞争力的出口行业来为国家福利制度提供资金。瑞典的政策制定者还把他们在冷战时所引以为豪的中立态度与能源上的自给自足联系起来。因此,在 20 世纪 70 年代中期,作为垄断电力供应和控制国家众多水电设施的国有企业,瑞典大瀑布电力公司建设并调试了两个核反应堆。1975 年后,瑞典政府也开始投入资金用于对生物能源潜力的研究。[132] 113

对核能的热情也不仅限于欧洲国家。1966 年,日本启用了第一座核反应堆,面对 20 世纪 70 年代初的能源危机,政府一方面加快核电的发展,一方面努力稳定石油供应,鼓励节能。在东京电力公司的带领下,日本的 10 家电力公司一同垄断了国内的能源市场,即使在油价疯狂上涨的时候,它们对风能和太阳能等清洁能源也丝毫不感兴趣。[133]

尽管第一次石油价格危机后,政策环境发生了变化,各国政府甚至一些环保人士认为发展风能和太阳能是一个不错的主意,但时机还不成熟,亦可能永远不会成熟。在接下来的几年里,分配给风能和太阳能进行研究的公共资金很有限且不合理。在美国,联邦政府用于资助可再生能源研究的经费由美国国家航空航天局(NASA)和喷气推进实验室进行分配。这导致了波音、通用电气和西屋电气等领先的航空航天和科技公司一窝蜂聚焦于大型风机的设计和建造,结果在技术上遭遇了瓶颈,在随后的 10 年中,这些企业所建造的大型涡轮机经历了多次技术故障。[134] 陷入窘境的不止美国一个国家。1975 年,瑞典政府资助的若干风能研发活动启动,与前者一样,他们也几乎完全把精力集中在巨型风机上,最后遭遇了类似的负面结果。[135] 20 世纪 70 年代,为可再生能源奠定未来发展的重要基础最初是由政府打下的,却主要不是因为政府,这在风能领域尤其明显,但不仅限于风能领域。

　　在丹麦发生的情况也清楚地证明了这一点,在接下来的 10 年中,丹麦将成为全球风能技术的领导者。19 世纪 90 年代后期,拉库尔进行了小规模的风能试验,面对石油价格的上涨,丹麦政府在 1976 年做出了回应,启动了一个旨在将该国能源依赖从石油转变为煤和核能的项目,目标是到 19 世纪末共建造 6 座新的核电站。

　　这个时期人们也在不断对风车进行试验,使其能完全满足本地的需求。日德兰半岛的木匠克里斯蒂安·里塞格(Christian Riisager)在自家后院的小溪里安装了一个水车为花园供电。由于河流的水流量在夏天很弱,1975 年,他开始用尤尔的 Gedster 设计方法,并使用木材和卡车齿轮等材料来建造一台风力发电机。他制造了一台 7 千瓦的涡轮机原型,并大胆地将其连接到了电网,随后他获得当地配电公司的许可。涡轮风力发电引起了媒体的关注，里塞格开始为其他人制造涡轮机。1979 年，他还参与组建了一家小型公司。[136]

如果没有新兴的激进环保主义者的参与，那么当地的试验传统就可能只保持在一个很小的范围内。一位叫莫根斯·阿曼迪·彼得森（Mogens Amdi Petersen）的老师在日德兰半岛西部建立了一个名为 Tvind 的合作社，他和他的团队花了 3 年时间建造了一台涡轮机，并于 1978 年投入使用，这引发行业内许多人的关注，并提高了风能在该国的地位。彼得森本人在第二年退居幕后，成为一系列机构的幕后人物，包括一个国际救援组织和一家名为互满爱人与人（Humana People-to-People）的 NGO，2000 年，该组织涉嫌大规模的金融诈骗，被列为法庭诉讼案的指控对象。[137]

埃里克·格罗夫·尼尔森（Erik Grove-Nielson）是一位工程师，外界对他的争议比较少。在 20 世纪 70 年代初，当他还在大学时，他把对飞机的兴趣和对可持续生活方式的关注结合起来。[138]他反对政府的核能计划，并加入了一个新的草根活动家组织，即 1976 年成立的可再生能源组织（OVE），该组织致力于推广包括风能和太阳能在内的核能替代品。该反核能运动成为 20 世纪 70 年代加速发展的全球反核浪潮的一部分。[139]在丹麦，格罗夫·尼尔森初次涉足太阳能领域之后，便将注意力转移到了风能领域，并开始研究叶片的可靠性。他于 1977 年创办了一家名为 ØkærVind Energi 的公司，该公司致力于向自己动手建造者出售叶片。遗憾的是这项业务难以持续盈利，在可再生能源组织的资助下，它才生存下来，在此过程中该公司在叶片设计方面取得了突破性的进步。[140]

　　格罗夫·尼尔森的经历完美诠释了丹麦风能产业发展的典型
路径。丹麦商业体系的特点是拥有众多中小企业和协作式学习网
络，一众小规模、地理位置相近的企业开展渐进式创新，提高了叶
片运转的效率。他们在生产上依靠熟练工、技术人员和一些有经
验的工程师。[141]丹麦的国土面积不大，因此制造商能够更为便利地
向客户销售涡轮机。这一模式提供了进一步的学习机会，对附近
的意向买家起到了示范效果，因为他们能直接看到涡轮机的
运作。[142]

　　在 20 世纪 70 年代后期，风力发电机组工程作业和环境激进
主义之间的交集增多，通过互相学习和制度化保障形成了良性循
环。丹麦风电业主协会（Danish Wind Turbine Owners Associa-
tion）成立于 1978 年，它反对核电，积极推动太阳能和风能等替代
品。该协会积极向供电局游说，传播工程信息，提升设计性能，从
而提高涡轮机的安全性。同年，4 名工程师创立了丹麦风力涡轮
试验站。当政府要求风电机组通过认证使用才能获得补贴时，该
机构制定了获得补贴的检测标准[143]。

　　此时对行业而言，寻求组织和资金的支持依旧是一大挑战。
在伊朗伊斯兰革命后，1978 年和 1979 年出现了第二次石油价格
上涨。3 家农业设备制造商，维斯塔斯、Nordtank 和 Bonus 均进
入风力涡轮机领域并开展多元化业务。作为传统企业，它们这么
做并非是因为环境激进主义的影响，而是因为农业市场停滞不前，
它们想寻求新的盈利机会。这其中最大的公司也不过拥有 120 名
工人，但它们知道如何为农村市场建造重型机器。通过与激进的

企业家合作,这方面的能力得到了加强。维斯塔斯、Nordtank 和 Bonus 从 ØkærVind Energi 公司购买叶片。一位成功建造升级款涡轮机的年轻活跃分子亨里克·斯蒂尔斯达尔（Henrik Stiesdal)想离开公司去大学学习时,将自己的技术授权给了维斯塔斯,为该公司发展涡轮机业务打下了基础,此后 10 年里,该业务在加利福尼亚州找到巨大的市场。[144] 正如第八章会谈到的,政府和公用事业部门从那时起才真正开始支持风电行业。

美国风能行业的复兴始于 20 世纪 70 年代,但最初并未得到公众的支持。马塞勒斯·雅各布斯重新进入涡轮机行业,设计了一款新的 7.5 千瓦的涡轮机。然而,他在政治上保守孤立,无意为该行业建立相应机构。他反对 1974 年成立的美国风能协会 116 (American Wind Energy Association),这个组织主要是为了游说政府并获得资金支持。几年后他把企业卖给了一家名为"控制数据公司"（Control Data Corporation)的电脑公司。[145] 美国风能协会的成立源于底特律的风能和太阳能设备推销员艾伦·奥谢 (Allen O'Shea)的创意,他代表该协会出席了在底特律举行的第一届世界能源大会。在当时这只是一次小规模的活动,在奥谢工作的商店对面的警局愿意为其提供一个免费场所,因此会议得以在警局的地下室如期进行。[146]

该协会试图把新一波的创业企业汇集到一起,这些企业通常出现乡村地区,但不仅限于农村。涌现出的企业家包括来自环境科学专业的保罗·吉普（Paul Gipe),从 20 世纪 70 年代中期开始,他就在蒙大拿州寻找废旧风机,并坚信寻找可再生能源对社会进步至关重要。他最初计划重建雅各布斯风机,并将其出售给地处宾夕法尼亚州的一个公社以实现能源自给自足。随后他建立了批发废旧风机的业务，提供人员培训，并通过出版界宣传使用风能的益处。[147]

1974 年，罗素·沃尔夫（Russell Wolfe）和斯坦利·查伦（Stanley Charren）在马萨诸塞州创办了一家叫作"美国风能"（US Windpower）的公司。沃尔夫是一位工程师，因其女儿，而对风能产生了兴趣。前海军上尉、马萨诸塞州大学工程师威廉·赫罗尼姆斯（William Heronemus）曾是他女儿的老师，并一度是核能的坚定支持者，在 20 世纪 60 年代末曾预测能源危机即将到来。赫罗尼姆斯主张用"大规模可再生能源"来逐渐取代化石燃料和核能。在 20 世纪 70 年代初，他在校园内建造了一座 25 千瓦的风力涡轮机。[148]沃尔夫找到了连续创业者斯坦利·查伦，查伦曾通过自己建立的一家小企业孵化基金，资助沃尔夫的创业公司。查伦看到了获利的潜在机会，他鼓励赫罗尼姆斯创办一家公司。当赫罗尼姆斯拒绝时，查伦聘请他的几位学生一同创业，把中型的涡轮机组合起来，并将其产生的电力出售给公用事业公司。他们从私人投资者手中筹集了 100 多万美元。1978 年，沃尔夫和查伦在新罕布什尔州的分叉山上建起了 20 台风车，这成为美国乃至全球第一座大型风电农场。遗憾的是他们后期没能再筹集到更多资金。[149]正如我们将在第八章中看到的，和丹麦一样，美国公共政策在这 10 年里突然转向支持像沃尔夫和查伦这样的企业。

117   风能试验中心最终出现在看起来不太可能的日本。三菱重工在长崎大型工厂内的一个研发部门成为试验的主力军。三菱重工是一家多元化的动力机械、钢铁和船舶制造商。结合了建立烧石油和煤炭的地热发电厂锅炉的经验,一位名为相川贤太郎(Kentaro Aikawa)的高管提出开发清洁能源业务的提议。他建立了一个地热工厂,然后在 1978 年带领一个团队开发风力涡轮机。团队的预算有限,且只能在项目上投入部分时间,所以他们不得不就地取材。他们从造船厂找到的一座废弃的高塔,并在附近将被废弃的长崎机场的一架退役直升机上找到了叶片。1980 年,他们在长崎造船厂完成了一台 40 千瓦的风机。它只产生少量的电力,起初只在船厂内部使用,用于烧水泡茶。1982 年,他们将一台 300 千瓦的商用风力发电机卖给了一家电力公司,它被安装在冲绳附近的一个岛上。但日本政府和国家电力公司都不支持风电,它在国内市场也面临其他危机。日本平原面积有限,且通常人口稠密,所以任何风车都需要安装在山上,这样一来成本更加昂贵。此外,季节性台风增加了机器损坏的风险。虽然三菱后来有机会在美国加利福尼亚州开展国际业务,但当时日本国内市场空间仍旧有限。[150]

尽管咨询公司和基金会的报告均展现了太阳能行业的潜力,但像风能一样,太阳能行业的发展受到第一次石油价格上涨的推动很有限。[151]美国政府对太阳能的投资和研究主要集中在国防和太空计划上。1974 年,联邦立法计划建立太阳能研究所(Solar Energy Research Institute),3 年后它在科罗拉多州的戈尔登成立。批评者认为,美国政府在风能领域的投入也存在同样的问题。在 1978 年的国会听证会上,来自地球之友的吉姆·哈丁(Jim Harding,他同时也是一篇关于太阳能优势的大型研究报告的作者)将美国在太阳能家庭供暖技术方面的花费与德国、丹麦和加拿大进行比较。哈丁指出,该计划"资金不足",而且"大部分资金被滥用……美国的太阳能计划从国际市场上看使人感到尴尬,因为它强调过度建造,过度设计,过于昂贵的技术,而这永远不会是最佳解决方案。[152]

118　　　1973 年,两家美国初创企业通过将光伏电池产业拓展到超越利基和昂贵用途的市场(主要是太空计划)之外,开辟了一条新的发展道路。第一家创业公司是由美国工业化学家埃利奥特·伯曼(Elliot Berman)创办的,他通过创新和创新性融资,将光伏电池技术提到一个新高度。伯曼曾为美国一家大型国防承包商伊泰克公司工作,该公司为间谍卫星制造摄像机,该公司管理者认同业务多元化的理念。伯曼成功地说服公司引进感光材料业务,1968 年应公司要求他开始思考如何拓展新的业务。伯曼一方面想开发具有积极社会影响的产品,他发现了"能源可及性和生活质量"之间的相关性,另一方面也开始关注如何为发展中国家的农村贫困人口提供电力。他在太阳能的潜力上找到了答案。鉴于光伏电池成本较高,他建议公司投资一种新型太阳能电池,这种电池是由感光胶片制成的。可惜的是没人支持他的想法,随后他便离开了公司。[153]

　　在经历了 18 个月尝试后,风险投资家的支持依旧无果,一次偶然的交流让伯曼接触到了世界上最大的石油公司埃克森。由于预期常规能源价格会随着时间的推移大幅上涨,埃克森正开始考虑替代能源。在说服埃克森投资后,1973 年 4 月,伯曼成立了埃克森全资子公司,一家名为太阳能电力的公司。这是美国第一家专门制造地面光伏电池的公司。最重要的是,伯曼并没有像太空

行业那样使用昂贵的纯半导体级晶体硅,而是选择了半导体行业
所摒弃的、更便宜的硅片,材料包装也更具性价比。伯曼的太阳能
电池最终驱使电价从每瓦 100 美元降低到 20 美元。[154]

但伯曼仍需找到一个更为广阔的市场。他最初把目光投向了
美国海岸警卫队,但由于自身面临的地理条件的复杂性,美国海岸
警卫队无意购买。相反,伯曼开始为埃克森公司墨西哥湾的海上
平台生产光伏电池,那里正在寻找可以替代当时使用的大型、昂贵
的铅酸电池的东西。1978 年,环保局宣布禁止在海洋中处置这种 119
电池,这一举措增加了太阳能电池的吸引力。到 20 世纪 70 年代
末,太阳能导航系统已经被安装在墨西哥湾的各个生产作业平
台上。[155]

埃克森并不是唯一被卷入光伏电池行业的石油公司,政府合
同鼓励总部设在波士顿的泰科公司尝试用带状硅生产更轻的光伏
电池。1974 年,大型石油公司美孚与泰科组建了一家合资企业来
实施这一战略,但事实证明这在技术上是极具挑战性的。[156]

然而,1973 年还有一家初创公司也和伯曼一起开辟光伏电池
的陆地市场:Solarex 是由两名匈牙利的工程师约瑟夫·林德梅尔
(Joseph Lindmeyer)和彼得·瓦拉迪(Peter Varadi)创建的,他们
在政治示威失败后逃离了匈牙利。他俩曾在由政府资助的私营卫
星公司 COMSAT 工作,这家公司在 1965 年发射了第一个商业通
信卫星 Early Bird,此后他俩于 1973 年成立了自己的公司
Solarex。林德梅尔和瓦拉迪认为他们已经积累了足够的经验,可
以把太阳能业务扩展到内陆市场并获利。他们并不认为一个庞大
的研究计划将使太阳能电池更便宜,并且能够为中央电网系统供

电。相反,他们把光伏电池看作是分散的电力来源,正如夏普在日本所展现的,这种光伏电池可以被出售给更广泛的市场。[157] 与伯曼不同,林德梅尔和瓦拉迪的动机并不在于可持续发展,而是看到了这块业务有利可图。在后续的采访中,当被问及他的动机时,瓦拉迪回答说:"钱。我们都必须谋生,对吧?所以主要关心的是赚钱……用钱买一点食物。这就是人人都想要的,为了生存而赚钱,对吧?"[158] 正如我们一再看到的,这其实并不是替代能源先驱的典型动机。

　　他们也经历了资金筹措困难的问题,林德梅尔和瓦拉迪从朋友和家人那里筹集了 25 万美元,并在马里兰州罗克维尔开了一家制造光伏电池的小公司。[159] 在 8 个月内,Solarex 开始盈利,碰巧在第一次石油危机的帮助下,正如瓦拉迪所说的那样,公司突然被"媒体大力宣传"。[160] 然而,初创公司的道路并不是一帆风顺的。1974 年,COMSAT 认定这家公司侵占其专有信息,起诉了Solarex 公司及两名创始人,虽然案件最终得以撤诉,但对公司的运营造成了很大的影响。[161] 在第二次石油危机前,公司很难将业务范围拓展到钟表和计算器之外的市场。随后太阳能才变得更具吸引力,也获得了更多的政府资金。1979 年,Solarex 从两家欧洲电气公司获得了新的股权融资,当时这两家公司想在欧洲市场使用Solarex 授权的技术。随后,公司又得到石油公司阿莫科的 700 万美元投资。Solarex 随后投资了一个由光伏电池供电的"养殖场",获得的收入用于生产光伏电池。1983 年,阿莫科收购 Solarex。[162]

　　同一时期,美国太阳能行业最后一位标志性人物已经在洛杉矶的 Spectrolab 公司开启了他的职业生涯:机械工程师约翰·比尔·耶基斯(John "Bill" Yerkes)曾在波音"为太空计划提供太阳能电池板"项目组工作,负责开发阿波罗 11 号在月球上遗留下来的太阳能技术问题,之后他成为 Spectrolab 公司的总裁,后来公司为德事隆集团所有。由 Spectrolab 公司生产的一款产品最后成为月球上的第一块太阳能电池板。耶基斯和他的妻子拥有强烈的环保主义信念,在一个 24 英尺长的房车中生活了近 2 年,践行另类的环保生活方式,家里包括电动堆肥马桶在内的所有电器均由光伏电池供电,尽管邻近地区有电力线路。[163]

当德事隆集团于 1975 年出售 Spectrolab 公司时,耶基斯不幸失业了,他决定建立自己的太阳能公司。利用自己的积蓄以及来自家人和朋友的钱作为启动资金,他在位于加利福尼亚州查茨沃斯一个占地 4000 平方英尺的工厂中,创立了太阳能科技国际公司(STI),并试图通过用钢化玻璃代替硅作为顶盖降低陆地太阳能电池和模块的成本,这是一种更耐用且更易获得的材料。他不仅解决了维护方面的难题,还通过丝网印刷技术将接触点安装到电池上来重构电池的生产方法。在 20 世纪 70 年代后期,他引入的材料和方法逐渐成为该行业的标准。[164] 1976 年,太阳能科技国际公司从某家旅宿汽车公司拿到了第一笔重要订单,耶基斯说服客户在汽车上安装小光伏面板,以保持电池在储存期间可以充电。喷气推进实验室下了一个大订单,但随着开支的增加,耶基斯试图筹集更多的资金。1977 年,耶基斯把公司卖给了大西洋里奇菲尔德石油公司,组建了 ARCO Solar 公司。[165] 1980 年,公司第一次实 121 现了 1 兆瓦年产量,达到了行业的里程碑地位。[166]

美国是当时全球光伏产业的中心。1978 年,Solarex 占领了全球 45% 的市场（以峰值功率千瓦来衡量），太阳能电力公司的市场份额为 17%，ARCO Solar 占有 12%。即将离开这一行业的美国半导体制造商摩托罗拉占据了 7% 的市场份额。荷兰飞利浦电子公司的法国子公司是最大的非美国光伏制造商，占有 5% 的市场份额。日本最大的制造商夏普占有 1% 的市场。[167]

　　日本的行业规模虽小，却迎来了新的市场进入者。和美国一样，日本的公共政策倡议让人喜忧参半。1974 年，日本政府资助了"阳光计划"以探索太阳能的前景。太阳热能是当时政府考虑的重点，但日本经常是多云天气，而且这个项目开发的海洋热能转换技术加剧了平流层的臭氧损耗，因此项目最后被证明是无效的。[168]

　　不过此时，一位极富创新能力的电子行业创业者被吸引到了这个行业。为电子和结构应用制作陶瓷元件的京瓷株式会社是由稻盛和夫于 1959 年创立的。随着公司的迅速发展，稻盛和夫也逐渐认识到工业快速发展带来的环境恶化。在 20 世纪 60 年代末，他看到自己厂里排放的水污染了河流、造成鱼类死亡，便萌发了投资污水净化技术的想法。京瓷在当时只是一家中型规模的公司，这个做法增加了其运营成本。一系列环境问题促使稻盛和夫开始思考太阳能的潜力，他认为这是一个"最理想的替代能源"。他说："日本缺乏能源资源，不得不依赖于进口煤炭、石油和天然气等一切资源，我认为这是当前日本经济发展的一个薄弱环节。"就在第一次石油价格上涨发生时，他与泰科进行接触，了解到该公司为开发了一种新的蓝宝石结晶工艺，这可能从根本上会对整个光伏产业带来影响。[169]

　　稻盛和夫投资太阳能技术的意愿是基于企业文化中的宗教信

仰和哲学信仰。他早年对商业的看法主要受儒家思想的影响。122
1997 年,年长的他成为一名禅宗僧侣。他在《活法》(*A Compass to Fulfillment*)一书中强调了"宇宙的意志",他称之为"旨在孕育万物,促进发展和进化的宇宙力量"。[170]如果一个领导者要达到儒家至高无上的美德,即"仁",他或她需要通过鼓励他人的成长和发展来实现宇宙的意志。儒家思想也使得稻盛和夫不认可狭义的利润最大化。他发现从长远来看:"基于坚实的哲学理论的行动决不会造成损失。尽管它们看起来似乎不利,但最终这种真诚的行动将会使你受益。"[171]

尽管稻盛和夫对以更低的成本制造光伏电池的前景感到兴奋不已,但"阳光计划"却让他兴奋不起来,他拒绝参与其中,因为他坚信"政府提供的通常都是不好的"。[172]相反,他联系了夏普和另一家日本领先的电子公司松下的负责人,三家公司成立了一家合资企业,名为日本太阳能公司。稻盛和夫调集自己公司的工程师来开发太阳能电池。在接下来的几年中,泰科工艺的发展和市场拓展并不顺利。稻盛和夫亲自提出了几种新产品,包括用于便携式收音机和道路标志的太阳能电池,1979 年公司接到了有史以来的第一个大订单:为位于秘鲁安德列斯的微波电信中继站供电。[173]

然而,由于成本始终居高不下,太阳能合资企业发展受挫,京瓷成了公司的唯一所有人。这时稻盛和夫发现了一种来自国外的技术:由德国电子公司瓦克开发的一种多晶硅片。稻盛和夫放弃了公司现有的所有生产设备,转向采用模压生产硅锭的多晶方法,后来这成为太阳能电池的主要生产方法。到了 1982 年,该公司在滋贺和四日市的工厂已经在批量生产多晶硅太阳能电池。[174]在 10

年内,京瓷和其他日本电子公司一起将日本推上了全球最大的光伏电池制造商的宝座。

回顾 1960 年到 1980 年的这几十年,太阳能和风能产业的发展令人喜忧参半。令人失望的是,这两个行业并没有从第二波环保主义浪潮中获得太多收益。直到 20 世纪 70 年代油价突然暴涨,政策制定者才注意到这两个行业,并愿意提供支持。但和得到大量政府的资助和补贴的化石燃料和核能相比,这类替代能源的成本使它们不具有竞争力。进入 20 世纪 70 年代,这两个行业都有了显著的技术进步,却仍然没有带来颠覆性的技术变革。

直到 1980 年,太阳能和风能的产能在全球范围内看都还很小。当年全球光伏电池产量为 7 兆瓦,且美国是主要的生产基地。美国累计风力装机容量为 8 兆瓦,丹麦为 5 兆瓦,其他地区的产量可以忽略不计。[175]风能为丹麦提供了 0.04% 的发电量,这已经是当时全球各个国家风能或太阳能发电的最高比例。英国的传统燃料(煤,石油和天然气)在总发电量中所占的份额为 85%,德国为 83%,美国为 76%,日本为 69%,法国这一比例只有 48%,该国核电和水电分别贡献了 23% 和 28%。[176]

从更积极的角度来看,此时丹麦和美国的小企业家已经为这两大行业打好了基础,其主要动机是对可持续性的关注,但并不代表全部。在风能方面,丹麦的渐进式创新提高了叶片的效率,而第一个风电场也已在美国发展起来。在太阳能领域,已经出现了降低光伏电池成本方面的技术创新,特别是伯曼、林德梅尔和瓦拉迪等一批初创公司,有了对于太阳能进军更广泛的市场的愿景。丹麦的可再生能源组织和美国风能协会也使行业变得更加制度化。

包括电子公司、石油公司和农业机械制造商在内的大型传统企业也开始为这些新兴行业的发展注入资金。

小结

第二波环保主义浪潮始于 20 世纪 60 年代,在 20 世纪 70 年代进入高速发展期,结束了长期以来人们对工业化造成的环境破坏的普遍忽视。大规模的社会运动,促使了一批新的环境 NGO 和环保机构不断涌现,同时引起了联合国会议的重视,相关法律在美国和西欧各国先后出台。

绿色企业家努力抓住这一变化的机遇。他们的业务在很大程度上与新环保主义的核心脱节。蕾切尔·卡森等人强调了农药的健康风险以及化工和石油公司对环境造成的污染。反文化和绿色企业家之间的联系是混乱的。反文化和企业家精神有时也存在交集。大多数环保人士认为禁用杀虫剂是解决受化学制品污染的食品的最佳方法,而不是购买与嬉皮士形象联系在一起的有机食品。对化石燃料和其他充足能源的浪费性使用遭到了越来越多批评,但很少有人会把堆肥厕所和地下房屋堆肥看作是解决方案。尽管化石燃料的有限供给已经成为一个公认的问题,但开发太阳能和风能并不被大多数人视为解决方案。从更深层次的原因上看,20世纪 70 年代一些最有影响力的环保作家,包括康芒纳和舒马赫在内,都认为营利性资本主义企业在本质上是无法解决全球环境挑战的。

这一时期许多绿色企业家的动机看起来极为相似。许多人有

124

宗教信仰，无论是基督教、佛教还是其他异教，例如弗兰克·福特，汤姆·查普尔，莫·西格尔，霍斯特·瑞切尔巴赫和稻盛和夫。长寿运动影响了久司道夫和克雷格·萨姆斯的观念。西格尔和伊恩·麦克哈格等人的例子则表明个人健康状况也促使了人们对生态问题的关切。一个新的发展趋势是与反文化浪潮和新的环境、社会运动有关的企业家数量在增加，例如保罗·霍肯，艾丽丝·沃特斯，约瑟夫·威廉，安妮塔·罗迪克，西蒙·范·德·瑞恩，比尔·耶基斯和埃里克·格罗夫·尼尔森。

　　唯有在光伏行业，丰厚的利润回报前景吸引了传统逐利的企业家，如林德梅尔和瓦拉迪。这是因为绿色企业所面临的挑战依然很大。通常他们必须自筹资金或者从朋友和家人那里募集资金。就太阳能光伏等资本密集型业务而言，最终结局大多是将创业公司卖给资金充裕的石油公司。而在其他情况下，人们找到了创新的方式来确保现金流。马尔科姆·威尔斯无法为他的地下房屋筹集足够的资金，但他出版了一本畅销书，为他的研究提供了资金。安妮塔·罗迪克采取了特许经营策略，扩大了美体小铺的业务，该策略比拥有自己直接投资的零售店更划算，因此公司实现了更快的增长。解决资金短缺和客户问题的一个重要方法是聚集在阿尔高、伯克利、博尔德和丹麦农村等环境和社会激进主义比较活跃的地区。这些集群使小公司能够快速培养技能和能力，最终进入更主流的地区。但关键的问题是让这些业务最终成为环境和可持续性问题解决方案的一部分，而不仅仅是利基产品或服务。这是美体小铺以及丹麦风能企业家的一个重要成就，他们将可行的涡轮机技术与反核社会运动相结合，将风能变为公认的应对石油价格和供应不稳定的最佳解决方案。

　　这一时期所取得的成果实际上比当时看起来显得更为重要。有机食品行业和天然美妆业已经出现了在商业上崭露头角的绿色企业和品牌,并建立了销售渠道,使得外地消费者也可以购买到由该制造商生产的产品。在绿色建筑师中,伊恩·麦克哈格成为公共知识分子,而西蒙·范·德·瑞恩在州政府中找到了践行他生态理念的职位。接下来的 20 世纪 80 年代,我们将会看到加利福尼亚州发展风能和太阳能的能力及其如何为全球提供一个参考模式。

本章注释

1. William E. Siri, "Reflections on the Sierra Club, the Environment and Mountaineering, 1950s-1970s," an interview conducted by Ann Lage, Co-chairman, Sierra Club History Committee, Regional Oral History Office, The Bancroft Library, UC Berkeley, California, April 1979.

2. Ramachandra Guha, *Environmentalism*: *A Global History* (New York: Longman, 2000), pp.2-4, 68.

3. Geoffrey Jones and Christina Lubinski, "Making 'Green Giants': Environment Sustainability in the German Chemical Industry, 1950s-1980s," *Business History* 56, no. 4 (2014), pp.623-49.

4. David Strading and Richard Strading, "Perceptions of the Burning River: Deindustrialization and Cleveland's Cuyahoga River," *Environmental History* 13, no. 3 (2008), pp.515-35.

5. Andrew J. Hoffman, *From Heresy to Dogma*: *An Institutional History of Corporate Environmentalism* (Stanford: Stanford Business Books, 2001), pp.53-6.

6. Guha, *Environmentalism*, chapter 5.　126

7. Rachel Carson, *Silent Spring* (Boston: Houghton Mifflin, 1962).

8. Paul Brooks, "Introduction," in Martha Freeman (ed.), *Always, Rachel*:

The Letters of Rachel Carson and Dorothy Freeman 1952-1964 （Boston：Beacon Press,1994）,p.xxviii.

9. John Paull,"The Rachel Carson Letters and the Making of Silent Spring," *Sage Open* （July-September 2013）,pp.1-12；Michael Ruse,"Rachel Carson and Rudolf Steiner：An Unknown Debt,"〈http://www. huffingtonpost. com/michael-ruse/rachel-carson-and-rudolf-_ b _ 3639684. html〉,accessed July 25,2016.

10. Raymond Dasmann, *The Destruction of California* （New York：Macmillan,1965）；Jean Dorst, *Avant que nature meure* （Neuchâtel：Delachaux et Niestlé,1965）；Paul Ehrlich, *The Population Bomb* （New York：Ballantine Books,1968）.

11. Barbara Ward, *Spaceship Earth* （New York：Columbia University Press,1966）.

12. Charles Reich, *The Greening of America* （New York：Random House,1970）.

13. Wesley D. Sine and Brandon H. Lee,"Tilting at Windmills? The Environmental Movement and the Emergence of the U.S. Wind Energy Sector," *Administrative Science Quarterly* 54 （2009）,pp.123-55.

14. "在 20 世纪中期,我们第一次从太空看地球。" In *Our Common Future：World Commission on Environment and Development* （Oxford and New York：Oxford University Press, 1987）, p. 3；William Harold Bryant, "Whole System,Whole Earth：The Convergence of Technology and Ecology in Twentieth Century American Culture," University of Iowa Ph.D., 2006,pp.115-17.

15. 1967 年,科学家和教师阿尔特·库利（Art Cooley）、查理·沃斯特（Charlie Wurster）以及丹尼斯·普尔斯顿（Dennis Puleston）已经在纽约共同创立了环境保护基金,他们关注 DDT 对鸟类的影响。〈https://www. edf.org/about/our-history〉,accessed July 16,2015.

16. Russell J. Dalton,"The Environmental Movement in Western Europe," in Sheldon Kamieniecki （ed.）, *Environmental Politics in the International Arena：Movements,Parties,Organizations,and Policy* （Albany：SUNY Press,1993）,pp.52-3.

17. Rex Weyler, *Greenpeace* （Vancouver,BC：Raincoast Books,2004）,

Book One.

18. 〈http://www.earthday.org/earth-day-history-movement〉,accessed January 29,2014;〈http://www.aip.org/history/climate/aerosol.htm〉,accessed January 30,2014.

19. Maria Ivanova,"Moving Forward by Looking Back: Learning from UNEP's History," in Lydia Swart and Estelle Perry (eds.),*Global Environmental Governance: Perspectives on the Current Debate* (New York: Center for UN Reform Education,2007),pp.26-47; Maurice Strong, *Where on Earth Are We Going?* (New York: Textere,2001),pp.120-1.

20. Cited in 〈http://www.mauricestrong.net/index.php/strong-stockholm-leadership? showall = 1&limitstart = 〉, accessed January 30, 2014; "A Tribute to Maurice Strong (1929-2015)," 〈https://www.youtube.com/watch? v = C-hjSk0rNCA〉,accessed January 27,2016. 127

21. Anne E. Egelston, *Sustainable Development: A History* (Dordrecht: Springer,2013),pp.61-6; Strong, *Where on Earth*,chapter 6.

22. Survival of Spaceship Earth,〈https://www.youtube.com/watch? v = W-Em9A_Alck〉,accessed July, 2016.

23. Egelston,*Sustainable Development*,pp.71-3; interview with Jan Martenson,February 24,2010.

24. 1973 年,该组织更名为"国际环境与发展研究所"。

25. Barbara Ward and René Dubos,*Only One Earth: The Care and Maintenance of a Small Planet* (New York: W. W. Norton,1972).

26. United Nations Conference on the Human Environment,Educational, Informational,Social and Cultural Aspects of Environmental Problems: Provisional Agenda Item 13,December 21,1971; United Nations Conference on the Human Environment,Environmental Aspects of Natural Resource Management: Provisional Agenda Item 11,January 26,1972,Part 11,Box 13,Peter S. Thacher Environment Collection,1960-1996,Environmental Science and Public Policy Archives,Harvard College (hereafter Thacher Archives).

27. Ward and Dubos,*Only One Earth*,p.193.

28. Felix Dodds and Michael Strauss with Maurice Strong,*Only One Earth: The Long Road via Rio to Sustainable Development* (London and New

York: Routledge,2012),pp.14-16.

29. Egelston, *Sustainable Development*, p.65.

30. Ward and Dubos, *Only One Earth*, p.217.

31. Barry Commoner, *The Closing Circle: Nature, Man, and Technology* (New York: Alfred Knopf,1971).

32. Barry Commoner, *The Poverty of Power* (New York: Alfred Knopf, 1976).

33. E. F. Schumacher, *Small Is Beautiful: Economics as if People Mattered* (London: Blond and Briggs,1973),pp.284,304.

34. Kenneth Harris, *The Wildcatter: A Portrait of Robert of Anderson* (New York: Weidenfeld & Nicolson,1987),pp.98-110.

35. Ibid.,pp.126-31.

36. Donella H. Meadows,Dennis L. Meadows,Jrgen Randers,and William W. Behrens III, *The Limits to Growth: A Report for the Club of Rome's Project on the Predicament of Mankind* (New York: Universe Books, 1972); Egelston, *Sustainable Development*, pp.78-9.

37. Strong, *Where on Earth*, p.48.

128 38. Harris, *Wildcatter*, chapters 3-5.

39. Egelston, *Sustainable Development*, p.71.

40. David Vogel, *The Politics of Precaution* (Princeton: Princeton University Press,2012),pp.1-3.

41. Ibid.,pp.45-60; Andrew J. Hoffman, *From Heresy to Dogma* (Stanford, CA: Stanford Business Books,2001),pp.64-86.

42. Vogel, *Politics*, p.6.

43. Russell J. Dalton, *The Green Rainbow: Environmental Groups in Western Europe* (New Haven: Yale University Press,1994),pp.38-9.

44. Egelston, *Sustainable Development*, pp.63-5; Manuel Rodriguez-Becerra and Bart van Hoof, *Environmental Performance of the Colombian Oil Palm Industry* (Bogotá: Fedepalma,2005),p.20.

45. Paull,"Rachel Carson."

46. Daniel Gross, *Our Roots Grow Deep: The Story of Rodale* (Reading, PA: Rodale,2008),pp.110-17,114-32.

47. Ibid.,pp.137-9.

48. Warren Belasco, *Food* (London: Bloomsbury Academic, 2012), pp.21-2.

49. Peter Lummel, "Born-in-the-City: The Supermarket in Germany," in Peter J. Atkins, Peter Lummel, and Derek J. Oddy (eds.), *Food and the City in Europe since 1800* (Aldershot: Ashgate, 2007), pp.165-75.

50. Susan and Bruce Williamson, "Frank Ford: Founder of Arrowhead Mills," *Mother Earth News*, September-October 1974, ⟨http://www.motherearthnews.com/nature-and-environment/frank-ford-arrowhead-mills-zmaz74sozraw⟩, accessed October 12, 2016.

51. John Bloom, "Doing What Comes Naturally... Made Frank Ford Healthy and Wealthy," *Texas Monthly*, June 1979, p.86.

52. William Shurtleff and Akiko Aoyagi, "George Ohsawa, the Macrobiotic Movement," ⟨http://www.soyinfocenter.com/HSS/George_ohsawa_macrobiotics_soyfoods1⟩, accessed February 2, 2016.

53. Joe Dobrow, *Natural Prophets* (New York: Rodale, 2014), p.35.

54. Ibid., pp.36-8.

55. AdamRome, *The Genius of Earth Day* (New York: Hill&Wang, 2013), pp.150-1.

56. ⟨http://www.paulhawken.com/biography.html⟩, accessed August 9, 2016.

57. Bloom, "Doing What Comes Naturally," pp.82-4.

58. Dobrow, *Natural Prophets*, pp.38-9.

59. William Shurtleff and Akiko Aoyagi, "History of Erewhon—Natural Foods Pioneer in the United States (1966-2011)," ⟨http://www.soyinfo-center.com/pdf/Erewhon.pdf⟩, accessed February 3, 2014.

60. Stephen J. Crimi, "Entrée to Alan Chadwick's Garden," in Stephen J. Crimi (ed.), *Performance in the Garden* (Mars Hill, NC: Logosophia, 2007), pp.17-21; Julie Guthman, *Agrarian Dreams: The Paradox of Organic Farming in California* (Berkeley: University of California Press, 2004), p.16.

61. Thomas McNamee, *Alice Waters and Chez Panisse* (New York: Penguin, 2007).

62. Interview by Ellen Farmer with Jim Cochran, December 10, 2007, UC Santa Cruz Library, Oral History Collection, "Cultivating a Movement:

An Oral History of Organic Farming and Sustainable Agriculture on California's Central Coast."

63. Burt Helm, "How Boulder Became America's Startup Capital: An Unlikely Story of Tree-Huggers, Commies, Eggheads, and Gold," December 2013/January 2014, 〈http://www. inc. com/magazine/201312/boulder-colorado-fast-growing-business.html〉, accessed January 12, 2016.

64. Rome, *Genius*, pp.179-84.

65. 〈http://www. cpr. org/news/story/colorado-was-ground-zero-hippies-68〉, accessed March 18, 2015; Amy Azzarito, "Libre, Colorado, and the Hand-Built Home," in Elissa Auther and Adam Lerner (eds.), *West of Center: Art and the Counterculture Experiment in America, 1965-1977* (Minneapolis: University of Minnesota Press, 2012), pp.95-110.

66. 〈https://www.naturalgrocers.com/about/the-natural-grocers-story〉, accessed October 22, 2016; Ellen Sweets, "They're Good for You: With an Emphasis on Supplements and Organics, Family-Owned Vitamin Cottage is the Scrappy Little Guy in the Health-Food Ring," *Denver Post*, April 26, 2006.

67. Mo Siegel, "Colorado Country Boy Finds a Revelation," in Jack Canfield and Gay Hendricks, *You've GOT to Read This Book!: 55 People Tell the Story of the Book That Changed Their Life* (New York: Harper Collins, 2006).

68. Mike Taylor, "The Natural Wonder of Boulder: 'We're Going to Revolutionize the Way People Eat'," *ColoradoBiz*, March 2005, 〈http://find-articles. com/p/articles/mi_hb6416/is_3_32/ai_n29164723/〉, accessed September 15, 2009.

69. 〈http://www. celestialseasonings. com/about/timeline. html〉, accessed August 2, 2011.

70. Lauren Duncan, "The Return of Alfalfa's," *Boulder Weekly*, July 29, 2010. 2004 年,雷茨洛夫帮助创建了一家风险投资公司,即 Greenmont Capital Partners,为有机、健康领域的公司提供资金。

71. Florentine Fritzen, *Gesünder leben: die Lebensreformbewegung im 20. Jahrhundert* (Stuttgart: Steiner, 2006), pp.115-17.

72. Judith Baumgartner, *Ernährungsreform: Antwort auf Industrialisierung*

und Ernährungswandel（Frankfurt：Peter Lang,1992),p.234.

73. Greta Tüllmann,"Bio aus Liebe zur Erde und zur Natur," interview 130 with Jennifer Vermeulen（January 2005),〈http：//www.ab40.de/seiten/ archiv_skizzen/05_1/05_1_4a.html accessed July 8,2015〉：Eva Won-neberger,*Die Alternativebewegung im Allgäu：Landkommunen，Biohöfe und andere Initiativen*（Wangen：FIU Verlag,2008),pp.34-5.

74. G. Vogt,"The Origins of Organic Farming," in William Lockeretz（ed.),*Organic Farming：An International History*（Wallingford：CAB International,2007),pp.18-9；U. Niggli,"FiBL and Organic Research in Switzerland," in Lockeretz（ed.),*Organic Farming*,pp.246-7.

75. Craig Sams and Josephine Fairley,*The Story of Green & Blacks*（London：Random House,2009),pp.13-14.

76. Craig Sams,"The Craig Sams Story,"〈http：//www.macrobiotics.co.uk/ thecraigsamstory.htm〉,accessed October 22,2016；Philip Conford, "'Somewhere Quite Different'：The Seventies Generation of Organic Activists and their Context," *Rural History* 2,no. 19（2008),p.226.

77. Sams and Fairley,*Story of Green & Blacks*,pp.19-20.

78. "Commercialization au Salon de la Diététique," *Nature et Progrès News-letter* 4,October-December 1966,p.23.

79. Interview with Claude Aubert,January 12,2012.

80. Geoffrey Jones,*Beauty Imagined：A History of the Global Beauty Indus-try*（Oxford：Oxford University Press,2010),pp.291-3.

81. Carson,*Silent Spring*,p.237.

82. Jerome I. Rodale,*Our Poisoned Earth and Sky*（Emmaus,PA：Rodale Books,1964),pp.409-10.

83. Jones,*Beauty Imagined*,pp.281-2.

84. Ibid.,pp.277-80.

85. Tom Chappell,*The Soul of a Business*（New York：Bantam,1994),p.24.

86. Ibid.,pp.8-10.

87. Anita Roddick,*Body and Soul：Profits with Principles-The Amazing Suc-cess Story of Anita Roddick & the Body Shop*（New York：Crown Publish-ers,1991),p.67.

88. Ibid.,pp.69-73.

89. Christopher A. Bartlett, Kenton W. Elderkin, and Krista McQuade, "The Body Shop International," Harvard Business School Case no. 9-392-032 (July 13, 1995).

90. Roddick, *Body and Soul*, p.111.

91. Bartlett, Elderkin, and McQuade, "Body Shop."

92. Jones, *Beauty Imagined*, p.285.

93. 〈http://www.fundinguniverse.com/company-histories/Aveda-Corporation-Company-History.html〉, accessed February 7, 2016.

131 94. Horst Rechelbacher, *Aveda Rituals: A Daily Guide to Natural Health and Beauty* (New York: Henry Holt, 1999), p.ix.

95. Horst M. Rechelbacher, *Minding Your Business: Profits that Restore the Planet* (San Rafael, CA: EarthAware, 2008), p.xii.

96. 〈http://habitat. igc. org/vancouver/van-decl. htm〉, accessed July 28, 2015.

97. Kira Gould, "AIA/COTE: A History Within a Movement," 〈http://www.aia.org/practicing/groups/kc/AIAS077347〉, accessed June 13, 2015.

98. Edward Mazria, *The Passive Solar Energy Book: A Complete Guide to Passive Solar Home, Greenhouse, and Building Design* (Emmaus, Pa.: Rodale Press, 1979), p.1; Ralph M. Lebens, *Passive Solar Architecture in Europe: The Results of the First European Passive Solar Competition—1980* (London: Architectural Press, 1981).

99. Eve Kushner, "Rebels with a Cause" (December 2007), 〈http://www.evekushner. com/writing/rebels-with-a-cause-part-1〉, accessed April 5, 2014.

100. Bruce Webber, "Malcolm Wells, Champion of 'Gentle Architecture,' Dies at 83," *New York Times*, December 5, 2009.

101. James Steele, *Ecological Architecture: A Critical History* (London: Thames & Hudson, 2005), pp.149-52; Eve Kushner, "Rebels," parts, 〈http://www.evekushner.com/writing/the-vision-becomes-a-reality-part-5-in-the-outsiders-series〉, accessed March 3, 2016.

102. "Garbage Warrior—Full Length Documentary," March 10, 2013, 〈https://www.youtube.com/watch? v = 4IxUQ5MXhm 0〉, accessed July 29, 2016.

103. Wendy Jewell,"Earthkeeper Hero: Michael Reynolds Garbage Warrior," 〈http://www.myhero.com/go/hero.asp? hero = Michael_Reynolds_2008〉,accessed July 29,2016.

104. Paolo Soleri, *Arcology: The City in the Image of Man* (Cambridge, MA: MIT Press,1969); Steele,*Ecological Architecture*,pp.135-41.

105. Ian L. McHarg, *A Quest for Life: An Autobiography* (New York: John Wiley,1996).

106. Anne Whiston Spirn,"Ian McHarg,Landscape Architecture,and Environmentalism: Ideas and Methods in Context," in Michel Conan (ed.), *Environmentalism in Landscape Architecture* (Dumbarton Oaks: Research Library and Collection,2000),pp.99-100.

107. McHarg,*Quest for Life*,p.99.

108. Ian L. McHarg, *Design with Nature* (New York: American Museum of Natural History,1969); Andrew C. Revkin,"Ian McHarg,Architect Who Valued a Site's Natural Features,Dies at 80," *New York Times*,March 12,2001.

109. Rome, *Genius*,pp.162-3.

110. Spirn,"Ian McHarg," pp.105,110-12.

111. 〈http://simvanderryn.com〉,accessed October 22,2016.　132

112. Interview with Sim van der Ryn,January 28,2011.

113. Mathew Knight,"Sim Van der Ryn-Pioneer of Green Architecture," July 28,2008,〈http://www.cnn.com/2008/TECH/science/07/03/derryn. interview/index.html? _s = PM:TECH〉,accessed July 24,2016; Sim Van der Ryn,*Design for Life: The Architecture of Sim Van der Ryn* (Layton, UT: Gibbs Smith,2005),pp.16-17.

114. Patricia Leigh Brown,"It Happened Here First," *New York Times*, November 17,2005.

115. Crimi,"Entrée," p.23.

116. Sim Van der Ryn, *The Toilet Papers* (Santa Barbara: Capra Press, 1978),p.118.

117. Interview with Sim Van der Ryn,January 28,2011.

118. Van der Ryn,*Design*,pp.52-4.

119. Interview with Van der Ryn.

120. Ibid.; Van der Ryn, *Design*, pp.60-1.

121. Van der Ryn, *Design*, pp.67-8.

122. Ibid., p.69.

123. Soren Krohn, "Danish Wind Turbines: An Industrial Success Story" (2002), ⟨http://www. ingdemurtas. it/wp-content/uploads/page/eolico/normativa-danimarca/Danish_ Wind _ Turbine _ Industry-an _ industrial _ succes_story.pdf⟩, accessed October 22, 2016; Flemming Tranaes, *Danish Wind Energy*, ⟨http://www. spok. dk/consult/reports/danish _ wind _ energy.pdf⟩, accessed July 2, 2016, p.2; Robert W. Righter, *Wind Energy in America : A History* (Norman: University of Oklahoma Press, 1996), p.150.

124. Interview with Paul Jacobs, December 1, 2010, Minnetonka, MN; Righter, *Wind Energy*, p.163.

125. Cited in Bob Johnstone, *Switching to Solar : What We Can Learn from Germany' s Success in Harnessing Clean Energy* (Amherst, NY: Prometheus, 2010), pp.125-6.

126. John Perlin, *From Space to Earth* (Ann Arbor: Aatec, 1999), p.67, n. 7; Sharp Global, ⟨http://sharp-world.com/corporate/info/his/h_company/1962/index.html⟩, accessed February 2, 2014.

127. Ford Foundation, *A Time to Choose : America' s Energy Future* (Cambridge, MA: Ballinger), p.313-14.

128. Michael L. Ross, "How the 1973 Oil Embargo Saved the Planet," *Foreign Affairs* (October 15, 2013).

129. Rodale, *Poisoned*, pp.610-20.

130. Ward and Dubos, *Only One Earth*, p.137.

131. Martin Chick, *Electricity and Energy Policy in Britain, France and the United States since 1945* (Cheltenham: Edward Elgar, 2007), pp.28-30.

133 132. Ann-Kristin Bergquist and Kristina Söderholm, "Sustainable Energy Transition: The Case of the Swedish Pulp and Paper Industry 1973-1990," *Energy Efficiency* 9, no. 5 (2015), pp.1179-92.

133. ⟨http://www. greentechmedia. com/articles/read/japans-wind-power-problem-828/⟩, accessed October 22, 2016.

134. Righter, *Wind Energy*, pp.172-5; Janet L. Sawin, "The Role of Govern-

ment in the Development and Diffusion of Renewable Technologies:
Wind Power in the United States, California, Denmark and Germany,"
Doctoral Dissertation, The Fletcher School of Law and Diplomacy, September 2001, p.102.

135. Paul Gipe, *Wind Energy Comes of Age* (New York: John Wiley, 1995),
pp.109-10.

136. ⟨http://www.windsofchange.dk⟩, accessed March 28, 2014.

137. Ben Blackwell, *Wind Power: The Struggle for Control of a New Global Industry* (London: Routledge, 2015), pp.8-10; Michael Durham, "Enigma of The Leader," *The Guardian*, June 8, 2003.

138. "A Personal Story in Photos, Told by Early Blade-Manufacturer Erik Grove-Nielson, Covering Years 1949-2000," ⟨http://www. windsofchange. dk⟩, accessed March 28, 2014.

139. Astrid Mignon Kirchhof and Jan-Henrik Meyer, "Global Protest against Nuclear Power: Transfer and Transnational Exchange in the 1970s and 1980s," *Historical Social Research* 39 (2014), pp.177-9.

140. Ion Bogdan Vasi, *Winds of Change: The Environmental Movement and the Global Development of the Wind Energy Industry* (Oxford: Oxford University Press, 2011), pp.144-8.

141. Raghu Garud and Peter Karnoe, "Bricolage versus Breakthrough: Distributed and Embedded Agency in Technology Entrepreneurship," *Research Policy* 32 (2003).

142. Gipe, *Wind Energy*, 56.

143. Garud and Karnoe, "Bricolage," p.282.

144. Peter Karnoe, "When Low-Tech Becomes High-Tech: The Social Construction of Technological Learning Processes in the Danish and the American Wind Turbine Industry," in Peter Karnoe, Peer Hull Krisensen, and Poul Houman Andersen (eds.), *Mobilizing Resources and Generating Competencies* (Copenhagen: Copenhagen Business School Press, 1999), p. 167; Gipe, *Wind Energy*, p.56; Vasi, *Winds of Change*, pp.150-2; Torben Pedersen, "Vestas Wind Systems A/S: Exploiting Global R&D Synergies," SMG Working Paper No. 5/2009 (July 14, 2009), ⟨http://ssrn.com/abstract = 1433811⟩, accessed May 19, 2015.

134 145. Righter, *Wind Energy*, pp.166-9; interview with Paul Jacobs.

146. American Wind Energy Association,〈http://www.awea.org/About/content.aspx? ItemNumber = 772〉,accessed October 22,2016.

147. Righter, *Wind Energy*, pp.163-5.

148. Forrest Stoddard,"The Life and Work of Bill Heronemus, Wind Engineering Pioneer,"〈http://www.umass.edu/windenergy/about.history.heronemus.php〉,accessed May 28,2016.

149. Peter Asmus, *Reaping the Wind: How Mechanical Wizards, Visionaries, and Profiteers Helped Shape Our Energy Future* (Washington, DC: Island Press,2001),pp.57-62; Righter, *Wind Energy*, pp.213-14.

150. Interview with Yuji Matsunami, Mitsubishi Heavy Industries, Nagasaki, May 28,2010; Thomas Ackermann and Lennart Söder,"An Overview of Wind Energy-Status 2002," *Renewable and Sustainable Energy Reviews* 6, nos. 1-2 (2002),pp.67-127.

151. Arthur D. Little,"Project Plan for a Program to Develop a Solar Climate Control Industry," April 1974; Arthur D. Little,"Solar Heating Market," Progress Bulletin 6 (circa 1980),Polaroid Archives,Baker Library,Harvard Business School,Box 61.

152. Statement of James Harding,Friends of the Earth,*Solar Energy: Hearings before a Subcommittee of the Committee on Government Operations, House of Representatives, May 12, June 12, 13 and 14, 1978* (Washington, DC: U.S. Government Printing Office,1979).

153. Perlin,*From Space to Earth*,p.52.

154. Elliot Berman,interviewed by Bob Johnston and cited in Johnstone, *Switching to Solar*,p.49; B. McNelis,"The Photovoltaic Business: Manufacturers and Markets," in M. D. Archer and R. Hill (eds.),*Clean Electricity from Photovoltaics* (London: Imperial College Press,2001), pp.713-40.

155. Perlin, *From Space to Earth*, pp.58-9; McNelis, "Photovoltaic Business."

156. Perlin,*From Space to Earth*,pp.168-71.

157. Peter F. Varadi,*Sun Above the Horizon: Meteoric Rise of the Solar Industry* (Singapore: Pan Stanford,2014),pp.31-8.

158. Interview with Peter Varadi,September 7,2011.

159. Varadi,*Sun*,pp.41-3.

160. Interview with Varadi,September 7,2011.

161. Varadi, *Sun*,pp.49-66.

162. Neville Williams, *Chasing the Sun* (Gabriola Island,BC: New Society Publishers,2005),pp.84-5; Varadi,*Sun*,p.250.

163. James Quinn,"Maverick Using New Technology: Arco Solar Official Left to Build Own Photovoltaic Cells," *Los Angeles Times*,April 2,1985, ⟨http://articles.latimes.com/1985-04-02/business/fi-19489 _1_ photovoltaic-cells⟩,accessed April 11, 2012.

164. Perlin,*From Space to Earth*,pp.117-18.

165. Quinn,"Maverick."

166. Stephen W. Hinch,"Solar Power," *High Technology*,August 1984,p.46,Polaroid,Box M60.

167. Varadi, *Sun*, p.130; Michael Starr and Wolfgang Palz,*Photovoltaic Power for Europe: An Assessment Study* (Dordrecht: D. Reidel,1983), pp.131-2.

168. Johnstone, *Switching to Solar*, p. 123; Miwao Matsumoto, "The Uncertain but Crucial Relationship between a 'New Energy' Technology and Global Environmental Problems: The Complex Case of the 'Sunshine' Project," *Social Studies of Science* 35 (2005).

169. Interview with Kazuo Inamori,Tokyo,May 27,2010.

170. Kazuo Inamori,preface to *A Compass to Fulfillment: Passion and Spirituality in Life and Business* (New York: McGraw-Hill,2009).

171. Ibid.,p.32.

172. Interview with Inamori.

173. Johnstone, *Switching to Solar*,p.127.

174. Arnulf Jäger-Waldau,"PV Status Report,2004," ⟨http://iet.jrc.ec.europa.eu/remea/pv-status-report-2004⟩,accessed January 14,2016.

175. Earth Policy Institute, ⟨http://www.earth-policy.org/data_center/C23⟩,April 15,2015,accessed February 19,2016.

176. OECD,*World Energy Outlook*,*1999* (Paris: OECD).

135

第四章　意料外的可持续性：
垃圾治理和旅游业
成为绿色企业的新天地

　　前几章主要谈的是 19 世纪到 20 世纪 70 年代末期间的绿色企业。早期绿色企业家看中的不是利润，是价值观和信念指引着他们尽可能减少企业对环境的负面影响。事实证明，要和实力强大的传统老牌企业相抗衡很难，这些企业已经成功地为世界提供了食物、衣服和能源。发展替代业务需要投入巨资在教育消费者、供应商和政策制定者上。以太阳能和风能行业为例，它需要开发新技术，还面临着已经站稳脚跟、并得到政府和公共事业部门优待的传统能源行业的竞争。

　　本章集中探讨的两个行业，即垃圾治理和旅游业，则和上述绿色企业不同。它们是由传统企业家领导的传统行业，就垃圾治理行业而言，它通常由公立机构经营。虽然这两个行业都是传统和主流的，但它们对利润的追求有时与积极的环境影响有关。尽管垃圾治理和旅游业可以看作是两个完全不同的行业，但它们在企业可持续发展史中所扮演的角色却有很大的相似性：他们虽然不像前人那样有着深刻的环保信仰，但所作所为也造福了环境。绿色企业家常出现在人们最意想不到的领域。

　　垃圾治理和旅游业展现了加快人类世时代发展的工业化和城市化双重力量。人类的生产和生活产生了不断增多、数量空前的垃圾，其中有些对环境是有毒害的；与此同时，前工业化时代垃圾循环和再利用也面临诸多挑战，且一直处于边缘化地位。垃圾成为 19 世纪最大的环境问题，事实证明它也是棘手的难题。尽管早在 2 个世纪前人们就已经开始意识到一些风险，例如对人类健康、土壤的危害和水污染，但直到 20 世纪 80 年代，气候变化的证据涌现时，其他负面影响才真正得到人们的关注。科学家们发现，垃圾中的有机物所释放出的甲烷是造成温室气体的关键性因素。垃圾填埋场和畜牧业一同成为甲烷排放主要源头。随着时间的推移，人类所生产的垃圾量达到了前所未有的水平。据不完全统计，在 2013 年人类消费的所有食品中，有 1/3 都被浪费了，而与此同时全球有近 10 亿人在忍受饥饿。半数以上的浪费发生在缺乏足够储存、运输和制冷技术的发展中国家。在发达国家，从零售连锁店到餐厅，浪费无处不在，已经成了消费者习以为常的事。美国每年浪费的食物高达 40%，包括约 60 亿磅的水果和蔬菜。这些水果和蔬菜由于外形看起来不够完美，要么没有被采摘，要么就是卖不出去。[1]

　　到了 21 世纪，全球旅游业整体市场规模达到 7 万亿美元，这标志着其在工业化时代经济上的成功。19 世纪开始的交通革命和收入的增加，让越来越多的人有了闲暇时间和充足的经费去旅行。从 20 世纪中叶起，旅游业呈指数级增长，原始自然风貌被改造成旅游胜地，负面的环境影响也在随之增加，史无前例的游客数量让自然景区不堪重负，交通业和酒店的制冷加热系统也导致了大量温室气体的产生。

比起之前所见到的浪漫主义者和嬉皮士，垃圾治理和旅游业的从业者更加逐利，我们将在本章中看到，这两个行业的从业者是如何更多地通过其活动本身而不是生态情结来获得绿色效益的。减量化、再利用、循环利用是垃圾治理独有的一种商业模式，此后它成了绿色箴言。由于市政府对公共卫生事业的关切，早期的垃圾处理公司推出了一些对环境友好的举措，并沿用至今。同样，旅游业企业家更多是受到利润的驱动，而非出于生态保护的考量。但通过将欣赏自然风光变成一门生意，他们创造了由利润驱动的环境保护动机。在这两个行业中，结果都喜忧参半：环境效益与对环境造成的损害并存。如果前三章讲的是不寻常的人意外地成了138 绿色企业家，那么这一章要探讨的是由意外商机促成的可持续发展企业。

垃圾治理行业

垃圾堆积如山

19 世纪工业资本主义创造了越来越多的财富，但同时也造成了大量的垃圾，在 20 世纪 60 年代前，人们把垃圾看作是废物。[2] 垃圾并不是什么新鲜事，但随着西方人口和城市面积的增加，垃圾数量开始呈现指数级的增长。在前工业化社会中，农村地区的垃圾数量是有限的。低收入意味着人们会想方设法把旧的纺织品和金属循环再利用，而有机厨余和动物尸体则被用作饲料、胶水或肥料。虽然过去大部分商品都是由可生物降解的简单材料制成，但在工业时代情况就变了，尤其是随着玻璃和金属包装的增加，垃圾处理开始变得复杂。[3] 工业垃圾的数量也在快速增长，例如新的生产工艺产生的废煤。

随着时间的推移和收入的增加，即便没有购物需要时，人们依旧会购买新产品，购买的食物也远超过实际需要。正如一位美国文化史学家所说的那样，消费主义的发展导致了"用完就扔社会"（throwaway society）的出现，在这样的社会中，人们把照顾或善待老物件的习惯抛在脑后。[4] 到了 20 世纪，美国人均产生的垃圾量大大超过了欧洲人，以 1905 年为例，美国人均每年产生的垃圾量（以 14 个城市统计数为例）约为 860 磅；而在德国的 77 个城市中，这一数字是 319 磅。[5] 和美国人比起来，在整个欧洲，消费者们保留了节俭的习惯，对旧物的循环使用时间也更长。[6]

进入 20 世纪，浪费现象越来越普遍。缩短的时尚周期和技术进步使产品在短短几年内就过时了。垃圾的数量着实让环保主义作家心有余悸。在 1948 年出版的《生存之路》一书中，威廉·沃格特对"浪费者的心理"感到心痛。[7] 问题不仅在于稀缺的资源正在被消耗和人们守护地球家园的意识消失了，更紧要的问题是被浪费的东西如何处理。家庭垃圾通常被倾倒在露天矿坑中，有时也会被倒入海中。工业和化学垃圾被倾倒入河流。尽管几十年来，139 这被认为是人类社会进步的代价及不可避免的外部性，但正如上一章提到的，到了 20 世纪 60 年代，河流被泡沫所污染、燃起大火，抗议活动也扩展到了生态活动家之外的群体。

从某种程度上看，传统的垃圾处理办法是有一定可持续性的。

随着 19 世纪垃圾数量急剧增加,成千上万名清道夫在欧洲和美国收集和回收垃圾。在不同的国家,他们有不同的称呼——在英国,他们被称为拾荒者,在法国被称为捡破烂的——而不是被称作绿色企业家:他们通常是贫穷的,而且经常是移民,他们把捡垃圾看作是获得收入的最佳途径。但他们的行为常常对环境有积极的影响。他们翻遍垃圾箱和垃圾堆,寻找可以回收的物品,有时他们以团队的方式在波士顿和芝加哥等大型工业化城市工作,收集垃圾。许多垃圾被循环利用,破布被用来制造纸,直到 19 世纪后期才用亚硫酸制成的木浆取代了它。许多死掉的动物,包括死在城市街道上的马,或煮熟或被"分解"成油脂,用于制造肥皂,蜡烛和香水。[8] 随后,一些由犹太人和意大利移民在美国建立的小公司渐渐发展起来,它们大规模回收了破布,废旧金属。随着时间的推移,这些公司的营业规模逐渐增大,贸易网络也日渐广阔。[9]

虽然传统做法可能具有一定的环境可持续性,但他们的做法并不总是健康和科学的。面对城市扩张,传统的小型垃圾收集处理公司做出了很大的努力,但同时也造成了霍乱等公共卫生问题和流行病的出现。[10] 于是,在欧美各地,市政府开始干预垃圾的回收和处理。在这之前,一些城市已经开始建立公共供水系统,并制定消防安全规定。

从 19 世纪 80 年代开始,西方主要城市的公共卫生基础设施发生了质的转变。在纽约,卫生专员乔治·华林(George Waring)指导身穿白色制服的街道清扫工开始清理每一条街道,社区定期收集垃圾。[11] 垃圾治理成为市政部门旗下的一项公共事业。[12] 到 1914 年,美国和欧洲的许多大城市都将垃圾回收和处理

市政化,或与私人公司签独家协议,把这部分任务交由他们负 140
责。[13]与城市签订合同的私营企业几乎没有自主权,需要遵循地方
特有的法规。例如,1895 年,欧洲发展最快的城市之一柏林颁布
了一项法令,要求所有的垃圾清洁公司采用"无尘"回收的方法,公
司需要提供封闭的容器,许多小企业因此倒闭。[14]

在工业化国家的城市中,市政机构或私人承包商的主要目标
是保证公共卫生,提供高效服务,减少居民承担的费用。[15]垃圾处
理业务可能会带来利润,但从环境保护的角度来看,其产生的影响
比较有限。在 1895 年至 1917 年期间,总部设在费城的纽约卫生
事业公司持有纽约市垃圾处理的特许合同。公司旗下有多家子公
司分布在华盛顿特区、威尔明顿市、纽瓦克、大西洋城和其他地方,
均持有垄断合同。企业雄厚的实力离不开费城大政治家和大银行
家的支持,它在纽约的分公司把大量污水排入长岛周边的牙买加
湾。该企业不仅处理垃圾,还运营所谓的"还原"工厂,用生活垃圾
生产油脂、肥皂、甘油和肥料,以及处理动物尸体得到胶水和肥料,
将进行了煮沸处理的残骨倒入河中。[16]

市政机构在回收生活垃圾方面也做了许多有益尝试。例如,
1896 年,乔治·华林上校在纽约市强制推行生活垃圾分类。[17]随
后,德国富有的夏洛滕堡市(如今是柏林的一部分)与一家名为
Charlottenburger Abfuhrgesellschaft(CAG)的公司签订合同,把
三路分解系统引入了生活垃圾的再循环利用中。市民有责任按照
城市法令将垃圾分成三类:灰烬、有机垃圾和其他大件物品,而
CAG 公司则为居民提供了三类垃圾箱,供家庭或公寓住户使用。
该公司拥有自己的猪舍,对有机质进行煮沸处理,把有用的废料转

售给他人。卡尔·冯·德·林德(Carl von der Linde)是 CAG 公司的主要掌舵人,他通过宣传册和报纸文章开展了广泛的公关活动,目的是说服居民实行垃圾分类,并在学校里提供相应指导。

141 冯·德·林德写了两本书,强调需要节约稀缺资源,他很早就意识到倾倒污水会导致地下水污染的风险,并赞扬 CAG 自身的系统与现代城市的方式相比是更为"自然的"。[18]冯·德·林德对节约有用资源的道德信念被欧洲中部其他地方借鉴。[19]运营三个独立的垃圾回收车,提供垃圾回收服务使该公司的成本在德国同业中是最高的,因此公司需要大量补贴。第一次世界大战期间,员工和运输工具遭破坏使该公司在 1917 年关门停业。[20]

事实证明,在没有补贴的情况下想要实现回收业务的规模运营十分艰难,部分原因在于回收(通常是持续的)和需求(通常是周期性的)之间的不匹配。1895 年,依照与布达佩斯市的一份合同,Lajos Cséry 旗下的营利性垃圾分类公司在匈牙利开业。虽然城市的垃圾收集由市政部门负责,但大部分回收的物品最初都由马车拉到郊外的 Cséry 私人分拣场所。该厂将厨余废料作为肥料出售,通过焚烧一些纤维材料为自己提供能源,回收的煤炭用来给运送转售回收品的机车提供燃料。Lajos Cséry 旗下的垃圾分类公司与德国慕尼黑的一家公司签订合同,引进该公司的系统,[21]后者于 1898 年开业。在慕尼黑,这些回收材料通常在转售前会经过处理和消毒。厨余垃圾经过煮沸处理,用作公司自己猪舍的饲料。慕尼黑市与 Lajos Cséry 旗下的垃圾分类公司多次续约,但公司运营依然离不开市政补贴。[22]

公共卫生问题推动了垃圾治理的技术创新。受英国当地卫生监督员的委托，垃圾焚烧成为另一种垃圾处理的方法。1874 年，工程师艾伯特·弗莱尔（Albert Fryer）发明了诺丁汉市第一个"垃圾焚毁炉"。弗莱尔与当地一家公司合作，共同开发和分销这项技术。弗莱尔的商业模式不只是通过焚烧去除垃圾，他同时还利用燃烧过程中产生的蒸汽发电，并把它当作商品销售出去。到 1914 年，英国境内共有 338 个这样的垃圾焚毁炉在运行，其中 77 个能发电。[23] 到 1914 年，德国 7 个城市的市政府建成了焚烧炉并将其投入使用，随后出售焚烧过程中产生的电力以及将炉渣用于道路建设。[24] 单纯焚烧垃圾其实恰恰和可持续发展背道而驰——这是导致城市空气污染的一大原因。垃圾焚烧的好处仍存在争议；一项被多次引用的研究认为，比起燃烧发电，从城市固体垃圾中回收大部分材料能多节约 3～5 倍的能源。[25]

142

尽管如此，当时很多企业家都明确希望通过垃圾焚烧尽可能多地收回材料。1925 年，工程师库尔特·格尔森（Kurt Gerson）创立了一家名为 Müllverwertung AG 的上市公司，接管柏林经营不善的焚化厂。他试图将从工厂回收的垃圾中的纤维素和动物纤维提取出来，制成"垃圾羊毛"，并把它们转售，用于造纸和建筑，而加工过程中产生的灰尘和灰烬可以用于合成肥料。这家公司的招股说明书明确体现了环境和商业上的效益。说明书中这样解释道，"格尔森过程"（The Gerson procedure）带来了一个"新的、经济型解决方案，来应对整个城市的废水和污水问题。河道和地下水层被清理，垃圾堆消失了，对于小城市来说，城市垃圾的充分使用为行业提供了获利的可能"。1933 年纳粹上台后，格尔森失去了对工厂的控制。直到 20 世纪 30 年代，公司依旧在运行。而格尔森自己搬到英国,继续他发明家的职业生涯,在美国申请了一系列呼吸设备的专利。[26]

同一时期的柏林也出现了不少个体,他们通过大规模的垃圾循环再利用来增强土壤肥力。一位名叫亚瑟·舒里希(Arthur Schurig)的农户,被看作是不安分的创新者,他开始从冯·德·林德在夏洛滕堡的分拣场购买有机厨余,作为他位于首都西部埃津(Etzin)的土地的唯一肥料。20 世纪 20 年代,舒里希的农场每天要使用 20 到 25 吨经过堆肥和未经过堆肥的柏林生活垃圾。他最终拥有或租赁了 5 块农业地产,其中包括以前没有肥力的沙土或荒地。随着业务的扩张,他还用柏林的垃圾在沼泽和沙土上铺了一层肥沃的土壤,用于后续种植。舒里希在该地区改变了以动物为基础的农业发展趋势,成为德国最大的蔬菜生产商,并为柏林的大部分地区供货。[27]

制造促进堆肥机械的创新企业陆续出现。1912 年,卡伊·彼得森(Kai Petersen)和克里斯托弗·穆勒(Christoffer Müller)在丹麦成立了 Dano 工程公司。从 20 世纪 20 年代开始,Dano 公司成为堆肥领域的主要创新者。该公司最初专门生产高效率的工业炉机械底盘加料机。产品的高效引起了彼得森的注意。他认为过度机械化是有问题的,它会减少就业机会并将人与自然分离开。在 20 世纪 20 年代后期,他投资了由福尔克·雅各布森(Folke Jacobsen)建立的园艺学校,并在哥本哈根以外的地方购买一个大型豪宅,学生们可以在一小块分配好的土地上度过周末。当他的伙伴,那位有宗教信仰的兄弟乔治·穆勒(George Müller)带着堆肥计划找到他时,他也积极回应。乔治没有说服哥本哈根市废除下水管道,收集市民的生活垃圾用于堆肥,但他说服彼得森在他的工厂采纳了这一计划。在经历了难忍的恶臭后,彼得森研究了艾伯特·霍华德爵士的著作,并了解到在处理大量垃圾的过程中,通风是极其重要的。1933 年,彼得森获得 Dano 筒的专利,这是一个大型旋转圆筒,它成为许多堆肥厂的关键技术,丹麦许多城市的市政当局随后也采用了该技术。[28]该公司阐明了环保主义的观点,批评人造肥料对土壤微生物的影响,并倡导垃圾被重新利用的生态循环。[29]

从 19 世纪下半叶到 20 世纪 20 年代,人口增长和城市化带来了生活垃圾的猛增,政府出台了一系列监管措施,甚至获得了一些企业的所有权。城市的街道被打扫得干干净净,这样做是为了公共卫生,而并非出于可持续性的考虑。拾荒者回收垃圾的原始模式被更有组织的、系统性倾倒垃圾到海洋和垃圾焚烧所取代。在这一广阔的背景下,少数企业家(通常是工程师)开发技术或系统,建立商业企业,试图从垃圾处理生意中获利。他们有了明确的生态论据。在欧洲中部和北部,许多垃圾分拣和回收的流程沿用至今。这包括用特殊容器进行源头分离和分类收集:分拣场使用磁体分选金属;用风扇、筛子和滚筒将轻质细颗粒物与其他垃圾分开;以及用于运输手工分拣剩余垃圾的传送带。然而,大多数公司都在没有公共资金的前提下,通过自身努力实现盈利。

市政主导

144

在 20 世纪 20 年代到 20 世纪 50 年代间,垃圾回收领域营利性公司的业务范围进一步缩小。国家政府和市政制定规则、执行任务,他们还拥有许多垃圾处理设备。早期的政府政策是出于公共卫生的考虑,而这往往与环境方面的考量相冲突。在这一阶段早期,很少有人(如果有的话)会努力去平衡城市的卫生需求和所出现的垃圾问题。

公共卫生的进步推动了一项名为"卫生填埋场"(sanitary landfills)的创新,取代了垃圾的露天倾倒。这涉及一个将垃圾埋在地下或大规模堆放的系统。这些垃圾填埋场里的垃圾确保被压实,每一层都覆盖泥土,以防止气味,害虫出现,或者垃圾被风吹走。其实在 1914 年之前,英国就有了这个概念,它被称为"可控倾弃",到 1939 年,这一方法处理的垃圾占该国城市垃圾处理的60%。德国和其他欧洲国家也纷纷效法。[30] 1935 年,加利福尼亚州的弗雷斯诺市在美国建立了第一家垃圾卫生填埋场,之后便迅速推广到全美各地。[31]

尽管这些卫生填埋场解决了城市中的某些公共卫生问题,但其他地方却感受到了来自它的环境影响。随着废弃物的积聚,甲烷气体释放出来。除了空气污染外,卫生填埋场也对水系造成极大威胁。20 世纪 60 年代前,渗滤液造成的环境危害并未得到重视。[32]直到 20 世纪 70 年代,卫生填埋场的选址才更加谨慎,会考虑对地下水的影响,要有适当的排水工程和衬层以防止渗滤液进入周围的水体或土地。

政策制定者的第二个关注点在于恢复稀缺资源。在两次世界大战中,政府都鼓励循环再利用。[33]在 20 世纪 30 年代,德国纳粹政权实施了带有干预目的的回收政策,旨在实现国内垃圾的再利用,促进自给自足,并为战争做好准备。他们征用犹太人曾拥有的废料场,但由于技术能力不足,效率普遍低下,最后不了了之。[34]

　　政府和市政部门的监管使得私营企业的自主权受限,虽然这一证明具有生态保护意愿的企业家不断涌现。1930 年,由于得到了著名生物学家兼哲学家拉乌尔·海因里希·弗朗西(Raoul Heinrich Francé)教授的一项专利授权,一家名为 Edaphon-Müllverwertung Commanditgesellschaft 的堆肥公司在奥地利成立。回头来看,该教授当时发表的关于土壤中微生物的大量著作使他成为有机农业和生态学领域的先驱。他的专利性工艺能够回收城市固体垃圾、街道垃圾和污水,为有机农业提供了含有富氮的天然肥料。弗朗西的工艺流程随后被其他欧洲城市采用,如萨尔茨堡、慕尼黑和米兰。弗朗西特别强调垃圾循环利用的道德价值,而不是通过普通的倾倒或焚烧来解决垃圾问题。他在 1936 年向萨尔茨堡的市政官员做汇报时说:"被人们丢弃的垃圾其实是有价值的,它可以被重复使用,或者重新回到经济循环中去。"[35]

　　弗朗西的妻子安妮·弗朗西·阿拉尔(Annie Francé-Harrar)也是一位生物学家和高产的作家。1943 年,在丈夫去世后,她接手并继续推进他的工作。[36]事实上她作品的受众比她丈夫的更广。1950 年,她出版了一本名为《最后的机会:为了一个没有欲望的未来》(The Last Chance: For a Future without Want)的书,重点探讨微生物在产生土壤肥力所需的腐殖质方面的重要性。[37]虽然很少有市政府或国家政府关注这个问题,但弗朗西·阿拉尔继承了她和她丈夫的共同信念,并不遗余力地传播腐殖质和堆肥可以成为再生资源这一科学常识。

　　第二次世界大战结束后,西方经济的加速增长和低性价比的能源使用不仅产生了更多的垃圾,而且还导致了更多不同类型的垃圾。1940 年,美国人均产生的垃圾量已经比世界上任何一个地方都高,平均每人每天产生约 2 磅重的垃圾,而到了 1968 年,这一数字则增加到了 4 磅。[38]自助超市在欧洲的扩张也带动了食品包装的发展,它被认为是保证食物新鲜度、卫生和防止盗窃的重要手段。[39]废品的原材料构成有了进一步的转变,从而给环境带来了新问题:随着以塑料为首的新型合成材料的广泛使用,一次性便利品也大幅增加,这在一定程度上是由耐用消费品的淘汰造成的。由于汽车等重型消费品的影响,垃圾流也因重量发生了变化。[40]越来越多产品包含由各种材料组成的复合部件,这些新的或最近生产出的复合部件对环境友好型的垃圾治理业是一个重大的阻碍。[41]

146　　　　垃圾填埋法仍是战后许多国家的首选。一方面这能安抚纳税人,而另一方面则默许了较高的劳动成本和低效率的存在,使得垃圾治理部门的工作常常得到嘉奖。[42]1960 年,94% 的美国市政垃圾进入了垃圾填埋场。德国的比例可能更高。[43]由于废弃物质里化合物的水平达到了前所未有的高度,这种垃圾填埋比以前任何时候都更具环境破坏性。因为地球上的细菌已经进化,所以有机垃圾会被它们分解。但塑料不会像其他有机材料那样被分解:在某些情况下需要几十年甚至几百年才能分解。它们在焚烧厂中也很难燃烧,不仅会产生有害的气体,而且(后来变得更明显)它们还将诸如二噁英类的有毒危险物质传播到大气中。[44]

此时,美国法律体系里并没有专门针对垃圾处理的法规。后来,政府出台了系列和污染治理相关的法律,包括 1948 年的《联邦水污染控制法案》(Federal Water Pollution Control Act)和 1955

年的《空气污染控制法案》(Air Pollution Control Act),后被 1972
年的《清洁水法案》(Clean Water Act)和 1963 年的《清洁空气法
案》(Clean Air Act)所分别替代。不过这些法案往往只具备建议
作用,偏向试验资助和研究导向。少数已出台相关地方法规的州,
其法律效用也同样微乎其微。[45]在许多欧洲国家,首个关于地下水
污染的立法直到 20 世纪 50 年代中期才出现,如 1955 年的《瑞士
联邦水保护法》(Swiss Federal Water Protection Law)以及 1957
年和 1960 年两次通过的《西德联邦水库法》(West German
Federal Water Reservoir Law)。这些法规旨在规范垃圾倾倒,要
求严格把垃圾填埋场与自然水流和蓄水层分开;但就像在美国一
样,其执行力度往往不强。[46]

　　令人意想不到的是,最积极提倡回收的不是私人或市政垃圾
处理公司,而是能从循环材料中获利的传统公司。位于芝加哥的
美国集装箱公司是一家大型再生纸板制造商,它就是发生在美国
的一个很典型的例子。1940 年,该公司的 CEO 沃尔特·佩普基
(Walter Paepcke)发起了一项官方植树造林计划。接着他对科罗
拉多州前银矿城镇阿斯彭进行规划,把它打造成吸引社会精英的
度假胜地,建立了一家名为"阿斯彭研究所"的智库基地。[47]随后,
公司投入资源鼓励童子军等民间团体组织和赞助循环再利用项
目。[48]这种推广循环再利用的活动比 20 世纪 60 年代后期的环保
活动组织(如加利福尼亚的生态行动组织)要来得更早。集装箱公 147
司以多种方式传播循环再利用的观点:20 世纪 70 年代初,它出售
了以生态为主题的杯垫,说明通过循环再利用来保护自然资源的
重要性。[49]最重要的是,1970 年,该公司赞助了艺术和设计专业的

一场比赛,征集象征循环再利用过程的设计创意作品。获胜者是加州大学洛杉矶分校的一名大四学生,他设计了一个带有三个相连箭头的莫比乌斯环的标识。该公司将这一设计授权给了三家主要的造纸工业集团,此后它进入了公众的视线,直到今天仍然是全球循环再利用的标识。[50]

20 世纪中叶,环境友好型的垃圾治理面对的主要障碍并不是像食品行业那样强大的老牌传统公司,而是那些优先考虑人类健康而非生态环境的公共政策决策者。就像在能源领域一样,政府是问题的根源所在,而非可持续发展的机会。

垃圾和"地球升起"

直到 20 世纪 60 年代,环境因素开始影响政府及其垃圾治理政策的制定。在美国,1963 年的《清洁空气法案》和 1967 年的《空气质量法案》(Air Quality Act)的陆续出台,标志着联邦政府开始提高对洲际空气污染的监控力度。但除了要求减少垃圾焚烧活动之外,这些法律对固体垃圾的处理影响不大,这是联邦立法过程中忽视的一个方面。[51] 1965 年,《固体垃圾处置法案》(Solid Waste Disposal Act)获批通过,它是第一部旨在解决固体垃圾污染的联邦法规,不过它的重点是推动研究,而不是实施联邦监管和控制。[52]固体垃圾办公室(Office of Solid Waste)是由美国公共卫生署根据该法案成立的。这个机构最初与行业密切合作,在 1970 年并入环保局后日益成为立法的执法者。[53]

后续的立法工作持续推进。1976 年,《资源保护和回收法案》(Resource Conservation and Recovery Act)使得联邦财政支持将与州和地方垃圾治理计划的完成情况挂钩,法案不仅首次明确各地政府应积极管理垃圾填埋场,还制定了执行标准,要求关闭数千个露天垃圾场。资源回收则明确包括了垃圾焚烧生产能源或"垃圾发电"的方法。这一联邦立法开始有力地影响着垃圾治理市场,并相应地为企业提供资金补助以推进新的垃圾回收方法的研究。[54]

20世纪70年代,欧洲出现了一波更为严格的国家立法,这些立法则参照了美国模式。在德国,1972年的《垃圾处置法》(Waste Disposal Law)终结了失去控制的垃圾倾倒,并为垃圾填埋制定了环境标准。随后,垃圾填埋场的数量大幅度减少,导致填埋空间变得十分宝贵,只有扩大规模才是最实际的做法。[55]一系列立法促进了整个行业内高度分散的私营公司之间的整合。在战后的美国,许多小型垃圾托运公司瓜分着大城市里的工商业客户和民用市场。在战后几十年里,至少有上万家私营垃圾托运公司。他们通常是来自少数族裔的家族企业。在芝加哥,荷兰少数族裔的家族企业占据绝对优势。[56]他们通常会在所在城市组建行业协会,这些行业协会都规定了最低限度的垃圾收集技术标准,并作为一个卡特尔组织(垄断联盟)联合起来阻止新企业的进入。[57]

在芝加哥,其中一家小企业逐渐发展成为行业巨头。变革者的名字叫迪安·彭洛克(Dean Buntrock),他与伊丽莎白·休伊曾加(Elizabeth Huizenga)结婚,后者所在的家族经营着荷兰一家名为Ace Scavenger Service的垃圾托运公司。彭洛克于1956年搬到芝加哥,在他岳父去世后帮助妻子打理家族公司的业务。他是最先看到将分散的行业整合起来的机遇的先行者,由于面对更

148

为严厉的市场监管,这个行业里的许多小公司正面临着不断上涨的成本开支。他投资了产品集装箱化等新技术,还促使许多小型民间协会整合成了美国全国固体垃圾治理协会(National Solid Wastes Management Association,1968 年成立),他自己担任协会的主席。[58]该协会后来演变成为一个说客,努力确保联邦政府积极参与垃圾治理的行为不会导致对市政项目的补贴。[59]

　　1971 年,彭洛克的垃圾治理公司(Waste Management Inc.)在纽约证券交易所上市,筹得了 400 万美元。这个名字本身是有趣的,因为"垃圾"一词比较宽泛,不受形容词"固体"的限制,并且它使用的是"治理"一词而不是"清道夫"。虽然 Ace Scavenger Service 宣称自己是在清理垃圾,但是彭洛克认为自己是在治理垃圾。[60]这是第一家进入资本市场的垃圾治理公司,它比第一批风力发电企业尝试上市早了近 10 年。进入资本市场具有变革性意义,它使彭洛克有能力在全国各地收购小公司。垃圾治理公司的年收入从 1971 年的 1700 万美元增加到 1981 年的 8 亿美元,那时它已获得了 175 个市政项目的合同。1975 年,在拿到为沙特阿拉伯利雅得提供垃圾治理服务的合同后,它也开始了在全球的扩张之路。[61]

　　通过资本市场进行融资是布朗宁－费里斯实业公司(Browning-Ferris Industries,BFI)公司发展的关键,该公司的前身是由28 岁的小汤姆·法乔(Tom Fatjo,Jr.)在休斯敦以美国垃圾系统(American Refuse Systems)的名义成立的一家公司。此前,他曾学习过会计学。1967 年,法乔曾担任一家社区协会的会长,该协会对当地的垃圾收集服务不满。为了证明自己可以做得更好,他和表弟买了一辆卡车后就开始接手经营这家协会。[62]两年后，他获得了在纽交所上市的 BFI 公司的控股权，BFI 是一家生产重型设备的老牌公司，包括生产用于垃圾填埋场的设备。随后，法乔在其他地方收购了几家小公司，使用上市公司所筹集的普通股支付收购款项，实施基于垃圾处理能力（主要是垃圾填埋）的发展策略，并通过收购来建立密集的垃圾回收路线。到 1981 年，公司营业额超过 6.6 亿美元，业务分布在美国的 36 个州，以及加拿大、西班牙、科威特、沙特阿拉伯和澳大利亚等地。[63]1975 年，法乔辞去 CEO 的职位，但在接下来的 30 年里，他又成立了 3 家垃圾治理公司，后来他成功地出售了其中两家稳步成长的公司。[64]

　　彭洛克和法乔是逐利的企业家，他们从市政合同中找到了有利可图的商业机会。尽管如此，他们并不了解环保主义者的观点。但有趣的是，他们是第一批看到把企业形象与环保语言相结合能使企业受益的传统企业家，在油价上涨和 20 世纪 70 年代初的能源危机之后，这一点尤为明显。BFI 在 1973 年的年度报告中指出，该公司提供了"能够改善环境的服务"。[65]这家公司在第二年的年度报告中率先使用了"运用再生纸印刷"一词。[66]

　　20 世纪 70 年代初，彭洛克和法乔先后开始涉足废纸和纤维材料回收业务。1974 年，BFI 收购了全国最大的纸张回收商 Consolidated Fibers Inc.（CFI），这两家公司同时经营回收设备，并在美国和加拿大许多城市建立了二级（回收）纸张市场。1974 到 1975 年间，二级市场的价格崩溃，尤其是废纸，很快两家公司剥离了大部分回收业务。[67]回收垃圾和垃圾填埋相比，从经济性的角度来说，前者的吸引力不及后者。就垃圾收集而言，它会产生持续的垃圾流,就处置而言,对回收产品的需求是具有季节性和周期性的。例如,塑料回收的经济效益会受到能源价格波动的严重影响,能源价格同时会影响电力和原生塑料的成本。因此垃圾治理公司和 BFI 重新选择关注其高科技垃圾填埋系统、危险垃圾系统和能源回收设备项目的环境效益。[68]

欧洲企业在所有权集中方面也出现了类似情况。例如在战后的德国,仍有许多小规模的家族企业填补了市政部门未能提供的服务的空白,比如为小城镇和农村居民提供的服务,以及面向企业的服务。[69]随着垃圾量的增加,分散的私营企业开始成立协会。古斯塔夫·埃德霍夫(Gustav Edelhoff)和诺伯特·莱斯曼(Norbert Rethmann)是将小企业整合成大企业联盟的关键人物。

埃德霍夫是伊瑟隆一家小型家族企业的所有者,这家企业以污水处理厂发家。他发现垃圾的数量在不断增加,并且需要有更多资金来投资新技术。[70]他同时还推动行业协会的成立。1961 年,他汇集了奥芬巴赫市的 40 位同事和竞争对手,成立了"私营城市卫生行业协会"(Verband des privaten Städtereinigungsgewerbes,VPS)。[71]埃德霍夫也比美国公司更早使用准环境语言。在 1962 年和 1963 年年会上,他的行业协会年度报告声称,这项业务远离"准备以低价提供服务,因此没有考虑国民经济、国民健康、水资源和景观保护的要求的公司"[72]。埃德霍夫在其行业协会期刊上越发重视水污染和其他环境问题。[73]

1969 年,在其父亲退休后,诺伯特·莱斯曼接管了垃圾治理的家族业务,并采用了类似的生态语言。莱斯曼是一位具有较强道德观念的天主教徒,在接下来的 10 年里,他的公司在德国西北部的业务范围逐渐扩大，收入增加了 42 倍，达到 2300 万美元。1977 年，莱斯曼因为担心塑料垃圾的填埋问题，在其企业文化中增加了"对我们所有人而言，垃圾处置前必须首先考虑循环再利用"这一宗旨。[74]

20 世纪 70 年代，德国的循环再利用工作是由私营企业完成的。由于二级市场的价格波动问题，美国公司在 20 世纪 70 年代中期从再生纸业务中退出，这些德国公司也因为同样的问题普遍寻求市政当局给予最低限度的补偿。[75] 两个国家的垃圾治理公司都是出于商业和生态的双重目的，看好循环再利用的市场潜力，但由于在商业回报方面遇到了风险和困难，他们不愿意继续在这一领域投入资源，除非能够得到有保障的回报。

20 世纪 20 年代到 20 世纪 50 年代间，欧美各国的地方政府对营利性企业本应承担的角色进行了限制。直到 20 世纪 60 年代，公共政策才开始转向环境问题，而不只是关注公共卫生问题。从 20 世纪 60 年代开始，旨在增进环境绩效的立法条例的陆续出台为许多小企业合并为更大的集团提供了动力。这个难得的时机被迪安·彭洛克、小汤姆·法乔和古斯塔夫·埃德霍夫等传统企业家抓住，他们看到了整合一个分散行业能够带来巨大的利润前景。他们通过运营自己的公司使垃圾处理行业变得更专业，传播了新技术和最佳范例，但在没有市政保障的前提下，谁也不愿意在垃圾回收利用领域投入太多资金和时间。

自然旅游

过去，只有世界上富裕的精英才有时间或金钱出于休闲娱乐的目的去旅游。18 世纪后期,中产阶级兴起,他们拥有充足的可支配收入,也模仿先前只有贵族才有的旅游和娱乐习惯。19 世纪后,人们的收入持续增加,19 世纪 40 年代铁路的出现提高了交通的便利性,旅游开始触及更广泛的群体,首先是中产阶级,到了 19
世纪末,随着工业经济的发展,蓝领工人也开始四处旅游。英国处于海滨度假胜地开发的最前沿,南岸的布赖顿等城市率先得到上流社会的青睐,随后被更广泛的社会群体认可。到了 19 世纪末,在布莱克浦和绍森德这样的英格兰北部海滨城镇也出现了大量供蓝领旅游的度假村,那里有音乐厅、动物园、歌剧院、剧院、游乐园和展览馆。[76]在美国,新泽西州大西洋城则在 19 世纪末发展成为一个知名的度假胜地。[77]

旅游业将自然景观变成了值得欣赏甚至被尊重的景点。然而,随着自然界被商品化以获取利润,旅游业在给地方和企业带来经济收入的同时,也无可避免地对自然界带来了巨大的环境和社会危害。早期的企业家对于以人们想要花钱去欣赏保存完好的自然景观和其他自然现象的愿望为基础的业务充满兴趣,也就是说,他们这么做是受到利益的驱动,而不是出于保护自然的目的。就旅游业而言,尽管存在问题,但追求利润和环境保护在很多时候并不冲突。

瑞士的阿尔卑斯山是 19 世纪大自然被商品化的典型例子。英国的托马斯·库克(Thomas Cook)是经营旅行社的先锋,他试图利用新建的铁路让旅游不再局限于精英群体,而变得更为普及。于是从 19 世纪 60 年代开始,他把英国游客带到瑞士的阿尔卑斯山。[78]企业家们建造了许多高级酒店和其他旅游设施,产生了强大

152

的集群效应，瑞士阿尔卑斯山作为旅游目的地的声誉因此日益提高。酒店行业的从业者建立了一个协会来制定行业标准。从 19 世纪 60 年代开始，企业家们在宣传中把阿尔卑斯山称作是"健康之地"，这促进了该地区医疗旅游业的发展。[79] 酒店老板约翰尼斯·巴德鲁特（Johannes Badrutt）意识到，将营业季节延长到冬季可以更好地分摊固定成本、增加收入，于是他开始宣传冬季的阳光和低污染对健康的好处——以前冬季被认为是寒冷且非常不受欢迎的山区旅游时段。[80] 到了 19 世纪 80 年代，瑞士每年吸引着 100 万人次前来体验当地的自然风光。[81]

这些企业家的努力与真正意义上的生态主义甚至自然保护主义的观点仍然有着本质的差别。他们顶多提到了无污染的空气。[82] 美国早期的自然旅游也是如此，从参观矿物质山泉，体验水疗会所，扩展到观赏新罕布什尔州的白山和尼亚加拉大瀑布等自然景观。当地地主和酒店经营者开始大量建设酒店，并提供导游服务。[83]

正是在美国建立世界上第一个国家公园的过程中，自然旅游与自然保护之间有了明确的联系。19 世纪 30 年代，美国白人首先探索了加利福尼亚州约塞米蒂山谷，当这里的自然美景在 19 世纪 50 年代被全国性媒体报道后，其旅游业便日渐兴起。人们很快发现了旅游业的潜力。1857 年，一位名叫盖伦·克拉克（Galen Clark）的加拿大裔美国探险家在山谷建造了第一家"酒店"，一个约 12×16 英尺的小屋，它被称为"克拉克车站"或"克拉克的十字路口"。在这个小屋里，游客们可以待在克拉克建造的一座横跨默塞德河的桥旁休息。1859 年，克拉克在河对面建了第二个小木屋,作为配套餐厅,同时还增加了一个帐篷营地。[84]克拉克和其他人呼吁加强对该地区的保护。1864 年,新的联邦立法允许加利福尼亚州将约塞米蒂谷列为国家公园。[85]1874 年,加利福尼亚州对公园的业务发展加以限制,只能进行特许经营。当时那里至少有 4 家酒店、2 家杂货店和其他一些旅游服务提供商。[86]

　　1872 年,当黄石国家公园成为世界上第一个国家公园时,商业回报是重要的考量之一。金融家杰伊·库克(Jay Cooke)控制北太平洋铁路公司。库克和他的经理 A.B.内特尔顿(A.B.Nettleton)发现了旅游业的机会,于是雇用了探险队来绘制地图。1871 年,受库克和内特尔顿的邀请,艺术家托马斯·莫兰(Thomas Moran)加入了由地质学家费迪南德·海登(Ferdinand Hayden)领导的探险队,探险队希望他能帮助创作用于宣传山谷奇观的画作。内特尔顿、库克以及库克认识的一位众议员助理——来自宾夕法尼亚众议院的共和党成员威廉·达拉·凯利(William Darrah Kelley)——首先提出了把"大间歇泉盆地"建成公园的想法。库克认为这种做法可以将小企业排除在外,确保与政府谈判的唯一私人公司是北太平洋铁路公司,并承诺在商业化过程中尽可能减少对于自然环境的破坏。

　　库克最终没有如愿以偿,1873 年的一次金融危机使他的公司被迫倒闭,并使得北太平洋铁路公司将其线路延伸到靠近公园边界点的计划推迟到 1883 年。尽管如此,铁路公司仍然对公园的基础设施进行了大量投资。1883 年,该公司旗下一家子公司在黄石国家公园的猛犸温泉建了一家酒店,随后,公园主要景点附近的其他大型酒店也相继建成。到了 1910 年,酒店建设和其他改善措施花费了铁路公司和它的商业伙伴大约 100 万美元，但对于这些设施的投入带来了丰厚的利润回报，北太平洋铁路公司在广告中宣传的旅游胜地也成功地让客流量开始大幅增加。[87]

类似铁路公司和环保主义者在黄石国家公园的合作案例还有很多。美国的每条铁路主要干线都在推动建立受保护的国家公园来发展旅游业，特别是在人烟稀少的西部地区。[88]在大峡谷于 1908 年被正式命名为"国家纪念碑"前，艾奇逊－托皮卡－圣菲铁路公司的负责人已经看到了用旅游业取代当地采矿业的好处，并尽快启动了旅游基础设施的开发，他在 1900 年左右买下了一条当地的支线，与英国外籍企业家弗雷德·哈维（Fred Harvey）合作，将他的连锁餐厅和酒店业务扩展到了大峡谷中。1916 年，美国国家公园管理局成立，接管林业部的职责，像哈维这样的大型旅游企业的业务得到进一步巩固。[89]

这些营利性酒店、餐厅和导游业者在国家公园的发展中扮演了重要的角色，它们与政府的道路工人和护林员一起保护公园里的野生动物免受偷猎者的袭击。到了 20 世纪 20 年代，这些私人部门在生态保护方面的作用已经下降，因为这一时期美国国家公园管理局的作用越来越大，政府对公园的管理介入更多，与特许经营者之间的合作关系常规化，而不再为企业创新提供激励。同时，汽车的推广也扩大了旅游市场，使旅游业和自然保护原有的联系变得更加脆弱，尾气排放带来的严重的污染和公园附近纪念品商店的不断蔓延，这在铁路主导的时代是不可能发生的。[90]

从生态的角度来看，自然旅游在其他方面也直接产生了负面的影响，其中包括越来越多对大型动物和鸟类的非法狩猎。1900

155 年后,专业的游猎之旅在东非达到了顶峰,肯尼亚尤其如此,因为在英国殖民统治下,该地区的人口数量快速增长。[91]随着时间的推移,屠杀规模的扩大给动物个体造成了沉重的苦难,但如果不考虑这里的居民,这其实给该地区的生态带来了意想不到的积极影响。[92]英国著名的东非狩猎者弗雷德里克·塞卢斯(Frederick Selous)从私人狩猎转变成商业化的游猎,他担任向导和组织者,包括1909 年为美国前总统西奥多·罗斯福(Theodore Roosevelt)举办了一次盛大的狩猎活动。大规模的屠杀触动了塞卢斯,他开始倡导自然保护。[93]其他维多利亚时代的猎人则成为导游和运营商,开创了野生动物摄影业务,这成了 100 年后生态旅游的基础。爱德华·诺斯·巴克斯顿(Edward North Buxton)就是这样的人,从1890 年左右开始,他将活动从狩猎转向摄影,并在 20 世纪成为野生动物保护的声援者。[94]到了 20 世纪 20 年代,东非的野生动物摄影业务规模相当可观。[95]

大萧条和第二次世界大战的爆发并没有使旅游业出现重大革新,在随后的几十年里这个行业出现了一次较为显著的增长,但并没有为环境带来积极的影响。1950 年,全球约有 2500 万人次的国际游客,其中 95% 来自欧洲和美国。到 1960 年,国际游客数量达到了 6900 万人次。到 1980 年,这一人数已达 2.78 亿人。这些旅客中有 2/3 去了欧洲,但旅游目的地也有了一个明显的地域扩散。例如,当年就有 700 万人到达非洲。[96]

这几十年里,以商业为导向的旅游业规模不断扩大。旅游基础设施日渐完善,旅行社、旅游机构和连锁酒店相继发展起来。在法国出现了新的旅游组织,例如 1950 年成立的地中海俱乐部

（Club Méditerranée）就以全包式假期为卖点。到 20 世纪 70 年代，法国全国有 2000 家旅行社，其中最大的一家由哈瓦斯新闻社和国有航空公司——法国航空等大型企业集团所拥有。[97]滑雪胜地数量激增。20 世纪 50 年代，德国和瑞士的阿尔卑斯山地区的滑雪胜地有了巨大的发展，但人们对环境问题依旧漠不关心。[98]相比之下，沃尔特·佩普基在科罗拉多州的阿斯彭市进行了一次大规模的战后投资，把它打造成唤醒内心的文化娱乐胜地，并瞄准精英市场。尽管他投资建设滑雪设施，但他反对过于大众的滑雪运动。即便如此，山上还是有大量的休闲活动，滑雪升降机和其他措施的建设都使得整个地区的商业化程度越来越高。[99]

　　由于带薪休假时间的延长，以及汽车保有量和民用航空市场的增加，旅游日渐变得大众化。1948 年，当时美国和全球最大的航空公司，泛美航空公司推出了"旅游舱"，标志着航空旅行不再是一小部分精英的特权。1957 年波音 707 喷气式飞机的问世加剧了这一过程。[100]随后，宽体飞机的发展让人们能从西方和日本到发展中国家旅游。大众旅游的发展是顺应价格优势而不是环境问题，这导致西班牙等地的整个海岸线过度发展，酒店和大型度假胜地纷纷建立，夏威夷的茂宜岛等热带岛屿的生态被破坏，泰国和其他地方色情观光业快速发展，其他许多不利的环境和社会影响也相继出现。乘坐飞机和公路旅行所造成的尾气排放量猛增，成为全球变暖的重要因素。[101]

　　不同于垃圾治理，政府在旅游业中所能发挥的作用不大。最初，他们的干预主要是受环保动机驱动。美国国家公园体系的发展启发了其他国家，澳大利亚（1879 年）、加拿大（1885 年）和新西

兰（1887 年）等国也建立了国家公园管理体制。1909 年，瑞典成为
欧洲第一个出现国家公园的国家。第二次世界大战后，欧洲各国
政府积极鼓励旅游业，这被视为在表现欠佳地区创造就业机会、带
动发展的最佳方式。[102]20 世纪 60 年代后期，世界银行开始在发展
中国家投资旅游业，特别支持豪华酒店的扩张。20 世纪 70 年代，
泛美开发银行提供了大笔贷款，鼓励在美洲开发大型度假村，如墨
西哥的坎昆。坎昆的发展源自于墨西哥总统制定的一项发展战
略。政府通过道路将岛屿和大陆两岸相连，相继建立排水和电力
系统，并向外国投资者提供激励措施。但同时这也对环境造成了
严重的冲击，潟湖被破坏，沙丘逐渐消失，多种动物和鱼类灭绝，曾
经包围坎昆的热带雨林被大量摧毁。[103]

157　　　尽管国家支持的传统旅游业企业在快速发展，但这些企业在
环境影响方面几乎没有任何考虑，从 1960 年代开始，一些企业家
开始寻求发展新业务，吸引对环境敏感型旅游项目更感兴趣的富
裕消费者。拉尔斯·埃里克·林德布拉德（Lars-Eric Lindblad）
是创立和塑造这个细分领域最重要的企业家。早在 20 世纪 40 年
代后期，出生在瑞典的林德布拉德便开始在 Thomas Cook&Son
位于斯德哥尔摩和苏黎世的旅行社办公室工作，他非常热爱极地
探险和世界旅行。1951 年，林德布拉德移居美国，他先为美国运
通公司工作，然后在 1953 年至 1958 年间，为从事团体业务的荷兰
旅游公司 Lissone-Lindeman 工作。他担心越来越多的美国人涌
入欧洲重要的历史和文化遗址旅游会对当地环境产生破坏，这些
遗迹没有被当成是一种很好的教育资源，很多人也忽视了西方以
外的文化和自然奇观。因此，他开辟了一条让富有的美国人去印

度旅游的业务线。1958 年,林德布拉德在纽约开设了以自己名字命名的旅行社——林德布拉德旅行社。[104]

　　林德布拉德的新业务专注于将富有和知名的美国家庭和机构带到世界各地。这是一个利基市场,最初需要的资本不多,他选择租用必要的设备,而不是购买这些设备。在目的地选择方面,他先聚焦历史遗址和考古景点,1960 年,他组织美国花园俱乐部(Garden Clubs of America)的成员进行环球旅行,这趟旅程共吸引了 60 名旅客,后来这种模式成了林德布拉德旅行社常用的模式,他会聘请一位有着丰富经验且备受认可的导游,使客人在旅途中既感到惬意舒适,又能有所收获。[105]

　　20 世纪 60 年代早期,林德布拉德开始在东非提供游猎之旅。这很快成为一项利润丰厚的业务,并帮助他进行了更激进的冒险投资。林德布拉德旅行社的整体业务发展迅速,总收入从 1964 年的 100 万美元增加到 1972 年的 400 万美元。[106]

　　1966 年,林德布拉德首次启程前往南极洲,他租用了阿根廷海军的一艘运输船进行前期考察,并预付了 10 万美元。美国媒体广泛宣传了这场为期 31 天、共 56 名乘客的超级巡航之旅,随后这一旅程的所有席位立即被抢购一空。[107]每位旅客的花费大约在 2800 至 3000 美元之间(相当于 2015 年的 2 万至 2.2 万美元),在当时已是十分昂贵。[108]林德布拉德使游客在常规欣赏自然风光之外,还能享受到附加的服务,他的做法顺利打开了自然旅游的市场。他通过聘请顶尖的科学家参与航行,加强了旅行的教育意义。[158]林德布拉德还指出,他在船上提供的食物是最棒的,久而久之,这段旅程便成为一段传奇。[109]南极之旅为对环境极度敏感的南极地区确立了"林德布拉德模式"典范,他的旅游团对游客数量进行严格的限制,游客在船上接受了深刻的生态教育,他们只被允许在南极大陆上有限的区域内行走,同时也被要求避免与野生动物、脆弱的自然环境的直接接触。[110]

林德布拉德在南美洲的联络人使他能把旅行项目延伸到当时一般人难以进入的复活节岛。1967 年,林德布拉德组织了第一次复活节岛旅行,为期 2 周,吸引了 48 名客户。[111]林德布拉德把这次旅行所有的利润捐赠出去,用于保护考古文物,他还募集了一些客户的捐款,共计 50 万美元。他后来写道:"我的信念是,智慧旅游可以通过这种修复来保存过去,所以旅游不会损坏历史遗址,反而能让它变得更丰富。"[112]1967 年,林德布拉德还将他的南极模式应用到厄瓜多尔的加拉帕戈斯群岛,他成为那里的首个旅游业经营者。[113]林德布拉德试图将环境保护和科学援助都纳入他在岛上的项目。他赞助了有史以来第一次的关于旅游对岛屿影响的研究,这将有助于政府制定指导方针,避免游客对野生动植物或生态系统造成伤害。他指出,即使是从商业的角度来看,这种资金的使用也是合理的,因为"保护自然实际上是林德布拉德旅行社最有价值的资产之一"。[114]

林德布拉德的公司开辟了新的旅游目的地,继续推进生态保护工作。1974 年,不丹政府寻找企业协助开发这个闭塞的国家的旅游业。林德布拉德对当时尼泊尔的过度发展表示担忧,他同意与不丹政府进行合作,游客需要为入境签证付出高昂代价(每天160 美元),收入悉数交还给政府用以保护当地文化,修建纪念碑,避免森林砍伐,而不是给像他这样的旅行公司。[115]

林德布拉德给不丹政府的建议证明了他对可持续发展许下的承诺。他的儿子斯文·奥拉夫(Sven-Olaf)后来建立了自己的旅游业务,他发现自己的父亲相对于企业家的角色而言,更像一个优秀的探险家,他的卓越创新才能并不总是与旅行社业务的盈利能力相匹配。[116]林德布拉德从一个理想主义的观点出发,他认为旅行 [159] 将促进世界和平,这使得他不顾美国政府禁止与越南和柬埔寨进行贸易往来的要求,将人们带到亚洲共产主义国家去旅游。[117] 20世纪80年代,该公司在中国的业务收入超过集团的40%。1989年,林德布拉德旅行社因违反贸易禁运被美国政府罚款7.5万美元,并由于一些原因,预订量急剧下降,导致公司最终破产。[118]从1979年开始,林德布拉德的儿子负责经营林德布拉德旅行社旗下一家名为"特别探险"("Special Expeditions")的子公司,随后他成功创立了自己的旅游公司。[119]

自20世纪60年代起,林德布拉德的公司成为当时最知名的、致力于环境保护的旅游公司,但并不是唯一。在那10年中,许多外资公司在风光秀丽的地区成立。1962年,杰弗里·肯特(Geoffrey Kent)和他的父母在肯尼亚成立了 Abercrombie&Kent 公司,他们曾是英国殖民者。不久后,肯尼亚独立,他们失去了所拥有的家庭农场。之所以选择 Abercrombie 这个名字,是因为它可以让公司出现在广告页面检索(按字母顺序排列)的顶部。[120]当他的父母在20世纪60年代末退休时,肯特开始把业务扩展到东非以外的其他地区,包括南非。与来自芝加哥的乔里·巴特勒(Jorie Butler)结婚之后,肯特的公司在伊利诺伊州的橡溪镇建立了一家销售办事处,协助美国市场业务的快速扩张,后来又在英国和澳大利亚设有类似的办事处。该公司在非洲的游猎旅行项目因奢华而闻名,它的宣传口号是"拿起相机,放下枪支"。[121]公司的业务范围很快就扩大到非洲以外,在 20 世纪 80 年代中期,公司雇用了 800 名员工,年收入达到 2700 万美元。[122]它迅速成长为全球最大的奢华探险旅游公司,倡导建立新的保护区来保护濒危物种,并创建自己的慈善基金促进所在地区的社会和环境保护公益项目。[123]

就这样,现代旅游业用商业手段把自然环境商品化了。这起初对环境的影响很小,破坏有限。由于传统客户希望看到原始的自然风貌,旅游公司和铁路公司不得已限制其由于经营而对自然造成的损害。因此,一些看似毫不相关的人物(例如美国金融家杰伊·库克等)成了全球首个国家公园体系的共同缔造者。在非洲,弗雷德里克·塞卢斯和他的同行也发现除了狩猎活动之外,野生动物摄影市场前景广泛。自然旅游通过培养游客对自然的热爱和兴趣来推动对自然的保护。当然,我们也不能否认 19 世纪及以后的自然保护活动,都是在帝国主义政治经济背景下进行的。[124]

20 世纪旅游业的普及,以及汽车和喷气式飞机等交通工具的相继出现,在无形中加大了旅游业对环境的破坏规模。海岸线被污染,旅行途中的排放物激增。从 20 世纪 60 年代开始,拉尔斯·埃里克·林德布拉德和杰弗里·肯特等人创造了迎合和鼓励富裕消费者对奢华自然旅游的需求,这一需求也包含了与自然有关的教育引导,并积极地寻求可持续的发展模式。他们当时制定的规则很多在 20 世纪 80 年代被正式认定为生态旅游的行业标准,细节我们将在下一章中看到。尽管如此,这部分客群在 1980 年的

2.77亿国际游客总数中仅占很小一部分。到那时,旅游业已成为导致环境恶化的帮凶之一,而不是环保的倡导者。

小结

垃圾治理和旅游业是受传统利润驱动比较明显的两个行业。它们像是同一枚硬币的两面。前者是对工业时代和消费社会的回应,后者则是因为西方工业时代收入全面空前上涨、闲暇时间增加和旅行流动性人口增加的结果。两个行业都曾给环境带来积极的影响。垃圾治理产业拯救了城市里的广大人群,使他们免于流行病和其他健康问题的伤害,而旅游业则丰富了人们的生活。但它们同时也产生了负面的环境影响。垃圾行业处理垃圾的许多做法,如垃圾填埋对环境产生了直接的负面影响,尽管从19世纪末开始,政府明确了企业可以做什么,或者该做什么。他们这么做是出于对公众卫生和成本的担忧,而像垃圾填埋场一样,当时的人们对破坏环境所付出的代价尚未完全了解。就自然旅游而言,铁路公司和其他传统业务一度在防止环境污染方面发挥了一定的积极作用。但行业规模扩大导致环境遭到破坏。大规模度假胜地的建设施工污染了原始的海滩,影响了本地动植物物种的繁衍生息,旅游业开发带来的水资源消耗给供水带来了越来越大的压力。借助汽车和飞机等交通工具,人们在各个国家和地区之间流动,这使温室气体排放呈指数级增长。

20世纪60年代人们对于环境的觉醒对两个行业的影响则明显不同。在垃圾治理行业,美国和欧洲的政府出台了越来越严格的环境立法。这些法律重新将垃圾的产生认定为环境问题。他们鼓励高度分散的行业进行整合,重新将自己定位成环境服务提供商。但事实上传统行业推出的这种环保化举措往往更像是公关活动,而缺乏务实的行动。旅游业则恰恰相反,政府将其作为发展战略,大力鼓励它的发展。因此,政府和旅游公司一起对环境造成了巨大的破坏,负有不可推卸的责任。

在这两个行业中,尽管绿色企业家并不是完全不存在,但也并不多见。在垃圾治理行业中,卡尔·冯·德·林德的动机很明确,即保护稀缺资源,他推出了一个开创性的回收计划。卡伊·彼得森,拉乌尔·海因里希·弗朗西和安妮·弗朗西实现了重大的技术创新,实现了垃圾堆肥。在自然旅游方面,弗雷德里克·塞卢斯通过开发野生动物摄影,为游猎旅游提供了可持续的替代方案。拉尔斯·埃里克·林德布拉德建立了环境与教育之间的联系,并试图利用旅游业所创造的收入帮助当地居民。尽管如此,与传统行业相比,这些努力所换回的市场回报都很小。愿意买单的多是富有的精英群体。冯·德·林德的创业基地位于富有的城市夏洛特堡,但公司最终在第一次世界大战中败下阵来。林德布拉德和杰弗里·肯特有幸找到了一批对其独特奢华产品感兴趣的小众富豪群体,但到了 20 世纪 80 年代,绿色企业家所采取的战略依然没有成为旅游业的主流。

本章注释

1. Food and Agriculture Organization, *Global Food Losses and Waste*: *Extent*, *Causes and Prevention* (2011),〈http://www.fao.org/docrep/014/

mb060e/mb060e00.pdf〉,accessed July 8,2016; Food and Agriculture Organization, *Food Wastage Footprint* (2013),〈http://www. fao. org/docrep/018/i3347e/i3347e.pdf〉,accessed July 8, 2016; Elizabeth Royle, "Eating Ugly," *National Geographic* (March 2016),pp.50-3.

2. 德语中较为传统的说法是"Kehricht",有时也会被替换为"Müll",而在法语中则较常使用"ordures"或 "déchets"来形容"垃圾"一词。

3. Susan Strasser, *Waste and Want: A Social History of Trash* (New York: Metropolitan,1999),chapter 1.

4. Ibid.

5. Martin Melosi, *Garbage in the Cities: Refuse, Reform, and the Environment*,rev. edn. (Pittsburgh: University of Pittsburgh Press,2005),p.20.

6. Ruth Oldenziel and Heike Weber, "Introduction: Reconsidering Recycling," *Contemporary European History* 22,no.3 (2013),pp.347-70.

7. William Vogt, *Road to Survival* (NewYork: William Sloane Associates, 1948),p.67.

8. Martin Medina, *The World's Scavengers: Salvaging for Sustainable Consumption and Production* (Lanham,MD: AltaMira,2007),chapter 2.

9. Carl A. Zimring, *Cash for Your Trash: Scrap Recycling in America* (New Brunswick,NJ: Rutgers University Press,2005),chapters 1 and 2.

10. Richard Evans, *Death in Hamburg: Society and Politics in the Cholera Years,1830-1910* (New York: Penguin,2005); Hildegaard Frilling and Olaf Mischer, *Püttund Pann'n: Geschichte der Hamburger Hausmüllbeseitigung* (Hamburg: Ergebnisse Verlag,1994); Peter Münch, *Stadthygiene im 19. und 20. Jahrhundert* (Göttingen: Vandenhoeck & Ruprecht,1993).

11. Daniel Burnstein, *Next to Godliness: Confronting Dirt and Despair in Progressive Era New York City* (Urbana: University of Illinois Press, 2006).

12. Raymond G. Stokes,Roman Köster,and Stephen C. Sambrook, *The Business of Waste: Great Britain and Germany, 1945 to the Present* (Cambridge: Cambridge University Press,2014),p.26.

13. Melosi, *Garbage*, pp.23-5, 142-3; Münch, *Stadthygiene*, p.111; John Capie Wylie, *The Wastes of Civilization* (London: Faber and Faber,

1959),pp.70-1.

14. Maria Curter, *Berliner Gold: Die Geschichte der Müllbeseitigung in Berlin* (Berlin: Haude & Spener, 1996), pp.25-7; Annual Reports of the WirtschaftsGenossenschaft Berliner Grundbesitzer e. G. m. b. H., 1903-4 and 1910-1918, Federal Environment Ministry, Dessau, Germany, Sammlung Erhard Collection, Sign. A 747-749, C V 10-17, Sign. A 279. "Berliner Müllabfuhr, A.-G.," n.d. (circa 1923).

15. Stokes et al., *Business of Waste*, p.7.

16. Benjamin Miller, *Fat of the Land: Garbage in New York—the Last Two Hundred Years* (New York: Four Walls Eight Windows, 2000), pp.84-9.

17. Melosi, *Garbage*, pp.57-60.

18. Carl von der Linde, *Die Müllfrage und ihre Lösung nach dem neuen Separations-System der Charlottenburger Abfuhrgesellschaft m.b.H.* (Charlottenburg: Adolf Gertz, 1902), Sammlung Erhard, Sign. A 716.

19. Heike Weber, "Müllströme, Müllrecycling und das 'Rohproduktengewerbe' als Wiederverwerter am Anfang des 20. Jahrhunderts," *Ferrum* 85 (2013), pp.5-14.

163 20. Sonja Windmüller, *Die Kehrseite der Dinge: Müll, Abfall, Wegwerfen als kulturwissenschaftliches Problem* (Münster: LIT, 2004), pp.167-71, 174; Carsten Jasner, "Frühe Alternative: Das Charlottenburger Dreiteilungsmodell," in Susanne Köstering and Renate Rüb (eds.), *Müll von gestern? Eine umweltgeschichtliche Erkundung in Berlin und Brandenburg* (Münster: Waxmann, 2003), pp.115-20.

21. Etienne de Fodor, *Elektrizität aus Kehricht* (Budapest: Julius Benko, 1911), pp.33-44; Bruno Röhrecke, *Müllabfuhr und Müllbeseitigung: Ein Beitrag zur Städtehygiene* (Berlin: Skrzeczek, 1901).

22. Fodor, *Elektrizität*, pp.7-10, 44-8; Windmüller, *Kehrseite*, p.165.

23. Martin V. Melosi, "Technology Diffusion and Refuse Disposal: The Case of the British Destructor," in Joel A. Tarr and Gabriel Dupuy (eds.), *Technology and the Rise of the Networked City in Europe and America* (Philadelphia: Temple University Press, 1988), pp.208-21.

24. Carmelita Lindemann, "Verbrennung oder Verwertung: Müll als Problem um die Wende vom 19. zum 20. Jahrhundert," *Technikgeschichte*

59,no. 2 (1992),p.97.

25. Jeffrey Morris,"Recycling versus Incineration: An Energy Conservation Analysis," *Journal of Hazardous Materials* 47 (1996),pp.277-93.

26. Windmüller, *Kehrseite*, pp. 178-84; Müllverwertung Aktiengesellschaft, "Die Gersonschen Verfahren der Müllverwertung," Sammlung Erhard, Sign. C IV 113,p.3; US patents US 1593491 A (91926),US 2160542 A (1939).

27. Renate Rüb, "Grenzen eines tradierten Systems: Vier Jahrzehnte Mülldüngung bei Nauen," in Susanne Köstering and Renate Rüb (eds.), *Müll von gestern? Eine umweltgeschichtliche Erkundung in Berlin und Brandenburg* (Münster: Waxmann, 2003), pp. 87-100; and Susanne Köstering,"'Der Müll muss doch heraus aus Berlin!,'" *Werkstatt Geschichte* 3 (1992),pp.23-4.

28. Wylie, *Wastes*,pp.137-40.

29. DANO Ingeniÿrforretning og Maskinfabrik,Untitled Brochure,n.p.,n. d. (circa 1937-43),Sammlung Erhard,Sign. D II d.,pp.2,5. 彼得森于 1948 年过世,但公司的业务并未就此中断。在第二次世界大战结束后的 10 年里,公司在欧洲和美国建立了工厂。见 Wylie,*Wastes*,pp.140-1。

30. Stokes et al.,*Business of Waste*,pp.74-81.

31. Strasser,*Waste and Want*,pp.271-2.

32. Stokes et al.,*Business of Waste*,pp.78,185.

33. Strasser,*Waste and Want*,pp.153-5,231-8.

34. Friedrich Huchting,"Abfallwirtschaft im Dritten Reich," *Technikgeschichte* 48,no. 3 (1981),pp.254,260-3.

35. 弗朗西 1936 年的讲话收录在 Edaphon-Müllverwertung Commanditgesellschaft, " Über Müllverwertung und Edaphon-Humus-Düngung " (1947),Sammlung Erhard,Sign. D II;也可见 1930 年的招股书,164 "Edaphon Dünger. Februar 1930," typescript,Sammlung Erhard,Sign. C V 8。

36. "Edaphon Duenger. Februar 1930," Sammlung Erhard,Sign. C V 8; "Über Müllverwertung und Edaphon-Humus-Düngung," Sammlung Erhard,Sign. D II.

37. Annie Francé-Harrar,*Die Letzte Chance: für eine Zukunft ohne Not*

（Munich：Bayerischer Landwirtschaftsverlag,1950），pp.616-19；〈http：//www.france-harrar.de/index.php〉,accessed March 12,2015.

38. Martin Melosi, *The Sanitary City：Urban Infrastructure in America from Colonial Times to the Present*（Baltimore：Johns Hopkins University Press,2000），p.339；Melosi, *Garbage*, pp.205-9. 关于对"用完就扔"论点的批评，见 Daniel Walsh, "Urban Residential Refuse Composition and Generation Rates for the 20th Century," *Environmental Science and Technology* 36（Nov. 2002），pp.4936-42；Martin O'Brien, *A Crisis of Waste? Understanding the Rubbish Society*（London：Routledge，2008）。

39. Arne Andersen, *Der Traum vom guten Leben：Alltags- und Konsumgeschichte vom Wirtschaftswunder bis heute*（Frankfurt：Campus,1997），pp. 52-69；Sibylle Brändli, *Der Supermarkt im Kopf：Konsumkultur und Wohlstand in der Schweiz nach 1945*（Vienna：Böhlau,2000），pp.87-90；Christian Pfister, "The '1950s Syndrome' and the Transition from a Slow-Going to a Rapid Loss of Global Sustainability," in Frank Uekötter（ed.）, *Turning Points in Environmental History*（Pittsburgh：University of Pittsburgh Press,2010），pp.90-117.

40. Louis Blumberg and Robert Gottlieb, *War on Waste：Can America Win Its Battle with Garbage?*（Washington,DC：Island Press,1989），pp.11-14. 尤其是第 9 章关于塑料包装的内容。

41. Andrea Westermann, *Plastik und politische Kultur in Westdeutschland*（Zurich：Chronos, 2007），pp.123-6, 288-306；Stokes et al., *Business of Waste*, pp.139-45.

42. Lilo Fischer and Ulrich Petschow, "Municipal Waste Management in Germany," in Nicolas Buclet and Olivier Godard（eds.）, *Municipal Waste Management in Europe：A Comparative Study in Building Regimes*（Dordrecht：Kluwer,2000），p.8.

43. U. S. Environmental Protection Agency, Office of Resource Conservation and Recovery, "Municipal Solid Waste Generation, Recycling,and Disposal in the United States, Tables and Figures for 2012"（Washington：EPA, February 2014 ）, Table 30；Verband privater Städtereinigungsbetriebe（Private Sector Waste Trade Association）, *Rundschreiben* 4（May 20,1964），p.4. SASE Archive, Iserlohn, Germany.

44. Westermann, *Plastik*, pp.288-306; Manfred Grieger, "Going Round in Circles? The Disposal of PVC and Plastic at the Volkswagen Plant in Wolfsburg between Industrial Incineration and Landfilling, since 1955," *Jahrbuch für Wirtschaftsgeschichte* 50, no. 2 (2009), pp.81-98.

45. Frank J. Barry, "The Evolution of the Enforcement Provisions of the 165 Federal Water Pollution Control Act: A Study of the Difficulty in Developing Effective Legislation," *Michigan Law Review* 68, no. 6 (May 1970), pp.1103-30.

46. Stokes et al., *Business of Waste*.

47. William Philpott, *Vacationland: Tourism and Environment in the Colorado High Country* (Seattle: University of Washington Press, 2013), chapter 1.

48. Container Corporation of America, *The First Fifty Years 1926-1976* (Chicago: the firm, 1976); Greg Ruth, "The Son of a Prussian Immigrant, Walter Paepcke was the President of the Container Corporation of America (CCA) and Founder of the Aspen Institute" (May 27, 2014), ⟨http://www.immigrantentrepreneurship.org/entry.php? rec = 67⟩, accessed June 6, 2015.

49. Container Corporation, *First Fifty Years*.

50. Penny Jones and Jerry Powell, "Gary Anderson Has Been Found!" *Resource Recycling* (May 1999).

51. Melosi, *Garbage*, pp.200-5.

52. Lanny Hickman, *American Alchemy: The History of Solid Waste Management in the United States* (Santa Barbara: Forester Press, 2003), pp. 37-42.

53. Ibid., pp.56-8.

54. Ibid., pp.62-8, 70-6; Blumberg and Gottlieb, *War on Waste*, pp.63-7.

55. Nicole Pippke, *Öffentliche und private Abfallentsorgung: Die Privatisierung der Abfallwirtschaft nach dem Kreislaufwirtschafts- und Abfallgesetz* (Berlin: Duncker & Humblot, 1999), pp.33-59; Stokes et al., *Business of Waste*, pp.183-5, 205-6.

56. 对于芝加哥的荷兰籍美国公司,见 Timothy C. Jacobson, *Waste Management: An American Corporate Success Story* (Washington, DC:

Gateway Business Books,1993),chapter 2。

57. Ibid., pp.74-5; Harold Crooks, *Giants of Garbage: The Rise of the Global Waste Industry and the Politics of Pollution Control* (Toronto: James Lorimer,1993),pp.41,76-7.

58. Jacobson, *Waste Management*,pp.75,102-10.

59. Hickman, *American Alchemy*,pp.55-6,95-6; Thomas Metzger,"Golden Garbage," *Waste Age* (June 2012),p.56.

60. Jacobson, *Waste Management*,pp.103-4.

61. "Waste Management, Inc.," in James R. Grossman, Ann Durkin Keating,and Janice L. Reiff (eds.), *The Encyclopedia of Chicago* (Chicago: University of Chicago Press, 2004),p.950; Jacobson, *Waste Management*,pp.151-98; Crooks, *Giants*,pp.81-4,92.

62. Hickman, *American Alchemy*,p.89.

63. Crooks, *Giants*,p.40; Hickman, *American Alchemy*,p.89; Craig R. Waters,"The Gospel according to Fatjo," April 1,1982,⟨http://www.inc.com/magazine/19820401/7476.html⟩,accessed June 8,2016.

64. Tom Fatjo Jr., *Bloomberg Business*,March 25,2015.

65. BFI Annual Report,1973.

66. BFI Annual Reports 1973-5.

67. BFI and Waste Management Annual Reports,1973-6.

68. Hickman, *American Alchemy*, p.90; Jacobson, *Waste Management*, pp.123-4,140-2; BFI and Waste Management Annual Reports.

69. Bundesverband der deutschen Entsorgungswirtschaft E.V. (ed.), *1961-2001: 40 Jahre BDE. Von der Stadthygiene zur Kreislaufwirtschaft* (Cologne: BDE,2001),pp.58-63.

70. Ibid.; Fischer and Petschow,"Municipal Waste Management in Germany," p.13.

71. BDE, *1961-2001: 40 Jahre BDE*,p.64.

72. VPS Rundschreiben,1963,no. 5,p.2,SASE Archive,in Iserlohn,Germany.

73. VPS Rundschreiben,1963-70.

74. Peter Mugay, Hermann Niehues, Reinhard Lohmann, and Claus Andreas, "*Verantwortung übernehmen und unternehmerisch handeln*":

Norbert Rethmann 60 *Jahre*（Selm：Rethmann,1999）,pp.62-3.

75. Stokes et al.,*Business of Waste*,pp.223-6.

76. John K. Walton, *The English Seaside Resort*：*A Social History*, *1750-1914*（New York：St. Martin's Press,1983）.

77. Bryant Simon, *Boardwalk of Dreams*：*Atlantic City and the Fate of Urban America*（New York：Oxford University Press,2004）; Laurent Tissot（ed.）, *Construction of a Tourism Industry in the 19th and 20th Century*：*International Perspectives*（Neuchâtel：Alphil,2003）; John K. Walton,"Prospects in Tourism History：Evolution,State of Play and Future Developments," *Tourism Management* 30（2009）,pp.783-93.

78. Edmund Swinglehurst, *Cook's Tours*：*The Story of Popular Travel*（Poole, Dorset：Blandford Press, 1982）; James Buzard, *The Beaten Track*：*European Tourism*, *Literature*, *and the Ways to "Culture"* *1800-1918*（Oxford：Oxford University Press,1993）,pp.51,56,62.

79. Theo Wyler,*Als die Echos noch gepachtet wurden*：*aus den Anfängen des Tourismus in der Schweiz*（Zurich：NZZ,2000）,pp.68-71; Susan Barton, *Healthy Living in the Alps*：*The Origins of Winter Tourism in Switzerland*, *1860-1914*（Manchester：Manchester University Press, 2008）,p.21.

80. Barton,*Healthy Living*,pp.39-41.

81. Jim Ring, *How the English Made the Alps*（London：John Murray, 2000）,p.140.

82. Barton,*Healthy Living*,p.41.

83. Richard H. Gassan, *The Birth of American Tourism*：*New York*, *the Hudson Valley*,*and American Culture 1790-1830*（Amherst：University of Massachusetts Press,2008）.

84. Linda Greene, *Yosemite*, *the Park and Its Resources*：*A History of the Discovery*, *Management*, *and Physical Development of Yosemite National Park*, *California*（Washington,DC：U.S. National Park Service,1987）, vol. 1,pp.76-7.

85. Ibid.,pp.78-9.

86. Ibid.,p.115.

87. Alfred Runte, *Trains of Discovery*：*Railroads and the Legacy of Our*

National Parks, 5th edn. (Lanham, MD: Roberts Rinehart, 2011), pp.24-32; Richard West Sellars, *Preserving Nature in the National Parks: A History* (New Haven, CT: Yale University of California Press, 1997), pp.8-12, 15, 19-20.

88. 关于南太平洋铁路公司和约翰·缪尔的情况,参见 Greene, *Yosemite*, pp.304, 308, and Richard J. Orsi, *Sunset Limited: The Southern Pacific Railroad and the Development of the American West*, *1850-1930* (Berkeley: University of California Press, 2005), pp.360-7, 370-1。

89. Hal K. Rothman, *Devil's Bargains: Tourism in the Twentieth-Century American West* (Lawrence, KS: University Press of Kansas, 1998), chapter 3; Marta Weigle and Barbara Babcock (eds.), *The Great Southwest of the Fred Harvey Company and the Santa Fe Railway* (Phoenix, AZ: University of Arizona Press, 1996).

90. Rothman, *Devil's Bargains*, pp.162-4; Runte, *Trains of Discovery*.

91. Bartle Bull, *Safari: A Chronicle of Adventure* (London: Penguin, 1988); Kenneth M. Cameron, *Into Africa: The Story of the East African Safari* (London: Constable, 1990).

92. John M. MacKenzie, *The Empire of Nature: Hunting, Conservation, and British Imperialism* (Manchester: Manchester University Press, 1988), chapters 8-11.

93. Bull, *Safari*, chapter 3.

94. Ibid., pp.136-42.

95. Cameron, *Into Africa*, pp.89-91.

96. United Nations World Tourism Organization (UNWTO), *Tourism Market Trends 2006: World Overview & Tourism Topics* (Madrid: UNWTO, 2006), Annex: International Tourist Arrivals, 1950-2005.

97. Ellen Furlough, "Making Mass Vacations: Tourism and Consumer Culture in France, 1930s to 1970s," *Comparative Studies in Society and History* 40, no. 2 (1998), pp.274, 277-81.

98. Andrew Denning, *Skiing into Modernity: A Cultural and Environmental History* (Berkeley: University of California Press, 2015).

99. Philpott, *Vacationland*, pp.33-42.

100. Martha Honey, *Ecotourism and Sustainable Development*

（Washington，DC：Island Press，2008），p.9.

101. Walton，"Prospects，" p.788；Mansel Blackford，*Fragile Paradise*：*The Impact of Tourism on Maui*，*1959-2000*（Lawrence，KS：University Press of Kansas，2001）；John Littlewood，*Sultry Climates*：*Travel and Sex since 168 the Grand Tour*（London：John Murray，2001）；Ashley Mason，"Tourism and the Sex Trade Industry in Southeast Asia，" *Totem*：*The University of Western Ontario Journal of Anthropology* 7，no. 1（2011），〈http：//ir.lib. uwo.ca/cgi/viewcontent.cgi? article = 1060&context = totem〉，accessed June 19，2015.

102. Furlough，"Making Mass Vacations，" pp.260-1，273.

103. Honey，*Ecotourism*，pp.17-18；Cancun Case,〈http：//www1.american. edu/TED/cancun.htm〉,accessed June 20，2015.

104. Lars-Eric Lindblad with John G. Fuller，*Passport to Anywhere*：*The Story of Lars-Eric Lindblad*（New York：Times Books，1983），pp.26-34. 该公司在 20 世纪 70 年代由纽约搬至康涅狄格州的西港市。

105. Ibid.，pp.36-7.

106. Ibid.，pp.45-54，168-9.

107. Ibid.，pp.88，94，96，128.

108. Beth J. Harpaz，"Lindblad Marks 50th Anniversary of Antarctica Trips，" *Chicago Tribune*，January 26，2016.

109. Nigel Stilwell，"Obituary：Lars-Eric Lindblad，" *The Independent*，July 16，1994.

110. Bernard Stonehouse and Kim Crosbie，"Tourism Impacts and Management in the Antarctic Peninsula，" in Colin Hall and Margaret Johnson（eds.），*Polar Tourism*：*Tourism in the Arctic and Antarctic Regions*（Chichester：John Wiley，1995），pp.221-2.

111. Lindblad，*Passport*，p.111.

112. Ibid.，pp.111，123，126.

113. Ibid.，p.131.

114. Ibid.，pp.146-7.

115. Ibid.，p.243.

116. David Carroll，"Lessons from a Father Fuel a Son's Success，" *The Australian*，July 19，2013.

117. Janet Piorko,"Lars-Eric Lindblad,67,Pioneer of Tours to Exotic Destinations," *New York Times*,July 13,1994.

118. Jill Arabas, "Bankruptcy Petition Marks End of Road for Lindblad Travel," *The Hour* (Norwalk,Connecticut),October 27,1989.

119. ⟨https://www.expeditions.com/why-us/expedition-heritage⟩, accessed February 18,2015.

120. Interview with Geoffrey Kent,⟨http://www.youtube.com/watch? v = fQ1Ed1fVtuU⟩,accessed July 9,2015.

121. Interview with Geoffrey Kent, *Travel Age West*,April 6,2012,⟨http://www.travelagewest.com/News/Industry-Interviews/Abercrombie—Kent-Turns-50⟩,accessed August 2,2015.

169 122. Frances X. Frei et al.,"Abercrombie & Kent," Harvard Business School Case no. 9-603-002,September 3,2002.

123. ⟨ http://www. akphilanthropy. org/history. cfm ⟩, accessed January 3,2016.

124. MacKenzie,*Empire of Nature*; Rothman,*Devil's Bargains*; Catherine Cocks,*Tropical Whites: The Rise of the Tourist South in the Americas* (Philadelphia: University of Pennsylvania Press,2013); Bram Büscher, *Transforming the Frontier: Peace Parks and the Politics of Neoliberal Conservation in Southern Africa* (Durham, NC: Duke University Press, 2013).

第二部分

绿色企业

第五章　在拯救地球中获得盈利　

对大多数绿色企业家而言,20世纪60年代和70年代新一轮的环保主义并没带来企业的强劲增长。环保主义者期待政策监管或政府能给出解决办法,而不是依赖于资本主义企业。在随后的几十年里,情况有了重大转变。随着人们越来越多地在电视屏幕上看到饥荒、沙尘暴和冰盖融化,科学家们提供了更多的科学证据,使得人类对环境破坏的认识更进一步加深。人们此时达成了一个新的共识,即面对环境灾难,企业可能会拯救世界而不是毁灭世界。

本书第二部分的第一章从20世纪80年代初以来绿色企业的规模化和发展说起。绿色企业的发展伴随着全球对自然环境态度的重大转变而出现。森林砍伐、生物多样性受到威胁和污染等环境问题使世界各地的人们在政治上活跃起来。尤其是在21世纪,环保主义者、科学家和跨国机构在气候变化方面的行动也在不断增加。气候变化既增加了人们对环境问题认识的紧迫感,也使它成为全球性的议题,因为没有任何一个城市、地区或国家能让自己置身事外。尽管关于数据和对数据的阐释存在争论,气候变化依旧可以被量化。极端天气事件的规模和频率甚至使对科学知识知之甚少的人也意识到人类活动正深刻影响着自然环境。

事实上,进一步的环境灾难使人们渐渐明白了地球的脆弱性。20 世纪 80 年代世界各地灾难频发。其中包括 1984 年设在印度博帕尔的美国化学公司——美国联合碳化物公司所属工厂发生的 174 一起致命的煤气泄漏,造成约 4000 人死亡,50 万人受伤。1986 年,苏联切尔诺贝利核电站的爆炸(切尔诺贝利事件)使得放射性污染在许多欧洲国家上空蔓延。3 年后,埃克森·瓦尔迪兹号油轮发生泄漏,1100 万加仑的原油进入了阿拉斯加威廉王子湾的原生水域。石油泄漏破坏了 1300 英里的海岸线,导致虎鲸、太平洋鲱鱼和海鸽数量锐减。[1]1986 年,英国发现"疯牛病",随后病毒又蔓延到食用了牛肉的人身上,造成近 200 人死亡,引起了人们对工业化养殖方式的警觉。

一系列灾难推动了一个新的环保主义概念的产生:可持续性或可持续发展。联合国委托挪威前首相格鲁·哈莱姆·布伦特兰(Gro Harlem Brundtland)所领导的一个小组发表了一份关于环境与发展的报告。1987 年,布伦特兰委员会(Brundtland Commission)发表的一份题为《我们共同的未来》(*Our Common Future*)的报告指出减贫、性别平等、财富再分配和环境保护是可持续发展所面临的不容回避的挑战,委员会将可持续发展定义为"满足当代人的需求,又不损害后代人满足发展所需的能力"。[2] 尽管委员会确定的可持续发展的三大支柱——经济增长、环境保护和社会平等——现在可能被认为是相互冲突的,但这至少将有关环境议题放在社会经济背景下,让非西方世界的国家一同参与讨论,进而扩大了讨论范围。[3]

1992 年 6 月在里约热内卢举行的联合国环境与发展大会由

莫里斯·斯特朗组织,来自 171 个国家、9000 个 NGO 的 2 万多名
与会者出席了这次会议。在与官方政府讨论的平行论坛中,NGO
代表先后举行了 1000 多次会议。气候变化和森林砍伐、生物多样
性的丧失一起成为最紧迫的全球性问题。有 108 位国家元首或政
府首脑出席会议,其中包括美国总统乔治·H. W. 布什(George
H. W. Bush)。这是有史以来规模最大的国际会议。[4]

　　在 20 世纪六七十年代,社会运动组织和 NGO 率先引领了对
自然环境现状的关注,现在它已成为主流的政治关切,在一些国家
体现得则更为明显。1979 年,瑞士成为世界上首个在议会中拥有
绿党成员的国家。1983 年,绿党在西德议会中赢得了 28 个席位。
据一位历史学家介绍,正是在 20 世纪 80 年代,“绿色德国”的形象 175
出现了。[5]1998 年,绿党与德国社会民主党组建了一个联合政府。[6]
这并不多见,有组织的绿党在欧洲大部分地区仍然处于边缘地位。
美国也是如此。在 1996 年和 2000 年总统竞选中,倡导消费者权
益的活动家拉尔夫·纳德(Ralph Nader)担任绿党提名人,但他
并没有吸引到很多支持他的选民。然而,主要政党的政治家们开
始提出环保议题。1992 年,美国参议员艾伯特·戈尔出版了他的
第一本关于全球所面临的环境挑战的书。[7]

　　在整个欧洲和美国,一系列新的环境法规被颁布执行,与之相
关的管理机构相继出现,其他地区随后开始仿效。[8] 特别是 20 世
纪 80 年代,环境立法的兴起与美国里根政府和英国撒切尔政府的
总体议程形成了有趣的对比,他们用市场自由化和放松管制取代
了几十年来的国家监管和所有权集中模式。自 20 世纪 80 年代开
始,市场自由化精神也席卷了亚洲、非洲和拉丁美洲,但这些发展

中国家着手进行环境立法所花费的时间却很长。随着经济发展和工业化进程的加快,雾霾、污染、碳排放现象相继出现,但与此对应的环境保护措施尚未出台。

越来越多的与自然环境相关的国际条约相继出台。1987 年,《关于消耗臭氧层物质的蒙特利尔议定书》(*Montreal Protocol on Substances that Deplete the Ozone Layer*)旨在减少消耗臭氧物质的生产和消费,以保护地球脆弱的臭氧层。1988 年,联合国成立了一个政府间气候变化专门委员会。[9] 针对进口有毒垃圾被存放在非洲和其他发展中国家的现象,《控制危险废料越境转移及其处置的巴塞尔公约》(Basel Convention on the Control of Transboundary Movements of Hazardous Wastes and Their Disposal)于次年通过。

1997 年《京都议定书》试图成为首个旨在减少全球排放的具有约束力的国际条约。大多数发达国家承诺了削减或延缓温室气体排放的目标。正如前言所讨论的那样,美国最终没有签署议定书,结果令人喜忧参半。一些国家,特别是俄罗斯和东欧其他国家实现了大幅度的减排,但由于议定书允许国家之间进行碳排放交易,因此最终的统计数字可能未必准确。该议定书要求各国政府确定可接受的污染水平,然后颁发与之相匹配的污染许可证或津贴。如果一个参与国超额完成了减排目标,它就得到了"排放权交易"的机会。[10] 总体而言,参与签署《京都议定书》国家的排放总量在接下来的几年中有所下降,但世界其他地区的排放量急剧增加,尤其是当时的一些发展中国家。直到 2015 年,在巴黎签署的第二个联合国条约《巴黎协定》才重新开始寻求旨在阻止全球变暖的有约束力的政策，并首次将发展中国家涵盖在内。

本章从描述一系列作家和企业家如何努力让企业在发展中承担更多环境责任，并作为可持续性的积极因素开始。如果企业要为解决环境问题做出贡献，这些行动者知道，他们不应该被视为环境问题中不可避免的一部分。本章转向有机食品、天然美妆、建筑和生态旅游中创业公司所积累的经验。过去的几十年中，这些行业中的绿色企业数量增长相当显著。正如我们在本书第一部分所看到的，这些企业较难实现显著的成长。然而，其所取得的成功也造成了人们围绕真实性和正当性问题的一系列争议。绿色企业家正面临来自传统企业的新竞争——传统企业确信此刻已经出现了一个可服务的、行之有效的利基消费者市场。正如我们在本章和第九章中所看到的那样，大型传统企业通常会收购成功的绿色企业，从而进入绿色消费者市场。绿色的边界总是可渗透的，并且它变得越来越模糊。正如接下来所考察的行业显示的那样，绿色企业和传统企业常会在无形中联手一起把市场做大。

以事实证明

在 20 世纪 70 年代，颇具影响力的环保主义作家查尔斯·雷奇、巴里·康芒纳、E.F.舒马赫等人要么是彻头彻尾地敌视资本主义，要么就是要求对其进行彻底重组。20 世纪后期的历史事件将会引发一轮新的"乐观主义"，甚至一些人坚定地认为资本主义必将胜利。柏林墙的倒塌和 20 世纪 90 年代互联网的兴起助推美国股票市场的蓬勃发展，进一步激发了人们乐观的情绪。有那么一 177

段时间，人们甚至认为一个新的世界秩序已经到来。随着资本主义强势回归到人们的视野中，商业再次被视为经济增长的驱动力，即使在面临环境和社会问题上，市场化的解决方案也备受青睐。

环境问题与更广泛的可持续性概念联系起来，为企业形成潜在的解决方案铺平了道路。这也有可能增加企业对环境问题的兴趣：政治家往往比较短视，企业则看中市场和供应的长期可持续性。例如在 20 世纪 90 年代早期，"由石油工人转变为环保主义者"的莫里斯·斯特朗说服瑞士著名商业领袖斯蒂芬·斯密德亨尼（Stephan Schmidheiny）建立了可持续发展商业委员会（Business Council for Sustainable Development，BCSD），汇集了全球最知名公司的商业领袖，共同协商解决环境问题。斯蒂芬是一位亿万富翁，他继承了父亲的公司——埃特尼特，该公司主要从事建筑和石棉业务。1992 年，这个委员会在里约热内卢的联合国环境与发展大会上发表了一份名为《改变经营之道》（Changing Course）的报告，该报告认为市场是实现可持续性的途径，鼓励企业采用全成本定价和可交易许可。[11] 3 年后，可持续发展商业委员会与国际商会企业永续发展委员会（International Chamber of Commerce's Business Charter for Sustainable Development）在 1991 年合并，组建了世界企业永续发展委员会（World Business Council for Sustainable Development）。世界上许多一流的企业与该委员会均建立起联系，其提出的"生态效率"（eco-efficiency）概念，为企业提供了一个可以把追求盈利和可持续发展结合在一起的解决方案。[12]

在这样的大背景下，一些人积极探索如何兼顾盈利和可持续性,并为之制定了框架概念,确保其目标和实践的确和生态路径以可靠且合适的方式对接。他们被称为思想上的绿色企业家,他们这么做的出发点是公众利益,而不是个人利益。杰罗姆·罗代尔等人也符合这样的描述,但新一代的绿色企业家的个人曝光度更高。他们更擅长讲故事,在一个有利的环境中讲述他们自己的故事——此时人们对环境的担忧正在加强,同时对私人资本主义的信心正在恢复。

约翰·埃尔金顿(John Elkington)是这些人中最具有代表性的一个。他对自然环境的热爱是由一次夜间偶遇引发的,5 岁的 178 他在家乡北爱尔兰散步时遇到了一条小鳗鱼。20 世纪 60 年代初,青年埃尔金顿为世界野生动物基金会筹款。[13] 他开始从事环境方面的研究,受到了伊恩·麦克哈格和巴克敏斯特·富勒等人著作的影响。1973 年,他还访问了保罗·索莱里在亚利桑那州的阿科桑蒂项目。他后来指出,“索莱里关于建筑生态学的思想对他的影响颇大”。这次访问促使他在《建筑协会季刊》(*Architectural Association Quarterly*)上发表了第一篇文章。[14]

这成为他后来出版事业版图的一个开端。1987 年,埃尔金顿与人合著了一本名为《绿色资本家》(*The Green Capitalists*)的书,描述了一群新兴“环境企业家”对可持续发展的重视。[15] 10 年后,埃尔金顿在一本叫《餐叉食人族》(*Cannibals with Forks*)的书中提出了“三重底线”的概念,即盈利能力、环境质量和社会正义(或人、地球和利润)。[16] 正如后面的章节所示,这 3 大要素成为影响企业环境报告的重要概念。

埃尔金顿也是“绿色消费者”(green consumer)现象的倡导者

和先行者。1988 年,他与茱莉亚·海尔斯(Julia Hailes)合著了一本名为《绿色消费者指南》(*The Green Consumer Guide*)的书,该书向具有环保意识的消费者介绍了哪些在英国销售的品牌和产品符合他们的价值。美体小铺创始人安妮塔·罗迪克为这本书写了序言。从全球化视角出发,将环境问题与特定品牌、公司、超市和旅行社等具体信息相结合。[17] 这本书不仅针对已经是绿色消费者的那群人,还通过为普通消费者提供明确信息来影响他们的购买决策,进而培养绿色消费者群体。作者写道:"创造绿色产品需求能帮助制造商和零售商开拓新的市场。"[18]

这本书推出了许多版本,在随后的几十年内,它在全球的销量超过了 100 万册。如果这样的销量还不能被看作是衡量影响力的具体标准,那它至少表明了有一个消费者细分群体愿意购买环境友好型的产品,这和过去只是被小众、拥有另类生活方式消费者的认可相比,已经不可同日而语。20 世纪 90 年代中期,位于科罗拉多州博尔德的企业家伊尔卡·里沙维(Jirka Rysavy)也持有相似179 的见解。出于内部营销的考虑,他提出了"乐活一族"(LOHAS)的概念,即享受健康和可持续性生活方式的消费者群体。这为后来的一项出版和咨询业务奠定了基础,它包含 6 个细分市场:个人健康(包括有机食品),自然的生活方式,绿色建筑,替代出行方式,生态旅游和替代能源。[19] 虽然这 6 个细分市场的消费者有着不同的需求和身份,但其消费力的增长对绿色资本主义的发展而言至关重要。[20]

1987 年,埃尔金顿和海尔斯共同创立了一家名为 Sustain-Ability 的营利性商业咨询公司和智库,为企业提供如何提高可持

续性相关的建议。最终麦当劳和其他一些公司威胁起诉该公司在
《绿色消费者指南》中提出的意见，尽管双方最终没有对簿公堂，但
这似乎预见了这家咨询公司短暂的寿命。[21]埃尔金顿的愿景是，
"如果我们想要改变世界，那就与私人企业合作"，而不是与政府合
作，这才是关键。[22]他的公司对客户是有选择的，比如它拒绝与麦
当劳合作，却和壳牌和丰田这样的大型传统公司合作，以及高调的
社会活动参与者——冰激凌公司 Ben&Jerry's。SustainAbility 成
为试图开发环境绩效数据的先行者。成立 2 年后，该公司与世界
野生动物基金会一同撰写了一份名为《环境审计》（"The Environ-
ment Audit"）的报告，提高了人们对企业报告和审计潜力的认识。
1994 年，SustainAbility 和联合国环境规划署定期开展企业环境
报告调查，即"参与利益相关者计划"（Engaging Stakeholders
Programme）。[23] 2008 年，不安分的埃尔金顿又成立了另一家名为
Volans Ventures Ltd.的咨询公司，该公司旨在推广"突破性资本
主义"（breakthrough capitalism），通过发展激进的新技术来促进
可持续发展。在 2012 年的一本书中，埃尔金顿描述了他对"Zero-
nauts"的愿景，"Zeronauts"代表了一群企业家和创新者，他们致
力于解决当今世界面临的五大关键挑战：人口增长、流行病、贫穷、
环境污染以及大规模杀伤性武器的扩散。[24]

　　一些成立了公司的绿色企业家（大多是美国人），成为绿色资
本主义的倡导者。其中最有影响力的是保罗·霍肯，他被埃尔金
顿赞誉为一名 Zeronaut。在离开波士顿有机食品的先锋零售商
埃瑞璜后，霍肯搬到了苏格兰东北部的马里峡湾海岸的芬德霍恩，
在那里他发表了一篇关于偏远地区社区生态和精神心灵研究的文

180 章。[25] 1979 年,他和友人共同建立了史密斯与霍肯园林工具供应公司,随后公司逐渐成长为一家专业的园林生活品牌零售商,并大获成功。

霍肯运用娴熟的写作技巧,在两本关于绿色资本主义的著作中提出了自己的见解。1993 年,在将史密斯与霍肯园林工具供应公司出售之后,他出版了《商业生态学》(*The Ecology of Commerce*)一书。书的序言首先给出了一个清晰的评估:"哪怕地球上的每家公司都采用'一流'公司关于环保的最佳做法,比如说 Ben & Jerry's 冰淇淋公司、巴塔哥尼亚公司或者 3M 公司,世界依然会不可避免地走向退化和瓦解。"[26] 霍肯的解决方案不是要取代资本主义,而是要改变"市场的动态"。[27] 他提出所谓"恢复型经济"理念的核心是重构资本主义。

霍肯与他人合著的《自然资本主义》(*Natural Capitalism*)一书于 1999 年出版,它提出了一种新的商业模式。这本书的核心论点是,由于没有考虑资本主义对环境产生的负面影响,自然环境已经遭到严重破坏。价格信号不能正常运转,市场既不完善也不完整。常被曲解的法规成为市场失灵现象的帮凶。[28] 作者设想了一种"自然资本主义"体系,在保护自然资源的同时,亦能追求商业利润。他们探讨了消除浪费的生产系统的设计细节,该系统采用扩大自然资源有效性的技术对自然资本进行再投资,例如通过种植树木来抵消电厂的碳排放。这本书认为,市场只要能够充分考虑环境效益和对成本进行核算、量化,就能为可持续性做出贡献。难得的是,具有强烈的自由市场导向的期刊《经济学人》(*The Econ-omist*)也对这本书做出了积极的评价。评论指出:"这本书值得一读的原因在于，作者们把达尔文式的资本主义的严酷真理作为乌托邦的首要原则：个人和公司以切身利益行事，市场通过价格引导了这种冲动。"[29]

霍肯并非孤军奋战。著名绿色品牌的所有者成为可持续发展的公益大使。许多成功品牌的创始人撰写了关于资本主义如何促进可持续发展的书籍。有机酸奶品牌——石原农场的联合创始人加里·赫什伯格（Gary Hirshberg）将他的书的副标题定为《如何通过赚钱拯救世界》（*How to Make Money and Save the World*）。[30]有机零售商全食超市的联合创始人约翰·麦基（John Mackey）记录了《自觉资本主义》（*Conscious Capitalism*）的潜力。[31]巴塔哥尼亚 181 服装公司的创始人伊冯·乔伊纳德（Yvon Chouinard）谈到了他不断演变发展的生态观，其公司愿景是成为"其他在寻求环境治理和可持续发展的企业的榜样"。[32]

从 20 世纪 80 年代开始的几十年中，特别是在美国，无论是自然资本主义，还是自觉资本主义，又或者是其他类型，都可以在为环境问题提供解决方案方面发挥积极作用。那是一个对自由资本主义和市场力量的信念达到顶峰且乐观主义涌现的时代。这些观点道出了一种更加主流的消费心理，即绿色消费者的心声，为日后大量绿色企业的诞生以及传统企业对可持续发展日渐浓厚的兴趣打下了基础。

有机食品时代的来临

有机食品市场的增长就是绿色企业兴起的例证。20 世纪 80

年代前,因为有机食品的价格通常高于传统食品,因此有机食品的销售受到了影响。这造成了一个恶性循环,只有激进的活跃分子才会在有机食品商店购物,他们对价格相对不敏感,而容易受其他方面影响。传统零售商很少会在店铺中摆放有机食品,即使有,他们也会将其藏在商店里最不显眼的地方,因为这些食品的销量和利润回报率配不上好的货架位置。反之,低需求又无法激励农户转向种植有机食品。而现在情况大相径庭。1996 年《纽约时报》在针对美国有机食品市场的突然增长做出回应的一篇文章里这样写道:"有机食品不再只是穿着凉鞋的环保主义者的美食,有机食品的时代已经来临。这显然是一笔大生意。"[33]

当时全球经过认证的有机食品和饮料市场已经达到了 150 亿美元的市场规模。到 2014 年,这一数字约为 800 亿美元。这是一个巨大的转变。全球食品总零售额大约是 4 万亿美元,虽然有机食品只占其中的一小部分,但这一比例也包括了发展中国家所生产的食品,尽管它们没有被认证为有机食品,而那里的食品加工程度远低于西方国家。即使有机产业在健康饮食和生活方式方面取得了一些进展,与过度食用加工食品和快餐食品导致的全球肥胖和糖尿病等流行病的病例数量的增长速度及规模相比,就显得相形见绌了:截至 2013 年,全球 1/3 的人口被诊断为超重或肥胖。[34] 182 消费有机食品仍然是西方世界中较富裕的消费阶层拥有的特权。其中美国占全球有机市场 43% 的份额,欧洲占 38%。

然而,发达国家之间的差异表明,个人收入与有机食品消费之间并没有简单的正相关性。在美国,直至 2014 年,有机食品仅占食品市场总量的 1.2%,人均年消费为 102 美元。在世界第二大市场德国,人均消费为每年 124 美元,有机食品占食品销售额的 4.4%。瑞士人均有机食品消费从 20 世纪 90 年代后期的 49 美元上涨到 2014 年的 279 美元,居世界首位,而占食品销售总额的比例从 2%上升到 7.1%。丹麦人均消费同期从 60 美元上升到 217 美元,占食品总销售额的比例从 2.5%上升到 7.6%。虽然瑞士和丹麦这两个国家的有机食品比例比其他大部分国家都高,但其他国家的人均消费明显较低:2014 年英国为每年 44 美元,日本为每年 11 美元。[35]

从 1980 年开始,有机食品市场的增长是由零售和分销业务的扩张所驱动的,这使得购买有机食品成为可能和可取之事,生产商降低了它的溢价水平。在不同的国家,就有机食品市场如何拓展而言,我们可以看到两条不同的路径。第一种路径是天然食品零售商和批发商推动了市场的增长,完全区别于过去的夫妻店或改革商店——虽然类似这样的商店仍然存在,但市场增长是由一小批成长为大公司的企业所推动的,他们打造了极具吸引力的零售体验,组建了复杂的供应链体系。在第二条路径里,大型传统零售商,尤其是合作社,推动了市场的增长。

美国是第一种路径的典型代表。20 世纪 70 年代和 80 年代,现有的有机食品企业和消费者群体中涌现出新一代的初创企业——特别是在科罗拉多州的博尔德,这里是反文化的聚集地。例如,Wild Oats 公司最初是在 1984 年以传统零售商的身份在博尔德建立的。创始人莉比·库克(Libby Cook)和迈克·吉利兰德(Mike Gilliland)最初对有机食品并没有很大的兴趣,但在开设天然食品商店后,他们发现有机食品也是一个不错的市场,于是把公司的名字改成了 Wild Oats，并开始快速扩张。到 2000 年，公司的销售额接近 10 亿美元。[36]

正是全食超市及其联合创始人约翰·麦基巩固了美国有机食
183 品市场。1978 年，麦基和他的当时的女友雷恩·劳森·哈迪（Rene Lawson Hardy）从家人和朋友那里借了 4.5 万美元，以"更安全的方式"（Safer Way）为名在得克萨斯州奥斯汀开了一家天然食品店。麦基与当时的许多有机食品企业家一起参与了 20 世纪 60 年代后期的反文化运动：他在大学期间辍学 6 次，住在一个公共社区里，学习东方哲学和宗教、瑜伽、冥想和生态学。一开始他的商店经营较为困难，但 2 年后，麦基劝说他的父亲和一位顾客投入更多资金，开设一个面积达 1 万平方英尺的全食超市。他说服了几家来自当地的小型有机食品杂货商加盟，从此企业发展步入正轨。[37]

麦基是当代绿色企业家的代表，他的愿景是希望将社会使命与追求利润结合起来。他带领团队把市场拓展到得克萨斯州以外的地区。到 1991 年，公司共拥有 12 家门店，年销售额达到 9200 多万美元。麦基最初竭力筹集大量资本，一位风险投资家告诉他，他的生意"只是一群嬉皮士把食品卖给其他的嬉皮士"，但在 1992 年，全食超市成功上市，4 年后 Wild Oats 公司也成功上市。[38]

上市为麦基提供了融资渠道，他开始整合高度分散的天然食品零售业。他秉承的企业文化观和过去天然零售食品店的企业文化相去甚远。不同于那些嬉皮士前辈，麦基不想让有机价值观念阻碍公司的市场拓展。他销售非有机产品，并特别注意为消费者提供一个愉快的购物体验，他将食品以近乎完美的形式陈列在货架上，这在老一代有机零售商看来，是明目张胆的消费主义。[39]到了 2000 年，收购了一众竞争对手的全食超市在总价值超过 60 亿美元的美国有机食品市场中，牢牢占据了 1/3 的市场份额。Wild Oats 则贡献了 8.36 亿美元。[40] 两大零售巨头共计拥有 220 家门店，另外还招募了 12250 家天然食品门店作为独立零售商。此时天然食品商店占到整个有机食品市场份额达到了 2/3 以上。[41]

全食超市推动了美国有机食品市场的扩张。它以工业化生产规模采购有机食品，从而满足不断增长的需求。过程并没那么简单。全食超市通常从大型有机农场采购货品，无论是在加利福尼亚州还是在全球采购，与本地采购相比，这都大大增加了它的碳足迹。公司战略包含了道德维度方面的考量，即把 5% 的利润捐给慈善事业，为慈善组织的员工支付相应工资，但麦基坚决反对工会组织。[42] 然而，公司此刻正面临着来自外界的道德指责。2007 年，当时全食超市正以 5.65 亿美元收购 Wild Oats，人们发现麦基在过去 8 年里，一直组织手下在雅虎金融留言区上匿名发帖，他在批评 Wild Oats 的同时赞美自己的公司，甚至偶尔会夸耀自己的发型。在完成收购后，全食超市被联邦贸易委员会以不当竞争为由起诉，因此不得不把 12 家 Wild Oats 商店和 1 家全食超市挂牌出售。[43]

总体而言，全食超市的出现是使美国中产阶级消费者愿意支付溢价、并将有机食品消费变成一种常规的购物习惯的主要推动力。撇开其对于有机食品价值的宣传，它至少扩大了有机食品的市场范围，使之远远超出了对生态感兴趣的利基消费者群体。它的成功标志着姗姗来迟的传统零售商在 21 世纪正式进入到有机市场，这将在第九章中进一步讨论。在 2015 年，有史以来第一次，传统食品杂货店销售额占美国有机食品销售总额的一半以上。[44]

　　同样,在德国,新一代有活力的天然食品企业家也推动了市场的扩张,而像美国一样,传统超市进入这个领域的速度很慢,2000年占德国有机食品市场总份额还不到1/4。[45]

　　之前提到的 Rapunzel 公司逐渐成长为一个大型有机食品批发商,从 20 世纪 80 年代开始迅速发展,从最初一家生产燕麦片和坚果黄油的农舍发家。1987 年,公司创始人夫妇离婚,而公司幸存下来,约瑟夫·威廉接管了公司的业务。1985 年,Rapunzel 公司在土耳其的伊兹密尔启动了一个长期的有机农业项目,这个项目为公司提供有机无花果、坚果和其他作物。[46]到 1995 年,Rapunzel 公司为德国 450 家零售店铺供货,5 年后,销售额达到6000 万美元。公司广泛的采购网延伸到 30 个国家,并且还将所生产的产品出口到德国以外的市场。[47]2015 年,公司销售额达到 2亿美元。1990 年,Rapunzel 公司成功上市。[48]不过,威廉对资本市场的兴趣明显不如麦基那么大。[49]2011 年,公司创始人退休,由于担心环保原则的延续性,他把公司变更为了私有制公司。他指出:"公司的灵魂很容易在销售活动中丧失。"[50]

185　　如果说 Rapunzel 公司是从有机农业的反文化根源发家的,那么天然食品零售商安娜图拉(Alnatura)则受到与鲁道夫·斯坦纳相关的人智学传统的影响。创始人格茨·雷恩(Götz Rehn)直到 12 岁前都一直在弗莱堡的华德福学校念书。他从小就对自然感兴趣,他在祖母的花园和弗莱堡附近的乡村度过了一段时光,又在学校上了园艺课。[51]随后,他的家人搬到了鲁尔工业区的波鸿,在那里他获得了经济学的学士和博士学位,并于 1979 年将他的论文出版成书。该书借鉴了人类学、心理学和管理学的思想,发展了一种商业组织的"逆流模式"(counter-current model),强调企业需要了解其在社会中发挥的积极作用,这样员工才能感觉到自己是一个"正当"系统的一部分。[52] 在 21 岁时,雷恩已下定决心在商业领域"做一些有意义的事情",并且以"不会破坏地球,又能给人以尊重"作为前提。这些观点证明了他深受人智学说的影响,并保持强烈的兴趣。[53]

雷恩的职业生涯最早始于雀巢公司,他在这家公司里担任了 7 年的经理,但他觉得自己的价值观与公司格格不入。[54] 最终他决定在有机食品行业寻找机会。在雀巢工作时,他遇见了一位叫格茨·维尔纳(Götz Werner)的人类学家,此人成立了一家名为 DM 的药店。维尔纳又将雷恩介绍给另一位人类学家沃尔夫冈·古特伯赖特(Wolfgang Gutberlet),他是 Tegut 连锁超市的创始人,坚信有机食品的市场潜力巨大。[55] 1984 年,在他们的共同说服下,雷恩成立了一家名为安娜图拉的公司,并在创业过程中尽可能结合之前在食品营销方面的经验。尽管 DM 和 Tegut 做的都是常规业务,但它们后来都成为安娜图拉公司的早期大客户。

雷恩认为公司需要向消费者提供更多的商品。和麦基一样,雷恩想要摆脱人们对传统有机食品的刻板印象——谈到有机食品,人们便把它和德国改革商店和反文化"生物"商店联系在一起,他形容这种商店是"无足轻重"并且是单调乏味的。[56] 1987 年,雷恩在德国曼海姆建立了第一家有机超市。20 年后,他的公司旗下拥有超过 50 家超市,这些超市规模庞大,销售数百种自有品牌和其他品牌的产品。2008 年,该公司的营业额达到 4.5 亿美元。[57] 公司

186 开始在全球范围内采购有机产品。而早在 1991 年,公司与易卜拉欣·阿布列什(Ibrahim Abouleish)所创立的 Sekem 公司建立了长期合作关系,我们将在下文中看到这家埃及企业的历史,它主要生产有机纺织品和其他产品。[58]

1987 年,安娜图拉转变成为一家股份有限公司,但雷恩不想让公司上市。他认为不受股东牵制对安娜图拉的成功而言至关重要。这使得他能够把资本看作是"实现想法","发展最佳产品"的一种手段,而不是把注意力放在利润最大化上。[59] 到 2015 年,Tegut 的所有权发生变化,被瑞士合作零售商米格罗收购,与推出了自有品牌、不再销售安娜图拉产品的 DM 分道扬镳,而安娜图拉在此时的收入已达到了 8.4 亿美元。[60]

在其他一些欧洲国家,有机食品市场是由传统超市特别是合作社推动的,由于会员的支持,这些合作社的管理层也转而支持有机食品。丹麦就是如此,消费合作社 FDB(Fællesforeningen for Danmarks Brugsforeninger)对市场的增长发挥了强大的作用。与其他欧洲国家一样,丹麦有着悠久的有机农业传统:1936 年该国便成立了以人智学为基础的生物动力学协会。那时整个有机食品行业仍处于边缘地位。[61]

1982 年,为了回应会员对杀虫剂的担忧,FDB 开始销售由知识分子和学生组成的激进社区生产的有机胡萝卜。5 年后,FDB 也开始销售有机牛奶。由于丹麦奶牛养殖业的地位突出,这里许多人都有喝牛奶的习惯,这是一个重要的商机,因为它逐渐让家长认同有机乳制品对儿童有益,毕竟和成年人相比,儿童的身体在分解合成农药或激素残留的毒素方面会更困难。尽管与传统牛奶相比,有机牛奶的售价更高,但对绝大多数消费者而言,它的绝对价格并不是特别昂贵,这减少了人们购买动机中的一个潜在障碍。在丹麦和其他地方,父母为儿童购买的食品在有机食品销售中占有很高的比例。[62]

还有两个关键举措的相继推出也和 FDB 有关。先是在 1989年,由于 FDB 和其他公司的游说,丹麦政府成立了丹麦有机食品委员会(Danish Organic Food Council),召集利益相关者定期开会。其中的一个会议成果是创建了有机产品的第一个官方标签。红色的"Ø"标签表明产品是经由国家认证的有机产品,从而确立了有机食品的市场信誉。[63]之后,在 1993 年,FDB 旗下的 Super Brugsen 超市将有机食品的零售价格降低了 40%,并决定在全国范围内销售有机产品,而不仅限于首都哥本哈根。事实上,公司内部就采取如此激进的措施存在一些争议,但有机食品的支持者得到了公司民主制度的帮助,在这样的公司里,管理者在做商业决定时,至少在短期内可以暂不考虑能否盈利。[64]

有机奶的价格下降使该公司销售额在接下来的几年里上涨了 500%。[65]在 1996 年到 2000 年间,丹麦有机农田面积从 46171 公顷增加到 16.5 万公顷,占丹麦农田总面积的 6.2%。那时,大型超市有机食品销售额约占总额的 3/4 左右,占丹麦食品市场总额的 2.5%至 3%。丹麦是当时全球范围内有机食品人均消费量最大的国家。[66]

丹麦的例子表明,如果有机食品要从利基市场出发实现扩张,那么降价是至关重要的。价格没有下调,需求就难以激增。在英国,大型连锁超市西夫韦(Safeway)早在 1981 年就开始销售有机水果和蔬菜,其他大型超市包括阿斯达和塞恩斯伯里也紧随其后。到 2000 年,大型超市占该国有机食品销售额的 3/4 左右,但因为价格并没有大幅下降,所以人均消费量远低于丹麦。[67]

　　一项关于有机食品"购买意愿"的研究揭示了消费者购买有机食品的消费动机是相对复杂的。传统理念上,人们购买有机食品主要出于健康的考虑,包括不希望食品链上出现的杀虫剂和化学制品,而更普遍的观点是认为它具有更好的营养价值,尽管这一点在当时仍存在争议。通常,在不同的国家,比起其他消费者,有机食品的入门级消费者的受教育程度会更高,而且消费者往往是初次怀孕的妇女或关心子女健康的母亲[68]。到了 21 世纪,有机食品188 的倡导者也将其与扭转气候变化的努力联系起来,理由是有机农业比传统农业消耗的能源更少:牲畜排放是全球变暖的一个主要原因,用优质饲料养牛可以改变这一点;牧场使用植物饲料可能减少牲畜肠内产生的甲烷;有机农业似乎会让土壤更肥沃,提高碳捕集效率。关于有机农业带来的影响研究仍在进行中,这很大程度上也取决于被进行比较的有机农业和传统农业的具体类型。[69]

　　针对有机食品和其他可持续消费品的消费者定期研究报告显示出了消费观的异质性和国别差异。有关健康和更广泛的环境效益的讨论可能会激励消费者购买有机食品,但对这些动机的相对重视程度因国别而不同。[70]例如,在一项针对德国消费者为什么比英国消费者更愿意购买有机食品的研究中,研究人员发现两国消费者对食品安全和健康有着相似的态度,但英国消费者并没有将消费有机食品与对自然环境更广泛的关注联系在一起,而德国人却坚信这一点。[71]在一些国家,制度建设和消费者固有的价值观似乎使有机市场的建立比其他国家更难。例如,在挪威和荷兰这两个欧洲国家,人均有机食品的消费比例仍然很低,人们普遍认为政府推行的食品安全标准是有效的,这似乎增加了有机食品公司所面临挑战的难度,要说服消费者为有机食品支付更高的价格绝非易事。[72]

尽管新西兰的人均收入达到了发达国家水平,但它的有机食品人均消费量也相对较低。有机企业家们面临这样一种局面,即人们普遍认为新西兰是一个自然天堂,食物已经足够健康和安全。基于未受到破坏的自然环境,新西兰政府推出一个长期的旅游推广战略。[73]1980 年后,随着有机市场在其他地区的增长,新西兰的有机零售商先锋开始质疑市场上已有食品的健康性。1984 年,两位生物动力学家在奥克兰成立了第一家有机食品商店。他们指出:"人们认为我们是绿色的,但其实我们并不是。"[74]与此同时,不论是在新西兰占主导地位的两家传统连锁超市,还是乳制品行业巨头恒天然公司,抑或是新西兰政府都对有机食品不感兴趣,部分 189 原因是担心推广有机食品会引起人们对该国大量出口农产品健康性的怀疑。[75]

另一个有机食品消费量较低的国家是日本,消费者难以改变的深层情感因素是这里有机食品市场增长有限的主要原因。第二次世界大战后,国家对现代化的渴望造成了举国上下对过去传统的强烈漠视。"yuki"即"有机化合物",这是"有机"一词在日本的传统叫法,这个概念的提出与激进的左翼运动相关,例如 20 世纪 60 和 70 年代,社会活动家在成田机场反对修建东京的新机场。当新一代的企业家自 20 世纪 80 年代开始寻求发展有机业务时,他们需要从欧洲获得灵感来重新创造一个品类,而不是依靠日本过去的传统,因为对许多消费者而言,传统常常会让人联想到消极的内涵。[76]在 2003 年前,日本还没有任何关于有机食品的法律定义,而这无法帮助相关企业家创建相关品类。[77]

2000 年,高岛宏平创立了在线零售商店 Oisix,通过强调有机食品的安全性和借助电子商务消费模式来应对挑战。他曾是麦肯锡的咨询顾问,同时"想要为社会做点贡献",宏平认为互联网和食品消费之间可能互相匹配,因为两者都是非常私人化的。该公司标识下的宣传语是:"足够安全的食品,农民也愿意用这样的食品养活自己的孩子。"宏平获得了一家大型贸易公司的资助,并开始寻找提供有机食品的农户,起初很多人都对此心存怀疑。这项服务不收取任何费用,一个围绕抚育孩子的职业女性或孕妇为核心消费者市场发展起来。这家在线商店最初只售卖 20 种蔬菜,但不到 10 年,它销售的食物种类就达到了 3300 种,2009 年又在中国香港开展业务。[78]Oisix 2013 年成功上市,2014 年全年营业额达1.7亿美元。[79]Oisix 是从日本发展起来的最为成功的有机食品电商公司之一。虽然日本消费者有机食品的购买量仅为美国消费者的5%,但日本 50%的有机水果和蔬菜是通过在线销售的,而美国仅为 3%。[80]

有机食品,至少是经过认证的有机食品在发展中国家仍是一个微小的利基市场,但它也逐渐找到了自己的定位。在 2007 年至190 2015 年间,由于食品安全事件被陆续曝出,中国的有机食品市场份额翻了三番,达到食品消费总量的 1%以上。这些进口食品通常被卖给富裕的中国消费者,大部分是有孩子的家庭,他们愿意为有机产品支付高达 50% 的溢价。有机产品专卖店在中国最大的城市相继开设，但和日本一样，真正的增长源自在线零售公司。[81]

新兴有机企业家在看到了有机食品在西方市场的发展，他们认为有机食品行业在自己的国家市场上的发展只是时间问题。土耳其就是如此，20 世纪 80 年代，Rapunzel 公司在此推广了有机农业。1999 年城市农场（City Farm）创立，旨在发展土耳其国内的有机食品市场。一位土耳其男士和他的美国妻子是该公司的创始人，他们曾在美国生活过，并认为自己可以复制全食超市的成功经验，但创业伊始便遭遇了财务上的困难。2002 年，城市农场被大型商业集团萨邦哲接管。联合利华（Anglo-Dutch Unilever）旗下立顿红茶品牌在土耳其的前高管阿伊汉·苏梅利（Ayhan Sümerli）被聘为该集团食品业务经理，主要管理像城市农场这样的小公司，但这个行业并没有获得充足的发展动力。2002 年至 2010 年，城市农场亏损了大约 1000 万美元。[82]

2010 年，苏梅利通过管理层收购，买下了一家年销售额达 300 万美元的有机零售商和一家商店。源于之前在德国联合利华工作时的经验，苏梅利对有机食品有一定的了解，主要参考了安娜图拉的经营模式，并认为土耳其市场也将沿着德国的路线发展起来。他后来乐观地评论道："土耳其正在追随欧盟的脚步，虽然落后了 10 年，不过有了广泛传播的技术，差距可以被缩短到 5 年。"[83]

在接下来的 3 年内，苏梅利将销售额扩大至 1000 万美元，拥有了 8 家商店，并通过土耳其大型零售商销售其公司产品。得益于以前在欧洲跨国公司的工作经历，苏梅利与许多农业供应商保持联系，他与这些供应商开展合作并说服他们转向有机食品生产。

到 2013 年,他旗下公司和 400 家供应商进行合作,其中 4/5 是 10 至 20 英亩的小农场。和早期的有机行业先驱者一样,苏梅利也为这个行业正当性的确立投入了大量人力物力:他成为有机食品生产者协会的主席,并试图和相关政府部门建立良好的关系。[84]

从整个行业的发展史来看,有机食品在这个阶段的市场规模发展显著。通过为消费者创造更具吸引力的体验,有决心的企业191 家如约翰·麦基,格茨·雷恩和高岛宏平建立了高效的供应链和物流体系,带动了本国有机市场的增长。丹麦消费合作社 FDB 通过大幅降价来实现这一目标。即使在高收入消费者愿意为有机食品支付溢价的国家,发展有机食品业务也不容易,更不用说像土耳其这样的新兴市场。全食超市的经验表明,进入资本市场可以帮助企业实现快速增长。但在德国,雷恩和威廉都选择了放缓增长步伐,而不是受制于资本市场的压力。除了增加有机食品的食用量外,规模化生产还会产生其他方面的影响。受到广泛社会和环境愿景的激励,有机食品的先驱者们努力说服他们最初的客户,打消他们的疑虑,同时让他们也认同这一愿景。在主流超市和大型天然食品超市,消费者可以选择品类丰富的有机食品,但他们的视野并未因此变得广阔。

宣传有机食品

尽管 20 世纪 80 年代前,知名的有机食品和饮料品牌较为罕见,但它们的创建对于有机食品市场的增长是很重要的。这些品牌的创建扩大了有机食品的品类,提高了市场知名度,并为其在传统渠道的销售创造了机会。在这一节,我们将看到一些品牌取得成功的共性经验。

关于有机品牌,最容易观察到的一个事实是,它们通常集中在某些产品类别,例如,不同品牌的有机酸奶已经出现在世界各地。第二点是许多有机品牌对应的初创企业都源自美国。美国盛行的企业家精神理念使企业能相对容易地找到外部资金,这在一定程度上解释了美国为什么是全球有机品牌成功的领导者。但还有一个因素所起的作用不容忽视:美国农业工业化的程度极高,生长激素和其他科学干预措施的使用,使得有机食品更容易被人们接受。最后一个共同点是,如果一个品牌成功地证明了其产品有销路,那么它往往会被一家规模较大的传统公司收购。通过退出使得一些创始人由此发家致富,虽然不是全部,但它也会让行业内的其他一些人失望。

其中最成功的品牌是有机零售商自己创造的品牌,包括 1997 年全食超市推出的 365 Everyday Value 品牌。有机企业家们推出了特定的有机食品和饮料品牌。酸奶便是如此,在 20 世纪 50 年代后,这种食品才开始在美国和大多数西欧国家中流行起来。20 世纪 80 年代,第一批有机酸奶品牌出现在美国。在这些品牌中,最突出且发挥了关键性作用的当属石原农场。该品牌起源于 1983 年,环保活动家加里·赫什伯格和塞缪尔·凯门(Samuel Kaymen)在新罕布什尔州共同创立了这家公司。凯门开始制作酸奶来资助一所他曾经执教过有机农业课程的学校,而赫什伯格曾是一个生态研究小组的组长。他们的经营始于把 7 头奶牛放养在没有杀虫剂和化肥的土地上,由此吸引了一位早期天使投资人乔希·梅尔曼（Josh Mailman）。梅尔曼是纽约一位著名投资家和慈善家的儿子，利用所继承的财富组建了一家促进社会福祉的机构。[85]

赫什伯格和凯门把自己的酸奶产品带到了波士顿各大超市的货架上，并向有兴趣的消费者赠送免费纸盒，同时避免打商业广告。该公司还在诸如世界地球日等非营利活动中分发免费的酸奶。直到 1992 年，该公司才开始盈利。到 1998 年，公司的销售额已经超过了 4000 万美元，成为美国最大的有机酸奶品牌之一。2001 年，大型法国传统酸奶制造商达能集团收购了该公司 40% 的股份，并在 2 年后获得了该公司的全部控股权。[86]

婴儿食品也是有机食品中的一大品类。德国老牌公司喜宝是欧洲的先锋，在克劳斯·希普的领导下，该公司逐渐转向有机食品生产。1967 年，克劳斯取代其父亲成为该公司的负责人，小时候他曾在瑞士祖母的农场工作过，对有机食品的先驱汉斯·穆勒也很熟悉。他后来回忆，正是在这些年里，他形成了自己的生态意识观，尽管直到 1993 年公司的所有产品才都转变成有机产品。像他父亲一样，克劳斯是一位虔诚的基督教徒，并认为宗教信仰是品牌诚信的核心。他曾在 2013 年谈道："拥有宗教信仰是有利的。如果一个人只是在营销的时候谈及生态，那是行不通的。必须发自内心，才有可能取得成功。"[87]公司后来屡次获得德国"最具可持续发展潜力公司"的荣誉。[88]

193　　　在 20 世纪 80 年代，有机婴儿食品的概念在美国还不被人所熟知。直到孪生兄弟罗恩（Ron）和阿尼·科斯（Arnie Koss）成立了爱思贝公司后，人们才逐渐了解了这一概念。当时婴儿食品市场主要由三大传统公司，美国嘉宝、比奇纳特和亨氏食品公司主导。20世纪70年代，在纽约州北部的天然食品商店里，当兄弟二人发现市场上几乎所有的有机产品都是面向成年人的时候，他们就有了把有机食品拓展到婴儿食品领域的想法。1984年，他们搬到了佛蒙特州并决定尝试进入婴儿食品行业。"我是一名环保主义者，"罗恩·科斯（Ron Koss）后来回忆道，"我创办了爱思贝，因为我觉得自己与这个星球有一种奇妙的联系，我深爱着自然。"[89]阿尼后来写道，他们当时存在着一种"多维想象"，即"有机婴儿食品将带来更广泛的范式转变"，这会使得"依赖化学制品的传统农业模式被削弱"[90]。

他们极力说服一家当地企业为其担保签下银行贷款，在1987年，他们最终筹集了100多万美元，开始生产有机苹果果泥婴儿食品。即便如此，筹集资金依然困难重重，因为婴儿食品业务属于资本密集型产业。他们需要提前一年购买易变质的当季原料，并将它们冷冻起来。虽然1989年，公司的销售额已经上升到了350万美元，但现金流问题不断。那年，他们把大部分业务卖给了风险投资家。美国业界有一个常见的模式，公司一旦被兼并，并购方往往会引进一名专业人士任CEO，到了1990年年中，两兄弟都被迫离开公司。那时，公司的收入是800万美元，而每年的亏损额达到了700万美元。[91]

公司总部搬到了科罗拉多州的博尔德，制造业务外包给了加州一家水果加工厂。之前的员工都被解雇，阿尼·科斯形容这一事件"就像死亡"。[92]到1995年，公司销售额接近2400万美元，但依旧亏损。1998年，公司以3000万美元的价格出售给了亨氏食品公司。双胞胎兄弟每人拿到了 5.1 万美元,他们对风险投资家的行为感到愤怒,但他们也为亨氏食品公司和其他传统婴儿食品企业终于开始销售有机产品而感到自豪。阿尼指出:"我们把行业巨人拖到了历史舞台中。[93]

以上案例以及其他有机食物和有机饮料的成功表明,1980 年以后,消费者对有机产品的兴趣正不断增长。创建有机食品品牌依然颇费周折,创业者往往都有着强烈的社会责任意识。由于在新兴市场上推出新品牌会遇到资金上的困难,典型的结局(像喜宝这样业务被牢牢掌控在手中的家族企业除外)就是大型传统公司最终收购了有机品牌的先驱。这种模式及其所带来的后果将在第九章中进一步讨论。

从农场到市场

有机食品消费的增长体现在有机农业的增长上。到 2014 年,估计全世界有 4300 万公顷的有机农田,欧洲和北美分别只占其中的 27% 和 7%,而在这些地区,各国之间仍有相当大的差异。奥地利、瑞士和瑞典将其农业中的 12% 到 20% 转化为有机农业。美国虽然是全球有机农田的第三大国,但有机农田只占全国农田总面积的 0.6%。[94]

让农民转为从事有机农业并非易事。认证标准的制定过程极为缓慢同时也成了一大挑战,这点将在下一章展开讨论。从 20 世纪 80 年代开始,政府的农业项目普遍敌视有机农业,他们继续聚焦规模化生产和技术上的进步,这对国家粮食供应和提高农民收入而言至关重要。传统农民对有机农业亦无法认同。

从 20 世纪 80 年代后期开始,农业政策出现了明显的逆转,这是推动有机农业后来发展的一大重要因素。这种转变首先发生在欧洲,一些国家的政策制定者在回应选民所施加的压力时,开始将有机农业视为捍卫环境和社会利益的力量,而不是把它当成是一个烦恼。1987 年,丹麦向想要转变为有机农业的生产者提供财政支持,这一政策转变导致采用有机耕种的土地数量激增。1986 年,瑞典开始推行农药使用税,1989 年,又成为首个为可持续性有机生产提供补贴(而不仅是为转换成有机生产提供补贴)的国家。1992 年,欧盟启动了一项计划,要求所有成员国为转化为有机耕作或继续坚持有机耕作方法的人提供资金补助。[95] 在接下来的几十年中,其他国家的政府也开始支持人们向有机农业的转变,一部分是出于生态原因,另一部分则因为看中有机农业是一个不断增长的细分市场。

美国在联邦或州一级都没有这样的政策转变,其政策重点仍 [195] 然是为商品作物生产者提供大量的联邦补贴。农民被迫扩大规模,专注于生产单一农作物。[96] 这反映了美国政治制度的一些特质,这些特质给一些地区,如大平原地区且聚焦农业的州,带来了超出他们相对人口规模的巨大影响。据估计,2010 年,美国农民在 8400 万英亩的农田上生产了全球 32% 的玉米。在 2015 年,政府所管辖的商品信贷公司将巨额的农业补贴——大约 70 亿美元——用于奖励玉米和大豆的种植户。大量的玉米供给导致了肥胖问题,而化肥的大量使用则对环境造成了多重不利影响。在这个时期,向有机农业转化依旧无法享受任何补贴。[97]

如果想在这个行业有所作为,那么美国的有机农户就必须自力更生。1983 年吉姆·科克伦(Jim Cochran)在加利福尼亚州建立了第一个商业有机草莓农场,他后来说道:"要把我们的东西送到分销商那里,或拿到不错的价格以确保利润的实现十分困难。所以我们不得不开发自己的市场,一个客户接着一个客户地去跟进。"[98] 当他还是加州大学圣克鲁兹分校的一名学生时,一次偶然的机会在阿兰·查德威克的有机花园中第一次接触到了有机产品。毕业后他成为工会强有力的支持者和社会活动家。在结束担任大型传统草莓农场合作社的经理一职后,科克伦在圣克鲁斯北部海岸的达文波特租了 4 英亩土地,开始尝试有机种植和销售。他后来指出:"在这个行业里,没有人知道该如何满足顾客想要的水果必须是美味且没打过农药的需求。"[99]

人们对健康的恐慌为科克伦和其他有机小农户提供了短暂的市场机遇,这也加速了美国有机市场的反弹。发生在 1988 年的那场健康恐慌与艾拉(一种用来催熟苹果的生长调节剂)的使用有关,这促使美国有机农产品的销售额在 1 年内增长了 2/3。许多超市,尤其是加利福尼亚州的超市,首次开始销售有机水果和蔬菜,尽管很多超市因为消费者对有机食品怀有抵触情绪,认为它们价格过高且供应不稳定,而不得不把有机商品撤下货架。[100] 科克伦花了很长时间才开始在自己的农场、农贸市场和旧金山的天然食品商店出售草莓,5 年后才开始盈利。直到 2000 年,当全食超市成为农场最大的买家时,公司的发展日趋稳定。[101]

有机农户采取了一些替代战略来建立分销和零售网点。一种方法是社区支持农业(community-supported agriculture ,CSA)。

这种做法始于 20 世纪 60 年代初期的德国和瑞士,当时主要受鲁道夫·斯坦纳生物动力学影响的农民和消费者群体开始形成合作伙伴关系,共同推动生态健康和社会公平的农业生产体系。这个体系的基本前提是种植户和消费者共同承担粮食生产的风险和收益,消费者在作物生长季节开始时就支付预期收成的一部分款项。一旦收获开始,他们每周都会收到蔬菜和水果。促使这个概念在全球范围内普及的一个重要人物是曾在苏黎世生物动力学农场工作的简·范德·图恩(Jan Vander Tuin)。1984 年,他通过与罗宾·范·恩(Robyn Van En)的联系,把这个概念介绍到了美国本土,罗宾·范·恩在马萨诸塞州拥有一个小型生物动力学农场。从一个小苹果园开始,范·恩和她身边的一小群人把斯坦纳的思想与 E.F.舒马赫《小的是美好的》一书中提出的观点结合起来,其中一个观点就是尽可能实现当地生产、当地消费。范·恩成为北美社区支持有机农业的积极倡导者。1992 年,她创立了 CSA 北美公司,这是一家支持 CSA 发展的非营利性清算机构。[102]

　　CSA 项目在加利福尼亚州的传播尤其广。其中最著名的人物当属迈克尔·阿布曼(Michael Ableman),作为一名曾经志在成为职业摄影师的年轻人,他在 20 世纪 70 年代加入了南加州的一个农场公社,然后在圣塔芭芭拉附近的美费悠花园接手嫁接橘子树的工作。这里是在 19 世纪 90 年代建立的一个大型农场的遗址,它正被近郊的地产开发项目团团包围。当其主管离开时,阿布曼接任了这个职位,一待就是 20 年,其间他从房地产开发商手中拯救下了 12 英亩的农场。这个农场因此成为 CSA 的典范。[103]

　　合作社有时会发展成为营利性企业。丹麦的托马斯·哈通

(Thomas Harrtung)和索伦·埃勒森（Søren Ejlersen）开发了有机食品盒业务。1984 年,23 岁的哈通继承了父母在日德兰的农场。他曾在哥本哈根农业大学学习过,在父母早逝之前,他曾打算在一家援助机构工作。他把大学时所学习的可持续林业管理知识引入农场的森林区,但在农耕区依旧遵循传统的耕作方式。直到 1994 年,他才开始注意到他的森林管理和传统农场作业之间存在脱节。1996 年成了一个转折点,他参加了在哥本哈根举行的国际有机农业运动联盟（International Federation for Organic Agriculture Movements,IFOAM）科学会议,听取了美国有机农户的演讲内容。在接下来的几年里,哈通一方面积极参与路德教会的活动,一方面又逐渐把它和斯坦纳的信仰结合起来。他提到:"我的宗教信仰已经成为激励我冒险进行这项业务的动力之一。我们现在是生物动力学农民,我们相信人与人之间、日光与雨水之间的相互作用体现着精神层面的特质。"[104]

第二年,哈通和索伦·埃勒森分别在各自的农场建立了合作社。他们很快就把自家的农场整合到一起,由于担心合作社的决策流程过于缓慢谨慎,后来又把它变成了一家私营企业,并于 1999 年建立了 Aarstiderne 公司。他们不再仅仅关注当地市场,而开始把他们的产品送到哥本哈根这个更大的市场中去。从一开始,每个盒子都包含有一份菜单,并引入了一个极具创新意识的在线订购系统,最终送达数以万计的客户手中。2001 年,该公司从荷兰可持续发展银行特里多斯获得资金支持。[105]这为业务扩张提供了资金,虽然之后在运营决策中也有过失误,如在哥本哈根开设的试验性线下实体店最终失败,但到 2015 年,该公司的销售额达到 6900 万美元，客户已累计至 4 万多名。[106]

　　大地农场的创始人德鲁（Drew）和迈拉·古德曼（Myra Goodman）夫妇走的则是一条完全商业化的道路。虽然他们都出生在曼哈顿上东区，但他们第一次见面是在他俩上大学时，两人当时分别在加州大学圣克鲁兹分校和伯克利分校念书。他们在成长过程中都形成了强烈的生态观。在德鲁学习环境科学的同时，迈拉于大二时前往印度交流学习，这段经历使她感到"愤怒"并"急于改变世界"，于是她转到了国际关系专业进行学习。[107] 1984 年，年龄分别在 24 岁和 20 岁的他们开始在路边摊销售覆盆子，这些覆盆子是在卡拉梅尔山谷的房子和花园里种植的。迈拉的父母出于投资置业的目的买下了这栋房子。德鲁和加州大学圣克鲁斯分校的一个与查德威克有关的小组合作过，但在合资企业开办前，他和 198 他的妻子都不了解有机农业。不过，很明确的是他俩都不喜欢杀虫剂。[108]

　　2 年后，他们开始销售袋装零售的预先洗净的沙拉，因为他们听说当地厨师可以用与正常大小生菜相同的价格把小颗结球生菜卖出去，这使得在自家的一小块地上种植更多生菜成为可能。"我们在当地的美食市场上卖东西，"迈拉·古德曼后来回忆道。"起初这很难，因为他们只会把我们的沙拉作为'保底销售'，这意味着除非有人买我们的沙拉，否则他们不会支付任何费用。"古德曼夫妇对事业很执着，也很灵活。在 1987 年底，他们才赚到了第一笔利润。1993 年，他们与连锁超市巨头好市多公司签订了合同，供应传统袋装混合沙拉，使用的是要经过 3 年有机转换的土地上种植的作物。好市多公司拒绝在标签上注明它是有机食品，因为消费者认为有机食品价格昂贵而且不好吃。古德曼夫妇从公司发展的立场考虑，决定不提出异议。该公司的销售额在 1 年内增长了10 倍。到 1999 年，好市多公司主动提出希望添加标签以证明产品是有机的。[109]

另一方面古德曼夫妇也正努力扩大他们的供应渠道。1995年，他们与一家向有机食品转型的大型传统沙拉种植者合作，合作使得供应量大幅增加，古德曼夫妇从而能够专注于沙拉加工、市场推广和分销工作。在亚利桑那州和墨西哥与能够开展冬季作业的大型公司——萨利纳斯山谷农场合作，使得大地农场的原料供应量进一步提升。大地农场所生产的产品证明了有机沙拉和传统沙拉之间的价格差异并没有很大，同时也从传统农业中获得新的收入来源。2000 年的另一个营销联盟成功诞生使公司能够进入柑橘、鳄梨和热带水果的市场。到 21 世纪初，大地农场的年销售额已经达到了 3 亿美元，在美国 70% 以上的超市中都能找到该公司生产的有机混合沙拉，它因此一跃成为北美最大的有机农产品品牌。[110]

大地农场是许多在加州发展起来的大型有机农场中的一个。他们满足了全食超市和同样成功的有机零售商不断增长的需求，但他们自身的增长并没有受到普遍的欢迎。这一地区的发展见证了美国有机运动的初始阶段，但这些最终获得成功的大型有机农场似乎与他们前任的激进和另类观点没有什么共同之处。进入 20 世纪 90 年代之后，加利福尼亚的有机农田比世界其他任何地方都多，但到了 1997 年，仅 2% 的加州种植户在有机产品市场上收获超过 50% 的总价值。批评人士称此为"有机工业综合征"

(organic-industrial complex)。[111]

　　然而有机产品扩张最强劲的地方并不在加州。有机生产在这个时期已经实现全球化，而生产也越来越脱离于消费环节。到2014年，澳大利亚和太平洋岛屿在全球有机食品生产中所占份额最大，占40%。澳大利亚当时共有2567家经过认证的有机企业，其中约有一半是小企业，也有一些历史悠久的企业，例如墨尔本的有机批发商 Kadac。近期其他一些企业逐渐被有机行业所吸引，其中也包括一些非常大的公司。[112]拉丁美洲占有机产品的15%，亚洲占8%，非洲占3%。总体来看，超过1/4的有机产品源自发展中国家，而发展中国家的有机食品生产者占全球总数的86%。

　　有机食品链的全球化与斯坦纳构想的生产和消费相和谐的世界相去甚远。由此产生的远途运输成本对温室气体排放产生了负面影响，化学制品和农药用量的减少则部分对冲了这部分负面影响。然而，基于可持续性的广义定义，发展中国家的有机农户赶上了新的市场机会。

　　易卜拉欣·阿布列什建立的 Sekem 就是这样一个鲜明的例子。出生于埃及的阿布列什曾在奥地利学习过化学和药理学，并担任研究员，随后成为奥地利公民。[113]1975年，他在访问埃及时，对当地自然环境恶化和贫穷感到震惊。他读过鲁道夫·斯坦纳的著作，之后在1977年回到埃及，在位于开罗东北37英里处的比勒拜斯（Belbes）购买了70英亩的沙地。他在那里创立了 Sekem 发展生物动力学农业，Sekem 的象征意义是"太阳的活力"。[114]阿布列什本人有很强的宗教和哲学动机。他后来指出："人智学与宗教无关，它只是一种哲学，但它确实能帮助你了解你所生活的世界。

宗教带来了伦理和道德。二者缺一不可。我信仰伊斯兰教,社会发展需要更多的企业家,能用现代方式来解释宗教的企业家,所以他们不应被认为是贪婪的人,而是作为一个社会发展的要素,一个可持续发展的要素。"[115]

200　　　阿布列什和当地的一位村民开始开垦沙漠,使其变成可耕种的土地。这是一个需要长期投入的项目,需要种植 12 万棵树。初期阿布列什向一家伊斯兰银行寻求资助,该银行持有公司 40% 的股权,但后来他们的合作关系恶化,给公司长期融资带来了困难。他的事业也遭到该国农业部的反对,农业部官员认为生物动力学农业学会可能导致疾病在国内的传播。[116]

　　　于是,阿布列什试图寻求国外市场机会。他运用药理学知识开始制造药品。1981 年,Sekem 将第一批药材和食品原料运往美国。2 年后,它开始在当地市场上销售草药,并逐渐发展成了为埃及和国外消费者提供有机认证包装的药草茶,认证范围包括乳制品、油、香料、蜂蜜、枣、有机咖啡、果汁和蜜饯。1986 年,阿布列什又与德国开发银行和一家名为 Dr. Schaete 的德国天然医疗产品公司进行合作,创建了 ATOS Pharma。这是一家研究和开发天然药物的合资企业。6 年后,ATOS 从有机产品公司维雷德那里获得许可,开始制造和销售天然化妆品。[117]

　　　20 世纪 80 年代初,阿布列什开始在当地销售有机食品。由于在国内市场上根本找不到经过认证的有机食品,阿布列什通过与媒体的联系,慢慢培养了消费者的意识。他还试图逐步扩大有机作物的范围。1988 年,他和来自希腊的合作伙伴共同成立了另一家名叫 Libra 的公司,生产和销售当地和国外有机农作物。他在当地还发起了一家行业协会，即埃及生物动力学协会（Egyptian Biodynamic Association），该协会从 1991 年开始倡导农户生产生物动力学棉花。在那一年，Sekem 还开始与安娜图拉合作生产天然面料。Sekem 不断扩大自己的农业业务版图。1994 年，由于保持和科学家、制造商和农民之间的密切合作，Libra 得以用生物动力学方法种植 1000 英亩的棉花。一批训练有素、经验丰富的顾问为小农户提供帮助，每周去到不同地区，为农户答疑解惑，解决病虫害等紧迫的问题。1996 年，阿布列什和他的伙伴对有机食品存在认知分歧，导致他从 Libra 退出，并新成立了一家名为 Hator 的公司来生产和包装新鲜水果和蔬菜。[118]该公司一路蓬勃发展，并在随后的市场动荡中得以幸存。到 2010 年，Sekem 耕种了总面积超过 780 公顷的土地，其中 86% 的土地已经经过开垦。[119]4 年后公司的总收入达到 4100 万美元，近 1/4 来自出口的贡献，业务涉及生物动力学农业、有机棉花和对学校及其他社会设施的广泛投资。[120]从 20 世纪 80 年代起，Sekem 建立了从幼儿园到高等教育的广泛教育系统，旨在"从小就教导青少年认识他们所赖以生存的环境的重要性"。[121]

从 20 世纪 80 年代到 21 世纪的前 10 年，有机农业从瑞士、美国加利福尼亚州和埃及沙漠的初创企业推广至全球范围，这当中产生了一批业务遍布全球的大型企业。整个有机农业的概念被科克伦、古德曼夫妇和阿布列什等人所主宰，他们本着冒险精神，在消费需求成熟和分销网络建成前进行投资。整个过程面临诸多挑战，从开发新的农业技术到发明新的理念，如预洗沙拉袋装食物，再到开创电子商务营销的新方式。说服公众购买或许是最大的挑战。随着时间的推移,特别是随着有机消费者群体数量的增加,天然食品商店的覆盖范围逐渐扩大,这些挑战逐一被解决,但此时又出现了新的困境,特别是有关大型有机农场从事长途贸易的正当性问题。

天然美妆成为主流

比起有机食品,天然美妆业摆脱边缘化地位要晚一些,但很快也出现了类似的增长。到 2014 年,全球天然有机个人护理品市场的销售额高达 300 亿美元。虽然与全球美妆市场相比,天然美妆业的总体市场份额还不算很大,但这种增长是具有变革性意义的,该行业销售额从 1998 年 1620 亿美元增长到 2014 年的 4600 亿美元。[122]

正如有机食品的增长一样,天然美妆业的扩张也在一定程度上反映了欧美绿色消费品类的扩大,但这种增长不是自发的。它需要行业人士努力构建新的品类,并向心存疑虑的外界解释它的正当性。我们在第三章中看到,安妮塔·罗迪克和霍斯特·瑞切尔巴赫等先驱通过将购买她们产品的消费者与更广泛的环保事业联系起来,提高他们对关注生态的消费者的吸引力,从而增强其产品的"正当性"。1990 年,英国美体小铺旗下公益基金会成立,它是一家为人权和环保组织提供资金的慈善机构。1992 年,瑞切尔巴赫成为企业社会责任协会的 3 位创始人之一,这是一家倡导企业社会责任的专业机构。[123]

但挑战依然存在,他们需要推出更具有吸引力的新品牌,扩大客户群体。在小众品牌未得到市场的青睐前，传统的零售店铺，无论是销售昂贵产品的百货商店还是药店或者大众品牌的药店，都不敢贸然行动。然而，美体小铺和艾凡达都表示，通过建立其他专门渠道，例如专卖店和美容院，进一步接触并教育客户，他们有信心能够克服这个障碍。

一些新公司对生物动力学和有机传统的推崇可谓是死心塌地。1983 年，养蜂人兼生物学家贝尔纳·谢维雅（Bernard Chevilliat）在法国拉戈斯推出了有机品牌蜜葳特。这家公司及其产品线符合利基市场的需求，迎合了部分忠实客户。此时一些新的企业，特别是在美国，为未来品牌形象的建立打下基础，成为以新的消费方式接触消费者的先驱。1976 年由黛安·理查森（Diane Richardson）在旧金山创立的自然香调就是一个例子。她看到了不含防腐剂的矿化化妆品市场的潜力，便开始从印度进口矿物腮红。20 世纪 90 年代，公司转由莱斯利·布洛杰（Leslie Blodgett）进行领导，通过多渠道策略打破了传统的分销渠道的模式，在大众品牌和高端品牌之间建立了细分市场。在 QVC（美国最大的电视购物公司）家庭购物网络的推广和成功使用上，这家公司的策略颇具创新性。[124]

布洛杰是由一位私募投资人于 1990 年在该公司原有业务濒临破产时安排进入的。2006 年，她进行了首次公开募股，当时公司的收入已经达到了 4 亿美元。[125] 这体现了传统企业对天然美妆业的兴趣，它们最初只在产品上标注"天然"一词，后来又直接建立或购买绿色品牌，这一点我们将在第九章中进一步讨论。正如食品行业一样，天然美妆不再是欧美富有消费者群体的特权。随着亚洲和拉丁美洲人民可支配收入的增加,消费者开始被这些使用当地成分、借鉴当地美容传统的品牌所吸引。即便在制造质量标准通常不是最严格的国家,避免使用化学制品的产品这一想法也天生具有吸引力。反过来,本土企业也发现了在和主导全球产业中强大的欧美品牌抗衡时,它们与生俱来的竞争优势,这便是中国美妆公司上海家化所采取的战略,在 20 世纪 90 年代后期,上海家化推出了佰草集这一品牌,它的产品使用传统中医的草药成分。到 2014 年,它成为全球十大增长最快的品牌之一,并已进入欧洲市场。[126]

巴西也涌现了一系列本土品牌,尽管原先它们几乎从没考虑过植物成分,这些品牌的诞生间接促进了强有力的环境和社会议程的推进。其中包括由米格尔・盖勒特・克里格斯纳(Miguel Gellert Krigsner)于 1977 年创立的 O Boticário 公司,该公司通过采用特许经营的策略在巴西国内和海外市场迅速扩张。1990年,克里格斯纳建立了一个基金会,把化妆品公司年总收入的 1% 投资在社会和环境事业上。O Boticário 自然保护基金会(Fundação O Boticário de Proteção a Natureza)成为该国领先的环保非政府组织之一。[127]

Natura 是该国事业集群中最大的公司,它创建于 1969 年,当时创始人安东尼奥・路易兹・塞亚布拉(Antônio Luiz Seabra)先是在圣保罗市开了一家小型实验室和化妆品店。该公司采取直销模式,从而能更好地与消费者进行互动。古伊列梅・莱亚尔(Guilherme Leal)和佩德罗・帕索斯(Pedro Passos)与塞亚布拉合作,于 1989 年合并整个业务,改名为 Natura Cosméticos。到

2005 年公司首次公开募股时,其收入高达 15 亿美元,拥有 48 万名销售顾问。[128]

Natura 从一开始就向世人展现出强烈的环保意识。塞亚布拉重视人、社区和环境之间的关系,并将其化妆品产品放在这一范畴内加以考量。20 世纪 90 年代早期,随着对"福祉/责任"以及社会和环境可持续性的承诺不断强调,塞亚布拉的观点被越来越多人接受。和安妮塔·罗迪克一样,塞亚布拉不只在原材料使用方面对传统美妆业提出了严厉的批评。在他看来,这个行业"对顾客给予过度承诺,特别是夸大了人们对老龄化和死亡的恐惧",而操纵性广告是一种"文化犯罪"。与此相反,塞亚布拉认为化妆品本应是治愈受伤世界的一种手段:"这可以成为人们表达自己的情绪和情感,对地球保护的日益关注,以及追求人类和谐发展的一种方式。"[129]

公司的价值观是通过销售顾问和多项公司举措传递给客户 204 的。1998 年,莱亚尔与他人共同创立了一家 NGO,即 Ethos 商业与社会责任研究所(Ethos Institute of Business and Social Responsibility),来帮助企业以对社会负责任的方式管理业务。2000 年,该公司推出了 Ekos 品牌,一个标志性的产品系列,采用可持续方法来获得巴西的原材料。公司在运行一段时间后停止了用动物进行实验。同年,该公司也成为全球第一个实行"综合报告"的公司,即尝试在年度报告中汇报除公司财务表现之外的社会和环境绩效。2007 年,Natura 采取了旨在实现碳中和的公司战略。[130]

到 2015 年,公司收入已达 30 亿美元,Natura 占有巴西市场

14％的份额，共雇用150万名销售顾问。业务已推广到墨西哥、哥伦比亚等邻国，并在法国巴黎——这个全球美妆业之都拥有了一席之地。不过，在国际市场上，绿色环保并不一定占有优势。创始人强烈的环保观念有可能限制其国际扩张。中国大陆要求进口化妆品公司在动物身上进行化妆品检测，该公司因此拒绝在中国大陆投资或者投资任何在中国有销售网点的公司，而此时中国已经成为全球第二大美妆市场。事实上 Natura 的价格合理，品牌概念也相当契合中国市场。[131]

　　伴随着天然美妆市场的发展，此时涌现出了一批成功地将盈利与可持续发展承诺相结合的知名企业，与过去相比，可谓是发生了天翻地覆的变化。然而，成功与模糊性并存。正如第九章所显示的那样，大型传统美妆公司收购了标志性品牌，这就出现了正当性的问题。然而，重要的与其说是向消费者隐藏的这些品牌的所有权，不如说是持续给消费者带来极大困惑、让对积极或消极环境影响的评估变得更复杂的自然美的意义。正如第六章所探讨的那样，认证是一个漫长的、存有争议的过程，这也反映了行业的有关定义的显著差异。有机食品通常受到严格管制，但美妆产品则不是。这类产品包括了从正式认证的有机产品到所谓的"天然产品"。"天然"一词引发了许多超越产品使用成分的联想，包括避免动物实验，支持广泛的社会和环境问题等。大多数打上"天然"标签的产品仍然含有一些合成香料、人造染料或含石油成分的原材料，有时是用作防腐剂，因为基于植物提炼的防腐剂抗微生物和抗真菌特性较差。"天然"一词的使用明显具有特殊意味，例如，石油、动物制品和酒精都是"天然"产品，但这不被消费者所理解，绿色运动的定义在人们心中更是模糊。

　　除了天然美的含义让人困惑之外,这个行业可以被视为可持续性的驱动力到底还有多久尚不清楚。虽然传统的化妆品和染发剂在很长一段时间内都掺入一些有害的化学成分和其他影响未知的人造化合物,但没有证据表明所有的天然成分都是安全的,也没有证据表明所有的(和某些)化学合成物会对人类构成健康风险。假设价值数十亿美元的美妆业在一夜之间全部采用天然成分,那么为了生产这些天然成分所需要的植物数量就会大大增加,间接导致大面积的土地需要用于投入到化妆品生产所需的原料种植中去,这种以牺牲农作物为代价的做法也是不可取的。此外,在罗代尔和其他一些早期的绿色企业家看来,整个美妆业是消费主义泛滥的一个典型例子,它刺激人们购买大量广告中所极力宣传的、有着致命吸引力包装的品牌,而不考虑他们做出的购买决策所付出的环境成本。

　　在这几十年里,一批才华横溢、关心社会和生态问题的企业家,是天然美妆市场的主力军。他们建立了新的品牌,以此来满足关注健康和环境问题的消费市场不断增长的需求。和过去截然不同的是,这些企业在财务上也很成功,使得它们能够进入资本市场或者得到外部投资,并进一步成长壮大。一些创始人因此发家致富,一些人为环境和社会NGO(包括自己建立的)提供资助。这些成就都是基于对天然美意义理解的不断加深和多样观点而产生。对于某些人来说,他们更关注的是天然成分,其他人则关注的是保护生物多样性,还有一些人关注的是避免动物实验或者其他方面的社会责任。这是一个相对分散的市场范畴,毫无疑问美妆业是一个拥有庞大客户群的行业,女性是其主要客户群体,但又不局限于女性,在这个行业中绿色企业可以更广泛地传播环保主义的语言。从罗迪克和瑞切尔巴赫开始,这些热心的环保倡导者为后人的事业奠定了基础,他们的影响远远超出了美妆业本身。

更为绿色的建筑

随着第二波环保主义浪潮的兴起,一些具有环保意识的建筑师在业界取得了相当大的成功,但他们的公司在赢得客户业务订单方面却不太成功。1980 年以后,由于主张采用三层玻璃、自然通风和其他生态设计特色,生态建筑逐渐从小众成为主流。可持续发展的理念在主流建筑学院校中占据了一席之地。正如下一章所讨论的,环保建筑认证的不断推进是这种主流化的驱动因素之一。2012 年,在一项对 62 个国家 803 名建筑师、工程师、承包商、建筑业主和建筑顾问的调查中,28% 的企业表示,他们的工作重点是进行可持续建筑设计和施工,其中至少有 60% 的项目是符合绿色环保理念的。[132]

生态建筑的传播既不是自发的也不是一蹴而就的。事实上,在 20 世纪 80 年代,伴随石油价格下跌,前 10 年化石燃料价格上涨为可持续建筑带来的推动力日趋减弱。美国建筑师学会成员对这个课题的兴趣明显下降。[133]一些先驱者纷纷在事业上遭受挫折。马尔科姆·威尔斯的"大地之舟"因质量问题遭到市镇和个人客户的投诉,陷入法律纠纷。1990 年,在与客户发生纠纷后,他自愿放弃了新墨西哥州的建筑和施工执照。[134]1980 年,罗纳德·里根

（Ronald Reagan）成功当选总统，2年后加州共和党政府取代了杰里·布朗，而西蒙·范·德·瑞恩回顾性地写下了梦想的幻灭。他说："成功实施我的想法和理念多年后，似乎一切都没奏效，我对此感到失望和绝望。"[135]

值得注意的是，制度创业为生态概念在建筑环境中的进一步传播奠定了基础。第一个大力推动的人是阿迦汗（Aga Khan）四世，他在1976年建立了旨在培养公众对伊斯兰文化认同的建筑奖。一开始，评审团就把环境、社会和经济等因素以及其对环境的影响作为重要的评判标准。一项关于生态建筑的研究这样评价阿迦汗建筑奖："它是一个全新的、基于社会和环境意识的行业仲裁者。"[136]

制度创业的另一个重要案例出现在1982年，那一年，物理学家艾默里·洛文斯（Amory Lovins）和他的妻子亨特·洛文斯（Hunter Lovins）在科罗拉多州的洛基山研究所（Rocky Mountain Institute）开展能源效率的研究。1976年，艾默里·洛文斯在《外交事务》（Foreign Affairs）杂志上发表了一篇关于该国能源战略的两条替代途径的文章。第一条是逐渐加大对化石燃料和核裂变的依赖性，他否定这种方式，因为它具有严重的环境风险。而另一条被他称为"软路径"的替代方案，倾向于增加风力发电和太阳能的供应，同时提高对节能和提高能效的资源投入。[137]该研究所是基于这对夫妇建造的被称为"香蕉农场"的房子发展而来，该房子使用的能源总量只有一个典型美国家庭能源使用量的1/10。每年省下的供暖和制冷费用很快就抵消了较高的建设费用。洛文斯夫妇成为有影响力的公共知识分子，而研究所则成为相关建筑思想和概念的摇篮,其中包括了生态建筑标准,例如尽可能多地使用当地资源和材料。[138]

在建筑行业内,对可持续发展的认知也在不断变化。美国建筑师学会旗下的环境委员会(Committee on the Environment,COTE)于 1989 年成立。[139]在环保局的资助下,环境委员会在 1992 年发布了颇具影响力的《环境资源指南》(*Environmental Resource Guide*),它运用生命周期分析来评估建筑材料的有效性,可谓是一个具有开创性的尝试。1992 年,SMP Architects 建筑公司的负责人苏珊·马可西曼(Susan Maxman)作为美国建筑师学会的主席,参加了在里约热内卢举行的联合国环境与发展大会。作为有史以来第一位女性会长,她将可持续发展列为由国际建筑师联盟在芝加哥举办的第二年世界大会的主题。这次会议发表了《可持续未来合作宣言》(Declaration of Interdependence for a Sustainable Future),它提出了广阔的愿景,而不再只是侧重于特定的技术问题。宣言指出,可持续建筑设计"综合考虑了资源和能源效率、健康的建筑和材料、对生态和社会敏感的土地使用,以及具有启发性、确定性和崇高的审美敏感性等各个方面。"[140]

美国建筑师学会成为女建筑师们竭力倡导环保议程的机构。盖尔·林德赛(Gail Lindsey)是环境委员会 1997 年十大绿色项目奖的得主之一,该奖项也是绿色设计的重要推动力。她在北卡罗来纳州创立了自己的环境设计咨询公司,她到处旅行、授课,为更加可持续的设计提供案例。[141]至 2000 年中,参与环境委员会的女性比例几乎是美国建筑师学会中女性比例的 2 倍。[142]

激进的建筑师在国际活动中积极传播生态观念,他们把自己的实践与制度创业相结合。其中包括新西兰建筑师托尼·沃特金斯(Tony Watkins)，他是本土建筑的倡导者。1996 年，他参与了在温哥华举行的第二届联合国人居会议("Habitat 2")，会议着重聚焦人类住区的"社会发展和环境保护"。[143]沃特金斯在促进这次会议通过的"和平城市"概念方面发挥了重要作用，他还说服组织者将会议空间设为行走区，让政府官员和环保 NGO 的人员可以自由交流。[144]

　　创新的建筑设计也提升了生态建筑的形象。早期节能建筑的标志性人物之一是年轻的建筑师威廉·麦克唐纳(William Mc-Donough)。1984 年，他为环保协会设计了位于纽约的总部大楼，广受好评。1992 年，麦克唐纳出版了《汉诺威原则：可持续性设计》(*The Hannover Principles：Design for Sustainability*)一书，以此声援在德国汉诺威举办的世博会，书中提出了可持续建筑的许多基本原理。[145]而一些著名的传统建筑师，如诺曼·福斯特(Norman Foster)，此时开始运用较为环保的技术进行建筑设计，客户争相把业务委托给他们。[146]1997 年，福斯特设计的法兰克福商业银行大楼建成，当时它被称为世界上最高的环保高层建筑，高度近 1000 英尺。福斯特深受巴克敏斯特·富勒的影响，他俩第一次见面是在 1971 年。福斯特后来回忆道："在我看来，他(富勒)有着超乎常人的良知，因为他是第一个发现这个星球脆弱性的人。"[147]

　　福斯特和富勒都影响了新一代的建筑师，包括加拿大人彼得·巴斯比(Peter Busby)，在 20 世纪 70 年代油价上涨期间，读到伊恩·麦克哈格的《设计结合自然》后，他对环境的兴趣便日渐增长。他在伦敦跟随福斯特实习时遇到了巴克敏斯特·富勒，之后他于 1984 年回到加拿大,在温哥华创办了自己的公司。从一开始,巴斯比就把工作的重点放在环保解决方案上,但最初想要获得业务是艰难的。因此他决定从更加开放创新的大学那里寻找商业209 机会,并且在那里进行宣传和推广。他说:"我创立了一个非常强大的品牌,当我的客户来找我的时候,他们知道自己能得到什么:他们将得到一个绿色的建筑。"[148]

巴斯比的公司此后一直保持走精品路线,他始终坚持可持续发展的理念,直到 2004 年才与旧金山建筑事务所 Perkins ＋ Will 合并。2 年前,这家美国公司已经联系了巴斯比,在决定成为一家独特的全球性建筑公司时,他们明白自己需要强大的可持续设计能力。在长达 18 个月的时间里,巴斯比最终被说服,认为更大的公司规模能够带来更多创新的机会。他坚持让公司 90 位负责人都通过 LEED(能源与环境先锋设计)认证考试,因为他不想成为"独自坐在角落里的环保人士"。在这些负责人通过考试后,他把公司卖给了 Perkins ＋ Will,然后凭借这笔钱成为这家公司的一个大股东。[149]

越来越多的生态建筑师也开始活跃在北美和欧洲以外,他们通常使用当地的材料,雇用当地的工匠。在南亚的杰弗里·巴瓦(Geoffrey Bawa)曾是一位斯里兰卡律师,后来转行成为一名建筑师。他作品的特点是对场所和环境具有高度敏感性。他建造私人住宅和酒店,还建立了包括国家议会在内的公共建筑。2001年,他成为第一个获得阿迦汗建筑奖的非穆斯林信徒。[150]

重新发现本地元素也是林倬生在马来西亚作品的一大特色,这也是热带建筑的传统。他出生在马来西亚槟城,在澳大利亚接受教育,于 1978 年返回吉隆坡,成立 CSL Associates,专注于住宅设计。他对可持续建筑的兴趣可以追溯到他的祖父母这一辈,他们曾是从中国移民而来的贫穷百姓,总是叮嘱家人"要节俭,不要浪费"。在 1964 年至 1968 年间,他在悉尼学习专业知识,学会了在设计建筑时要善用周围的环境。当他的公司刚起步时,他努力去争取客户。后来,他开始拿自己的房子做试验,以此证明目标是可实现的。[151]林倬生将现代建筑和传统建筑结合起来,设计了不少有名的项目,如 1992 年建造的 Salinger House 采用了传统的方法,就地取材,尽可能少地运用现代技术。[152]他发展了一套基本的哲学,称之为"谦卑的建筑"(Architecture of Humility)。"在大自然面前,我们心怀谦卑,万事万物皆为宇宙的一部分。"[153]

　　林倬生的事业起步艰难,直至 20 世纪 90 年代后期他才陆续开始接到高楼大厦的设计业务订单。他为摩天大楼打造了一种有别于热带传统的新风格,他称之为生态塔。这使得他与当地的强劲对手杨经文正面交锋。杨经文在剑桥大学获得生态设计博士学位,1975 年开始设计实践,擅长建造充满"空中绿化"的摩天大楼,他利用建筑的高度来获取太阳能和风能,实现建筑物有效的自然通风。[154]他发表了诸多关于如何为大城市建造环保摩天大楼的有影响力的书籍。正如他在 1995 年首次出版的《生态摩天大楼》(Eco Skyscrapers)一书中指出,摩天大楼是"所有建筑类型中最不具备生态性的一种",但它不会很快被取代,设计师的任务是"减轻其负面的环境影响,并使其尽可能人性化,让住户能愉快地居住。"[155]

　　此时在中国出现了一些生态愿景十分激进的经典个案。1988

年由张跃在湖南成立的远大集团,从中央空调系统制造商发展成为预制安装建筑的制造商,这类建筑可以快速组装,实现较好的保温效果,有四层玻璃窗和高效的供暖、制冷和电力系统。2015年,他在长沙建成了一个57层、拥有800间远大集团办公室和员工家属住房的建筑。他说:"环保比利润更重要,应更重视节能而不是销售。"[156]远大集团并不能从整体上代表中国产业发展的特征。中国从20世纪90年代开始,经历了房地产开发热潮的爆发。截至2010年,其市场份额已增至全球房地产行业的15%。但在所有的新建筑中,符合环保要求的建筑少之又少。[157]

然而,绿色建筑师不能仅依靠一己之力去改变建筑生态环境。他们仍然只是复杂生态系统的一个组成部分,该系统还包括城市规划人员、房地产开发商和建筑商。中国的房地产繁荣是由诸如SOHO中国等价值数十亿美元的公司推动的。[158]在建筑业,巴尔福尔·贝蒂公司和斯堪斯卡公司等全球性大公司,与主要受现金流和盈利能力驱使的数百万家小型私有公司共存。很少有建筑商关心长期发展。即使是急于采用可持续技术的建筑公司也受制于它们作为服务提供者的角色,而作为服务提供者,他们必须遵循其他人决定的建筑规格要求。[159]

像以往一样,建筑项目需要委托制造。这仍然是一个不小的挑战,因为绿色建筑的建造成本更高,但其实从长期的维护费用和环保性能上看,却能节约不少成本。20世纪80年代和90年代,美国的许多绿色建筑最初是由州和市政府委托的。美国联邦政府还通过1992年由环保局发起的"能源之星"(Energy Star program)计划,大力投资节能建筑。随着对全球变暖的担忧加剧，大型企业也越来越多地开始为巨型写字楼寻求绿色认证。[160]绿色建筑主要集中在大城市的商业地产行业：2015 年的一项调查发现，总面积超过 50 万平方英尺的办公楼中有 62%获得了绿色认证，而低于 10 万平方英尺面积的办公楼获得绿色认证的比例则不到 5%。[161]

生态建筑逐渐成为主流是人类史上的一个重要进步。有远见的建筑师、制度创业以及一些政府和企业迫切想要建设绿色办公大楼的意愿，都是这背后的部分原因。这个变化是真实的，不过它的意义和规模也有待商榷。如果建筑物位于一个从沙漠改造而来的城市，而仅凭这一点就把它称为可持续建筑是有问题的。即使不存在界定的模糊性，世界上大部分地区的建筑环境仍然和可持续性背道而驰。

生态旅游的繁荣

从 1980 年到 2015 年间，国际旅游业成长为总价值超越 7 万亿美元的行业。之后国际游客的数量达到了 12 亿。这一增长反映了全球中产阶级可支配收入和闲暇时间的增加，以及旅游费用的持续下降，尤其反映了中国在全球经济中所扮演的越来越重要的角色，以及中国人不断增长的财富。1980 年，几乎很少有中国游客去国外旅游。到了 2015 年，中国是最大的旅游消费来源地，旅游相关的总支出约为 1650 亿美元。美国和德国紧随其后，分别为 1120 亿美元和 920 亿美元。[162]这个行业蕴藏着巨大的就业机会，旅游业成为雇员最多的国际性行业，但同时也是造成巨大环境

212 破坏的一大元凶。这种损害体现在三个方面：施工和森林砍伐等带来的物理性伤害；由固体垃圾、污水和旅行造成的污染；自然资源，特别是水资源和土地资源的枯竭。泰国和其他热带国家的高尔夫球场平均每年消耗 1500 公斤化肥、杀虫剂和除草剂，用水量相当于 6 万名村民 1 年的用水量。[163]

　　正是在这种环境持续退化的背景下，生态旅游成了蓬勃发展的全球旅游市场中一个独立且具备商业可行性的领域。与传统旅游业不同，它不仅要限制环境带来的不利影响，而且要为可持续发展做出积极贡献。正如第四章探讨的那样，这并不是全新的概念。自现代工业开始以来，旅游业已经使消费者能够接触到大自然。从 20 世纪 60 年代开始，拉尔斯·埃里克·林德布拉德和他的同行们开发了一系列新的旅游业务，以确保尽量减少对大自然的伤害。而这种方法现在被赋予了一个正式的名字，并且有一套原则来约束它。

　　"生态旅游"一词起源于 20 世纪 60 年代至 80 年代间，最初它的含义是模糊的。[164]然而，正如下一章探讨的那样，生态旅游正式制度化是在 1990 年国际生态旅游协会（The International Eco-tourism Society，TIES）成立后开始的。作为世界上第一个致力于生态旅游的国际非营利性组织，它的成立旨在保护环境和可持续发展。该协会提出了被广泛接受的生态旅游的定义："具有保护自然环境和改善当地人生活的双重责任的旅游活动。"[165]12 年后，当联合国庆祝国际生态旅游年时，这一类别进一步得到主流认可。

　　随着生态旅游概念的正当化，其客户群也不再局限于提出生态承诺的消费者，它正向更广泛的消费群体扩展，这些人想寻求更有趣的方式来欣赏大自然,同时希望这过程中至少不会因为旅行行为对当地造成的影响而感到内疚。在 1989 年的《绿色消费者指南》中,埃尔金顿和海尔斯用了一章的篇幅介绍了绿色旅游,提供了一份供环保旅行社和其他环保度假产品服务提供者参考的地址清单。[166] 10 年后,国际生态旅游协会将生态旅游者的客户画像描述如下:年龄在 35 至 55 岁;男性和女性比例相当;通常是夫妻出行,而不是一家人或独自旅行;80% 以上都是大学毕业生;比起平均的普通游客,他们更愿意消费。[167]

虽然生态旅游从一个明显服务于精英群体的奢华行业发展成为一个服务更广泛群体的行业,但由于旅游业的边界难以确定,所以市场的量化比较困难。要在正式的生态旅游和涉及自然的其他活动间画出界线是非常困难的。1989 年,全球生态旅游市场的规模预计处于 100 亿至 2000 亿美元。[168] 到了 2015 年,有消息称生态旅游占全球旅游市场的 1/4,但实际上它仍是一个非常分散的市场类别,再加上其他也在使用的市场类别定义,如道德的、有利于穷人的、负责任的和可持续的,这就显得更让人困惑了。[169]

企业家在建设生态旅游市场方面发挥了主导作用,政府有时也会进行辅佐,尤其是当这个类别显示出对游客的巨大吸引力。更多的时候,政府希望利用旅游业务的收入来建设吸引大量人流的、传统旅游所需的基础设施,如机场和现代化道路。参与生态旅游的企业和消费者一样,都各具特色。像 Abercrombie&Kent 和 Lindblad Expeditions 这样的老牌奢华企业,与数以万计的小型旅行社、小旅馆、酒店业主和其他行业从业者共存。其中许多是发展中国家的小企业,也有些企业总部设在西方,但在非洲、亚洲和拉丁美洲以及欧洲和北美均有业务运作。整个旅游业一直是一个高度分散的产业。像其他行业一样，项目越是环保，商业上的生存难度系数就越大。尽管生态旅游的概念在 20 世纪 90 年代就引起了公众关注，但大多数企业家仍然会遭受质疑，面临在基础设施薄弱地区解决经营的挑战和长期的现金流问题。

之前并没有出现过一个典型的生态旅游企业或企业家。他们的创业生涯往往是出于偶然的、投机的，基于个人对某个特定地点的偏好，进而把这个地方打造成了一个营利性项目。例如，纽约企业家斯坦利·赛伦古特（Stanley Selengut）在美属维尔京群岛圣约翰岛的马霍湾创造了可能是全球第一个有积极生态效应的海滨度假胜地，并逐渐树立了它在国际上的口碑。1956 年，洛克菲勒家族曾把这些私人岛屿捐赠给国家用于自然保护，从这件事中赛伦古特意识到了这些岛屿的吸引力。1976 年，他在马霍湾国家公园附近租下了 14 英亩的山地，与政府签订了为期 35 年的租赁合同。他起初想修建一个传统的海滨别墅，但因为公园的管理员认为在其他岛屿上曾存在类似的过度开发行为，担心对环境会产生不利影响，于是就打消了这个念头。[170]

赛伦古特通过避免传统的滥砍滥伐开荒方式保护了自己的土地，转而修建了帐篷营地和木栈道。马霍湾营地成为赛伦古特的第一个度假营地，这里有 18 个有木制框架和蚊帐的帐篷。[171]度假营地虽没有立即实现盈利，但是游客数量在逐渐增加，尤其在《纽约时报》发表了一篇关于马霍湾营地的文章中称赞其所具备的可持续性之后。到了 1993 年，马霍湾每年的收入约为 300 万美元。[172]

　　早期的营地没有使用替代能源或堆肥厕所,但在 20 世纪 90 年代初,赛伦古特在新开发的项目中采用了这些新方法。他在 1991 年举办国家公园管理局研讨会,制定了一套关于可持续建筑的指导方针,在那之后赛伦古特开始建造和谐度假酒店,这些豪华酒店公寓拥有太阳能和风能温控设备、发电机以及热水器,建造用料主要是可回收材料。康科迪亚生态帐篷可以俯瞰整个盐池湾。后来,赛伦古特成为生态旅游会议的常客。值得注意的是他始终认为生态旅游可以成为一项有利可图的业务。[173]

　　随着生态旅游市场的发展,强大的市集集聚效应出现了,就像第四章所描述的瑞士雪山度假区那样。在 2000 年之前,哥斯达黎加已成为世界领先的生态旅游目的地,比肯尼亚和加拉帕戈斯群岛等行业先行者还要早。从那时起,每年 100 万游客中有许多人逐渐转变成为生态旅游的游客。[174]

　　哥斯达黎加从全球生态旅游产业崛起中受益不足为奇。这里天气暖和,有漂亮的海滩,地理位置优越,靠近美国和加拿大,交通便利。1957 年,首都圣何塞附近建成了一个现代化的国际机场。1985 年以后,该国的旅游部门提供了奖励和税收减免,并鼓励外商投资豪华旅游度假区。哥斯达黎加还拥有一个长期健全的民主制度,在短暂的内战结束后,于 1948 年废除了军队。到 20 世纪 70 年代,政府在医疗保健系统和教育方面投入了大量资金,该国居民在拉丁美洲国家中的识字率是最高的。当中美洲许多国家陷入游击队冲突、被政府支持的敢死队和无情的帮派占领时,哥斯达黎加像是一片和平与稳定的绿洲。不论是否绿色环保,这样的稳定局势对游客来说是一种吸引,当地也欢迎外国人来投资兴业。215

外国人或公司购买房产不受任何限制,该国还为外国人特别是美国投资者和企业家提供了不亚于东道国的优惠投资措施。[175]

这些制度因素事实上对所有类型的旅游都有利,但一些具体的因素对生态旅游特别有帮助。像它的邻国一样,哥斯达黎加拥有丰富的生物多样性和美丽的热带雨林。保护生物多样性的基础性工作由国内外非营利性科学组织进行,它们推动政府建立国家公园体系,并在 1969 年得到了政府和国际慈善组织的资助。这些公园没有设置专门针对游客的设施,但他们有潜力吸引到私人旅游公司,因此成为具有投资价值的游览项目。从 20 世纪 70 年代开始,外籍和哥斯达黎加当地的企业家开始积极开展此类业务。他们这么做是出于对大自然的热爱或对生态观点的坚持:鉴于最初的市场还没有得到实践验证,开展工作的难度比较大,这不是一个对渴望获得巨额利润的人具有很大吸引力的活动。每个参与者都有着一个共识,即营利性企业可以为可持续性助力而不会破坏它。[176]

许多小型旅游公司在推动市场发展方面发挥了重要作用。它们的创始人既有外派到这里的美国人,也有哥斯达黎加当地人。[177]1978 年,迈克尔·凯耶(Michael Kaye)创立了 Costa Rica Expeditions,它成为当时该国国内首家专门从事生态旅游的旅行社。凯耶在曼哈顿长大,他童年的大部分时间都在他家附近的美国国家自然历史博物馆和中央公园中度过,还有那些难忘的荒野度假。高中毕业后,他在 20 世纪 60 年代初开始在美国西部体验漂流,最终在加利福尼亚州建立了自己的漂流公司,并参与了环保主义运动。[178]

在探索新的漂流业务机会的过程中,凯耶在萨尔瓦多遇到了
他未来的妻子,最终他们在哥斯达黎加定居。凯耶推出了优质的
漂流业务,最初针对的是北美客户。像赛伦古特和其他生态旅游
先驱一样,凯耶认为一个有利可图的商业模式和可持续发展可以
完美结合,他相应地扩大了自己的业务范围。因获得了有美资背
景的私人银行的融资,凯耶从 1986 年开始便在托尔图格罗经营酒
店业务,尝试实现多元化发展。[179] 5 年后,《旅行与休闲》(*Travel
and Leisure Magazine*)杂志在全球范围内寻找一家具有代表性的
生态旅游公司,而 Costa Rica Expeditions 公司获得了该杂志颁
发的一个相关奖项,这个偶然的机会缘于一位熟悉凯耶的记者的
推荐。在不断发展的商业模式中,凯耶利用了互联网提供的直接
营销的新机会:1994 年,他成为哥斯达黎加首家互联网服务提供
商的合作伙伴。[180]

　　另一个开拓性的旅游公司 Horizontes Nature Tours 也认同
凯耶的观点,认为盈利和可持续性是可以相结合的,它由当时 24
岁的塔玛拉·巴道斯金(Tamara Budowski)和玛格丽塔·福雷罗
(Margarita Forero)于 1984 年创立。巴道斯金是一位杰出的森
林生物学家的女儿,因为工作原因,她的父亲经常会带她到国外去
田野调查。[181] 为了从事旅游业的工作,巴道斯金和福雷罗都违背了
家人的期望。她们相识于一所教授旅游专业课程的大学里,后来
巴道斯金去迈阿密学习市场营销,在那里她发现了大众旅游存在
的问题。[182] 在哥斯达黎加,她们努力尝试建立一家以节约为导向的
旅游公司。由于缺乏资金,最初只获得了出境游的业务许可。最
终她们通过与福雷罗家人的朋友塞尔吉奥·米兰达(Sergio Mi-

216

randa)结盟实现突破,米兰达恰巧开始在科尔科瓦杜国家公园附近开发 Marenco 私人保护区,他还拥有一家酒店。这次的结盟,加上米兰达的财力支持使得巴道斯金和福雷罗能够把参与生态游的游客带到哥斯达黎加国内。1986 年,该公司开始从事以国家公园为主题的团体旅游业务,希望为美国游客探索自然之旅提供帮助。[183]

Horizontes 最初聚焦于为美国和加拿大自然保护和教育机构提供团体旅游业务。在 1992 年,这些团体业务占到公司业务总额的 75%。当时公司规模正不断扩大,雇用了 28 名全职员工,其中大部分是女性。该公司向包括国家动物园在内的众多当地事业单位以及科学保护组织捐款,并为其他公司的 40 名导游提供免费培训课程,以帮助提升他们的生物学和生态相关知识。[184]

如果说类似 Horizontes 这样的旅游公司对吸引生态旅游者来到这个国家是很重要的话,那么旅馆和其他形式的住宿提供则
217 能为这些旅客提供逗留之地。私人自然保护区在这个时期渐渐成为主要目的地。早期第一批私人旅馆的出现纯属机缘巧合。一个典型的例子是 Savegre Mountain Lodge。它起源于 1954 年,当时还在咖啡种植园工作的埃弗拉因·查孔(Efraín Chacón)和费德里科·查孔(Federico Chacón)两兄弟迷路了,他俩最终在山上找到了一个绝佳的地方住下。后来他们偕同家人一起回来,在这里建立了一个农场。在这个只有步行或骑马才能到达的地方,他们通过发展农业和出售奶酪来养活自己。多亏埃弗拉因在河里养了几条鳟鱼,它无意中成为一个钓鱼目的地,旅游业务因此兴起。1971 年,第一批专为游客而建的小木屋完工。[185]

那时,两位研究兰花的哈佛大学植物学家曾到访过这里,他们随后以书面形式介绍了凤尾绿咬鹃这一数量众多的鸟类。埃弗拉因·查孔后来回忆说,这些科学家"告诉他保护环境的重要性,他也看到一些人对大自然的兴趣"。凤尾绿咬鹃的吸引力很大。1982年,俄克拉荷马州南方拿撒勒大学的师生开始组织参观这个地区。8年后,他们创建了一个实地考察站,以便进行更长时间的科研观察。随着时间的推移,生态旅游重塑了家族的业务。在20世纪80年代中期,他们关闭了养牛场。创始人的儿子马里诺·查孔(Marino Chacón)回忆道,如果要继续发展农业,他们就必须砍伐更多的树木,但"人们来这里是为了看到树木、小鸟和凤尾绿咬鹃"。[186]

另一家早期的生态旅舍也是由起初并没有保护自然意识的人建立的。创始人是一位美国侨民,名叫杰克·尤因(Jack Ewing),他在哥斯达黎加为一家从事北美牛肉出口和肉类加工业务的大农场工作。到1976年,尤因管理着太平洋海滨330公顷的农田,这里被称为巴鲁庄园(Hacienda Baru)。他对周围的丛林及其野生动物越来越感兴趣。在目睹一只豹猫被猎枪击中后,尤因禁止狩猎者在他的地盘狩猎。"在20世纪70年代,那个时候的我还不认为自己是一个环保主义者,"尤因后来回忆道,"而一旦禁止人们狩猎,我就被当作是一名环保主义者。"[187]1988年,在旅游者提出愿意为热带雨林之旅买单后,尤因开始提供旅行服务,业务在3年内就实现了盈利。[188]随后,尤因在巴鲁庄园为需要过夜住宿的人们搭建小屋,他的旅游项目从雨林旅游发展到观鸟之旅,再到聚焦前哥伦比亚时代文物遗产的小众路线,实现了多样化发展。[189]

旅游业中百余家成功的小企业,把哥斯达黎加这个国家打造 218

成了一个绿色品牌。这降低了新企业的进入壁垒,它们可以集中精力建立自己公司的信誉;而当时也已经有了理论基础和基本设施来支持旅游业的发展。1993 年,旅游业超过了香蕉种植业,成为哥斯达黎加的主要外汇来源。据估计,旅游业在 2000 年雇用了10%的哥斯达黎加人,其中一大部分出生于农村。投资、生态教育和健全的环境政策这一良性循环推动了哥斯达黎加森林面积的恢复,到 2002 年,该国已将森林面积恢复到占国土面积 40%以上。[190]

然而,这种做法的利弊得失十分明显。即使是对环境最为敏感的国际游客,也主要是靠乘坐以化石为燃料的飞机抵达这里的。甚至所谓"软性"自然游客都在寻求更为舒适的住宿。哥斯达黎加变得更加出名,许多人来到这里,但对除了海滩以外的大自然并没有兴趣。一项极为重要的研究讨论了生态旅游与所谓的"自我旅游"之间存在交集,后者通常是想通过旅行强调其社会地位,他们感觉"这样可以免受对在第三世界旅行的批评"。[191]

这些新型消费者的出现为精品酒店和生态旅舍创造了市场机会,但 20 世纪 90 年代互联网的扩张开辟了新的旅游预订方式,这类业务面临的挑战是继续致力于可持续发展。"自我旅游者"往往比较富裕,更多时候,他们并没有使用以价格为主的互联网比价购物网站。[192]迈克尔·凯耶指出,从消费者的购买模式和公司所收集的客户评价来看,人们并未将可持续性和价格或舒适度放在同等地位加以考量。[193]在 21 世纪初,塔玛拉·巴道斯金认为,新一代生态游客对此缺乏真正的兴趣,越来越多新落成的高尔夫球场、游轮造成的污染以及哥斯达黎加商业化捕杀鲨鱼和其他动物成了一个标志,"尽管我们尝试了所有的努力",生态旅游仍"不起作用"。她继续经营自己的公司,直到 2008 年,发现自己深受其扰,此时她决定退休,在神秘宗教和全球生态村运动中寻找新的视野。[194]

像其他行业一样,一旦生态旅游的市场得到了正面验证,传统企业和旅游协会便会纷纷加入。到了 20 世纪 80 年代后期,传统的旅游协会已经认可了生态旅游这一观念。1991 年,美国最大的旅游行业协会美国旅行社协会成立了环境委员会。4 年后,世界旅游及旅行理事会(由主要航空公司、连锁酒店和邮轮公司组成)、联合国世界旅游组织(包括政府旅游部门和 NGO 等其他机构)以及以地球理事会为首的主要行业机构积极响应于里约热内卢召开的联合国环境与发展大会,发表了一份名为《旅行和旅游业 21 世纪议程》(Agenda 21 for the Travel and Tourism Industry)的文件,对旅游业如何能够有效地帮助自然环境提出了强烈主张。[195] 传统企业急于表达自己渴望为绿色环保做出贡献,而旅游行业的一位权威人士在 2008 年得出结论:"大部分被标榜为生态旅游来进行捆绑销售的,都只是包裹着一层薄薄的'绿色'面纱的传统大众旅游项目而已。"[196]

生态旅游的前提与浪漫主义时代的前提一致,即走进自然可以恢复人性。生态旅游作为一个新兴行业的发展历程表明,它是一笔有利可图的生意,至于它为世界的可持续发展做了多少贡献又是另一回事。

小结

这个时代绿色企业家的成就是显著的。有机食品和天然美妆业演变成主流市场,沙漠上真的盛开了有机农业之花。在世界上最大城市的办公大楼中加入可持续的元素变得很寻常。绿色的摩天大楼建成了。生态旅游则成为全球旅游业的主流类别。绿色创业变得越来越全球化:企业家为土耳其消费者提供了购买有机食品的机会,巴西人得以购买国外进口的天然美妆产品。在各行各业中,有机产品与传统产品的差距越来越小。所有这些行业的发展都源于对人类健康和对自然的尊重,但它们的倡导者有效地展现了它们与由气候变化和生物多样性丧失导致的当代关键问题之间的关联。

一个非凡的成就是"盈利和拯救地球可以兼容"这个概念得到了传播。在自由资本主义再度兴起和国家干预减少的大背景下,绿色企业家提出了可持续发展的重要性,展现出了私人企业能够提供解决方案的能力。尽管他们的观点和角色各不相同,但是约翰·埃尔金顿、保罗·霍肯、格茨·雷恩、安东尼奥·路易兹·塞亚布拉、艾默里和亨特·洛文斯、林倬生、塔玛拉·巴道斯金以及他们的同行都是强有力的倡导者,在不同背景下强调可持续性的重要性。在许多情况下,他们总是比政策制定者、消费者和传统企业先人一步。他们的行为和留下的著作对于让绿色商业正当化,以及从有机食品到生态旅游的整个范畴而言都非常重要。与过去相比,讨论生态问题不再被认为是奇怪的行为。

尽管如此,创建和发展绿色企业仍是一个艰难的主张。企业家需要去开辟市场。有机食品企业需要倍加努力,并有目的地提升产品的吸引力,使它们被消费者所接受。他们必须打破以往一些成见,即有机食品不好吃,或者有机食品只适合激进分子或理想主义者而不适合大众。无论是生态旅游企业还是生态建筑师,绿色企业家仍然需要向潜在消费者解释产品的本质以及消费者需要支付高价的原因。因此,在发展初期,行业从业者的抱团取暖尤为重要。在有机食品行业中,像科罗拉多州博尔德这样的集群提供了最初一批愿意买单的消费者和雇员。在哥斯达黎加,集群变成了能吸引更多顾客的国家品牌形象,以此吸引更多的消费者和企业家,其中既有当地人也有外籍人士。

　　一些企业可以并且也确实打破了地域范围的边界,实现了扩张。但大部分产品和服务的价格仍然高于传统产品。它们有时需要与其他得到巨额补贴的竞争对手进行竞争,例如美国的传统农业。绿色企业继续与传统产品和服务进行竞争,而这些传统产业所提供的产品和服务没有将环境外部性包括在价格当中,例如传统建筑业,或者在旅游网站上出售的廉价度假服务。当少数几家非常成功的绿色企业得到投资者的支持并进入资本市场时,与资本相伴而生的政府政策很少能与多数绿色企业家的愿望保持一致,科斯兄弟、罗迪克、雷恩等人的经验就是最佳例证。

　　与此同时,伴随着通过更大程度的主流化以衡量成功而来的是一系列新挑战。这些挑战一部分与规模扩大有关,尤其是规模扩张的方式。不同行业之间规模扩张的可持续性收益不尽相同。虽然有机零售和农业的扩张使得更多的消费者可以吃到不含化学制品或添加剂的食物,但这些有机食品通常是经过远距离运输的。如果通过使用本地产品来扩大规模,那么负面影响就会小得多。与通过摧毁森林而创造出的大型海滩度假胜地相比,通过享受和了解自然为当地社区创造收入显然更能为自然环境带来积极的影响。虽然对生物多样性来说是一个加分项,但为了使人们长途跋涉到这样的生态旅游胜地,政府便建造更大的机场来让交通变得更便利,那么这对气候变化就会产生负面影响。

就天然美妆业而言,规模化发展使更多消费者选择不使用含有化学添加物的化妆品。但行业也消耗了更多可用作食物的植物。更重要的是,随着自然美成为美妆品牌产品组合中的一个营销工具,整个活动简单地强化了消费主义,这甚至让最关注生态的消费者在购买时也感到理所当然。最环保的化妆品其实是"不化妆"。

相比之下,规模化在绿色建筑和绿色施工方面有着更积极的影响。由于建筑物和城市是全球变暖和其他负面环境后果的主要驱动因素,建筑环境越符合环境标准则越好。问题的关键不在于规模化,而在于用来定义可持续性的标准。

所有的行业都存在一个问题,即规模化通常是通过放弃最为生态的标准来实现的。这一方面似乎是吸引更多消费者和客户的唯一途径,另一方面也是潜在的危险滑坡。随着利基市场走向主流,传统企业将绿色品牌添加到他们的业务组合中,可持续发展的意义也变得模糊。认证和标准的制定是为了避免这种模糊和确保正当性,但它们并不总是成功的,这一话题将在下一章中讨论。事实上,企业规模的扩大对可持续性的真正含义又提出了新的挑战,相关问题包括:工业化的有机农业,或一个容纳一流银行的巨型摩天大楼,是否真的具备可持续性?在接下来的章节中,我们将看到制度创业、新的资金来源、政府政策和常规业务的环保化是如何应对这些挑战的。

本章注释

1. Jani Actman, "Exxon Valdez Oil Spill Devastated Killer Whales," *National Geographic*, January 26, 2016.

2. *Report of the World Commission on Environment and Development*: *Our Common Future* (New York: United Nations 1987), p.16.

3. Ramachandra Guha, *Environmentalism*: *A Global History* (New York: Longman, 2000), pp.140-1.

4. Carrie A. Meyer, "Opportunism and NGOs: Entrepreneurship and Green North-South Transfers," *World Development* 23, no. 8 (1995), pp.1277-89; Guha, *Environmentalism*, p.141.

5. Frank Uekötter, *The Greenest Nation? A New History of German Environmentalism* (Cambridge, MA: MIT Press, 2014), pp.99-100.

6. Russell J. Dalton, *The Green Rainbow*: *Environmental Groups in Western Europe* (New Haven: Yale University Press, 1994).

7. Al Gore, *Earth in the Balance*: *Ecology and the Human Spirit* (Boston: Houghton Mifflin, 1992).

8. Cary Coglianese and Ryan Anderson, "Business and Environmental Law," in Pratima Bansal and Andrew J. Hoffman (eds.), *The Oxford Handbook of Business and the Natural Environment* (Oxford: Oxford University Press, 2012), pp.140-60.

9. Spencer R. Weart, *The Discovery of Global Warming* (Cambridge, MA: Harvard University Press, 2003), pp.157-8.

10. Forest Reinhardt, Gunnar Trumbull, Mikell Hyman, Patia McGrath, and Nazli Zeynep Uludere, "The Political Economy of Carbon Trading," Harvard Business School Case No.9-710-056 (rev. April 27, 2011).

11. Stephan Schmidheiny, *Changing Course*: *A Global Business Perspective on Development and the Environment* (Cambridge, MA: MIT Press, 1992).

12. Livio D. DeSimone and Frank Popoff, *Eco-Efficiency*: *Business Link to Sustainable Development* (Cambridge, MA: MIT Press, 1997).

13. Sandra Waddock, *The Difference Makers* (Sheffield: Greenleaf, 2008), pp.175-8.

14. ⟨ http://johnelkington. com/about/personal/education ⟩, accessed

222

January 3,2016.

15. John Elkington with Tom Burke, *The Green Capitalists* (London: Victor Gollancz,1987).

16. John Elkington, *Cannibals with Forks: The Triple Bottom Line of 21st Century Business* (Oxford: Capstone Publishing,1997).

17. John Elkington and Julia Hailes, *The Green Consumer Guide: From Shampoo to Champagne*, High-Street Shopping for a Better Environment (London: Victor Gollancz,1988).

223 18. Elkington and Hailes, *Green Consumer Guide*,p.3.

19. Monica M. Emerich, *The Gospel of Sustainability: Media*, *Market and LOHAS* (Champaign,IL: University of Illinois Press,2011).

20. Andrew Gilg, Stewart Barr, and Nicholas Ford, "Green Consumption or Sustainable Lifestyles? Identifying the Sustainable Consumer," *Futures* 37 (2005),pp.481-504.

21. Waddock, *Difference Makers*,pp.181-2.

22. Ibid.,p.186.

23. Matthew J. Kiernan, *Investing in a Sustainable World* (New York: Amacom, 2009),pp.221-3.

24. John Elkington, *The Zeronauts: Breaking the Sustainability Barrier* (London: Routledge,2012).

25. Paul Hawken, *The Magic of Findhorn* (New York: Harper & Row, 1975). 芬德霍恩的生态村始建于 1962 年。在 20 世纪 90 年代,芬德霍恩成为生态村建设运动的核心地区。〈http://www.ross-jackson.com/rj/21987/41762/〉,accessed April 30,2014.

26. Paul Hawken, *The Ecology of Commerce* (New York: HarperCollins, 1993),p.xiii.

27. Ibid.,p.xv.

28. Paul Hawken, Amory Lovins, and L. Hunter Lovins, *Natural Capitalism: Creating the Next Industrial Revolution* (Boston: Little, Brown and Company,1999),pp.273-5,277-9.

29. Review of *Natural Capitalism*,in *The Economist*,November 13,1999.

30. Gary Hirshberg, *Stirring It Up: How to Make Money and Save the World* (New York: Hyperion,1999).

31. John Mackey and Rajendra Sisodia, *Conscious Capitalism : Liberating the Heroic Spirit of Business* (Boston : Harvard Business School Press, 2013); John Mackey and Justin Fox,"The HBR Interview : Whole Foods CEO John Mackey," *Harvard Business Review* (January 2011).

32. Yvon Chouinard, *Let My People Go Surfing* (New York : Penguin, 2005),pp.61-76.

33. "A Widening Popularity Brings Acquisitions," *New York Times*,October 26,1996.

34. ⟨http://www. ers. usda. gov/topics/international-markets-trade/global-food-markets/global-food-industry.aspx⟩, accessed April 1, 2016; Marie Ng et al.,"Global,Regional,and National Prevalence of Overweight and Obesity in Children and Adults during 1980-2013 : A Systematic Analysis for the Global Burden of Disease Study 2013," *The Lancet* 384,no. 9945 (August 30,2014),pp.766-81.

35. FiBL and IFOAM, *The World of Organic Agriculture 2016* (February 224 2016), ⟨https://shop. fibl. org/fileadmin/documents/shop/1698-organic-world-2016.pdf⟩,accessed July 1,2016.

36. John R. Wells and Travis Haglock,"Wild Oats Markets,Inc.," Harvard Business School Case No. 9-707-438 (rev. April 3,2008).

37. Christopher Marquis, Marya Besharov, and Bobbi Thomason, "Whole Foods : Balancing Social Mission and Growth," Harvard Business School Case No.9-410-023 (rev. September 28,2011).

38. Beth Kowitt,"Wholefoods Takes Over America," *Fortune*, April 28, 2014,p.74.

39. Marquis et al., "Whole Foods"; Samuel Fromartz, *Organic, Inc.: Natural Foods and How They Grew* (Orlando : Harcourt,2006),pp.241-5.

40. Wells and Haglock,"Wild Oats."

41. FAO, *World Markets for Organic Fruit and Vegetables—Opportunities for Developing Countries in the Production and Export of Organic Horti-cultural Products* (2001), ⟨http://www.fao.org.ezp-prod1.hul.harvard. edu/DOCREP/004/Y1669E/y1669e00.htm⟩,accessed April 30,2014.

42. Mackey and Sisodia, *Conscious Capitalism*,pp.158-9.

43. Marquis et al.,"Whole Foods."

44. Angel González, "Largest Organic Grocer Now Costco, Analysts Say," *Seattle Times*, April 4, 2016; FiBL and IFOAM, *World of Organic Agriculture*, p.250.

45. FAO, *World Markets*.

46. 〈http://www. rapunzel. de/bio-demeter-haselnuesse-aprikosen-feigensultaninen-tuerkei.html〉, accessed August 2, 2016; Eva Wonneberger, *Die Alternativebewegung im Allgäu : Landkommunen, Biohöfe und andere Initiativen* (Wangen: FIU Verlag, 2008), p.141.

47. Rapunzel Naturkost AG, "Lagebericht über das Geschäftsjahr 1990" (January 1, 1991); Anon., "Big Bang im Naturkostladen," *Lebensmittel Zeitung*, August 16, 1996.

48. Handelsregister Bekanntmachungen, Ausgabe-Nr. 0179, "Rapunzel Naturkost Aktiengesellschaft," January 1, 1990.

49. Joachim Schalinski, "'Bio Gourmet' treibt Rapunzel," *Lebensmittel Zeitung*, October 5, 2007.

50. Christiane Langrock-Koegel, "Jetzt seid ihr dran," *Enorm Magazin* (March 2015), 〈http://enorm-magazin. de/jetzt-seid-ihr-dran〉, accessed February 2, 2016.

51. Michael Gassmann, "Der Rauswurf bei dm war für uns enttäuschend," *Die Welt*, November 16, 2015.

52. Götz Rehn, *Modelle der Organisationsentwicklung* (Bern and Stuttgart: Verlag Paul Haupt, 1979), p.322.

225 53. Sebastian Balzter, "Der Körner-König: Alnatura-Gründer Götz Rehn," *Frankfurter Allgemeine Zeitung*, June 7, 2015; Gassmann, "Der Rauswurf."

54. Anon., "Anthroposophie und die Wirtschaft, interview with Götz Rehn," *Süddeutsche Zeitung*, January 17, 2011.

55. Balzter, "Der Körner-König."

56. Anon., "Naturkost als Chance," *Lebensmittel Zeitung*, February 21, 1997.

57. Ugesh Joseph, *The "Made in Germany" Champion Brands* (Burlington: Gower Publishing, 2013), p.244; Marius Sienel, *Der deutsche Gesundheitsmarkt : Risiken und Potenziale für den Handelsmarkt der Zukunft* (Ham-

burg：Diplomica Verlag,2015），p.57.

58. Lauran FitzPatrick，"Farming Firm Tackles Egypt's Problems in a Visionary Way，" Agence France Presse，December 8,2003.

59. Anon.，"Anthroposophie und die Wirtschaft，" interview with Götz Rehn，*Süddeutsche Zeitung*，January 17,2011.

60. Jochen Remmert，"Mit eiserner Hand ausgelistet，" *Frankfurter Allgemeine Zeitung*，January 23,2016；Jens Heisterkamp，"Götz Werner und Götz Rehn versöhnensich，" *Info3 Magazin*，February 15,2016,〈http：//www.info3-magazin.de/goetz-wernerund-goetz-rehn-versoehnen-sich/〉，accessed March 8,2016；Anon.，"Drogeriekette vs. Biohändler：Alnatura Chef und dm-Gründer beenden Streit，" *Der Spiegel*，February 16，2016.

61. 1974 年，一家由丹麦默克合作银行（Merkur Bank）的前身机构投资的人智学有机食品零售商店正式开业。见 Lars Pehrson and Henrik Platz，"Fra Græsrod til Professionel Bankvirksomhed，" in Lars Pehrson et al.（eds.），*Merkur 25 År*（Copenhagen：Merkur Bank,2007），p.10。

62. Interview with Karsten Korting and Thomas Roland（FDB），Copenhagen，May 22,2012.

63. *Organic Market in Europe*（2011），p.97,〈https：//www.fibl.org/en/shop-en/article/c/market/p/1558-organic-market.html〉，accessed June 9,2015.

64. Interview with Korting and Roland.

65. Ibid.

66. FAO，*World Markets*.

67. Ibid.

68. Hanne Torjusen，Lotte Sangstad，Katherine O'Doherty Jensen，and Umni Kjærnes，*European Consumers' Conceptions of Organic Food：A Review of Available Research*（Oslo：National Institute for Consumer Research,2014）.

69. Rodale Institute，"Reversing Climate Change Achievable by Farming Organically，" April 23，2014，〈http：//rodaleinstitute.org/reversing-climate-change-achievable-by-farming-organically〉，accessed March 8，2016；Tamat Haspel，"Is Organic Agriculture Really Better for the Environment，" *The Washington Post*，May 14,2016.

226 70. Renée Shaw Hughner, Pierre McDonagh, Andrea Prothero, Clifford J. Shultz II, and Julie Staton, "Who Are Organic Food Consumers?" *Journal of Consumer Behaviour* 6 (2007), pp.275-304.

71. Susan Baker, Keith E. Thompson, Julia Engelken, and Karen Huntley, "Mapping the Values Driving Organic Food Choice: Germany vs. the UK," *European Journal of Marketing* 38, no. 8 (2004), pp.995-1012.

72. Arie Hollander, "'Tegen Beter Weten In.' De Geschiedenis van de Biologische Landbouw en Voeding in Nederland (1880-2001)," Utrecht University Ph.D., 2012.

73. Geoffrey Jones and Simon Mowatt, "National Image as a Competitive Disadvantage: The Case of the New Zealand Organic Food Industry," *Business History* 58, no. 8 (2016), pp.1262-88.

74. Interview with Juliet Lamont and Rodnie Whitlock (Ceres), Wellington, January 25, 2012.

75. Jones and Mowatt, "National Image."

76. Interview with Yasushi Tamura (Mavie), Tokyo, May 24, 2010.

77. Interview with Kohei Takashima (Oisix), Tokyo, May 31, 2010.

78. Ibid.

79. Annual Report Oisix, 2014.

80. Schuyler Velasco, "Is Food the Future of Entrepreneurial Japan?" *Christian Science Monitor*, December 10, 2013.

81. Kimberly Wright, "Going Organic: Investing in China's Growing Health Foods Market," *China Business Review*, ⟨http://www.chinabusinessreview. com/going-organic-investing-in-chinas-growing-health-foods-market/⟩, accessed June 3, 2016.

82. Interview with Ayhan Sümerli (City Farm), Istanbul, July 3, 2013.

83. Ibid.

84. Ibid.

85. Lisa Katayama, "Doughnuts to Dollars: How a Business Scion's Son Went from Burning Man to Angel Investing," ⟨http://www. fastcompany. com/1707100/doughnuts-dollars-how-business-scions-son-went-burning-man-angel-investing⟩, accessed May 15, 2016.

86. Nancy F. Koehn, Nora N. Khan, and Elizabeth W. Legris, "Gary Hirsh-

berg and Stonyfield Farm," Harvard Business School Case No. 9-312-122, October 2012.

87. Interview with Claus Hipp, Pfaffenhofen an der Ilm, February 25, 2013.

88. ⟨http://vmfgroup. com/en/Media-center/Press-releases/HiPP-selected-once-againthe-most-sustainable-company-in-Germany⟩, accessed July 2, 2016.

89. Carol Marie Cropper, "Bringing Up Baby with Its Parents on the Sideline," *New York Times*, May 5, 1998.

90. Ron and Arnie Koss, *The Earth's Best Story: A Bittersweet Tale of 227 Twin Brothers Who Sparked an Organic Revolution* (White River Junction, VT: Chelsea Green Publishing, 2010), p.x.

91. Ibid., parts 4 and 5, and p.336.

92. Ibid., p.337.

93. Ibid., pp.344, 350-1.

94. FiBL and IFOAM, *World of Organic Agriculture*.

95. Susanne Padel and Nic Lampkin, "The Development of Governmental Support for Organic Farming in Europe," in William Lockeretz (ed.), *Organic Farming: An International History* (Wallingford: CABI, 2007), pp.94-102.

96. Janet McGarry, "Organic Pioneers Reflect on 40 Years of CCOF," January 22, 2013, ⟨http://www.cuesa. org/article/organic-pioneers-reflect-40-years-ccof⟩, accessed May 4, 2016.

97. Amelia Urry, "Our Crazy Farm Subsidies, Explained," *Grist*, ⟨http:// grist. org/food/our-crazy-farm-subsidies-explained⟩, accessed April 20, 2015.

98. Interview with Jim Cochran by Ellen Farmer, December 10, 2007, UC Santa Cruz Library, Oral History Collection, ⟨http://library. ucsc. edu/ reg-hist/cultiv/cochran⟩, accessed June 14, 2015.

99. Patrick Connors, "Way Beyond Organic," ⟨http://newfarm.rodaleinstitute. org/features/2005/0405/swanton/index. shtml⟩, accessed April 19, 2015.

100. William B. Tate, "The Development of the Organic Industry and Market: An International Perspective," in Nicolas Lampkin and Susanne

Padel (eds.), *The Economics of Organic Farming: An International Perspective* (Wallingford: CABI,1994),pp.22-3.

101. Connors,"Way Beyond Organic."

102. Rodale Institute,"The History of Community Supported Agriculture, Part I Community Farms in the 21st Century: Poised for Another Wave of Growth?"〈http://newfarm.rodaleinstitute.org/features/0104/csa-history/part1.shtml〉,accessed June 2,2012.

103. Michael Ableman and Alice Waters, *On Good Land: The Autobiography of an Urban Farm* (San Francisco: Chronicle Books, 1998); Michael Ableman,Cynthia Wisehart,and Sam Bittman,*From the Good Earth: A Celebration of Growing Food Around the World* (New York: Abrams,1993),p.12.

104. Interview with Thomas Harrtung,Barritskov,May 22,2013. 关于 IF-OAM,参见本书第 6 章。

105. 参见本书第 7 章。

106. Lisa Abend,"Thomas Harttung," *Time Magazine*,September 22,2009; 〈http://www.proff.dk/firma/aarstiderne/humleb% C3% A6k/postordrefirmaer/13589851-2/〉,accessed May 5,2016.

107. Interview with Myra Goodman,Carmel,March 15,2012.

108. Interview with Drew Goodman by Sarah Rabkin,April 22,2009,UC Santa Cruz Library,Oral History Collection,〈http://library.ucsc.edu/reg-hist/cultiv/goodman〉,accessed March 15,2016; Fromartz, *Organic, Inc.*,p.125; Ben Harris,"Earth Mother," *Tablet*,October 11,2011.

109. Interview with Myra Goodman.

110. Fromartz, *Organic, Inc.*,pp.132-8; Julie Guthman, *Agrarian Dreams: The Paradox of Organic Farming in California* (Berkeley: University of California Press,2004),pp.29,157.

111. Guthman, *Agrarian Dreams*,chapter 3.

112. FiBL and IFOAM, *World of Organic Agriculture*; Australian Organic Market Report 2014,〈http://www.organicknowledge.com.au/uncategorized/australian-organic-market-report-2014/〉; 〈https://www. kadac. com.au/about-us〉,accessed August 28,2015.

113. Ibrahim Abouleish, *SEKEM: A Sustainable Community in the Egyptian*

Desert (Edinburgh: Floris Books,2005),p.43.

114. Ibrahim and Helmy Abouleish,"Garden in the Desert: Sekem Makes Comprehensive Sustainable Development a Reality in Egypt," *Innovations: Technology,Governance,Globalization* 3,no. 3 (2008),p.94.

115. Interview with Ibrahim Abouleish,October 5,2011.

116. Abouleish,*SEKEM*,pp.87-91,98-9.

117. Ibid.,155-8.

118. Abouleish,"Garden in the Desert," p.103.

119. Celia de Anca, *Beyond Tribalism: Managing Identities in a Diverse World* (Basingstoke: Palgrave Macmillan,2012),p.206.

120. Sekem Sustainability Report,2014.

121. Interview with Abouleish; Abouleish,*SEKEM*,pp.167-70.

122. 2014 年,美国、中国和巴西占据整个市场超过 1/3。"Natural Segment Continues to Outpace the Overall Beauty Market," October 2, 2014; Global Cosmetics Industry,"Natural Segment Continues to Outpace the Overall Beauty Market," 〈http://www.gcimagazine.com/marketstrends/ segments/natural/Natural-Segment-Continues-to-Outpace-the-Overall-Beauty-Market-277942301.html〉,accessed July 14,2015.

123. 〈 http://www. businesswire. com/news/home/20140217005451/en/ Beauty-Industry-Loses-Icon-Horst-Rechelbacher-Founder ♯. U5DUu6PD-Uk〉,accessed January 2,2016.

124. Leslie Blodgett,"How I Did It: Leslie Blodgett of Bare Escentuals," *Inc.com*,July 1,2010,〈http://www.inc.com/magazine/20100701/how-i-did-it-leslie-blodgettof-bare-scentuals.html〉,accessed October 23,2016.

125. Interview with John Hansen (J. H. Partners), Cambridge, MA, 229 February 17, 2012.

126. Geoffrey Jones,*Beauty Imagined: A History of the Global Beauty Industry* (Oxford: Oxford University Press,2010),p.330; John Deighton, Leora Kornfeld, Yanqun He, and Qingyun Jiang,"Herborist," Harvard Business School Case No. 9-511-051 (rev. October 1,2014).

127. "Challenges and Opportunities for Sustainable Cosmetics in Brazil," *Brazil Beauty News*,September 30,2014,〈http://www.brazilbeautynews. com/challengesand-opportunities-for-sustainable, 306 〉, accessed October

23,2016.

128. Geoffrey Jones and Ricardo Reisen de Pinho,"Natura: Global Beauty Made in Brazil," Harvard Business School Case No. 9-807-029 (October 20,2012).

129. Ibid.

130. Ibid.; Robert G. Eccles, George Serafeim, and James Heffernan, "Natura Cosméticos,S.A.," Harvard Business School Case No. 9-412-052, November 2011(rev. June 2013).

131. Geoffrey Jones,"The Growth Opportunity That Lies Next Door," Harvard Business Review 90,nos. 7-8 (July-August 2012),pp.141-5.

132. McGraw-Hill Construction, World Green Building Trends (2013),〈http://www.worldgbc.org/files/8613/6295/6420/World_Green_Building_Trends_SmartMarket_Report_2013.pdf〉,accessed April 26,2016.

133. James Steele, Ecological Architecture: A Critical History (London: Thames & Hudson, 2005), p.36; Kira Gould, "AIA/COTE: A History within a Movement," 〈http://www. aia. org/practicing/groups/kc/AIAS077347〉,accessed July 2,2016.

134. 美国建筑师学会最终在 2007 年恢复了威尔斯的施工许可。Steel, Ecological Architecture,p.149.

135. Sim Van der Ryn, Design for Life (Layton, UT: Gibbs Smith, 2005), p.124.

136. Steele, Ecological Architecture,p.11.

137. Amory B. Lovins,"Energy Strategy: The Road Not Taken," Foreign Affairs (October 1976); Amory B. Lovins, Soft Energy Paths (New York: Ballinger,1977).

138. Jeffrey Ball,"The Homely Costs of Energy Conservation: An Environmental Pioneer Raises the Bar on a Green-Energy Experiment, but Can His Latest Innovations Help the Rest of Us?" Wall Street Journal ,August 7,2009.

139. Gould,"AIA/COTE."

140. Olfemi Majekodunmi and Susan A. Maxman,"Declaration of Interdependence for a Sustainable Future," 〈http://www. comarchitect. org/webhelp/declaration_of_interdependence_for_a_sustainable_future.htm〉,

accessed January 2,2016.

141. Stephani L. Miller,"Sustainability Champion Gail A. Lindsey Dies,"
Residential Architect,February 18,2009.

142. Kira Gould and Lance Hosey, *Women in Green*: *Voices of Sustainable* 230
Design（Bainbridge Island,WA: Ecotone,2007）,pp.vi-vii.

143.〈http:/www. unhabitat. org/declarations/ist-dec. htm〉, accessed July
28,2015.

144. Interview with Tony Watkins,Auckland,January 27,2012.

145. 〈 http://www. mcdonough. com/wp-content/uploads/2013/03/
Hannover-Principles-1992.pdf〉,accessed February 4,2015.

146. Steele,*Ecological Architecture*,pp.123-33.

147. BBC Dream Builders, Interview with Norman Foster by Razia Iqbal,
〈http://www. fosterandpartners. com/media/1028028/NF-BBC-Dream _
Builders_transcript.pdf〉,accessed June 4,2016.

148. Telephone interview with Peter Busby,December 9,2011.

149. Ibid.

150. "Life of Geoffrey Bawa,"〈http://www.geoffreybawa.com/life/intro-
duction〉,accessed October 23,2016.

151. Telephone interview with Jimmy Lim,July 6,2011.

152. Steele, *Ecological Architecture*,pp.213-19.

153. Interview with Jimmy Lim.

154. Ken Yeang,*The Green Skyscraper*（New York: Prestel,1999）.

155. Ken Yeang,*Eco Skyscrapers*（Mulgrave,Australia: Images Publishing,
2007）,p.20.

156. Christopher Marquis,Nancy Hua Dai,and Lynn Yin,"Chairman Zhang
and Broad Group: Growth Dilemmas," Harvard Business School Case
No.9-412-095（rev. June 24, 2015）; Lloyd Alter, "Broad Sustainable
Building Completes World's Tallest Prefab, 57 Stories," *Treehugger*,
March 9,2015.

157. Interview with Noel Morrin（Skanksa）,February 25,2010.

158. Geoffrey Jones and Amanda Yang,"Zhang Xin and the Emergence of
Chinese Philanthropy," Harvard Business School Case No. 9-317-045
（September 23,2016）.

159. Interview with Noel Morrin (Skanksa), February 25, 2010.

160. "The Federal Commitment to Green Building: Experiences and Expectations" (2010), 〈https://archive.epa.gov/greenbuilding/web/pdf/2010_fed_gb_report.pdf〉, accessed July 2, 2016; Building Design and Construction Magazine, "The White Paper on Sustainability: A Report on the Green Building Movement," 〈https://archive.epa.gov/greenbuilding/web/pdf/bdcwhitepaperr2.pdf〉, accessed July 3, 2016.

161. CBRE, National Green Building Adoption Index, 2015, 〈http://www.cbre.com/.../green-building-adoption-index-2015.pdf〉, accessed February 8, 2016.

162. World Tourism Organization, "International Tourist Arrivals Up 4%, Reach a Record 1.2 Billion in 2015," January 18, 2016, 〈http://media.unwto.org/press-release/2016-01-18〉, accessed March 4, 2016.

231 163. United Nations Environment Program, "Tourism's Three Main Impact Areas," 〈http://www.unep.org/resourceefficiency/Business/SectoralActivities/Tourism/FactsandFiguresaboutTourism/ImpactsofTourism/EnvironmentalImpacts/TourismsThreeMainImpactAreas/tabid/78776 〉, accessed June 4, 2016.

164. Ross Dowling, "The History of Ecotourism," in Roy Ballantyne and Jan Packer (eds.), *International Handbook on Ecotourism* (Cheltenham: Edward Elgar, 2013), pp.19-20.

165. Martha Honey, *Ecotourism and Sustainable Development* (Washington, DC: Island Press, 2008), p.6.

166. Elkington and Hailes, *Green Consumer Guide*, pp.272-99.

167. TIES, Ecotourism Statistical Fact Sheet (2000), 〈http://www.active-tourism.com/factsEcotourism1.pdf〉, accessed January 27, 2016.

168. David Weaver, Bill Faulkner, and Laura Lawton, *Nature-Based Tourism in Australia and Beyond: A Preliminary Investigation* (CRC for Sustainable Tourism, 1999), 〈http://www.sustainabletourismonline.com/82/nature-based-tourism/nature-based-tourism-in-australia-and-beyond-a-preliminary-investigation〉, accessed August 1, 2016.

169. Center for Responsible Travel, "The Case for Responsible Travel: Trends & Statistics " (2015), 〈 http://www. responsibletravel. org/

resources/documents/2015%20Trends%20&%20Statistics_Final.pdf〉, accessed August 6, 2016.

170. Jack Boulware, "Paradise Lost?" *American Way*, September 15, 2008.

171. Lynda Lohr, "Stanley Selengut Reflects on 37 Years of Maho Bay Camps," *St. John Source*, April 25, 2013.

172. Ibid.; Honey, *Ecotourism*, p.62.

173. Honey, *Ecotourism*, pp.72-5.

174. Geoffrey Jones and Andrew Spadafora, "Entrepreneurs and the Co-Creation of Ecotourism in Costa Rica," Harvard Business School Working Paper No. 16-136 (2016).

175. Ibid.

176. Ibid.; Honey, *Ecotourism*, pp.170-2.

177. Jones and Spadafora, "Entrepreneurs," Table 1.

178. Ibid.; Interview with Michael Kaye by Andrew Spadafora, June 5, 2014, Creating Emerging Markets Project (hereafter CEM), Baker Library Historical Collections, Harvard Business School, 〈http://www.hbs.edu/businesshistory/emerging-markets〉.

179. Ibid.

180. Ibid.

181. Interview with Tamara Budowski, Escazu, June 6, 2014; Interview with Tamara Budowski by Royal G. Jackson, September 21, 1992, Royal G. Jackson Papers, Series II.1, Oregon State University Special Collections.

182. "Ana Margarita Forero," in Camilo Rodríguez Chaverri, *Mujeres pio-neras del turismo en Costa Rica* (San José: Maya & PZ Editorial, 2006), pp.140-6.

183. "Tamara Budowski," in Chaverri, *Mujeres pioneras*, p.154.

184. Interview with Tamara Budowski, June 6, 2014; Jones and Spadafora, "Entrepreneurs."

185. Jones and Spadafora, "Entrepreneurs."

186. Interview with Efrain Chacón, June 17, 2014.

187. Interview with Jack Ewing by Andrew Spadafora, June 3, 2014, CEM, Baker Library Historical Collections, Harvard Business School, 〈http://www.hbs.edu/businesshistory/emerging-markets〉; Jones and Spadafora,

232

"Entrepreneurs."

188. Interview with Jack Ewing,June 3,2014.

189. Jones and Spadafora,"Entrepreneurs."

190. Honey,*Ecotourism*,p.162; Ina Porras,David Barton,Adriana Chacón-Cascante,and Miriam Miranda, *Learning from 20 Years of Payments for Ecosystem Services in Costa Rica* (London: International Institute for Environment and Development,2013),pp.8-9.

191. Martin Mowforth and Ian Munt,*Tourism and Sustainability* (London: Routledge,2009),pp.126-30.

192. Interview with Jim Damalas by Andrew Spadafora,June 4,2014,CEM, Baker Library Historical Collections,Harvard Business School,⟨http://www.hbs.edu/businesshistory/emerging-markets/⟩.

193. Interview with Michael Kaye,June 5,2014.

194. Interview with Tamara Budowski,June 6,2014.

195. Honey,*Ecotourism*,pp.26-8.

196. Ibid.,p.68.

第六章 绿色环保机构的成立

自 20 世纪 80 年代以来,绿色企业的发展便与绿色标准和认证计划的出台紧密相连。制定这些标准和计划的目的是界定可持续性在特定情境下究竟意味着什么,并对其进行梳理。事实证明,这个概念本质上是多维度的,相关科学知识和结果的可测量性都是动态的、不可预测的,因此明确界定每个行业是否具有可持续性是一项具有挑战性的工作。它还要求对各种因素的相对重要性做出重大的价值判断,其中一些因素和得失损益的关系不大。为了界定可持续性并设定与之匹配的指标,许多可能导致盈利和可持续性之间彼此对立的"裂纹"被暴露出来。

本章涵盖了可持续发展工作模式的三大主题。首先是标准和认证是如何在相关行业中被制定出来的。标准本身当然不是什么新鲜事。伴随着 19 世纪的工业化,工程师正努力就螺母和螺栓等技术规范达成一致,同时出现了自愿性标准的概念。如果每个制造商或每个国家制造的螺母尺寸都不同,那么我们就很难把东西生产出来,或者至少很难以廉价和安全的方式把它们生产出来。1901 年,英国标准学会(British Standards Institution)成为世界上第一个国家性的标准机构。1947 年,国际标准化组织(International Organization for Standardization,ISO)作为 NGO 正式成立,总部设在瑞士日内瓦。毫不奇怪的是,即使是最直接的机械标准要想达成一致也很困难,因此有很长一段时间里国际标准化组织始终避开对可持续性等模糊概念的界定。1968 年,尽管自然环境问题首次在国际标准化组织上被提出,但直到 1996 年,该组织才发布了 ISO 14000 系列环境管理标准中的第一项标准。[1] 换句234 话说,国际标准化组织在制定环境可持续性标准前已经发布了13999 个标准。本章所讨论的各种自愿性标准在很大程度上都具有超前性,至少在 ISO 14000 的时代或同一时代是如此。

正如历史上标准制定相关文献所强调的,这个过程总会带有争辩,充满了"冲突和偶然"。[2] 在意识形态强烈的企业家所在的行业中,环境/可持续标准的发展将是困难的,越来越多的传统公司把注意力转向绿色环保型业务,他们这么做更多是出于利润上的考虑,而不是出于对环境保护的热情。这就要求在多个利益相关者间建立联盟,而此时合作的前提条件还没有形成。本章着眼于推动标准制定进程的绿色制度企业家,他们是可持续发展业务的重要塑造者。[3]

本章的第二个主题是不同行业存在的标准和认证发展的差异点。在一些行业里,制定有效的标准和认证要比其他行业容易得多。标准的形式也有着较大的不同。在许多情况下,标准的发起者通过建立一个非营利组织,或者通过政府的参与来提高它的可信度或推动其执行。私人认证和政府参与以明显不同的各种方式相互混合。

第三个主题是标准和认证能否解释 1980 年后这些产业扩张的原因。在理论上,它们的优势是相当明显的。认证赋予其正当性,使政府更容易为绿色企业提供支持,甚至可以提供一条路径,来说服政策制定者将环境外部性成本纳入竞争对手即传统产品的价格中。认证也是与消费者沟通的一种隐性形式,可以增加他们对产品和服务的信心,并把产品与传统竞争对手的产品区分开来。如果消费者需要为此支付溢价,正如他们在绿色企业业务扩大时做的那样,那么标准可以提供超越单一公司主张的东西,也可以减少搜索率和信息成本障碍。最后,认证带来的另一个商业利益就是增加了吸引外部资金的可能性,从而为实现规模化提供了基础。

尽管如此,认证有时也被认为是一把双刃剑。从标准在后期[235]的发展过程中可以看出,不同标准之间有时存在着混乱甚至冲突,天然美妆等行业也因此受到了冲击。建筑行业中较为成功的案例说明了在建立广泛的联盟以及相应机构方面,需要适时做出一些权衡取舍。

对有机食品和农业进行认证

如前文所述,在考虑标准和认证体系的必要性和执行力度方面,有机农业在欧洲的发展远远领先于本书所探讨的其他行业。引领生物动力学运动的机构德米特在德国纳粹政权时代得以保存,部分原因是它与当权者的合作。尽管受到了第二次世界大战和之后冷战的影响,它仍是当时唯一在全球范围内被认可的有机食品商标。在德国,一个新的组织 Demeter-Bund 成立于 1954年,该机构致力于规范商标的使用,提供咨询服务,并建立质量控制措施以确保达到标准。到了 20 世纪 60 年代,德国以外的地区,特别是地中海国家,也经常提供这种咨询服务。全国性组织之间开始建立起更密切的联系。1972 年,德米特在欧洲的代表召开了一届会议,就生物动力学产品达成了具有国际约束力的指导方针。该协议为产品加工、包装和标签制定了标准。[4] 该标准在 1980 年以后传播到了欧洲之外。美国的德米特机构成立于 1985 年,它是一个非营利性组织,不久之后又获得了"生物动力学"的注册商标。到 2016 年,德米特国际在 45 个国家建立了强大的认证机构网络。[5]

　　第二次世界大战后,欧洲国家在认证方面还做了其他一些尝试,但结果不尽如人意,要么没有获得足够的推动力,要么则仍旧高度局限在本土范围内。20 世纪 60 年代末至 70 年代初,英国土壤协会(British-based Soil Association)制定了一系列有机标准和认证体系,以获得更广泛的认可。[6] 这些年里,美国本地分散的行业也在标准和认证上进行了尝试。在 20 世纪 60 年代中期,Walnut A-cres 和另一家农贸公司 Shiloh Farms 创建了内部合作项目,以确保他们购买的原料是按照严格的标准种植的。Walnut Acres 在此后的 30 年里连续使用自己的认证和标签计划。1971 年,杰罗姆·罗代尔旗下《有机园艺和农业》杂志在加利福尼亚州启动了一项有机认证计划,以响应人们在首个世界地球日后日渐浓厚的兴趣。罗代尔的标准要求土壤中腐殖质的最低含量为 3%,并且可以通过独立的实验室测试进行验证。罗代尔去世后不久,他的儿子在 1973 年宣布终止该计划,原因是公司无法进行统筹管理,该项目只吸引了 90 位农民签约,并主要集中于加利福尼亚州。[7]

　　罗代尔所推行的标准计划虽然被中止了,但激发了业界其他人的动力。由于不愿意放弃认证,圣克鲁斯周围的 54 位签约农民成立了他们自己的认证机构——加州有机农业认证(California Certified Organic Farmers,CCOF)。他们到访农场,检查作物是否以有机方式种植。[8]1971 年,美国东北有机农业协会(Northeast Organic Farming Association)在佛蒙特州和新罕布什尔州成立。1977 年,该协会的第一个认证标准得以通过,并得到了政府的支持。1973 年,为了回应关于有机食品的虚假宣传,俄勒冈州通过了第一个州级有机食品法规。1979 年,《加州有机食品法案》(California Organic Food Act)引入了国家强制认证体系,从法律上定义了"有机的"的实践标准,但由于缺乏预算,也没有相应的执行条款作为支撑,加州有机农业认证不得不通过法律手段追究违规行为。[9] 在最初的 12 年中,它一直是一个由志愿者经营的认证项目,成员们使用根据罗代尔标准制定的指导方针来检查彼此的农场。[10]

1980 年,有机农业制度建设的转折点出现在欧洲。第一个关键节点是国际标准的推出。该标准出自法国生物动力学组织 N&P,它的源起我们已在第三章中讨论过。1970 年后,罗兰·谢弗里奥担任该组织的主席,他是一位具有广阔国际视野、怀抱有机农业梦想的领导者。N&P 派人参加了 1972 年在斯德哥尔摩举行的联合国会议的边会。[11]同年,在凡尔赛举行的会议吸引了数千人参加。[12]谢弗里奥收到的邀请函里这样说道:"食品质量和生态危机不再是一个国家问题,而已经得到了国际社会的广泛关注。"[13] N&P 在法国发布了第一套有机农业指导方针,但谢弗里奥希望推动其实现国际化。在凡尔赛会议上,他发起了 IFOAM,并说服了

237 英国土壤协会、瑞典生物动力学协会、南非土壤协会和美国罗代尔出版社一起加入该联盟。[14] 最初，IFOAM 规模尚小，不得不租用 N&P 的机构场所进行办公，在寻求标准化方面更是遇到了巨大的挑战，因为每个国家的组织都有自己关于标准的见解。然而，到了 1980 年，有机标准的初稿已经形成。1986 年，该组织开始站稳脚跟，并雇用了第一位全职员工。[15]

IFOAM 所推出的标准认证体系标志着这个行业的一个重大转变，此前该体系依靠的是农户和消费者之间以及农户之间的私人关系，而现在它把验证的权力转移到了一个独立的认证检测系统手中。在这样一个基于强大价值观的社会运动中，它开始把正式规则作为主要的监管形式。验证代替了热情，并提高了行业准入成本。

通过向不熟悉有机园艺和农业的消费者提供产品信息，让他们相信这是有据可循的，这种转变推动了有机食品市场民主化的进程。随着时间的推移，IFOAM 的规模也在不断扩大。20 世纪 80 年代来自亚洲和拉丁美洲的国家先后加入，IFOAM 所研究的领域开始逐步扩展，把这些国家提出的关切纳入其中，包括"社会正义"和"发展"。IFOAM 声称它是世界范围内有机运动的代表。1992 年，它参加了联合国粮农组织在巴西里约热内卢举行的会议。在该年于圣保罗举行的 IFOAM 大会上，"社会正义"被纳入了该组织的基本标准。[16] 多年以后，它又重新把有机运动列为解决气候变化问题的重要解决方案。[17]

值得注意的是，这些标准并非柏拉图式的理想。它们是人们共同合作整理的文字和测量方法，对现实世界中的现象做出相应约定,哪些是可以接受的或不可接受的,哪些是相同或不同的。这项工作往往需要在相互竞争的利益和不同愿景之间做出妥协。当来自不同地方的人们各自从事着这项工作时,有时对标准的理解会出现偏差甚至争执,要么忽视了彼此的努力,要么不认可其他团体的正当性。国际上不同机构定义有机食品的努力使得竞争性标准的出现成为可能。[18]这也使得一种通行的认证和执法体系变得更为必要,以确保标准被人们所遵守。

政府为后一个问题提供了一个潜在的解决方案。尽管各国之间标准差异很大,但私人标准开始与公共监管并存。法国又一次 238 发挥了表率作用,它在定义香槟等食品和饮料标准方面有着悠久的历史。[19] 1980 年,法国政府通过了一部关键的法律,名为《农业指导法》(Loi d'Orientation Agricole),正式确立了有机农业技术的正当性和有效性,并规定独立的第三方机构对有机农产品和其他产品进行监督。[20]

法国制定的标准是以 1972 年 N&P 起草的标准为基础的,它定义了可以用于有机农业、有机食品加工和保存的物质种类。法国农业部于 1985 年创建了独特的绿白相间的标志 AB,即有机农业(agriculture biologique),所有原产于该国的、经过认证的有机农产品上都会被打上这个标志。1988 年,法国另一项相关法律条例对"有机农业"一词的使用提供法律保护,它规定该词组仅供经过独立认证的机构或个人使用。[21]

认证工作需要进一步的组织创新。1978 年,农业工程师和农业学校的教授建立了有机农业独立顾问协会(Association des Conseillers Indépendants en Agriculture Biologique,ACAB),旨在于法国农业机构中推广有机农业。罗兰·谢弗里奥的合伙人克劳德·奥伯特是协会的创始人之一,该组织与 N&P 有着密切的联系。[22]此后,N&P 开始聘请有机农业独立顾问协会进行独立监督和审查来保护其品牌。[23]有机农业独立顾问协会中提供咨询服务和进行监管的人员来自不同的团队,被人们称为"独立派",在法国有机法律通过后,有机农业独立顾问协会因其特殊的地位成为第一个被法国当局所认可的认证机构。该组织既是有机农业的倡导者,也是认证服务的提供者。[24]

在 20 世纪 80 年代,其他几个欧洲国家的政府也开始涉足有机标准或有机产品标志的开发。公共政策的动机比较广泛,既有出于对环境和社会效益的热情,也有出于支持利润丰厚的新兴产业的考虑。[25]游说也很重要,比如丹麦,在有机农户和消费合作社零售商 FDB 的鼓动下,丹麦政府开发了红色的"Ø"标签,正如第五章所说的那样,该标签对于该国有机食品市场的发展至关重要。

欧洲一体化进程增加了工作开展的复杂性,新的公共机构也开始参与其中。这影响了认证的过程和标准本身。成立于 1961 年的非营利组织——欧洲标准化委员会(European Committee for Standardization)自 1989 年开始把注意力转向认证。关于产品认证的欧洲标准体系 45011 为行业设定了合格的认证体系的标准。这意味着希望在国家层面或整个欧洲地区推广的认证体系必须符合 45011 的要求。[26]对于有机农业独立顾问协会这样的机构而言,这种转变意味着其市场和商业模式将会发生重大变化,因为新标准需要将咨询和检测服务分离开来,这使得有机农业独立顾问协会的业务模式变得过时了,N&P 的服务也是如此。[27]

此时一家大型营利性认证公司的创立可谓是一个意想不到的结果。农学家威廉·维达尔（William Vidal）是有机农业独立顾问协会的主任，在 20 世纪 70 年代开始对有机农业产生兴趣。[28] 1991 年，他将有机农业独立顾问协会的检测和认证业务进行重组，成立了一家独立运营、名为 ECOCERT 的有限责任公司，他是该公司的股东。[29] 新公司迅速采取行动，抓住了提供认证服务的新机遇，这得益于法国政府的官方认证，它与有机农业独立顾问协会的关系也确立了它在有机行业内的正当性。[30] 20 年后，ECOCERT 占有法国有机生产商认证 65% 的市场份额和加工业制造商认证 60% 的市场份额。[31]

维达尔推动了 ECOCERT 的快速多元化，把业务拓展到有机食品行业之外的领域，以及法国之外的地区，并开始为化妆品、香水和纺织品提供认证。该公司在国际市场上逐渐扩张。1994 年，它在葡萄牙开设了第一家境外子公司，并在 2011 年和 2015 年大量收购了来自美国和瑞士的认证机构。到 2016 年，公司收入达到了 4900 万美元，同时在 24 个国家和地区设有分支机构。[32] 虽然有机认证成了该公司业务赖以成功的基础，但发展后续却更有争议。曾帮助建立 ECOCERT 并领导其比利时办事处的布莱斯·霍姆伦（Blaise Hommelen）抱怨说，维达尔已经改变了规则以实现集中控制，他将这定性为"政变"。2007 年，他和其他人离开了 ECOCERT，并成立与之竞争的 Certisys 公司。N&P 对 ECOCERT 成为纯粹的营利性机构同样持批评态度。该组织选择只使用国家级别的认证机构，即使经过政府官员的担保，私人认证也不被采纳。[33]

欧洲一体化也对标准本身造成了显著的影响。1991年,欧盟
240 制定了一套针对欧盟地区的有机作物生产、认证和标签的有机标
准。由于它们也适用于进口到该地区的产品,因此对市场产生了
重大的全球影响。这些标准逐渐延伸到农作物之外的产品,如牲
畜业。[34]但定义不一致的问题再次凸显。欧盟标准深受 IFOAM
的影响,因为 IFOAM 代表欧洲有机生产商的利益,并且在欧盟组
织中进行广泛的游说,[35]但欧盟标准与一些国家内部标准仍存在
着差异。例如法国政府于1995年修改了本国标准,使其符合欧盟
标准,同时不再把 N&P 列为受认可的认证机构。N&P 中的一些
认为欧盟标准是一种倒退的激进分子对此十分不满。1995年,
N&P 采用一套新的指导方针和认证标准予以回应。在民间该团
体被称为"抵制者",它代表了拒绝政府认证的有机农户群体。[36]

关于标准的争执还与代际更迭有关。在丹麦,受到带有"Ø"
红色标签产品良好市场表现的激励,大量农户转向从事有机农业。
不同于早期的有机农户,这批人并没有形成强烈的意识形态观点,
他们从根本上对传统农业不反感。在 20 世纪 90 年代,在有机农
户协会——全国有机农业协会(Landsforeningen Økologisk
Jordbrug)应该制定比政府和欧盟标准更严格的私营标准体系还
是应该与国内国际标准保持一致的问题上,旧式有机农业与新式
有机农业从业者之间产生了分歧。[37]

当时欧盟内部的实际情况是,在 20 世纪 80 年代和 90 年代转
向有机农业的农户大多数都遵循私营机构标准,但在 2000 年以
后,农户则倾向具有国家法规效应的认证体系。[38]大多数欧洲国家
根据欧盟规定制定了国家层面的相关法规,要求经营者要么通过

国家监管认证,要么通过私营机构的标准认证,这些标准体系至少大体相似。在以下两个已出台政府规定的国家,大多数农户选择通过单一的私营标准认证。在瑞士,90%以上的从业者是通过NGO瑞士有机农业联合会(Bio-Suisse)进行认证的;在英国,超过60%的有机农户通过了土壤协会标准的认证。由于这两个标准都为消费者所熟知,大型零售商鼓励生产商在有机产品上贴上机构认证标签。[39]

反观瑞典在这个时期则根本没有国家监管。一个名为有机生产控制协会(Association for Control of Organic Production, KRAV)的私营认证机构制定了相应标准。这是由4个有机农业组织于1985年共同成立的。因瑞典最大的食品零售商KF合作社的个别成员向组织施压,让其销售有机食品,于是KRAV应运而生。为了实现这一目标,KF寻求与由有机农户组成的单一协会进行合作。KRAV最初被描述为"另类"农户的代表,但它向包括传统农民在内的其他组织开放成员资格的申请。随着更多成员加入,大家就标准进行商谈。这引起了创始成员间的摩擦。1989年,生物动力学协会和其他几位创始人离开了。瑞典最大的乳业公司Arla最初对有机食品概念的兴起持敌视态度,媒体和公众广泛批评该公司不支持有机牛奶的销售,迫于压力该公司于1991年加入KRAV,并推出了带有有机食品标签的自产牛奶。随着KRAV影响力的进一步扩大,与政治意识形态和绿党有关的"另类"一词被"有机"所取代。1993年,瑞典政府授权KRAV审核有机农业,以确保其符合欧盟标准,事实上KRAV自身的标准更为严格。该组织成员包括有机和传统农户、大型零售商和食品公司、工会等,其还宣称 98% 的瑞典消费者知道 KRAV 的商标。[40]

　　在 20 世纪 80 年代,美国制定标准和政府参与的速度和形式与欧洲有所不同。到 20 世纪 80 年代末期,有 30 多个州制定了有机农业法,而剩余的其他州则完全不受管制,生产者可以自由地界定自己的产品是否属于有机农业。政府法律与私人认证并存,有机农户和地方非营利组织(其中许多是明确反资本主义的)均引入了多重认证制度,但很少能够得到有效执行。1985 年,加州有机农业认证机构终于能够雇用首位全职员工,但该机构很快就陷入了财务困境,最终通过加州著名的反文化音乐组织——感恩至死(The Grateful Dead)乐队所捐赠的 1 万美元存活下来。加州有机农业认证机构在加州政府成员中进行了积极的游说活动,它与前拉美和平队的志愿者山姆·法尔(Sam Farr)合作,法尔本人后来成为加州议会议员以及有机农业的大力支持者,成功地推动了1990 年《加州有机食品法案》(California Organic Foods Act)的通过。虽然此时第三方认证仍是自愿性的,但该法案最终增强了1979 年确立的关于有机实践法律定义的执行力。[41]

242　　　制定更多更有效的国家有机标准需要人们为此付出不断的努力。1985 年秋天,在纽约的奥尔巴尼,一群农户聚在一起并组建了一个“农民所有、农民自治协会”的概念。他们的首次会议为国际有机作物改良协会(Organic Crop Improvement Association,OCIA)的成立奠定了基石,该协会是会员所有的非营利组织。3年后,受到农户之间网络建立和作物改良的吸引,一群秘鲁农户加入了这个组织,他们开始将组织扩展到拉丁美洲和其他地方。[42]这成为美国和拉丁美洲首个按照单一标准运作并基于章程的认证项目，由于它允许地方拥有自主决策权，机构内的具体操作仍存在很大差异。[43]

1985 年，IFOAM 组织了一次由北美有机认证机构和企业共同参与的会议，讨论制定全球统一标准。在这次会议上，北美有机食品生产协会（Organic Foods Production Association of North America）正式成立，该协会后来更名为北美有机贸易协会（Organic Trade Association，OTA），它代表着美国和加拿大广大的种植户、分销商和加工商。然而，彼此竞争且不一致的认证体系依旧存在争议，有些人认为只能通过联邦立法来彻底解决这一问题。[44]最后，《有机食品生产法案》（Organic Foods Production Act），作为 1990 年颁布的《农业与粮食资源保护及贸易法案》（Food，Agriculture，Conservation，and Trade Act）中的第 21 条内容，获得通过。它要求在美国农业部内部建立国家有机计划（National Organic Program，NOP）和国家有机标准委员会（National Organic Standards Board，NOSB），从而最终实现以联邦立法支持"有机认证"的目的。

与瑞典的 KRAV 不同，以美国农业部为代表的美国政府并没有义务接受国家有机标准委员会的建议。国家有机标准委员会中也有少数党派代表，它们都与有机运动有关。全食超市的副总裁是董事会里唯一的零售商代表，为其所在公司提供了绝佳的机会来参与制定法规。美国农业部对将有机产品标签作为营销噱头的做法有严格的规定；与欧洲相反，该标签并不意味着对健康或环境效益方面的认可。[45]有机运动与美国农业部之间，有机农业与传统农业之间存在着对立关系。1997 年，对包括转基因生物（genet-

ically modified organisms,GMOs)在内的建议标准在社会中引起
243 了轩然大波。次年,激进的政治活动家罗尼·康明斯(Ronnie
Cummins)创立了一个新的游说团体——有机产品消费者协会
(Organic Consumers Association),它坚决反对转基因食品。[46]
2000 年,国家有机标准委员会颁布了"最终规则",要求种植和加
工有机食品的任何机构及个人都要获得美国农业部的认证。该标
准禁止使用农药和合成肥料,并且针对作物轮作方法和对作物、动
物的基因操作进行规范。全食超市负责此项标准的公布。[47]

　　有机标准的推行与美国其他大多数公共政策一样,已经被牢
牢地确立为利益集团之间的争夺地,它们之间缺乏互信。与欧洲
一样,政府对有机标准的支持也并不意味着一切就此终结。很多
人认为利益集团在法规和执法方面所发挥的作用是一个问题,大
型传统食品集团的游说尤其证明了这一点。[48]美国农业部使用认
证代理来确保接受审计的农场达到了认证要求,但这些代理来自
多家非营利组织,如加州有机农业认证机构、州政府机构和大农
场,这些组织有时会将认证工作分包出去。农民支付认证费给认
证官,认证官之间相互竞争,赢取业务。幸亏这套系统为最大限度
地灵活解释标准提供了相应激励,否则情况会变得更糟。[49]

　　市场越发展,差异就越大。从 2005 年到 2014 年,美国农业部
旗下 81 个认证代理机构中,有 38 个至少有 1 次未能坚决执行美国
农业部确立的基本标准。[50]小型有机农户与代表他们的社会组织之
间,以及大规模的"工业化有机"企业之间,都存在许多冲突。Cor-
nucopia 研究所是一家总部位于威斯康星州的农业政策研究所,它
经常对外披露没有遵守相应规章制度的大型认证有机农户。[51]

假如质疑美国国内有些机构的认证过程不够清晰，那么消费者也可以选择其他有机认证机构。自 1936 年成立以来，美国天然产品协会（Natural Products Association，NPA）一直以非营利组织的形式存在，该协会代表着广大的制造商和零售商。最初，它聚焦健康食品，但随着时间的推移，又拓展到乳制品和其他食品，以及化妆品和其他产品。2008 年，美国天然产品协会推出了自己的认证体系——"个人护理天然标准"。尽管食品和药物管理局与美国农业部没有颁布针对带有"天然"标识的产品规定或法规，该术语仍被广泛使用。2009 年，另一家机构美国国家卫生基金会（NSF International）发布了一项新的个人护理产品有机成分标准认证，名为 NSF / ANSI 305。该基金会成立于 1944 年，主要对公共卫生和安全标准进行认证。[52]

这里还必须提到公平贸易（Fair Trade）运动的出现。这个运动最早源自欧洲，20 世纪 80 年代后期人们开发了第一个虚构的标签形象：一个名为马克斯·哈维拉尔（Max Havelaar）的荷兰人，他被认为是替被剥削的咖啡豆采摘者发声的代言人。1997 年，位于德国的国际公平贸易组织（Fairtrade International）的设立是为了实现标准的统一。虽然比起有机认证，它更关心程序正义和社会正义，但它与有机标准之间也存在很大的交集，因为该组织定义的公平价格是为了鼓励可持续生产。[53]带有公平贸易标签的咖啡及其他产品的销售额从 20 世纪 90 年代后期开始大幅增加。星巴克咖啡连锁店在其广告上展示了美国公平贸易标志，尽管有批评人士指出，其产品中只有 1/10 是经过公平贸易认证的。[54]

1980 年以后，有机认证的传播伴随着有机农业的发展而得到了进一步的发展,这让人们相信是制度的建立促进了有机食品市场的发展。认证提高了消费者和农户的信誉,促使政府进入、支持甚至补贴相关产业,也同时促进了国际贸易。与有机消费背后的其他因素相比,欧盟内部以及欧盟与美国之间的标准制定和认证的显著差异是否具有重大影响,人们对此还不清楚。但很明显,像瑞典的 KRAV 这样清晰可信的标签对于发展有机市场是有利的。相反,标准无法得到统一则无助于市场的增长。这是导致新西兰有机市场增长缓慢的原因之一。[55]

随着有机农业生产和消费在全球的兴起,有机认证也在国际市场上不断扩散。到 2015 年,约有 87 个国家拥有国家级的有机认证。IFOAM 对一些亚洲和拉美国家的标准表示认可,这其中包括阿根廷、中国、哥斯达黎加、印度和土耳其的标准,不过仍有许多国家并没有得到认可。[56]但是,在法律机构薄弱、舞弊盛行的国家,认证很难不受不良运营商的影响。有证据表明,欺诈性标签广泛存在。[57]仅举一个例子,在土耳其,İpek Hanım 农场直接在自己的农场销售产品,并没有对其产品进行认证,因为它认为该国的认证过程是腐败的。"(有机证书)可能在世界其他国家是可信的,"该农场创始人的儿子詹・图尔汗(Can Turhan)在 2013 年说道,"如果你愿意坚守标准,那么有机农业不是一个有利可图的生意。但是,如果你能放松规则,那么利润或许会非常可观。其中一种最常见的方式是(在土耳其)让其中一小块土地获得有机农业证书……政府不会检查其余的土地。你可以在这些地方使用任何你需要用到的化学物质。"[58]

但有机标签的主要挑战并不只是欺诈,还有一个更深层的问题：标准的制定迫使人们对有机的含义进一步加以探讨。对不同的人而言，有机的意义不同，以"有机""自然"和"公平贸易"等同类词语为代表的、可持续发展相关愿景在此时被加以梳理。认证本身也是一个开放式的过程，随着时间的推移，新的问题会出现，例如用灌溉方式种植的水培食品是否可以被认证为有机食品。[59] 认证暴露了可持续性概念在有机食品行业的社会基础并不完善，而这一问题没有得到解决。

考虑到编制标准所面临的挑战，不难理解像罗兰·谢弗里奥和杰罗姆·罗代尔这样坚持不懈的绿色企业家，会在初始阶段起到关键性作用。从欧洲开始，随着各国政府的介入，标准化和认证过程由私营和公共机构共同组织，互为竞争关系的标准数量成倍增加，这些都是不同组织进行积极游说，以及不同政治制度和有机运动演变下的共同结果。[60] 它们对有机农业发展所产生的影响总体上看是积极的。与其他因素相比，尽管梳理标准对有机食品发展进程的确是一个挑战，但有一个经验法则可供分享，即清晰的、广为人知，受到尊重且鼓励有机消费和农业的标准得到了执行，而那些令人困惑或薄弱的标准无法得到有效执行。扩大规模必然会带来新的复杂性问题，突出表现为无论在发达国家还是新兴市场，认证均有机会成为营利性公司的一项利润丰厚的业务，哪怕有时具有一定的"欺骗性"。

对美妆业进行认证

天然美妆业在认证标准出台前，就已经发展起来了。在 20 世

纪 80 年代和 90 年代,这个行业发展得相当迅速,尽管与传统行业
246 相比,行业规模仍然很小。除了维雷德这样的小型生物动力学企
业使用德米特商标外,整个行业几乎没有企业进行认证。然而,当
认证工作开始进行时,结果并不是很理想。

　　最初的认证是从生物动力学运动内部开始的。一个关键人物
是出生于瑞士的鲁道夫·鲍尔茨(Rodolphe Balz),他在大学期间
学习了社会学和地理学,毕业后成为大学教授,在移居法国前,他
购买了一个废弃的农场。随后他加入了 N&P,成为董事会成员,
并协助起草了 1981 年有机农业的第一个标准。[61] 虽然这些标准已
具备一定基础,但当鲍尔茨把注意力转向美妆业时,他却遇到了更
多麻烦。

　　深受母亲的影响,鲍尔茨对植物和精油的疗愈价值很感兴趣。
他的母亲在院子里种植了药用和芳香植物,身边有一些从事自然
疗法的医师朋友。正是这种兴趣使他转向个人护理行业。1986
年,鲍尔茨在法国东南部的一个小村庄推出了圣芙兰实验室。他
首先聚焦于芳香和药用植物,以及洗发露、沐浴露和按摩精油等有
机产品的生产,在 20 世纪 90 年代中期,他推出了第一批有机化妆
品,但客户不多,因为很少有消费者了解有机这个词语的含义。鲍
尔茨认为建立企业具有"双重必要性",他说:"为了生存,他需要赚
钱",但他也认为需要"保护子孙后代的生存环境"。[62]

　　1995 年,鲍尔茨试图让有机化妆品的制造商认可一套共同的
标准。后来他指出,第一次会议有 25 个小型实验室参加,但下一
次会议就只剩 3 家。他无法推进这个项目。但他仍旧觉得这个尝
试很重要,因为天然和有机美妆业不仅在规模上有所增长,而且还

变得更加多样化,标准的制定迫在眉睫。在法国,天然和有机(或人们所了解的"生物")化妆品之间是有区别的。大多数标有"天然"的产品仍含有一些合成香料、人造染料或石油副产品。其他地方也是如此,那个时代即使是标志性的绿色品牌也使用了一些非有机成分,用作防腐剂和其他用途。鲍尔茨后来回顾了自己与美体小铺创始人安妮塔·罗迪克的相遇。他批判性地指出:"美体小铺本来是一个好主意,他们是营销天才,女老板非常好,且平易近人,她有很棒的创意并坚守道德规范,不过她关于道德的关注点更 247 多在人身上,而不是在产品上。她对天然成分的了解甚少,甚至对生物学的了解也不多。那个时候美体小铺的产品,如果你只看它们的成分,那绝对是令人厌恶的。"[63]

在 2000 年,鲍尔茨重燃了制定标准的理想。他联系了 ECOCERT,和另外 7 个生物化妆品生产商共同起草了专门针对生物化妆品的第一套指南。同时他还成立了第一家生物化妆品行业协会 COSMEBIO。[64] 2003 年,ECOCERT 在法国推出了首个天然和有机化妆品认证标准。该标准不仅规定了可再生资源成分的使用范围,还规定了其生产过程中的环保工艺,比如包装物需要采用可生物降解的或可回收的。ECOCERT 标签要求以重量为标准,配方中至少植物成分的 95% 和所有成分的 100% 必须来自有机农业。而对于天然美妆标签,这两个比例分别是 50% 和 5%。ECOCERT 的审计员每年会进行一次现场审计。

ECOCERT 和另外四家有机和天然美妆私营组织——COSMEBIO,德国天然有机认证机构(BDIH),意大利的 ICEA 和英国土壤协会——也开始朝着一个共同的标准而努力,但直到 2010 年这个共同目标——COSMOS 标准才获得通过。天然化妆品认证标准规定,在产品的所有成分中,合成成分的比例不得超过 5%。有机标签要求至少 95%经过物理加工的农产品成分必须是有机的。他们还在布鲁塞尔成立了一个 NGO,负责监督管理 COSMOS 标准。[65]

由于这个标准的出现晚于预期,另一个叫作 NaTrue 的替代标准在 2007 年先行成立。主要的推动者是时任维雷德公司主管的莫里茨·艾伯索德(Moritz Aebersold)和曾分别在欧洲化妆品协会和雅诗兰黛工作过的化妆品行业监管专家朱莉·蒂勒尔(Julie Tyrrell)。NaTrue 一开始有意将欧盟新的监管标准转化为国际认可的定义和对制造商的最低要求。但希望欧盟明确适合化妆品行业的标准貌似是徒劳的,他们反而担心 COSMOS 的出现可能会激发恶性竞争("竞次"),于是 NaTrue 在 2009 年推出了自己的标准。但由于人们对于所熟知的有机原料定义差别很大,NaTrue 打造全球性标签的雄心壮志并未实现。2014 年,它终于采用了 IFOAM 的技术定义。[66]

而在美国,当时还没有针对天然美妆产品的私人认证。美国农业部要求化妆品产品中至少 95%的成分应该是有机的,这种做法被业内人士所质疑,因为化妆品在制造过程中需要添加一定的合成化学成分,如乳化剂。结果真的出现了冲突。2008 年,有机产品消费者协会对 12 家化妆品公司提起诉讼,称它们在产品未获得有机认证的前提下,把自己的产品标为有机产品进行宣传。第二年,该协会和邦纳博士一起向 ECOCERT 等机构提起诉讼,ECOCERT 只要求产品含 10%的有机成分就可以获得认证。诉讼声称如果产品不能通过美国农业部的认证，那么该机构就应立刻停止有机认证相关工作。[67]

从 2009 年开始，NaTrue 成为首个非美国本土的独立认证机构，它试图与美国标准机构进行谈判，期望就含糊不清的"天然"一词的定义在全球范围内达成一致（美国市场也包括在内）。[68]事实证明，这是一个有争议的过程，NaTrue 能够与美国国家卫生基金会达成协议，但无法与美国天然产品协会达成协议。NaTrue 和美国国家卫生基金会的合作是基于 NaTrue 自己制定的规则，而不是美国国家卫生基金会的规则，双方合作的目的在于推动建立 ANSI-ISO 标准（美国国家标准协会，ISO 美国代表处）作为认证基础。[69]对此，美国天然产品协会公开抱怨这会让消费者感到更加困惑。[70]

尽管如此，认证市场的混乱并没有阻止天然美妆业的发展。美妆业在世界范围内迅速发展，但有一部分人对使用含化学成分的产品心存疑虑，他们想要找到安全的替代品。然而，认证非但没有缓解，反而甚至还加剧了天然美妆业所面临的认同危机。使用不含杀虫剂、合成肥料或基因修饰的植物成分增加了公司的制造成本，这些公司在成本上处于劣势地位，并且也难以将他们的产品和其他产品区分开来。[71]2014 年，NaTrue 向欧洲议会提交的报告指出，在欧洲天然美妆业的核心市场中，有 3/4 的受访女性表示对有机化妆品和天然化妆品之间存在的差异有大致的了解，而仅有 1/4 的女性能清楚地知道二者之间的区别。[72]

这些现状使许多公司对认证持怀疑态度。相反，他们试图向消费者保证其中大部分成分是天然的，但并非完全天然；承诺避免使用有害的化学物质,同时确保化妆品的有效性。不同国家间的标准不尽相同使得他们不得已做出了这样的决策。化妆品公司茱丽蔻前 CEO 山姆·麦凯(Sam McKay)曾说道:"我们是来自澳大利亚的品牌,但我们专注于国际市场的开拓。回顾欧洲、美国、亚洲和大洋洲市场,很显然你会发现在有机、天然甚至生物动力学美妆产品方面缺乏全球性的认证标准。"[73]

尽管天然美妆业的认证来得比较晚,但这个行业并不缺少绿色制度企业家。对比有机食品行业,除了美国农业部认可的有机标准之外,天然美妆业几乎没有得到其他任何的政府认证。由于缺乏普遍认可的定义,私人认证也变得极为困难。虽然需要认证,但天然美妆最终还是发展成了一个新兴行业,而"认证"本身并不是推动该行业发展的根本原因。

建筑和施工行业

绿色建筑标准和认证体系的建立起源于 20 世纪 80 年代,并在 20 世纪 90 年代趋于完善,甚至比天然美妆业更加完善。这种成功反映了更广泛的参与主体,建筑行业中有许多人对生态的热情不及美妆业的绿色企业家。由于建筑师、传统房地产开发商、公共机构和 NGO 之间有着频繁的互动,这些标准体系的建设得以不断推进。

制度化和认证的过程仍然始于欧洲,但与本章已谈及的行业不同,公共和私人部门之间在建筑领域的合作很早就出现了。建筑评估和认证体系的先驱是 1990 年在英国率先推出的建筑研究所环境评估方法（Building Research Establishment Environmental Assessment Method，BREEAM），该评估方法部分参考了英国建筑研究所（Building Research Establishment，BRE）这家很早就存在的政府机构所采用的方法。在 1973 年石油危机后，该机构开始关注能源效率，包括建筑物的能效。但它在房地产开发和建筑行业中却没有产生足够的影响力。[74]

1980 年成立的私人建筑设计和能源咨询公司——Energy Conscious Design——的业务开展巩固和强化了英国建筑研究所的早期努力。创始人理查德·费拉罗（Richard Ferraro）、大卫·土伦特（David Turrent）和约翰·多加特（John Doggart）恰巧都对太阳能十分感兴趣。20 世纪 60 年代末，多加特曾与建筑师理查德·罗杰斯（Richard Rogers）合作，后来又担任米尔顿·凯恩斯（Milton Keynes）所创立的"新城"公司的能源顾问，进行太阳能相关试验。[75]三个人最终走到了一起，因为他们想要共同建立一家基于低能耗设计理念的建筑公司。[76]

如同英国建筑研究所一样，外界很少有人对这家新公司所提出的倡议感兴趣。该公司在 1984 年更名为 ECD Partners（以下简称 ECD），正如费拉罗所说，它缩写为"在持怀疑态度的私营企业面前掩盖我们所从事的活动"。[77]英国建筑研究所是它为数不多的客户中的一员，该研究所委托 ECD 撰写一份关于新建筑能效标识行业认可潜力的报告。[78]ECD 于 1990 年公布其研究结果，报告显示在 20 世纪 70 年代初至 80 年代后期，房地产行业中认为建筑节能是一个重要问题的企业比例已从 45% 上升到 75%，这意味着能效标识已得到行业内的广泛认可。[79]

250

　　在 20 世纪 80 年代后期,参与伦敦金丝雀码头重建项目的一些房地产开发商,特别是斯坦霍普地产公司,Greycoat 公司,奥林匹亚和约克公司开始关注并尝试建设能有效改善环境的商业建筑,尤其是低能耗的建筑。斯坦霍普的一位高管罗恩·德曼(Ron German)以及 ECD 创始人之一的约翰·多加特认为,如果一个政府机构能参与进来,则可以取得更好的进展。于是他们找到了英国建筑研究所。[80]

　　英国建筑研究所、ECD 公司和房地产开发商共同起草了 BREEAM 的初稿。从一开始,标准就不仅侧重于能源效率和资源稀缺性,还聚焦于更广泛的环境挑战,包括来自气溶胶和空调的氯氟烃(CFCs)的影响。如何控制建筑物产生的温室气体这一新问题也备受关注。[81] BREEAM 的目标是成为一个绿色标签,而不是一个评级系统。虽然它开创了基于积分运作的系统,但并没有试图将这些积分在各个类别间进行比较,也不打算将其加总获得一个总分。它是为商业写字楼而设计的,写字楼是 BREEAM 最初的客户。对于开发商来说,这是一个完全基于自愿的系统,他们通过它来了解最佳范例或向市场宣传他们取得的成就。[82]

251　　初版是一个处于设计阶段的评估工具,没想到产生了立竿见影的效果。BREEAM 在创立的第一年就为 83 个建筑物颁发了绿色标签证书,占英国新建办公楼总数的 25%;2 年内,它扩展到了 900 万平方英尺的新办公空间。[83]针对新房、超市和其他零售空间的认证版本也相继出现。BREEAM 于 1993 年推出了建筑整体分数认证登记,包括了及格、良好、优秀、优异等不同级别。评估和随后的认证工作主要由 ECD 公司负责进行。[84]

为了回应来自传统开发商和建筑商提出的疑问,相关人员做出了极大的努力。传统开发所和建筑商普遍认为不值得为认证投入过多的时间和金钱。BREEAM 因此开发了一系列奖励计划,建设商和开发商可以参与评奖,并将其用于营销。[85] 英国建筑研究所在 1997 年实现私有化,出售给一个得到近百家利益相关者(包括科研机构、环境组织、建筑师、开发商和工程公司)支持的内部管理团队,之后又采取了进一步措施来确保自己的正当性。[86] 建筑环境基金会(后来更名为英国建筑研究所信托)由此成立,成为英国建筑研究所的非营利所有者。它试图平衡建筑业内来自各个部门和学术界的成员组成。[87] 1998 年,它发布了针对现有办公大楼的新版 BREEAM,将交通和建筑工地问题纳入到建筑物整体环境影响评估中来。[88]

BREEAM 很快扩展到零售、教育和其他建筑领域。进入 2000 年后,它被授权给许多独立的认证机构,用于在欧洲其他地区建立国家绿色建筑计划。该计划至今仍与英国政府和欧盟保持着密切的联系。BREEAM 被广泛用于政府建筑。2006 年后,英国通过了欧盟的建筑能源效率指令(Energy Performance of Buildings Directive),该指令要求成员国将新建筑物的温室气体排放量降低到 1990 年的水平以下,并颁发能源绩效证书,BREEAM 所采用的生态住宅系统标准变成了可持续住宅的国家标准(Code for Sustainable Homes),使用公共资金建造的房屋均需要遵守这一要求。[89] 到 2015 年为止,全球有超过 25 万栋建筑得到 BREEAM 的认证,注册成员超过 100 万人。[90]

虽然 BREEAM 是极具开创性的,但它并不是独一无二的。

252 1996 年,法国、加拿大和中国香港地区也创立了自己的认证体系,
但最广为人知的绿色建筑认证是在美国建立的。LEED 认证于
1998 年启动。美国绿色建筑委员会(U.S. Green Building
Council,USGBC)是一个独特的协作式实体,推动了 LEED 的发
展,并把自身的理念输出到国外,以此来传播绿色建筑运动。

　　就像在英国一样,认证在美国的出现部分源自成立已久的公
共机构所关注的焦点。到了 20 世纪 70 年代,成立已久的美国商
务部国家标准局旗下的建筑技术中心正在进行能效研究,这与英
国建筑研究所非常相似。[91] 从 1973 年起,该中心与一个由各州州
长倡议设立的非营利性组织——国家建筑规范和标准会议(Na-
tional Conference of States on Building Codes and Standards)共
同合作制定评估建筑物能源使用的标准。这些标准随后被主要的
建筑师学会和美国国家标准协会采纳,成为新建筑在供暖、通风、
照明、配电和供水系统方面的自愿性标准。[92] 一些对建筑效能感兴
趣的非政府标准制定机构也参与了早期的活动,特别是美国试验
与材料协会(American Society for Testing and Materials,
ASTM)。[93] 所有这些努力都面临着来自行业高度分散的挑战,这
一行业素来以结构僵化和保守主义闻名。

　　房地产开发商大卫·戈特弗里德(David Gottfried)进一步推
进了建筑认证工作。戈特弗里德是一位 30 岁的房地产开发商,他
所在的房地产开发和建筑公司位于华盛顿特区,他的表兄妹黛安
(Diane)与吉姆·卡茨(Jim Katz)共同拥有这家公司。该公司在
1991 年开始接手美国环保协会总部的整修项目,戈特弗里德因此
去到实地参观。自幼成长于加州,又有幸遇到了志同道合的伙伴,

怀抱环境理想主义的戈特弗里德对 BREEAM 的出现感到异常兴奋，他参加了刚刚成立的环境委员会的会议，并听取了其中一个建筑师团队所讨论的、即将出版的《环境资源指南》，我们在上一章中看到了它的重要性。不久后他参加了于 1992 年举行的美国建筑师学会全国性大会，并带着新的目标回到加州。[94]

在研究过程中，戈特弗里德与芝加哥一家专门从事环境法事务的律所合伙人迈克·伊塔里安诺（Mike Italiano）建立了联系，后者于 1990 年曾建议美国试验与材料协会成立专门的环境委员会。[95]在得到伊塔里安诺的建议后，戈特弗里德试图建议他表兄妹的公司在业务发展上更加多样化——如开始涉足环境咨询，但这并没有带来什么新的业务。甚至连 1974 年成立的世界观察研究所（Worldwatch）也拒绝了他们对新总部开发建设的投标书，而选 253择了更便宜但实际并不环保的投标书。[96]

在 1992 年，戈特弗里德和伊塔里安诺尝试开展环境咨询业务，虽然他们没有得到预期中的政府合同，但很快就创建了一个新的非营利组织来推广绿色建筑。通过制定环境标准相关计划，他们说服了几家有环保理念的供应商，包括暖气和空调公司 Carrier（由美国联合技术公司所有，一家价值数十亿美元的工程公司和国防业务承包商）作为付费会员加入公司。1993 年，60 家公司和非营利组织成为它的创始成员。Carrier 公司的里克·费德里奇（Rick Fedrizzi）成为董事长，戈特弗里德成为第一位员工。几个月后，该组织正式取名为美国绿色建筑委员会。美国绿色建筑委员会的核心战略是把行业及环保组织的成员吸纳为会员，希望能够在主要利益相关者之间达成共识。[97]

这种达成共识的方式有其不足之处。绿色建筑产品供应商在美国绿色建筑委员会中的突出地位引发了人们对利益冲突的怀疑。美国建筑师学会最初拒绝参与其中。[98]该委员会在收取会员所承诺的费用方面遇到了困难,这直接导致了戈特弗里德在 1994年的辞职,之前他曾经自掏腰包为美国绿色建筑委员会支付了 6个月的运营费用,而自己却没有拿到任何工资。[99]1996 年,他以旧金山咨询公司 WorldBuild Technologies 客户的身份重新回到了该委员会。[100]他和委员会成员一同获得了与非营利性公司 Public Technology 合作的机会,共同编写由环保局资助的最佳范例指南。1996 年《可持续建筑技术手册》(*Sustainable Building Technical Manual*)问世,戈特弗里德在生命周期成本分析的基础上,从商业上论证了绿色建筑的可行性。[101]这是使绿色建筑能吸引利润导向的实体公司的关键。

美国绿色建筑委员会开发了新的 LEED 认证体系,该体系于1998 年试行 2 年后又推出了一个更为复杂的 LEED 2.0 版本。在此期间,即 1999 年,克里斯汀·欧文(Christine Ervin)被聘为董事长兼 CEO。她之前曾在世界野生动物基金会工作,也参与了俄勒冈州政府的环境问题整治工作,在 1993 年至 1997 年期间,她担任美国能源部部长助理,负责推广清洁能源技术。

254 精力充沛且人脉丰富的欧文迅速推动了 LEED 认证体系的发展。当时市面上的房地产经纪人对能否成功向租户推销获得LEED 认证的新建筑心存疑虑。然而,在欧文任职的 5 年间,美国绿色建筑委员会从 3 名员工和 200 名会员单位,扩展到了拥有 50名员工和 5000 名会员单位的规模。针对商业住宅室内设计、现存建筑、医疗保健、学校、社区发展等相关市场,数百名志愿者起草了LEED 认证体系。参与大量联邦政府建筑开发的美国政府总务管理局成为评级系统的早期采用者。随后市政府和州政府也相继采纳。华盛顿特区和波士顿分别于 2006 年和 2007 年成为首次引入LEED 认证体系的城市。2008 年,加州成为首个全州采用绿色建筑规范的州。[102] 2011 年,共有超过 1 万个 LEED 认证项目,其中1/3 是公共部门拥有的建筑。[103]美国绿色建筑委员会因此得益,其公司预算在 2007 年超过了 1 亿美元。[104]到 2014 年,拥有 LEED专业资格证书的建筑行业相关从业人员达 18.5 万人,共有 30 亿平方英尺的建筑空间获得 LEED 认证,这些建筑物中有 90% 位于美国。[105]

　　美国绿色建筑委员会的模式迅速传播到了其他国家。在2002 年举行的首届世界绿色建筑委员会会议上,美国绿色建筑委员会承诺将为建立一个正式的国际组织投入 25000 美元。[106] 2015年,世界绿色建筑委员会将 75 个国家的国家绿色建筑委员会纳入其中。[107]那时,中国大陆、香港和澳门特别行政区,以及台湾地区成为仅次于美国之后的 LEED 第二大区域,该地区共有 1961 个LEED 项目,其中有 1657 个 LEED 项目在中国大陆。SOHO 中国是中国最大的商业地产开发商之一,它是公开支持该认证计划的一家重要公司。[108]

　　除了 BREEAM 和 LEED 之外,其他国家和城市也推出了一些小型的认证体系,例如 1996 年中国香港推出的香港建筑环保评估法(HK-Beam),1996 年法国推出的高质量环保标准(HQE)以及 2002 年日本推出的东京绿色建筑计划。各国在绿色建筑实践方面存在着巨大差异，有趣的是，这一行业亦与其他行业差异很大。例如，德国在 2008 年才推出了自己的标准，即德国可持续建筑委员会（DGNP）标准。据统计，2012 年在英国建筑业的全部活动中，绿色建筑占到 52%，美国为 48%，但德国只有 28%。[109]

255

从整体上看，建筑认证计划与美妆业相比，有着更广泛的应用范围和更大的影响力，然而，它们在认证内容的不确定和被质疑方面也有相似之处。评论家们指出 LEED 和 BREEAM 都未能评估施工后的表现，例如碳排放，以及考察租户的行为是否改变了认证评级中所对应的期望。[110]由于其灵活性而被吹捧的 LEED 打分系统也受到了批评，特别是受到了生态建筑师的批评。一位景观设计师指出："你可以做一件可怕的事情，并仍然符合 LEED 的所有标准。"[111]与其他认证体系一样，其所使用的度量标准在执行中提供了作弊的机会。有时也存在着鼓励开发商和建设商作弊的措施，因为认证最终是为营销服务的。"LEED 洗白"这一概念深受环保活动人士诟病。[112]美国绿色建筑委员会虽然是非营利组织，但为了资助活动的举行，它也需要有一定的收入以维持开支，因此该委员会有时会灵活控制标准，以便于申请者获得认证。此外，证书计划充其量只能解决一部分问题。批评人士指出，即使新建住宅是超大型住宅（在美国通常被称为"麦克豪宅"），哪怕它建在一个类似沙漠的极端环境中，并且无法与公共交通相连，它依旧能够获得 LEED 的顶级认证。[113]

1990 年后建立的绿色建筑认证计划是一项重大创新。有人将该计划的成功归功于推动机制建设的人，包括那些曾推动 BREEAM 发展的人，以及美国的大卫·戈特弗里德和克里斯汀·欧文。他们必须消除业界存在的普遍疑虑,通过巧妙的策略将传统房地产开发商、建筑商、建筑师和环保人士连接到一个共同使命上。这些举动为如何在多个利益相关者间建立激励机制提供了宝贵的案例。同时,一些强大的绿色消费者的早期支持使得该行业产生了强大的示范效应,例如吸引了准备担任采购引领者的政府机构。这个过程也引发了与结果相关的重要问题。建筑性能的制度化是鼓励建筑师和建筑商更认真考虑可持续性议题的主要 256 影响因素。同样,人们要使认证计划与传统业务之间具有一定相关性,并需要有与之相对应的激励措施,这就要求将合规成本保持在较低的水平上。问题是这是否代表了一条使标准变得更加严格的必经之路,还是它创造了一种想象中的只会逐渐限制建筑环境对自然环境造成的破坏的可持续性。

生态旅游:欣赏自然还是践踏自然?

1980 年后伴随生态旅游大幅增长而来的是制度化的改革。该行业的独特属性使得标准和认证的引入极具挑战性:它高度分散,提供的服务也是非常本地化的。在某些方面,标准化对生态旅游的整体目标构成了威胁,生态旅游的目标是保护和改善当地环境和社区,而不是像国际连锁酒店那样将其标准化。该行业也有多个利益相关者。虽然生态旅游是由小型绿色企业家开创的行业,一旦确定了市场细分,它便会吸引一些非常大型的传统连锁酒店和旅行社一同加入。在此过程中,国家政府将对旅游业保持密切关注并确保参与其中,发展中国家的政府尤其如此,因为它对创造税收收入并带来大量就业机会十分重要。出于同样的原因，NGO 和国际援助机构也开始关注生态旅游的标准制定。这就构成了一个容易爆发冲突的混合体。尽管人们在定义的明确上不断努力，但最终该行业仍出现了一系列令人困惑和相互矛盾的标准。

梅根·埃普勒·伍德（Megan Epler Wood）是关键的领军人物，而她的出现则是源于一次机缘巧合。埃普勒·伍德是美国一位对媒体业有着浓厚兴趣、来自人文学科的学生。21 岁时，她最好的朋友曾带着她沿着阿巴拉契亚小径徒步旅行，从此之后对大自然的兴趣便一发不可收拾。毕业后，她被当时世界野生动物基金会设在美国、规模尚小的分部机构聘用，该分部热切盼望扩大其在媒体中的影响力。1986 年，获得富布莱特奖学金使伍德能够有机会去哥伦比亚拍摄一部纪录片，讲述安第斯云雾森林中一个偏远的私人保护区。该地区周围燃烧的森林和当地人民创造收入的迫切需求打动了她。返程后，她说服全国奥杜邦协会（National Audubon Society）与她签订一份关于拍摄生态旅游纪录片的合同。她开始在肯尼亚、伯利兹和蒙大拿等地区进行拍摄。然后意想不到的事情发生了：赞助该纪录片的啤酒公司因其环境实践受到批评后决定撤资。[114]

尽管没能最终拍成纪录片，但在拍摄期间，埃普勒·伍德积累了遍布全球的人脉。在这个阶段，她决定成立一个致力于推广生态旅游的组织。作为一名年轻的纪录片拍摄者，她知道自己尚缺社会公信力，因此她说服了一位著名的肯尼亚环保主义人士：大卫·韦斯顿（David Western），他是当时发表关于这一主题的学术论文的少数作家之一。韦斯顿同意加入这一项目，并成为该机构的总裁。韦斯顿自幼在坦桑尼亚长大，是一位猎场看守员的儿子，他是提出将旅游收入用于自然保护这一概念的第一人，当时的他还是纽约动物学会东非野生动物保护中心的负责人。[115]埃普勒·伍德和韦斯顿从包括丽诗加邦（Liz Claiborne）和默克（Merck）家族在内的美国慈善家手中筹集资金。1990年，国际生态旅游协会成为世界上第一个致力于生态旅游的国际非营利性组织，该学会自愿为实现自然保护和可持续发展而做出贡献。[116]

国际生态旅游协会着手制定行业的基本定义。1991年，韦斯顿与来自世界各地的专家召开了第一次国际生态旅游协会董事会，最终将生态旅游定义为"具有保护自然环境和改善当地人民生活双重责任的旅游活动"。[117]1994年，斯坦利·赛伦古特在美属维尔京群岛圣约翰岛举办了国际生态旅游协会会议，在这次会议上"生态旅舍"的概念应运而生。会议代表包括许多建筑师和景观建筑师，其中一位名叫希泰什·梅塔（Hitesh Mehta）的人在会后陆续发布了一套明确的生态旅舍建设准则。[118]

生态旅游行业面临着"是否正当"这一重大问题。在环保界，整个旅游业被广泛认为是自然环境的破坏者，而不是保护者。生态旅游作为可持续发展正当工具的核心主张已经开始面临人们的疑问，且这种疑问将一直持续下去。尽管人们普遍认为盈利和可持续发展是可以兼得的，但要让众人相信将富裕的西方消费者送往偏远的乡村和热带雨林的弊端不会大于它的益处，还需要在信念上有所转变。

埃普勒·伍德试图通过将各相关方聚集在国际生态旅游协会258中从而打消这种疑问。她努力确保参会成员涵盖环保主义者、学者和企业,既有来自环保行业也有传统行业从业者,既包括西方企业也包含当地企业。许多成员都是创业公司的创始人,如亚拉巴马州探险旅行先驱理查德·雷尔(Richard Ryel)和他成立的 International Expeditions 公司,西雅图 Wildland Adventures 的创始人库尔特·库塔伊(Kurt Kutay)。库塔伊曾对哥斯达黎加的国家公园进行过研究,在招募当地机构(例如哥斯达黎加的旅游运营商 Horizontes)和一些西方企业参会方面发挥了作用。[119]

埃普勒·伍德起初并不相信认证会对行业有所帮助,她相信认证计划倾向于鼓励人们把焦点放在检查清单上,但很明显其他人想要采取这种方式。1992 年,联合国环境与发展大会举办之后,绿色环球(Green Globe)计划应运而生。该计划由世界旅游及旅行理事会、联合国世界旅游组织和代表环保 NGO 的地球理事会共同管理。令埃普勒·伍德感到沮丧的是,人们最初争论的焦点是创建一个全球网络,这导致许多证书在没有完成尽职调查前就被发放出去了。[120]

绿色环球仍然是唯一的全球性证书,但其他类似计划也相继出现。到 2008 年,约有 60—80 个独立的"绿色"旅游认证项目被推向市场,它们主要覆盖某一个地区或国家。[121]这为国家政府和其他机构提供了获取国际资金的途径,因此这些项目有强烈的动机参与认证活动。随着生态旅游可以促进可持续发展的观点越来越深入人心,国际机构也纷纷开始表示支持。例如,到 20 世纪 90 年代中期,美国国际开发署(United States Agency for International Development)已投资了 100 多个包含生态旅游元素的项目,这些项目共涉及超过 20 亿美元的资金。[122]这个行业和其他行业类似,充足的国际援助是导致激励措施错配和寻租的原因。

随着哥斯达黎加生态旅游产业的兴起，最初的先驱们扩大了他们的业务范围，并很快有了追随者的加入。就如何更清晰地界定这一行业出现了内部争执。来自 NGO 雨林联盟（Rainforest Alliance）的理查德·霍兰德（Richard Holland）和克里斯·威尔（Chris Wille）为哥斯达黎加的生态旅游企业制定了自愿性的指导方针，并于 1990 年把方针手册分发给这些企业，其中包括游客行 259 为责任准则和对环境教育的承诺。公司的合规情况由学生志愿者负责监督，进而换取在"推荐"列表中的一席之地。[123]

1994 年至 1997 年期间，哥斯达黎加政府旗下的哥斯达黎加旅游研究院（Costa Rican Tourism Institute，ICT）、旅游业从业者、NGO 以及该国顶尖的商学院 INCAE 开展了一项合作项目，为该国可持续旅游的标准制定和认证做出了巨大努力。该项目小组成员包括了哥斯达黎加旅游研究院的副总裁巴里·罗伯茨（Bary Roberts），他是生态旅游的先驱企业家，在 20 世纪 70 年代后期便开始进入商界。[124] 随之产生的"可持续旅游认证"（CST）的第一版已于 1997 年用于酒店行业，并于 2001 年推广到旅行社。经受认证的检查员会事先进行现场视察，以验证这些机构在水和能源消耗、排放、垃圾治理、对动植物和当地社区的影响等方面的表现。到 2001 年，已有 100 多家酒店申请了 CST 认证。[125] 尽管 CST 认证很受欢迎，但它同时也受到了批评。政权更迭导致哥斯达黎加旅游研究院完全掌控 CST 认证的职责时，罗伯茨和其他人对此感到失望，终止了与商业和环保 NGO 的合作关系。[126] 批评者纷纷抱怨 CST 认证是以牺牲更多创新型小公司的代价来帮助较大的公司,而且该认证既昂贵也耗时。[127]

　　由于对生态旅游认证的不信任,埃普勒·伍德在 2001 年辞去了国际生态旅游协会总裁一职,并建立了自己的咨询机构,专注于推广行业的"三重底线"法。她的继任者玛莎·霍尼(Martha Honey)选择继续进行认证。国际生态旅游协会与雨林联盟一起建立了可持续旅游的认证体系。认证过程相当漫长,并且参与者很少。"参与认证的业内人士太少了,"埃普勒·伍德指出,"这是一个典型的由 NGO 主导的项目,缺乏足够的企业参与。只有一些最环保的企业参与其中,而其余的企业则置身事外。"[128]国际生态旅游协会本身也难以保持其运营的连贯性。到 2016 年,它甚至还没有一间实体办公室。

　　由于缺少一个能够制定和实施标准的行业机构,认证计划的数量激增。2008 年,雨林联盟设在哥斯达黎加的旅游部门与联合国环境规划署、联合国基金会、联合国世界旅游组织一同创立了全球可持续旅游理事会(Global Sustainable Tourism Council),力求增强业界凝聚力。它颁布的标准针对的是企业、政府和旅游目的地等各方在实现社会、环境、文化和经济可持续性方面应达到的最低标准,而非最高标准。该标准被设计为适应当地的实际情况,并由契合当地特性和活动的附加标准加以补充。埃普勒·伍德对此仍持怀疑态度。"这完全取决于合规检察官,"她总结道,"它的关键在于领导力,在于理解企业的责任,而不在于聘请合规检察官。"[129]

　　困惑、冲突和薄弱的认证显然对生态旅游的发展起到了负面影响。如果它的规模真的如前一章所表明的那样,占全球 7 万亿美元旅游业的 1/4，那么它可以被称作是最大的绿色产业。尽管埃普勒·伍德和韦斯顿等人尽了最大的努力，但该行业的身份界定仍然不够清晰，人们关于行业的规模边界并未达成一致，上述一系列结果标志着该行业制度化的失败。这个行业的分散性和本土化是造成这个结果的一大原因。许多国家政府、援助机构和 NGO 的干预则是另一大原因。无论原因如何，认证的大量增加体现了几乎所有这些证书都是自愿的，并且被当作营销工具来利用，行业毫无正当性可言。的确，与其他行业相比，认证可能是造成该行业正当性丧失的主要原因。

小结

自 1980 年以来的这几十年里，人们开始寻找能够更清晰界定绿色产品和服务价值的方法，这些方法一方面会促使消费者购买绿色产品和服务，另一方面使政府开始支持绿色产品和服务，而其他机构也会效仿遵循。标准和认证是建立公信力的重要途径。

日益增长的环保意识和绿色消费者的兴起促进了标准和认证的传播。这些趋势鼓励了大型传统公司，从瑞典的零售商 Arla 到伦敦的房地产开发商都参与其中，因为这被看作是新兴的细分消费市场。它们还鼓励政府参与支持私营标准或设立自己的标准。这并非易事。针对绿色建筑是否真的具有市场价值，生态旅游是否可以真正成为发展的重要力量等议题，人们存在普遍怀疑。罗兰·谢弗里奥、鲁道夫·鲍尔茨、大卫·戈特弗里德、梅根·埃普 261 勒·伍德等制度企业家的出现，以及加州有机农业认证的农户志愿者的辛勤耕耘,对不同领域开启对话、整合最初资源和建立联盟而言至关重要。

除了生态旅游这一或被称为是最不成功的领域之外,欧洲人在许多行业率先制定了标准。生物动力学德米特商标及其认证过程是最初的先行者,但在第二波环保主义浪潮期间,新一轮的制度化和认证工作也同时启动了,无论在时间长度还是国际化水平上,IFOAM、ECOCERT、ECOVIN 和 BREEAM 都远远领先于美国的标准。这在一定程度上也和地理因素有关:加利福尼亚州和新英格兰的小规模有机农户彼此距离十分之远,因此较难达成共识,制定共同标准就更加困难了。对于有机食品和其他产品,国家政府、其他公共机构和欧盟更加密切地参与制定和支持标准和认证体系。

制度化同时要求在多个利益相关者之间建立联盟。联盟范围越广,认证计划在成员资格和行业认可度方面就越成功。这在BREEAM 和 LEED 认证,以及 KRAV 等有机食品认证中体现得尤为明显。然而为了确保合规成本不会太高,人们需要对此做出权衡。标准和认证体系需要设置在让大多数参与者能接受的水平上。它们必须具有足够的吸引力,以便负责管理的 NGO 能获得相应资助。审计费用本身也是一个问题,它们限定了参与认证的主体,只有那些能够并愿意花钱的公司才会参与认证。标准和认证体系有时也会产生错位的激励和作弊的现象。营利性认证公司和私人认证机构在客户付款后,尽管需要保护自己的声誉和信誉,但缺乏激励它们严格执行标准的动力。正如我们将在第九章中看到的那样,标准和认证体系也为"生态商业"和漂绿(不诚恳的绿色宣传)的发展提供了必要的工具。

相反,天然美妆业中出现的相互矛盾,软弱无力或让人困惑的认证对于应对这些行业分散性问题没有起到多大作用,而在生态旅游行业,这可能会使情况变得更糟。对于主要在当地市场销售的行业,如食品行业,如果一个国家运用 KRAV 标准,另一个国家采用瑞士有机农业联合会的标准,则问题不大。而在生态旅游这样的行业中,存在着大量的国际旅行机构,零散的标准更容易造成消费者的困惑,但全球认证计划是如此笼统,以至于它们在真实世界中的存在价值受人怀疑。

这些行业在认证上面临的挑战直指绿色或可持续行业整体概念的核心。一旦这个概念必须被重新定义,可持续发展的多重含义就会暴露出来,找到合适的度量标准来界定这些含义也同样十分困难。认证过程阐明了存在争议的可持续发展意义。例如,美国农业部有机认证没有提及任何对个人或地球的健康益处,而对其他人来说,避免杀虫剂的全部意义在于减少对人类和土壤造成的损害。因此,生物动力学运动比认证早了数十年并非巧合,毕竟成员间对此有着较为统一的观点和意识形态。一旦认证范围扩大到更广泛的成员群体,由于这些成员没有强烈的意识形态或信念,且更加注重于对股东盈利负责,那么设定指标的过程通常不可避免地会从最低的共同标准开始。当合规检察官取代了共同价值,认证带来的诸多缺点便显现出来。

本章注释

1. Craig N. Murphy and JoAnne Yates, *The International Organization for*

Standardization (*ISO*): *Global Governance through Voluntary Consensus* (London: Routledge,2009),pp.77-81. "14000 系列"由 13 个单独标准组成,编号不连续。获得该 ISO 认证的数量从 2001 年的 36000 个增加到 2005 年的 110000 个。

2. Andrew L. Russell, *Open Standards and the Digital Age* (Cambridge: Cambridge University Press,2014),p.16.

3. 对制度创业的重要性的探索和讨论可见 Julie Battilana, Bernard Leca, and Eva Boxenbaum, "How Actors Change Institutions: Towards a Theory of Institutional Entrepreneurship," *Academy of Management Annals* 3,no. 1 (2009),pp.65-107。

4. Herbert H. Koepf and Bodo von Plato, *Die biologisch-dynamische Wirtschaftsweise im 20. Jahrhundert: Die Entwicklungsgeschichte der biologisch-dynamischen Landwirtschaft* (Dornach: Verlag am Goetheanum, 2001),pp.220-8.

263 5. "Biodynamic Agriculture at a Glance," 〈http://www.demeter-usa.org/downloads/Demeter-At-A-Glance.pdf〉,accessed August 1,2016.

6. Otto Schmid,"Development of Standards for Organic Farming," in William Lockeretz (ed.), *Organic Farming: An International History* (Wallingford: CABI, 2007),p.154.

7. Julie Guthman, *Agrarian Dreams* (Berkeley: University of California Press,2004),p.112.

8. Interview with Janet and Grant Brians,July 19,2007,in UC Santa Cruz Library,"Cultivating a Movement."

9. History of the CCOF,〈http://www.ccof.org/images/logo.gif〉,accessed February 13,2015.

10. Interview with Janet and Grant Brians; Janet McGarry, "Organic Pioneers Reflect on 40 Years of CCOF," January 22,2013,〈http://www.cuesa. org/article/organic-pioneers-reflect-40-years-ccof 〉, accessed May 4,2016.

11. Roland Bechmann,"Une Seule Terre: Stockholm 1972," *Aménagement et Nature* 26 (June 1972),pp.34-5.

12. Arlette Harrouch,"Le rôle de Nature et Progrès dans l'histoire de la bio en France: Témoignage d'une actrice engagée," *Nature et Progrès* 44

（November-December 2003）.

13. IFOAM Founding Letter,〈http://infohub.ifoam.bio/sites/default/files/page/files/founding_letter.pdf〉,accessed July 5,2016.

14. "Le Congrès de Versailles,3,4,5 November 1972," *Nature et Progrès 9*, no. 4 (January-March 1973).

15. Bernward Geier,"IFOAM and the History of the International Organic Movement," in Lockeretz (ed.),*Organic Farming*,pp.175-85.

16. Michael Sligh and Thomas Cierpka, "Organic Values," in Lockeretz (ed.),*Organic Farming*,pp.37-8.

17. 〈 http://www. ifoam. bio/en/core-campaigns/climate-change-campaign〉,accessed July 4,2016.

18. Bernhard Freyer,Jim Bingen,and Milena Klimek,"Ethics in the Organic Movement," in Bernhard Freyer (ed.),*Re-Thinking Organic Food and Farming in a Changing World* (Dordrecht: Springer,2015),pp.13-44; Schmid,"Development of Standards."

19. Darren Halpin, Carsten Daugbjerg, and Yonatan Schwartzman, "Interest-Group Capacities and Infant Industry Development: State-Sponsored Growth in Organic Farming," *International Political Science Review* 32,no. 2 (June 2011),pp.147-66.

20. 〈http://www.natureetprogres.org/nature_et_progres/histoire_nature_progres.html〉,accessed July 8,2015.

21. 〈http://www.penser-bio.fr/Historique〉,accessed July 8,2015.　264

22. Laure Bonnaud and Nathalie Joly, *L'alimentation sous contrôle: Tracer,auditer,conseiller* (Dijon: Educagri,2012),p.112.

23. 〈http://www.natureetprogres.org/nature_et_progres/histoire_nature_progres.html〉,accessed June 22,2015.

24. Bonnaud and Joly,*L'alimentation*,p.113.

25. Susanne Padel and Nic Lampkin,"The Development of Governmental Support for Organic Farming in Europe," in Lockeretz (ed.),*Organic Farming*,pp.96-7.

26. 见 Richard Gould,"EN 15267,A New Unified Testing and Approval Scheme for Automated Measuring Systems," 〈 http://www. eu-etv-strategy.eu/pdfs/ETV_AMS_scheme_and_potential_framework_web.

pdf〉,accessed August 7,2016。

27. Bonnaud and Joly, *L'alimentation*, p.113.

28. Gaëlle Richard, "Ecocert, géant du label bio," *Sud-Ouest*, October 24, 2013, 〈http://www. sudouest. fr/2013/10/24/ecocert-geant-du-label-bio-1208751-2461.php〉, accessed June 14, 2014.

29. Anon., "Ecocert leader de la certification bio," press release, Chambre de Commerce et d'Industrie de Gers, November 2010, 〈http://www.gers. cci. fr/actualites/ecocert-leader-de-la-certification-bio. html 〉, accessed June 14, 2014.

30. Bonnaud and Joly, *L'alimentation*, p.114.

31. Ibid., p.115.

32. 〈http://www.ecocert.com/sites/default/files/u/ECOCERT_PR_certification BiodiversityCommitment_EN.pdf〉, accessed September 3, 2014. 美国采用的是印第安纳有机食品认证局的认证,而瑞士则采用 IMO 国际有机认证。

33. Anon., "Label AB: Un business pas bien bio," weblog entry of *Courant Libre*, a service of L'Agence Française de Développement, August 4, 2009, 〈 http://courantlibre. solidairesdumonde. org/archives/2010/week25/index-1.html〉, accessed June 8, 2014.

34. Padel and Lampkin, "Development," p.97.

35. Peter Gibbon, "European Organic Setting Organizations and Climate-Change Standards," *OECD Global Forum on Trade*, June 9-10, 2009, 〈https://www.oecd.org/tad/events/42850898.pdf〉, accessed June 10, 2014.

36. Interview with Richard Marietta, Paris, June 8, 2011; Harrouch, "Le rôle de Nature et Progrès."

37. Kirsten Bransholm Pedersen, Bente Kjærgård, and Birgit Land Pedersen, "Økologiske værdier under forandring?" in Forbrugerrådet, *Værdier til salg – forbrugernes forventninger og krav til den kologiske fdevareproduktion* (Copenhagen: Forbrugerrådet, 2009).

38. Gibbon, "European Organic Setting Organizations."

39. Ibid.

265 40. Magnus Boström and Mikael Klintman, "State-Centered Versus Non-State-Driven Organic Food Standardization: A Comparison of the US and

Sweden," *Agriculture and Human Values* 23（2006），pp.163-80. KRAV Market Report 2016，〈http://www.krav.se/sites/www.krav.se/files/krav _market_report_2016_eng_webb.pdf〉，accessed July 29,2016.

41. McGarry,"Organic Pioneers."

42. 〈http://www.ocia.org/about-ocia〉，accessed May 5,2016.

43. Brandon H. Lee，"The Infrastructure of Collective Action and Policy Content Diffusion in the Organic Food Industry," *Academy of Management Journal* 52,no. 6（2009），p.1249.

44. Grace Gershuny, "Conflicts over Organic Standards," September 23, 2010, 〈 http://social-ecology. org/wp/2010/09/conflicts-over-organic-standards〉，accessed October 23,2016.

45. Kathleen Merrigan,"The Role of Government Standards and Market Facilitation," in OECD, *Organic Agriculture*: *Sustainability*, *Markets and Policies*（Wallingford: CABI, 2003），p. 277; Boström and Klintman, "State-Centered."

46. Ronnie Cummins, *Genetically Engineered Food*: *A Self-Defense Guide for Consumers*（New York: Marlowe,2000）.

47. Christopher Marquis, Marya Besharov, Bobbi Thomason, and Leah Kaplow, "Whole Foods: Balancing Social Mission and Growth," Harvard Business School Case No. 9-410-023（August 29,2009）.

48. Bruce A. Scholten, *U.S. Organic Dairy Politics*: *Animals*, *Pasture*, *People*, *and Agribusiness*（New York: St Martin's Press,2014）.

49. Peter Laufer, *Organic*: *A Journalist's Quest to Discover the Truth behind Food Labeling*（Guildford,CT: Globe Pequot Press,2014）.

50. Caelainn Barr,"Organic-Farming Boom Stretches Certification System," *Wall Street Journal*,December 9,2014.

51. Cornucopia Institute,"Regulations Not Being Enforced—Watchdog Asks for USDA to Remove Program Management," December 11,2014,〈 http://www. cornucopia. org/2014/12/investigation-factory-farms-producing-massive-quantities-organic-milk-eggs/ # more-14709〉.

52. 〈 http://www. nsf. org/consumer-resources/green-living/organic-certification/personal-care-products-containing-organic-ingredients/〉, accessed May 6,2014.

53. Alex Nicholas and Charlotte Opal, *Fair Trade: Market-Driven Ethical Consumption* (London: Sage, 2004); Matthew Anderson, *A History of Fair Trade in Contemporary Britain* (Basingstoke: Palgrave Macmillan, 2015).

54. Laura Raynolds and Michael Long, "Fair/Alternative Trade: Historical and Empirical Dimensions," in Laura T. Raynolds, Douglas L. Murray, and John Wilkinson (eds.), *Fair Trade: The Challenges of Transforming Globalization* (London: Routledge, 2007), pp.15-32; Kathryn Wheeler, *Fair Trade and the Citizen Consumer: Shopping for Justice?* (New York: Palgrave Macmillan, 2012); Keith R. Brown, *Buying into Fair Trade: Culture, Morality, and Consumption* (New York: New York University Press, 2013), pp.9-10, 14.

55. Geoffrey Jones and Simon Mowatt, "National Image as a Competitive Disadvantage: The Case of the New Zealand Organic Food Industry," *Business History* 58, no. 2 (2016), pp.1262-88.

56. FiBL and IFOAM, *The World of Organic Agriculture 2016* (February 2016), 〈https://shop.fibl.org/fileadmin/documents/shop/1698-organic-world-2016.pdf〉, accessed July 1, 2016, pp.141-2.

57. Laufer, *Organic*.

58. Telephone interview with Can Turhan, August 19, 2013.

59. Stephanie Strom, "What's Organic," *New York Times*, November 15, 2016.

60. 2015 年,国际有机食品批发和供应公司名录列出了 45 家供应商,其中 38 家位于欧洲。〈http://www.organic-bio.com/en/labels/〉, accessed May 19, 2016.

61. Interview with Rodolphe Balz, April 13, 2011; Rodolphe Balz, *The Healing Power of Essential Oils* (Twin Lakes, WI: Lotus Light, 1996).

62. Interview with Rodolphe Balz, April 13, 2011.

63. Ibid.

64. Ibid.

65. Amy B. Olson, "Non-State Market Driven Governance: A Case Study in Organic and Natural Personal Care Products," Walden University Ph. D., 2010.

66. Andrew McDougall, "Natrue Adopts IFOAM Definition for Acceptance of Organic Raw Materials," August 12, 2014, 〈http://www.cosmeticsdesign-europe. com/Regulation-Safety/Natrue-adopts-IFOAM-definition-for-acceptance-of-organicraw-materials〉, accessed, July 8, 2015.

67. Euromonitor International, "Natural Beauty Goes Mainstream, but Organic Beauty Stand-off Continues" (March 15, 2010).

68. Olson, "Non-State Market Driven Governance," p.66.

69. Lötzerich-Bernhard, interview with Julie Tyrrell.

70. Anon., "New Standard for Natural Personal Care Products," *WholeFoods Magazine*, February 24, 2011, 〈http://www. wholefoodsmagazine. com/news/mainnews/new-standards-natural-personal-care-products 〉, accessed June 4, 2015.

71. Mintel, "Natural and Organic Personal Care—Europe," December 2010.

72. Michelle Yeomans, "Consumers Still Struggle with the Difference Between Natural and Organic," November 18, 2014, 〈http://www.cosmeticsdesign-europe. com/Market-Trends/Consumers-still-struggle-with-the-difference-between-natural-and-organic〉, accessed August 2, 2015.

73. Interview with Sam McKay (Jurlique), Boston, MA, January 18, 2013; Geoffrey Jones and Andrew Spadafora, "Jurlique: Globalizing Beauty from Nature and Science," Harvard Business School Case No. 9-314-087 (March 24, 2014).

74. Roger Courtney, "Building Research Establishment: Past, Present, and Future," *Building Research and Information* 25, no. 5 (1997), pp.285-91; telephone interview with Alan Yates (BRE Group), November 21, 2014.

75. 〈http://www.superhomes.org.uk/the-team〉, August 5, 2015.

76. Anon., "Environment '90: ECD Partnership Enjoys Success as the Industry Turns to Energy-Efficient Design," *Construction News*, April 12, 1990.

77. David Nicholson-Lord, "Healing the Sick: Architects Have Finally Seen the Light and Are Putting It into Their Buildings," *The Independent* (London), November 10, 1991.

78. Anon., "Environment '90."

79. Christopher Warman, "Energy Efficiency Keynote of 1990s," *The*

Times,January 19,1990.

80. Telephone interview with Alan Yates (BRE),November 21,2014.

81. Roger Baldwin, Stan Leach, John Doggart, and Miles Attenborough, *BREEAM 1/90: An Environmental Assessment for New Office Designs* (Garston,UK: BRE,1990).

82. Interview with Alan Yates; Nicholson-Lord, "Healing the Sick"; Anon.,"ECD Partnership."

83. Nicholson-Lord, "Healing the Sick"; Anon., "Green Test for Broadcasting House," *The Times* (London),February 12,1992.

84. Interview with Alan Yates.

85. Anthea Masey,"The Green House Blues," *Mail on Sunday*,April 30, 1995; David Nicholson-Lord, "Reading the Green Gauge," *The Independent*,June 9,1996.

86. Courtney,"Building Research Establishment," p.289.

87. Ibid.,p.290; ⟨http://www.bre.co.uk/page.jsp? id = 1712⟩, accessed June 15,2015.

88. Roger Baldwin, Alan Yates, Nigel Howard, and Susheel Rao, *BREEAM 98 for Offices* (Garston,UK: BRE,1998).

89. Thilo Ebert, Natalie Essig, and Gerd Hauser, *Green Building Certification Systems* (Munich: DETAIL/Institut für internationale Architektur-Dokumentation, 2011),p.31; Mike Scott,"Insulation Will Not Be Enough to Hit Targets," *Financial Times*,April 18,2008.

90. ⟨http://www.breeam.org/about.jsp? id = 66⟩, accessed October 23,2016.

91. Institute for Applied Technology, *The Center for Building Technology: A Perspective* (Washington, DC: U.S. Government Printing Office, 1976).

268 92. Jim Heldenbrand,"Design and Evaluation Criteria for Energy Conservation in New Buildings," ⟨http://nvlpubs.nist.gov/nistpubs/sp958-lide/260-265.pdf⟩,accessed June 2,2016.

93. Ibid.,pp.262-3.

94. David Gottfried, *Greed to Green: The Transformation of an Industry and a Life* (Berkeley: Worldbuild Publishing,2004),pp.3-9,53-8.

95. Ibid.,pp.61-3.

96. Ibid.,pp.70-3.

97. Ibid.,pp.87,98-101,109-12; Lee Scopel,"U.S. Green Building Council's President Discusses Past, Future of LEED System," *Daily Journal of Commerce*（Portland,OR）,September 23,2002.

98. Gottfried,*Greed*,pp.123-4.

99. Ibid.,pp.134-5.

100. Ibid.,p.165.

101. Public Technology,Inc.,*Sustainable Building Technical Manual：Green Building Design,Construction,and Operations*（Washington,DC：Public Technology,Inc.,1996）.

102. Christine Ervin,"Market Transformation：The Green Building Story,"〈http：//www.christineervin.com/downloads/Christine_Ervin_chapter.pdf〉,p.112,accessed June 4,2016.

103. Ibid.,p.115.

104. Gottfried,*Greed*,pp.177-8; David Gottfried,*Explosion Green：One Man's Journey to Green the World's Largest Industry*（New York：Morgan James,2014）,p.241.

105. 〈http：//www.usgbc.org/leed〉,accessed August 5,2016;〈http：//www.usgbc.org/articles/three-billion-square-feet-green-building-space-leed%C2%AE-certified〉,accessed August 5,2016. 截至 2009 年,美国绿色建筑委员会的会员数量突破了 2 万。Ebert,Essig,and Hauser,*Green Building*,pp.39,41.

106. Gottfried,*Greed*,pp.211-14,219-22.

107. 〈http：//www.worldgbc.org/worldgbc/become-member/members/〉,accessed June 2,2016.

108. "LEED in Motion：Greater China," February 2015,〈http：//www.usgbc.org/resources/leed-motion-greater-china〉,accessed February 8,2016.

109. World Building Council,"Will Europe Stay Competitive in the Global Green Building Market," September 16,2013,〈http：//www.worldgbc.org/regions/europe/ern-blogs/general/will-europe-stay-competitive-global-green-building-market〉,accessed June 5,2016.

110. Jerry Yudelson,*Green Building Trends：Europe*（Washington,DC：

Island Press,2009),p.28.

269 111. Kira Gould and Lance Hosey, *Women in Green： Voices of Sustainable Design* (Bainbridge Island,WA： Ecotone,2007),p.110.

112. Lloyd Alter,"The Four Sins of LEEDwashing： LEED Green Buildings That Perhaps Aren't Really Green," *Treehugger*,March 17,2009.

113. Kaid Benfield,"As Good and Important as It Is,LEED Can Be So Embarrassing," January 18, 2013, ⟨http://switchboard. nrdc. org/blogs/kbenfield/as_good_and_important_as_it_is.html⟩,accessed July 4,2016.

114. Interview with Megan Epler Wood,March 26,2015,Cambridge,MA.

115. 西方国家随后接管了肯尼亚野生生物服务署,原先的负责人理查德·李基(Richard Leakey)因备受争议,最终于 1994 年被解雇。关于李基的更多信息,见 Graham Boynton,"Richard Leakey： What Does Angelina Jolie See in This Man?" *The Guardian*,April 30,2015。

116. Interview with Megan Epler Wood.

117. Martha Honey,*Ecotourism and Sustainable Development* (Washington, DC： Island Press,2008),pp.6-10,15-16.

118. Hitesh Mehta, Ana L. Báez, and Paul O'Loughlin, *International Ecolodge Guidelines* (Washington,DC： International Ecotourism Society, 2002).

119. Interview with Megan Epler Wood.

120. ⟨http://www. greenglobeint. com/about/history⟩, accessed July 16, 2015；interview with Megan Epler Wood.

121. Honey,*Ecotourism*,pp.113-14.

122. Ibid.,p.17.

123. Interview by Royal G. Jackson with Richard Holland,August 28,1992, Royal G. Jackson Papers. Series II. 1,Oregon State University Special Collections.

124. 关于"罗伯茨和蒂卡尔旅游"(Roberts and Tikal Tours),见 Geoffrey Jones and Andrew Spadafora,"Entrepreneurs and the Co-Creation of Ecotourism in Costa Rica," Harvard Business School Working Paper No. 16-136 (2016)。

125. Amos Bien,"Environmental Certification for Tourism in Central America： CST and Other Programs," in Martha Honey (ed.), *Ecotourism*

& *Certification*：*Setting Standards in Practice*（Washington，DC：Island Press，2002），pp.147-9；Interview with Bary Roberts by Andrew Spadafora，June 9，2014，CEM，Baker Library Historical Collections，Harvard Business School，⟨http：//www.hbs.edu/businesshistory/emerging-markets/⟩.

126. Interview with Bary Roberts.

127. Bien，"Environmental Certification，" p.150；Interview with Jim Damalas by Andrew Spadafora，June 4，2014，CEM，Baker Library Historical Collections，Harvard Business School，⟨http：//www.hbs.edu/businesshistory/emerging-markets/⟩.

128. Interview with Megan Epler Wood.

129. Ibid.

第七章　绿色金融能否改变世界？

在 20 世纪 80 年代之前，几乎无人相信金融体系能为环境可持续性做贡献。银行和其他金融机构看上去总是与盈利挂钩，和可持续性毫无关系可言。而实际上整合财务资源，建立和发展业务是绿色企业家面临的最根本的挑战。在市场和技术未经证实的领域开疆拓土的创业公司——有时是受到非主流理念驱动——面临着特殊的挑战，特别是金融服务业此前从未将可持续性纳入其商业模式中。可持续发展商业委员会的创始人斯蒂芬·斯密德亨尼和他的合著者在 1996 年出版的《融资变革》(*Financing Change*)中指出，我们"有理由相信"，金融市场"鼓励短视行为，低估环境资源的价值，寅吃卯粮，这些机构在所公布的会计及其他报告中常常回避对环境保护利弊的分析"[1]。

如何评估风险和机遇是一个核心问题。对环境效益和风险进行量化评估很困难，而要评估环境效益和风险对投资公司或银行客户财务表现的影响，难度就更大了。绿色企业通常需要较长的投资期限，因为它们初期正处于开发新技术或寻找新的消费者细分市场的阶段。随着 20 世纪 80 年代股东资本主义和代理理论的盛行，时间跨度上的不一致性被进一步放大，机构股东对上市公司的 CEO 造成了更大的压力，这些高管不得不将焦点放在季度收益上。随着 20 世纪 80 年代资本市场的全球化,技术发展(如运用计算机进行高频交易和算法交易)使得短期交易比长期投资更受青睐。即使没有这种结构性转变,大多数上市公司也极少披露任何有关其环境、社会和治理影响的有意义的信息,因此指望他们专门分配资金来支持可持续性是极具挑战性的。[2]

　　由于传统企业并没有考虑到环境和社会成本,与绿色企业相比,它们的财务状况通常表现得更好。人们普遍认为,绿色企业的财务业绩不佳,是因为它们需要在盈利和可持续性之间进行权衡取舍。在金融市场中,人们普遍认为投资烟草、酒类和化石燃料等行业是最为有利可图的。[3] 包含所谓"罪恶股票"*的共同基金业绩良好,使得这一观点在后来得到了证实。[4]

　　这是一个重大社会问题,在高收入经济体中尤其如此,因为越来越多的人通过养老基金成了公司的投资人。随着金融资产成为家庭资产负债表中日益重要的一部分,证券的价值和支撑价格的利润就显得至关重要。无论他们对可持续性的个人信仰如何,投资经理和机构投资人都需要履行信托责任,为客户寻求最佳的财务回报。[5] 即使是环保组织和捐赠基金的投资总监,例如美国大自然保护协会和联合国环境规划署,也拒绝按照可持续标准投资其养老基金。[6] 斯密德亨尼和索拉金指出,这种信托责任是"在投资决策中排除诸如环境或社会目标等软性或非财务因素论据的症结所在"。[7]

---

　　* 在美国,涉及烟草、酒、博彩和军火生产的公司被称为"罪恶公司",它们的股票被称为"罪恶股票"(Sin Stocks)。

资金筹措困难是太阳能等资本密集型行业一直存在的问题，即使在资本市场最发达且风险投资规模最大的美国也是如此。20世纪 70 年代，光伏太阳能行业的先驱们发现要从银行和风险投资家那里筹集资金几乎是不可能的，于是只能依靠大型石油公司。虽然在资本密集程度不那么高的行业（如有机食品和天然美妆业），借助家人、朋友的资助和自己的储蓄便能创办一家公司，但想要实现规模化发展，则需要获得更多的现金，对于这些行业而言，它们很难在长时间内确保资金充足。在美国之外的国家和地区，获得资助的机会就更少了。在日本，风险投资公司通常隶属于大型银行和保险集团。它们有很强的风险防范意识，正如第五章中有机食品零售商 Oisix 的创始人所提到的，风投只会贷款给那些已经具备稳定现金流的公司。[8]

272　　当绿色企业家好不容易从外部筹集到资金时，他们还可能会面临内部价值冲突。"两三百万的风投资金是瓜分爱思贝的开端，"阿尼·科斯在描述关于自己创立的有机婴儿食品公司获得的第一笔风投时这样说道："现在，投资者的择优顺序会被不断引入的优先级风险基金、股东权利、信托凭单、期权和优先否决权重新洗牌。"[9] 他补充说，风险投资家常常扮演"坏人"的角色。"[10] 对保罗·霍肯来说，风险投资最严重的弊端是它倾向于推动公司迅速扩张，以便他们能在大规模获利后撤资。他指出，快速增长很可能会导致许多企业的失败，这既是经济意义上的失败，也包括道德层面的失败。他在《商业生态学》一书中指出，大量的外部资本投资"倾向于越俎代庖，以实际利益和他们所代表的价值来控制获得投资的受益人"。[11]

从那时起，人们开始就如何让传统金融体系参与可持续性议题展开讨论。该时期美国法院受理的案件表明，虽然大型商业银行均不愿意承认，但有证据表明他们中的一些机构必须对有害垃圾问题负责。[12]1991年，联合国环境规划署和包括汇丰银行、德意志银行在内的一小部分商业银行共同发起了一项金融倡议，旨在提高银行业对环境议题的认识。第二年，在里约热内卢的联合国环境与发展大会的背景下，该小组和联合国环境规划署呼吁将环境问题纳入银行的发展战略之中。截至1992年底，全球顶尖的商业银行中有23家（合计资产达1.5万亿美元）签署了联合国环境规划署的申明。从那时起，"可持续银行"这个术语也开始被人们所采用，它首先出现在多边发展银行中。[13]1995年，联合国环境规划署与一批大型保险和再保险公司签署了自愿性协议，它们承诺为保护环境尽一份力。[14]

承诺后的现实情况又是另一回事。2016年，雨林行动网络（Rainforest Action Network）、塞拉俱乐部和其他环保组织对25家来自美国、加拿大和欧洲的大型银行进行了审查，发现这些银行于过去的2年时间里在北极钻井、加拿大油砂开采、煤矿开采和燃煤电厂等项目上累计投资了7840亿美元。[15]英国政府意识到投资银行在为环境项目提供融资方面的参与度较低，于是在2012年成立了英国绿色投资银行，该银行只能投资符合特定绿色目标的基础设施项目。在接下来的4年里，该银行共投资了66个基础设施项目和7个基金，随后便转为私有化。[16]

总体来说，传统银行业在环保化方面的进展十分缓慢，这让联合国环境规划署觉得有必要在2015年出版一份全面的报告，报告的目的是"提升金融体系在调动资本实现绿色和包容性经济方面的有效性"。这份报告也进一步验证了上述事实。[17]

本章的重点不在于传统金融机构对环保化的日益关注,而在于通过创建新型金融机构来解决绿色企业与传统金融体系之间存在的错位问题。鲁道夫·斯坦纳为这一想法提供了灵感。1919年,他提出"建立一个类似银行的机构,在其金融活动中为经济和精神导向的企业服务,这些企业的目标和态度都是以人智学的世界观为导向"。他认为符合这个标准的银行的目标不应在于实现利润最大化,而应该通过直接参与管理为信奉人智学的企业提供财务上的帮助或给予运营方面的指导。[18]第一批这类机构的建立则出现在半个世纪后。

本章着眼于从 20 世纪 80 年代开始,绿色企业家如何以创新方式支持绿色企业的金融体系,而不是像霍肯所说的那样去破坏它们。与第二部分的前几章不同,之前的章节关注了一系列不同的行业,而在这一章里,我们只关注一个行业,即银行和金融业。本章将全面回顾银行、投资公司和风险投资机构如何通过创新催生可持续发展的关键概念,如环境报告和影响力投资。虽然银行业务貌似与可持续性有冲突,但正如现实世界的商业实践离不开金融业一样,少了金融业的参与,可持续发展也将难以持续。

可持续银行和社会性银行

从 20 世纪 70 年代开始,一些替代性银行相继成立,其中一部分是受到斯坦纳思想的启发,替代性银行在 1980 年后的发展势头更为迅猛。这些机构比联合国环境规划署 1991 年推出的金融倡议早了 20 年甚至更久。这种新型金融机构被称为"社会性银行"，[274] 当然也有人会使用诸如"可持续""道德"和"另类"银行等术语，这通常反映了各类可持续性议题被高度关注。奥拉夫·韦伯（Olaf Weber）为此提供了一个极具操作性的定义，即"专门提供对社会、环境或可持续发展有积极影响的金融产品和服务的银行"。[19]

2009 年，一个 5 年前成立的全球社会性银行，全球价值银行联盟（Global Alliance for Banking on Values，GABV）拥有了 25 名成员，总资产高达 500 亿美元。这个组织与以往成立的组织截然不同，成员包括了新兴市场中的小额信贷机构，以及全球最大的 NGO、总部位于孟加拉人民共和国的孟加拉乡村进步委员会（BRAC），两家总部位于加利福尼亚州、主要向低收入社区提供贷款的银行，和几家资产总额达 160 亿美元、兼顾生态和社会发展目标的欧洲银行，其中包括总部位于德国的德国合作制社区银行（GLS，总资产 22 亿美元），荷兰的特里多斯银行（67 亿美元）和丹麦的默克合作银行（2 亿美元）。[20]这些机构都将成为本章所关注的重点。世界各地的社会性银行数量可能多达 600 家，但全球价值银行联盟可能代表了它们当中最大的一部分。尽管如此，它们仍只是全球金融体系的一小部分而已。2014 年，仅美国的银行业资产总额就高达 15 万亿美元。[21]

1974 年，欧洲最早的两家社会性银行在德国和英国相继成立，它们都受到斯坦纳哲学的影响。这家德国银行的缘起可以追溯到一段 1956 年在波鸿市某辆有轨电车上的偶遇，一位是律师威廉·恩斯特·巴克霍夫（Wilhelm Ernst Barkhoff），另一位是曾尝试资助一家新成立的华德福学校的人智学家。[22]巴克霍夫出生于一个贫穷的天主教家庭,曾加入纳粹党。在完成法学院的学习后,他参加了第二次世界大战,被派往苏联前线打仗。战争结束后,他对教会和国家产生了深深的怀疑,他坚信公民有义务为改善社会尽一份力。一位和他共事多年的同事曾形容他为"名副其实保守的天主教徒和彻底的革命派的有趣混合体"。[23]

巴克霍夫感觉到他与这位人智学家的偶遇很不寻常,但他很快便认可了为学校提供资助的想法。他运用自己在德国商业银行一家当地分行的人脉为该学校和随后的扩建募得资金。通过收集学生父母的信用等级,他从银行获得了更低的利率。从 20 世纪 50 年代末,巴克霍夫便开始参与社区项目,他经常谈到应该要建立一种新式银行,其目的不是钱生钱,而是提供对社会有用的商品。他和律所一名雇员合作,在 1961 年建立了一家非营利性信托机构,让学校项目形成一个正规化的体系,并能为更多学校提供支持。该系统与德国商业银行合作,每为银行争取到的一位新客户,信托机构就能相应得到一笔佣金。[24]巴克霍夫并不看好学生运动借助国家力量来改善社会的想法,而是倾向于发挥"公民自身的能动性"。[25]1967 年,他组建了一个超过 1000 人的信用担保协会,它允许成员们通过提供主流银行所要求的贷款抵押品来为其他成员的贷款提供担保或支持。[26]

7 年后,巴克霍夫建立了 GLS,一家合作银行。会员和存款来自之前成立的信托和信用担保协会。[27]该银行规模不大,成立 1 年后资产负债表上的金额刚刚超过 80 万美元。人智学说促进了它的成立,但直接动因源自华德福学校和生物动力学农场需要得到资金支持。[28]巴克霍夫一直打理着这家银行，直到 1981 年退休。

GLS 的运作方式与传统银行不同。它通过列出年度运营成本，并将其分摊到客户身上来收取贷款利息。储户会员允许 GLS 的借款人以较低的成本使用他们的资金，在某些情况下甚至可以免费使用资金。[29]后来成立的欧洲社会性银行采用的低收益或无收益储蓄账户便是基于这样一种假设："绿色储户"会放弃自己储蓄的利率，以便将节约下的成本用于银行资助的项目上。起初，约有 20% 的 GLS 储户采用了无息储蓄账户，而其他储户则接受了低于市场的利率。[30]

GLS 对提供借款的机构进行严格筛选，从而确保价值观的相互匹配，并实现最大化的透明度。1980 年后，该银行便发布了通讯稿，公布项目的详细信息和贷款金额，并向储户征询意见，了解他们希望资助什么样类型的项目。[31]尽管 GLS 在创立伊始就有着广泛的社会目标，但随着其德国籍成员对环境的担忧日益加剧，GLS 对生态问题的关注度也开始逐步提升。它从早期就开始资助获得德米特认证的生物动力学农业。[32]1989 年，它在德国成立了 276 首个资助风力发电项目的基金。[33]

英国版 GLS 是一家名为 Mercury Provident 银行，它也是由人智学家在 1974 年创立的。像 GLS 一样，Mercury Provident 是一家拥有全套银行业务许可的合作制银行。最初，该银行只是提供贷款给有机农户，随着时间的推移，它的对外投资还包括了小型回收业务的从业者、风力发电场以及受斯坦纳启发的教育和健康产业项目。然而，其资产负债表上的金额从未超过 1800 万美元，原因之一是该银行严格避免向信奉人智学以外的群体提供贷款。

1994 年，它被荷兰特里多斯银行收购，当时后者的规模是前者的 4 倍之多。[34]

作为欧洲最大的社会性银行，特里多斯银行成立于 1980 年，坐拥 60 万美元的股本，是那 10 年里兴起的众多社会性银行的其中一家。它的缘起可以追溯到 1968 年 4 位荷兰专业人士所组成的研究小组，成员的背景很多元，包括人智学者、宗教信仰者和 E. F.舒马赫提出"小的是美好的"这一概念的崇拜者。他们时常聚在一起讨论如何更有意识和更加透明地使用资金。他们都听说过 GLS 银行，不同的是这些人从一开始便不排斥与人智学以外的群体进行接触。1971 年，他们共同成立了一个非营利性基金会。1980 年，这个团队拿到了银行营业执照，并开始以特里多斯银行的名义展开业务。[35]

特里多斯的名字体现了斯坦纳的"三重路径"理念。斯坦纳的"三重性"概念将社会分为经济、法律/政治和文化维度，我们需要用整体的视角去看待这三重维度。特里多斯银行的创始人认为其三重任务是为社会、文化和环境的目标和机制提供支持。他们希望在获取合理的利润的同时能促进这三个领域的发展。[36]特里多斯银行公司章程的序言指出："特里多斯银行与鲁道夫·斯坦纳的人智学理念密切地联系在一起。"[37]1999 年之前，该银行执行董事会成员均被要求受到斯坦纳的人智学"启发"，每位成员必须得到人智学和基督教协会的批准，但他们并不需要正式隶属于斯坦纳的组织。与 GLS 一样，该银行支持学校、音乐场馆和其他文化机构的建设，为从事社会和生态事业的企业家提供贷款，贷款流程与人智学理念和实践一致，而非系统化数据导向的标准。[38]彼得·布洛姆(Peter Blom)说:"利润本身并不是一个目标。"他从1980以来就一直在该银行工作,1997年他成为公司的CEO。[39]

回顾特里多斯银行的发展历程,类似这样的试验还有许多。277该银行最初只是一家商业银行,后来推出了小型的风险投资基金。1980年,它在欧洲创建了第一个绿色基金——生物动力学农业基金。风能和太阳能领域的金融机构之后相继效仿。1998年,这些独立基金被纳入特里多斯绿色基金。特里多斯着力于聘请具有相关行业经验的专业人士,这些经验都有助于基金的成功运作,并鼓励其他人建立此类基金。[40]

荷兰在1995年推出了针对个人的税收激励计划,特里多斯银行抓住这个难得的机遇,通过宣传提高绿色基金的投资吸引力,为其产品的成功奠定基础。当时,特里多斯银行几乎控制了荷兰国内整个绿色基金市场,基金规模一开始仅为1400万美元;到了2010年,其旗下管理的资金总额达到8亿美元,该国的绿色基金金额也已增长到近100亿美元。[41]特里多斯银行广泛参与了社会责任投资(SRI)基金市场,细节将在下一节展开讨论。特里多斯·米尔瓦德基金(Triodos Meerwaarde Fonds)成立于1997年,是当时荷兰第一家也是最著名的社会责任投资基金,英荷保险公司劳埃德银行集团(Delta Lloyd)也参与该基金的管理。它在阿姆斯特丹证券交易所挂牌交易,也是荷兰首个社会责任投资基金之一。[42]

特里多斯银行的领导层力求在不损害公司价值的前提下扩大业务。这个过程也并非一帆风顺,随着银行在公司规模和地域上的扩张,它逐步在欧洲其他地方开疆拓土,1993年该银行的业务拓展到了比利时,1995 年一家分支机构在英国开业。公司雇用了在传统金融机构接受过专业训练的银行家,但它对高管的薪水加以限制,也不提供额外的奖金。[43]特里多斯银行坚持银行的忠实储户应积极参与并决定他们的资金投向。与 GLS 一样,该银行非常重视其运营的透明度,定期发布其贷款组合相关信息。[44]

虽然特里多斯银行成立之初是一家有限责任公司,但它从未考虑在证交所上市。相反,该银行的股票由特里多斯银行股份管理基金会(SAAT)持有。出于对银行利益相关者负责的考虑,基金会的董事会成员以其所拥有的股份进行投票。投资者以基于资产净值的价格购买 SAAT 的存托凭证。SAAT 董事会是由存托凭证的持有人选举出来的,而存托凭证的持有人最多持有 1000 票和发行凭证的 10%。[45]正如该银行的公共事务主管所指出的那样,这一顶层设计发出了一个清晰的信号:"避免为了在证交所上市而只重视短期效益的思维方式。"[46]

就其规模而言,特里多斯银行的影响力相当大。20 世纪 90 年代,该银行在丹麦和德国的风能项目投资对这些行业的发展起到了重要作用。[47]它帮助多家绿色公司顺利度过了艰难的初创阶段。丹麦有机食品零售商 Aarstiderne 公司便是一个典型的例子,特里多斯银行为其在关键时刻提供信贷,协助其实现扩张。2001 年,特里多斯银行购买了该公司 20% 的股份,Aarstiderne 公司因此获得 200 万美元现金和一定数额的贷款,这为企业进一步扩张提供了必要的资金。[48]同时,特里多斯银行与 GLS 一起为埃及有机生产商 Sekem 提供贷款,2007 年,两家银行都持有该公司价值约合 340 万美元的股权。[49]作为一家商业机构,特里多斯银行表现良好，几乎未受 2008 年金融危机影响，在 2007 年至 2012 年期间，其资本回报率保持在 4.5％至 5.6％之间。[50]

特里多斯银行同时还是 20 世纪 80 年代出现的欧洲社会和生态银行集群中规模最大的一个。1982 年，默克合作银行在丹麦奥尔堡市成立。它起源于一家名为 Aurion、销售符合生物动力学定义的相关产品的小型零售商店，其中一位名叫拉尔斯·佩尔松（Lars Pehrson）的店员想要扩展店铺的业务，开一家烘焙店。他和他的同事们联系上了 GLS，与之商讨融资计划，这次交谈给他们留下了深刻的印象，后来他们决心在丹麦建立一家类似的银行机构。1934 年丹麦颁布的一部法律规定，只要同意在一个特定地理区域范围内采取相对封闭式的运营，并放弃做商业广告的权利，人们就可以自行组建一个储蓄和贷款机构。他们在法律许可的范围内把握了这次机会。创业初期成员们贡献了自己的积蓄。1985 年，当欧盟在其成员国之间开始统一银行法规时，默克合作银行已经成长为了一家非常成熟的金融机构。[51]1987 年，自由民主党大幅下调有机食品价格，默克合作银行得到了 GIAA 信托基金的资助，该基金会是由加拿大籍的罗斯·杰克逊（Ross Jackson）和他丹麦籍妻子希尔杜（Hildur）共同成立的，它为丹麦许多有机农业转型提供资金。[52]截至 1997 年，默克合作银行总资产达 2700 万美元，资助了 500 多个项目，其中约 1/5 是生物动力学和有机农业。到了 2015 年，其资产已增至 4.11 亿美元。[53]

1981 年在英国约克郡成立的生态建筑协会（Ecology Building Society）是一个小型营利性合作式建筑协会，2014 年该机构总资产达到 2.27 亿美元。这家合伙制抵押贷款机构的创立

279 可以追溯到当地一位名叫大卫·佩德里（David Pedley）的律师，他信奉环保主义，拥有一个小型有机农场却不想将其现代化，希望保留其原来的风貌，因此难以为该农场争取抵押贷款。这家新机构是由自给自足的环保主义者建立起来的，它与生态党（前身是绿党）建立了联系。虽然在机构创立不久后佩德里就离开了，但团队其他成员如吉姆·沃克（Jim Walker）、格斯·史密斯（Gus Smith）、托尼·威克斯（Tony Weekes）、鲍勃·洛曼（Bob Lowman）、保罗·埃利斯（Paul Ellis）和帕姆·华林（Pam Waring）都很有才华，他们成功地筹集到了充足的资金，其中许多人是贵格会（Quakers）*教徒，他们为遵循生态原则的项目提供融资支持。最初的资金筹措必须在地方层面实行。威克斯后来回忆说，他大部分时间都花在"参加像绿色交易会和绿色节庆，加入其他各种替代组织这样的事情上，并尝试着告诉身边的人，这个机构看起来是与众不同的"。[54]

　　生态建筑协会的发展历程表明，规模较小的机构的影响力也不容忽视。它有助于推动自建房屋的贷款，而传统的银行业通常不会为其提供融资支持，英国的绿色建筑产品此后便逐渐打开了市场。[55]该银行还与生态建筑师合作。20世纪90年代初，它资助了一名建筑师，帮助其完成一本关于建筑物生态改造的著作。随后，它还参与组建了一只信托基金——Passivhaus Trust，这只基金位于英国的分支机构自20世纪90年代起便大力支持在德国发

---

　　* 贵格会是基督教新教的一个教派，又称教友派或者公谊会，该派别成立于17世纪，因一名早期领袖的号诫"听到上帝的话而发抖"而得名Quaker，音译贵格会。

展 Passivhaus("被动式房屋")低能耗设计标准。[56]

在 20 世纪 70 年代和 80 年代期间,那些受到鲁道夫·斯坦纳哲学启发的绿色企业家纷纷创立了银行,他们一手打造了有别于传统银行业务的另一种替代方案。这些银行为绿色企业家提供了新的融资渠道,特别是(但不仅限于)有机农业、可再生能源、生态建筑产品和生态住宅等利基市场。以下便是该行业的一些先驱者:1990 年成立于瑞士的瑞士可持续发展银行(ABS),1996 年成立于瑞典的生态银行(Ekobanken),1999 年成立于意大利的道德银行(Banca Etica)和 2006 年成立于旧金山的新资源银行(New Resource Bank)。然而,在全球金融体系形成的大背景下,这些银行的局限性除了业务范围主要限于西欧之外,其信贷规模通常相对较小。规模受限有以下两个原因:一是银行将业务限制在人智学相关企业内;二是他们通常只为和他们有相同价值观的企业提供贷款。融资结果取决于那些为了社会福利、愿意接受较低或零利息的绿色储户,这极大地限制了存款的来源。绿色储户比绿色消费者更加稀有。在更广泛的社会性银行类别中,孟加拉乡村进步委员会和孟加拉乡村银行等小额信贷机构在规模和影响力方面都取得了巨大成功。这些银行已经向世人证明,建立其他替代性银行机构是可行的,它们在 2008 年金融危机期间的稳健性就是最好的例证。

社会责任投资

像社会性银行一样,在一批有活力的企业家的努力下,社会责任投资从 20 世纪 80 年代起逐步发展起来，其中一些企业是单纯由价值驱动的，另一些企业则代表了传统和价值驱动的混合体。尽管在 20 世纪 90 年代常与推动社会积极变革的战略联系在一起，但社会责任投资的主要特点是排斥性投资，避免投资给被视为不具有社会责任的公司或行业。与社会性银行业不同的是，来自美国的机构在该行业的形成阶段占据了很大的比例。另一个不同则体现在女性在塑造行业影响力的作用方面非常突出。

社会责任投资的历史背景往往可以追溯到基督教的一些教派，如 18 世纪和 19 世纪英国和美国的贵格会和卫理公会，这些机构拒绝投资他们认为缺乏道义的业务，如奴隶制和酒类产品。[57] 社会责任投资策略在 20 世纪仍在继续。在英国，英格兰教会于 1948 年开始根据道德标准对股权投资活动进行筛选。[58] 率先于美国开展道德和社会责任筛选的零售业共同基金是 Foursquare 基金，它是由一群基督教科学家于 1962 年在波士顿建立的，该基金在投资时刻意把生产酒精、烟草和药品的公司排除在外。[59] 特别是在美国，股东积极主义成为社会责任投资理念背后的重要贡献者。在 20 世纪 60 年代的民权时代，一些公司成为想要获得代理投票权的活动家的目标，他们想借此获得参加年度股东大会的机会，并在大会上争取更多的黑人雇员。20 世纪 70 年代，当时的南非仍处于种族隔离时代，撤资运动从这里开始，股东积极主义分子说服公司撤资。[60]

281　　　股东积极主义为 20 世纪 70 年代一些新企业的涌现打下了基础。1969 年，金融分析家和反越战人士艾丽斯·泰珀·马林（Alice Tepper Marlin）创立了非营利性机构——经济优先委员会

（Council on Economic Priorities，CEP），该机构为投资者提供研究服务，并发布"关于美国企业在四大领域实践的公正和详细信息：少数族裔就业、对环境的影响、国防生产和外国投资"。[61] CEP在 1970 年出版了第二份报告，这是一份关于纸浆和造纸行业环境绩效的研究报告，试图在没有政治宣传背景的情况下客观地向投资者表明，污染最严重的公司通常在财务方面的表现也较差。[62] 其他一些人开始认同泰珀·马林的理念，并将这些理念与营利性企业结合在一起。1971 年，两位卫理公会的牧师卢瑟·泰森（Luther Tyson）和 J. 艾略特·科比特（J. Elliott Corbett）共同成立了总部位于新罕布什尔州朴茨茅斯的帕克斯全球基金（Pax World Fund），该组织将反对酒精、烟草、赌博和军备的传统与反越战运动结合起来。[63]

在 20 世纪 70 年代这一时期，环境问题得到了公众更多的关注，也出现了一个新的企业家类别：对可持续发展问题感兴趣的传统金融家。1972 年，纽约主流投资公司德雷福斯也在既有业务里增加了经过筛选的共同基金——德雷福斯第三世纪基金，该基金比帕克斯全球基金更重视自然环境。霍华德·斯坦（Howard Stein）在 7 年前成为这家证券经纪商的总裁，是共同基金行业的先驱之一。他认为该基金是推广其自由主义政治价值的一种方式，其中包括他对越战的公开反对。[64]

在 20 世纪 80 年代，传统金融家参与社会责任投资的现象越发常见。卡尔弗特社会投资基金（Calvert Social Investment Fund，CSIF）是由卡尔弗特投资公司创立，该公司于 1976 年在华盛顿特区由沃顿商学院的同学施伟恩（D. Wayne Silby）和小约翰·G. 古费(John G. Guffey, Jr.)一起创建。1982 年，他们手中管理的资产总额已超过 10 亿美元。[65]施伟恩自称为 20 世纪 60 年代喜爱冥想的"感恩的产物"。在参加了一场探讨关于"正念生活"佛教原则及将自己的工作与价值观整合在一起的冥思会后，施伟恩决定投入一部分资金建立一个带有筛选机制的基金会，前提条件是他"不拿全部资产做赌注"。[66]这是 1982 年 CSIF 成立的缘起，施伟恩致力于推动"人权、环保主义和平等"[67]。施伟恩的咨询委员会将许多知名环保主义者和公民权利人士纳入其中，包括罗伯特·罗代尔(Robert Rodale)和艾默里·洛文斯。[68]1984 年，施伟恩和古费将整个卡尔弗特集团出售给 Acacia 互惠人寿保险，但仍保留他们在 CSIF 董事会的成员资格。[69]

尽管 CSIF 在 20 世纪 90 年代后期表现有所好转，但该基金在 20 世纪 80 年代的表现并不像同期的标准普尔 500 指数那么好。[70]到了 2000 年，卡尔弗特拥有全球最大、总计 24 亿美元的社会责任投资基金组合，其总资产达 67 亿美元，拥有 22 万名股东。[71]1987 年，施伟恩与另一位佛教冥想的信徒、天使投资人乔希·梅尔曼(曾资助石原农场)一起合作创立了一家非营利性社会风险投资公司 Social Venture Network，这是一个连接企业家的平台，旨在创造一个更加以价值为导向的、可持续发展的世界。[72]

随着 CSIF 在 1982 年渐入佳境的同时，琼·巴伐利亚(Joan Bavaria)创立了富兰克林研究与发展公司(Franklin Research and Development Corporation, FRDC)。如果说霍华德·斯坦和施伟恩等人均被视为具有强烈社会意识的传统金融家，巴伐利亚则是一个以价值观为导向的绿色企业家，她对社会责任投资的发展和企业可持续性报告标准都产生了影响。此外她还是主张传统企业参与环境问题、但同时不放弃自己核心价值的典型代表。

我们很难从巴伐利亚早期的职业生涯中，看出她作为一名绿色企业家的重要贡献。她出生在马萨诸塞州西部农村的一个小镇，早年热爱自然和动物，但她最初的志向是成为一名艺术家。17岁那年，她搬到波士顿，在马萨诸塞艺术学院学习，后来她从学院退学。1967年，她离了婚，带着两个孩子生活，其中一个孩子患有猩红热，需要支付大笔的治疗费用，她利用家族关系得到了一份在波士顿银行担任秘书的工作机会。因为好学和勤劳，她给上级留下了深刻的印象，在18个月内被提升为投资专员。这极不寻常，不仅因为她是从秘书岗位转岗而来的，而且因为当时公司的投资专员中只有4名是女性。她后来回忆道，当时她的任命反映了管理层意识到女性同样可以做得很好，且工资要比男性低得多。[73]

命运的天平开始向她倾斜。波士顿银行管理层委派巴伐利亚 283 负责接待公司的女性重要客户。她的客户开始向她咨询如何理财。一位继承了家族财富的客户问巴伐利亚，世界上有多少财富被用来为社会做贡献，"因为她对这笔钱感到内疚"[74]。这次互动使巴伐利亚开始深入思考如何让财富产生超越财务回报的影响。此时发生的另一件事也促进了她转型成为一名活动家。为了实现工作和生活的平衡，她利用午餐时间，为同一幢大楼里的同事提供健身指导。当银行决定该空间需要用于其他用途时，她对这一决定提出了抗议，此事甚至还得到媒体的报道。虽然该空间最终并未归还给他们，但银行同意为员工提供免费的医疗机构会员资格。这一事件引发了巴伐利亚对雇用惯例的持续关注，尤其是它对职业妇女所产生的影响。正如她后来所说的那样，"有时候为了做出改变，你必须找到并不总是处在规则中的加压止血点。"[75]

1975 年，巴伐利亚担心由于自己的女性身份会在银行内部遇到职业发展的瓶颈，因此跳槽到了波士顿的一家投资公司——富兰克林管理公司。她不断接到客户提出的委托，其中加州大学伯克利分校养老基金想要投资经过筛选的、对社会和环境有利的公司。在 1981 至 1982 年，在看到经由筛选的投资账户的回报高于未经筛选账户的回报后，她找到了唐·法尔维（Don Falvey），他所在的富尔弗林家族是富兰克林管理公司的所有人，后来他们俩结了婚，组建了一个名为 FRDC（富兰克林研究与发展公司）的社会责任投资独立项目组。

尽管受到了来自富兰克林管理公司内外双重质疑，但巴伐利亚依旧坚持推进这一想法，她认为在为投资者提供有竞争力回报的同时，可以实现积极的生态影响。她后来提到想要"以多维的视角来看待资本主义"[76]。FRDC 把对水和大气造成污染的公司以及那些制造酒、烟草、军事物品等货品或者在南非做生意的贸易公司排除在外。[77] 它出版了一份名为《富兰克林洞察》（*Franklin's Insight*）的月刊，这是当时在社会责任投资行业为数不多的、同时介绍具有吸引力和有争议公司的刊物之一。[78] 除了对投资对象进行筛选之外，巴伐利亚还与大公司的管理人员进行面对面的交流，亲自说服他们采纳更多具有可持续性的做法。1982 年，FRDC 作为一家独立的公司被拆分出来，其公司为全体员工所有。斯蒂芬妮·雷顿（Stephanie Leighton）在 1990 年加入 FRDC，后来她成为该公司的合伙人。当时巴伐利亚告诉她，公司的使命是"通过金融服务进行社会变革"。[79]截至1988年底，该公司管理的资产规模总值为1.62亿美元，规模虽然不大，但值得尊敬，它的年化回报率仅比标准普尔指数低了2%。[80]该公司吸引了一个忠诚的投资者群体：FRDC投资者中有2/3是高资产净值人士，其余的则是教会和小型基金会。[81]

1989年，巴伐利亚创建了环境责任经济联盟（Coalition for Environmentally Responsible Economics，CERES）组织，并把余生大部分时间都奉献给了这个组织，这部分内容将在下一节中进行详细介绍。她继续领导着FRDC不断前行，到1999年，其资产总额已增至5.7亿美元。为了凸显她对三重底线和女性独特领导力的青睐，她将机构更名为延龄草资产管理公司（Trillium Asset Management）。该公司的高级副总裁随后指出，"作为一家员工多数是女性的公司，我们选择了非男性形象——一朵花作为公司象征。"[82]

在男性占绝对主导地位的金融业，巴伐利亚和她的同事们成为美国和其他地区领导社会责任投资发展杰出女性群体中的一部分。一些女性曾在FRDC工作过。艾米·多米尼（Amy Domini）就是其中一位。1973年，她在马萨诸塞州剑桥市的一家证券经纪商担任打字员，后来成为该公司第一位女性经纪人。在收到客户有关避开某些股票，或通过投资积极推动社会或环境目标的问询后，她在1984年与她当时的丈夫彼得·金德（Peter Kinder）共同撰写了一本名为《道德投资》（*Ethical Investing*）的书。她在推广这本书时总结道，为了使案例更具说服力，需要获得更多关于企业社会和环境绩效、社会责任投资者表现的数据。1987年，在加入同样位于剑桥的另一家公司前,多米尼曾在 FRDC 短暂工作过一段时间,在这段时期里,她开展了大量与企业责任相关的研究工作。金德辞职后,这对夫妇在家创建了一家企业,将公司公开的记录转化为审计报告。1990 年,他们与富兰克林的资深员工史蒂文·林登伯格(Steven Lydenberg)一起成立了 KLD 研究与分析公司,并在哈佛广场开设了办事处。[83]

1990 年,KLD 推出了经由社会责任标准筛选的高市值公司指数,旨在为业界提供更加严格的、可持续投资的评估措施,从而使社会责任投资在金融业内更具专业性。该指数并未得到太多支持,虽然它最终成为一个象征和参考。多米尼试图将基于指数的共同基金出售给主流基金公司的经理,但并未获得成功。因此,她在 1991 年建立了多米尼社会投资公司(Domini Social Investments),自己进行投资。[84]该公司的业务虽然增长缓慢,但逐渐取得了成功。1998 年,当多米尼和金德离婚时,两家公司的业务进行了剥离。金德仍在经营 KLD,并继续扩大它的评级,根据市值、气候风险和其他类别提供相应的指数。[85]多米尼社会投资公司的旗舰基金——多米尼社会股票型基金在创立伊始是一只指数型基金,但在 2006 年被转为主动管理型基金。它的表现始终不如标准普尔 500 指数。[86]

在美国以外的地区,女性也是社会责任投资中的标志性人物。其中,特莎·坦南特(Tessa Tennant)在她的祖国英国和亚洲国家都颇具影响力。1988 年,她创立了木星生态基金(Jupiter Ecology Fund),成为最早出现在英国的一批绿色基金的其中一只,后来逐渐成为这其中最有影响力的基金。坦南特曾在伦敦大学学习环境科学，并在成立于 1979 年的环境智库——绿色联盟担任过志愿者。该联盟位于伦敦金融城附近，有许多金融机构都聚集在英格兰银行周边。她后来回忆道："我忽然注意到了这个事实，伦敦金融城根本没有参与有关环境问题的对话。显而易见的是，就哪些项目可以获得融资而言，股东和投资者绝对是以最强烈的方式影响着公司决策。"[87]

坦南特注意到了在英国建立的第一只社会责任投资基金。这个名为 Friends Provident Stewardship Fund 的基金建立于 1984年——卫理公会投资经理查尔斯·雅各布（Charles Jacob）在与政府监管机构经历了长达 10 年的斗争后，希望组建一只单位信托基金，将被视为不符合道义的公司排除在投资标的之外。[88] 1987 年的秋天，坦南特去了一趟美国，她对美国社会责任投资的发展更感兴趣。她在结束了 FRDC 实习期后，决心走上社会责任投资的从业道路。[89] 出身于富裕家庭，并嫁入身为贵族、特立独行的坦南特家族后，她在伦敦拥有了创业所需的资源和人脉。[90]

在坦南特回到英国后不久，德里克·蔡尔兹（Derek Childs）就找到了她，后者是当时著名的沃伯格（Warburg）商业银行的一名主管，也是其投资公司的一位基金经理，他对坦南特去美国参观社会责任投资有所耳闻。蔡尔兹已经成功投资了一些绿色科技公司，并开始考虑创建一个绿色基金，这正好为双方合作提供了一个机会，就像坦南特后来描述的那样："既要赚钱，也要为环境做一些有益的事情。"坦南特运用她在 FRDC 工作时所积累的经验，为新成立的梅林生态基金（Merlin Ecology Fund）编写招股说明书，该基金后来成为梅林基金管理公司的旗舰产品。蔡尔兹担任基金经理后,他在当时的一个举动打破了行业的先例,即通过准私募投资的方式在绿色企业的早期发展阶段和上市前就进行投资。坦南特专注于解决评估公司环境重要性的数据和方法这一问题,引发了当时对社会责任投资的广泛争议。[91] 寻找真正能兑现改善环境承诺的公司的投资机会成为该基金永久性的特征。它并不是简单地排除罪恶股票,用 2000 年后担任基金经理的查理·托马斯(Charlie Thomas)的话来说,生态基金的动机源自"围绕环保公司的投资机会"。[92]

被木星资产管理公司收购后,梅林生态基金在 1989 年更名为木星生态基金。管理层的变更使得坦南特和她的团队在 1994 年转入另一家基金公司。那时,生态基金旗下的资产仍然只有 1500 万美元,但到 2003 年,资产规模已达到 1.64 亿美元。托马斯指出,即便如此,他们仍然被视为"绿色怪人、环保狂"[93]。与许多先驱型基金不同,木星生态基金曾在财务上取得了巨大成功。它最大的一笔投资投给了位于丹麦的、全球领先的风能公司维斯塔斯。到了 2012 年,木星生态基金自成立以来的投资回报率达到 460%,并大大超过了基准指数——IMA 全球增长指数。当年基金的资产规模超过 6.5 亿美元。[94]

与此同时,坦南特发现她无法说服她的新东家——NPI 公司优先考虑环境投资。她说服雇主让她自费去亚洲,并试图建立一个可持续发展基金。她确信该地区的投资速度是如此之快,以至于鼓励绿色投资显得至关重要。坦南特说:"可持续发展必须尽快在那里扎根,否则它最终只会像在欧美国家那样,看起来像个玩笑。"[95]2001 年,她和大卫·圣·莫尔·希拉(David St Maur

Sheil）一同成立了亚洲可持续和责任投资协会（Association for Sustainable and Responsible Investment in Asia），这是一家位于中国香港的非营利性环境咨询公司，致力于推动企业社会责任和可持续的投资实践。287

在亚洲，社会责任投资的概念最先出现在日本，1999年该国成立了首个基金。筑紫瑞惠是基金成立的关键人物。她自幼信仰天主教，后来她和丈夫一起在工会工作，他们花了1年时间，从亚洲大陆一路旅行到了法国，途经印度时当地居民的贫困生活使她大为震惊。在巴黎意外怀孕后，她返回日本，开始在东京一家法国工程公司担任秘书，在1988年跳槽到一家比利时银行前，她还曾为道达尔石油公司服务过。进入金融业后，她开始觉得金融具有改善世界的真实潜力。后来她回忆道："事实上，金融能让富人变得更加富有，但这是一种技术性诀窍，我想如果我能理解它，我就可以用它为穷人服务。"[96]

1990年，筑紫跳槽到了瑞士联合银行东京办事处，并对社会责任投资的概念产生了兴趣，特别是当她1997年在后来促成《京都议定书》的关于气候变化的会议上与特莎·坦南特见面后。当筑紫在她所工作的银行内启动一项基金计划受挫时，她于1998年成立了Good Bankers公司，并提出发起社会责任投资基金的想法。[97]第二年，一个几乎全部是女性成员的研究小组成立了，考虑如何利用资金来推动可持续发展。[98]

鉴于日本投资者对风险容忍度较低，在日本推出社会责任投资基金的前景似乎不容乐观。大多数人倾向持有现金或银行存款，仅有10%的人倾向持有股份。许多人认为通过投资股票，"不劳而获"在一定程度上是欺骗的体现。即使是养老基金也投资于债券而非股票。不过,时机对筑紫来说是有利的。京都会议的召开提高了人们对环境问题的意识,1997 年第一辆大规模生产的混合动力汽车——丰田普锐斯车型问世。基金的概念引起了日本第三大经纪公司日兴的关注。1999 年 8 月,Good Bankers 公司和日兴证券集团共同推出了日兴生态基金(Nikko Eco Fund)。

288　　　日兴生态基金一经推出便广受欢迎。仅在 10 天内,其规模就扩大到 230 亿日元(超过 2 亿美元)。它打破了传统股票投资的障碍,接触到了新的人群。据估计,该基金 99% 的用户是个人投资者,主要是妇女和年轻人,其资产在 4 个月内超过了 1000 亿日元(8.8 亿美元),而木星资产管理公司用了 7 年才达到这一水平。遗憾的是,它的成功未能一直延续下去。2001 年互联网泡沫的破灭导致日本股市整体下跌。人们强烈指责生态基金是一场骗局。尽管市场并未完全消失,但事实证明要想重获新生非常困难。2010年,日本生态基金的市场规模约为 4000 亿日元(45 亿美元)。[99]

　　值得注意的是,这一时期在美国、英国和日本等国,女性企业家在社会责任投资中的地位日益显著。日兴生态基金研究小组成员、大和研究所经济学家川口真理子解释了为什么女性在绿色金融中扮演了更重要的角色,她还尤其关注女性在金融服务业的总体就业状况。她指出:在其他行业里,管理层"往往以男性为主导"。男性有机会展示他们对环保的关注。而在金融领域,女性数量更多,但大多处于边缘化地位,男性占据着主导权。由于处于边缘化地位,女性有更多自由空间去做一些相对激进的事情。[100]

　　到日兴生态基金问世之时,社会责任投资所面临的形势与 20

年前已有很大不同，一个固定的利基市场已经形成，并继续吸引着新的参与者，投资人可以动员大量社会资源来获得支持。瑞士银行家雷托·兰格（Reto Ringger）就是其中的代表人物，他在1995年建立了自己的金融公司，名为瑞士苏黎世永续资产管理公司（Sustainable Asset Management，SAM），旨在"将可持续性原则与金融市场相结合"[101]。兰格认为，投资经理的短视行为和养老基金为未来几十年做规划的长线视角之间存在严重脱节，从长期角度来看诸如气候变化等风险需要纳入投资决策。他认为随着时间的推移，公司越具有可持续性，就会变得越有价值。换句话说，兰格想向所有人证明盈利和可持续性之间是正相关的。

　　兰格从大型瑞士再保险公司获得初始资金，该公司也正密切关注环境问题对其业务的影响。[102]兰格建立了一个指数，可以监控可持续性公司的股价表现。兰格与美国金融公司道琼斯合作，在1999年推出道琼斯可持续发展指数（DJSI）。不久之后，兰格成立了一个基于该指数的基金，并成为一名积极型资产管理人。[103]道琼斯可持续发展指数被传统基金经理和社会责任投资基金经理所广泛采用。在最初的几年里，它的表现不如道琼斯工业平均指数，但与更广泛的指数相当。截至2010年，参考道琼斯可持续发展指数进行投资的全球资产超过80亿美元，其他一系列相关指数也已创建。[104]2008年，兰格将自己在SAM的控股权出售给荷兰的一家银行——荷宝集团（Robeco）。2年后，他又创办了一家私人财富管理公司，名叫Globalance，专门帮助高净值人士投资可持续性产业，并力求向客户透明地展示其投资组合的生态及社会影响轨迹。[105]

　　到 2014 年，全球社会责任投资资产预计达到 21.4 万亿美元，其中美国 6.57 万亿美元，欧洲 13.6 万亿美元。这反映了欧洲在该领域后来居上，背后的原因在于机构投资者（占这一类资产的 94%）将巨额资金投入社会责任投资中。[106]社会责任投资资产达到了数万亿美元，因为他们投资组合中囊括的公司规模远远超过了 Aarstiderne 或 Sekem 这类公司。这反映了可持续发展的理念和实践逐渐向大型传统企业进行传播，我们将在第九章中对这一趋势做更深入的探讨。2004 年，当保罗·霍肯的非营利性研究机构 Natural Capital Institute 在全球范围内将 602 个社会责任投资基金纳入数据库时，它发现这些社会责任投资基金的累计投资组合与传统基金的投资组合基本相同。该报告得出如下结论："大多数社会责任投资共同基金实际上允许任何公共持股公司"被纳入其投资组合。帕克斯全球基金就是众多例子的一个，它持有通用汽车公司和美国谷物公司的大量股份，后者生产用于软饮料的果糖糖浆，许多人认为这种糖浆是导致肥胖和糖尿病增加的罪魁祸首。[107]

　　除了这些看似奇怪的投资外，让霍肯不满的主要原因在于筛选和投资组合选择方面缺乏透明度（或问责机制）。这使得投资者无法理解选择投资某些公司的理由。人们似乎对大型全球化公司的投资组合表现出了一边倒的偏好态度。[108]批评人士指出，社会责任投资指数存在结构错位。它们使用筛选方法来评估某个指数的构成，但随后只对公司股票价值的变化进行追踪，而丝毫不关心其在可持续性方面的表现。[109]有证据表明，被排除在社会责任投资指数之外的威胁可能反而会使可持续性表现得以改善，但这并没有消除有关如何衡量可持续性的疑虑。[110]霍肯本人与位于马萨诸塞州的独立咨询公司——鲍德温兄弟公司（Baldwin Brothers）建立了合作伙伴关系，共同创建了旨在为富人打造的 Highwater Global Fund 基金。霍肯和他的团队负责进行项目筛选，制药公司和银行被排除在外。在 2008 年全球金融危机爆发后，该基金排除银行业这一做法对其市场表现有很大帮助。由于其全球供应链以及创始人约翰·麦基在雅虎留言板上针对其竞争对手发布非常规信息，全食超市也被该基金排除在外。[111]不过总体看来，Highwater 仍然是一个小型基金。

社会责任投资在过去的几十年中不断演变，从被人认为是"古怪的"，再到后来成为投资界规模高达 21 万亿美元的利基市场。回顾历史，它主要是由一群受个人价值驱动的女性共同创建的，如琼·巴伐利亚、艾米·多米尼、特莎·坦南特和筑紫瑞惠，其中许多人是自发的，还有一些先行者则是传统的男性金融家，如霍华德·斯坦、德里克·蔡尔兹和雷托·兰格，他们察觉到市场的存在并希望做一些有意义的事。社会责任投资被看作是一种奖励传统公司试行可持续发展战略的手段，但随着其作为一款金融产品发展起来，财务回报的重要性似乎超过了可持续性回报。筛选过程往往非常宽松，几乎所有公司都可以被认定为可持续的。可以说，对于社会责任投资影响的不确定性是导致反对南非种族隔离撤资战略重演的一个因素。2010 年，许多慈善基金会、教会、城市甚至挪威主权财富基金这一全球最大的基金会都开始逐渐剥离煤炭和其他化石燃料的股权，希望能够从对这些燃料的依赖中摆脱出来，从而获得更快的发展。有人认为这种撤资能在经济上带来收益，这一切仍有待观察。[112]

CERES 和全球报告倡议组织

琼·巴伐利亚在 1989 年成立了 CERES,对于建立致力于可
291 持续发展的企业网络和衡量标准而言,这无疑是一个重要步骤。
在追求多维度发展资本主义的过程中,巴伐利亚确立了她对制定
制度框架的看法,以便在 FRDC 之外,继续推进可持续发展的使
命。她的首个举措是在 20 世纪 80 年代中期创办了社会投资论坛
(Social Investment Forum,SIF),该论坛成为社会投资专业人士
的一大行业协会,一开始借用 FRDC 波士顿办事处召开会议。
1988 年,SIF 执行委员会成员开始意识到诸多环境问题缺乏硬性
信息,至少污染管理领域是如此。一项与美国各地的环保运动建
立联系的计划启动了,委员会成员的任务是制定一套关于企业环
保行为的准则,以呼应关于在种族隔离时代的南非进行投资的苏
利文原则。*[113]

1989 年 3 月由埃克森·瓦尔迪兹号油轮引发的石油泄漏事
件,为巴伐利亚推动该项目提供了催化剂。她相信找到正确的衡
量指标是利用财富来保障环境和改善社会的关键,因为正确的指
标可以证明,可持续投资既有经济效益,也符合道德要求。巴伐利
亚在说服他人方面天赋禀异,她将 CERES 的联合创始人丹尼

---

* 苏利文原则是非裔牧师里昂·苏利文为了促进企业的社会责任而于 1977 年初
步制定的企业行为规范原则。

斯·海耶斯（Denis Hayes）纳入麾下，他曾担任首个世界地球日的协调员。他的参与让 CERES 的环保主义者们的活动有了正当性的解释。[114]

一系列"瓦尔迪兹原则"（后来更名为 CERES 原则）于 1989 年夏季正式颁布。它们要求企业停止向大气和水体排放污染物，尽可能节约能源，销售安全的产品，为其对环境造成的损害买单，并就上述事项的进展公开发布报告。[115]巴伐利亚自称其目标是"采用财务会计准则委员会的模式，促进企业公布环境绩效的标准化信息"。CERES 的目标是与众多公司一起合作，起草一份环境报告模板，该报告将提供必要的数据，但不公开企业专有的商业信息。缔约方将会支付 CERES 用于监测和验证合规成本的费用。[116]

事实证明该项目要想真正落地，难度很大。截至 1990 年底，CERES 的成员包括了加利福尼亚州和纽约市的养老基金，跨宗教企业责任中心（Interfaith Center on Corporate Responsibility）旗下的几百个教会团体，以及一些环保团体，包括塞拉俱乐部、地球之友和全国奥杜邦协会，但企业界的成员对此并不着急。[117]1989 年，艾凡达公司成为第一家签署 CERES 原则的私营公司。缅因汤姆和 Ben&Jerry's 紧随其后，但大公司的加入则要慢得多。[118]巴伐利亚将加州和纽约养老基金纳入麾下很重要的原因是，它们是主要的机构投资者，她也因此在公司董事会上得到了更多的发言权。[119]

最初，巴伐利亚同时负责运行 FRDC 和 CERES，1996 年，她聘请一位来自剑桥边萨默维尔镇的圣公会牧师鲍勃·马斯（Bob

Massie)作为执行总监。在其还是学生的时候，马斯就是一位杰出的反种族隔离活动家。他在哈佛商学院学习期间，曾以道德与大公司之关系为主题写了一篇博士论文，并同时在哈佛神学院讲学。在那里他与巴伐利亚会面，并邀请她作为客座嘉宾，参加一堂关于教会和公司之间制度关系的讲座。巴伐利亚既欣赏马斯在股东积极主义方面的贡献，也仰慕他在哈佛商学院学习过的经历，同时马斯与宗教活动家的频繁互动也让她感兴趣。即使当时 CERES 的剩余经费只够支付他 6 个月的薪水，马斯还是接受了这一职位。[120]直到 2001 年，巴伐利亚仍是该组织的主席。

CERES 的成立本身就具有非常重要的意义，同时它还是推动环境报告发展的一枚催化剂。在 20 世纪 90 年代晚期，它与设在波士顿的 NGO 特勒斯协会（Tellus Institute）一起，将可持续发展报告确立为全球通用惯例，并以成立全球报告倡议组织（Global Reporting Initiative，GRI）的形式确立了这一成果。"在法定要求之外去衡量你的表现被认为是疯狂之举。"马斯与特勒斯协会的艾伦·怀特（Allen White）在机构成立后做出了这样的评论。[121]在美国企业界，这显然是疯狂的。马斯和怀特发现要让美国企业对此产生浓厚兴趣几乎是不可能的。怀特后来将美国企业界描述为"防御心很强并极其好争辩的"。[122]

马斯和怀特扩大了他们寻找合作伙伴的范围。他们的机构成员涵盖了 NGO 和会计公司的人员，1998 年，联合国环境规划署也正式成为其合作机构。一个由来自欧洲、日本、印度和美国的成员所共同组成的指导委员会得以建立，旨在为可持续发展报告制定指南。1998 年，约翰·埃尔金顿被聘为委员会成员，他建议二人将项目扩展到环境报告之外，将更广泛的社会可持续性议题也纳入其中。[123]这种工作设置显然与 CERES 的常规做法不同。2000年，第一版报告指南出炉；2001 年，GRI 成为在波士顿注册的一家独立机构；2002 年第二版指南出版，包含 97 个报告指标。GRI 同年在阿姆斯特丹正式成为一家 NGO。随后，2006 年第三版准则出台，2013 年则出版了第四版准则。[124]

在 GRI 指南被采纳的第一个 10 年间，超过 70 个国家、逾 4700 家自愿参与的企业均采用了该报告的样本基础。[125]到 2008年，超过 100 家来自英国和日本大型公司，以及美国 3/4 的大企业亦发布了此报告，但在世界上的其他国家和地区，这份报告并未被采纳。[126]到 2016 年，GRI 拥有数百个机构利益相关者，包括 NGO、教育机构和企业。2016 年成立的 GRI 核心团体——GRI 黄金社团（由利益相关者群体组建而成），成员涵盖了绿色企业的中坚力量，如 GLS、特里多斯银行和 Natura 等，许多大型传统公司也是这一团体的一分子。[127]总体而言，相较于 CERES，GRI 在全球范围内的影响力更大。CERES 对美国的一些大型公司产生了影响，但 2016 年该机构签约公司的数量仍不足 70 家。

与社会责任投资相似，评估 GRI 对环境可持续性的总体影响也并非那么直接。正如认证计划和社会责任投资的筛选过程一样，关于报告内容，环境报告也引发了一些难有定论的问题。环境会计工作是自愿性的，而不是标准化的，这使得业界难以在不同公司之间进行比较。许多研究在披露信息时是有所选择的。[128]情况开始变得令人担忧，GRI 核心成员之一的德国汽车制造商大众汽车公司承认 2015 年于美国市场销售的、至少有 1100 万辆汽车安装了用于在排放测试中的作弊软件。[129]值得注意的是,让一家公司主动报告环境绩效正在恶化几乎是不可能的。即使所有报告都是出于善意而开展的,报告也通常只涉及有限范围内的企业活动。例如,银行不会主动报告借款人行为对环境的影响。如果一家银行资助了一个山区采矿项目,它并不会把该项目直接纳入到报告中。

GRI 报告所披露的信息也很少涉及公司更广泛的业绩表现。294 "综合报告"的出现旨在全面整合财务和环境报告。丹麦制药公司诺和集团是采用此报告的先行者。在 20 世纪 90 年代初,包括拉尔夫·纳德和约翰·埃尔金顿在内的消费者和环境倡导者批评了该公司生产的洗涤剂酶对环境的影响以及其对转基因生物的使用。公司邀请批评者进入公司进行实地勘察,这种做法既让公司得以纠正来自外界的错误指责,又能得到改善环境绩效的相关建议。该公司直到 2004 年才发布了第一个具有开创性的综合报告,这是一个漫长的过程。[130]美国第一家发布综合报告的公司是联合技术公司,这家集航空航天、国防和建筑为一体的公司在 2008 年时发布了这份报告,这在当时看起来是十分不可思议的,但在这之后并没有迅速取得突破性的进展。这些企业所发布的综合报告再次表明,企业之间或同一企业所披露的报告信息类型会随着时间的推移产生较大的变化。[131]

在经历了 CERES 的创建以及环境报告的发展后,业界出现了一些新的尝试,如社会责任投资,它们尝试邀请传统企业参与进来,并提供行动路线和理念,帮助企业向更广泛意义上的环境可持续性转型。巴伐利亚认为,如果希望吸引资本市场参与可持续发展事业,开发指标是至关重要的。该策略是基于这样一个乐观的假设,即正确的度量标准将证明盈利和可持续性可以兼得,而并不需要做出很大程度上的权衡取舍。在 20 年的时间里,环境报告从最初被看作是疯狂的,慢慢成为主流。然而,这种速度表明,公司报告其环境影响的痛苦阈值似乎有限。

风险投资和影响力投资

风险投资或私募投资是继社会性银行和社会责任投资后,第三种运用金融服务以支持企业寻求积极生态影响的手段。从 20世纪 80 年代起,特里多斯银行和其他社会性银行也开始尝试创业基金。其他机构随即加入了它们的行列。这些机构的组织形式各异,包括风险投资和私募投资。2007 年,麦肯锡咨询公司一位前任顾问提出了"影响力投资"一词以描述他所定义的"在寻求财务回报的同时,也愿意应对社会和环境挑战"的投资现象。[132] 不同于社会责任投资,影响力投资不包括购买公司股票,也不会试图影响大企业的环境战略,而是通过控股的方式支持初创公司或处于发展早期的公司,尤其是(如果不总是)位于发展中国家的这类企业。

像琼·巴伐利亚一样,这些投资者认为追求可持续性是可以实现盈利的,并且希望将全球资本市场可用的巨额财富用于支持可持续发展事业。虽然规模很小且不是小额信贷公司,但他们试图为比通常能拿到风险投资的企业小得多的企业提供资本。而这些有风险的创业企业大多根植于国际发展。

来自美国的先行者——全球环境基金(Global Environment

Fund）于 1990 年在华盛顿特区成立。该基金使用私募投资的方式，对通过渐进式创新广泛减少传统行业对环境的影响的创业企业提供支持，特别是在能源和垃圾治理方面。到 2016 年，该基金已经在非洲、亚洲和拉丁美洲以及美国和中欧的 60 多家公司进行投资，投资额达到了 10 亿美元。[133]

1990 年，菲利普·拉洛可（Philip LaRocco）和克里斯汀·艾比斯·辛格（Christine Eibs Singer）采取了一种最终不太成功的模式，在新泽西州成立了一家名为 LaRocco Associates 的公司，之前他们曾分别在纽约和新泽西港务局工作，工作期间他们感受到公私合营具有很高的生产力，但他们都不喜欢在政府官僚机构工作那种受制约的感觉。拉洛可自称为"年过中年的嬉皮士"，一直在寻找解决全球贫困问题的方案，但随着时间的推移，他越来越关注环境影响的问题。如果把人分成三类：贪婪的混蛋、热心肠的人和环境保护狂，拉洛可发现自己最初是一个热心肠的人，后来变得更像是环保狂。[134]

LaRocco Associates 是一家小公司，为国际客户和基金会提供咨询、研究和项目管理服务。洛克菲勒基金会委托它评估私人融资的可能性，用辛格的话来说，就是运用"全球发达国家"的资金来"为全球发展中国家创造环境效益"。[135]该项目得出结论认为，解决环境和贫困问题这两大挑战的最佳方式是聚焦向发展中国家的穷人提供可再生能源，因为缺乏能源似乎成了导致贫困的一大因素。如果以化石燃料的形式为其供应能源，则会付出重大的环境成本代价。[136]

296　　1994 年，拉洛可和辛格终于成立了一家非营利性公司——

E＋Co 公司，该公司得到了洛克菲勒项目的支持，并在 2 年内将 LaRocco Associates 并入旗下。这家新成立的企业旨在利用多种资金来源支持小型私营企业为贫困的农村人口提供小型的、基于离网的可再生能源系统，以替代开发银行首选的大型电网项目。拉洛可和辛格设想了一种混合运营制度，即同时吸收风险投资、公共财政、项目融资和小额信贷于一体。[137]

　　起初，拉洛可和辛格认为 E＋Co 公司的作用仅限于提供种子轮资金，在所谓的"前沿"市场展示小型企业在可再生能源领域的盈利能力和生存能力，然后在传统企业接手时退出市场。[138]但这种商业模式在执行上出现了严重的问题。由于经济回报率低于市场平均水平，E＋Co 希望通过捐赠和低息循环贷款的形式，向包括慈善基金会和多边开发银行在内的公共机构寻求资金来源。这种吸纳资金的方式也带来了不少问题，因为许多此类捐助者希望被捐助者能提供明确的资金使用起止日期，但这似乎并不符合初创公司的实际情况。一些捐助者其实不愿意为营利性企业提供补贴，当企业出现成功迹象时，他们就会撤回投资。由于传统的贷款人也不愿意投资，E＋Co 在挣扎了一段时间后不得不从投资界中抽身离开。[139]

　　随着公司的不断发展，拉洛可预估其投资组合的 5 家公司中，有 1 家将很快失败，3 家将保持小型的规模，而只有 1 家将大幅增长并取得财务上的成功。[140]面对这种高风险投资，它的解决方案是多元化。E＋Co 公司在多个国家的投资涉及不同的技术领域，包括太阳能、水电和炉灶技术。到 2002 年，E＋Co 公司拥有价值900 万美元的贷款和股票投资组合，在 20 多个国家拥有 62 项各类投资项目。这些项目雇用本地工作人员负责经营,并以一个高度分散的区域办事处网络加以监督。[141] 2009 年,当拉洛可卸任 CEO 时,E+Co 公司拥有 3700 万美元的总资产,其中在亚洲的投资额占到 2/5 以上,位于非洲的投资近 2/5。超过 70% 的贷款用于太阳能、生物质能和水力发电。[142]

E+Co 公司的策略方案引起了外界的关注。英国《金融时报》(*Financial Times*)将其评为 2008 年度可持续投资者榜首,亚军是 SAM。[143]那一年,E+Co 公司对外宣称它已支持了 194 家企业,7800 万人因此用上了清洁能源。然而,管理这样一个业务高度分散和多元化的公司绝非易事,公司一直以来都严重依赖拉洛可和辛格等创始人。当拉洛可提出退休,一位来自传统金融业的新成员加入董事会时,这种压力变得更加明显。辛格后来也离开了公司。2012 年,E+Co 公司决定停止业务。其在非洲的投资组合被一家新的营利性私募投资公司收购,而拉美和亚洲的投资则被其他私募投资公司收购。[144]

美国大自然保护协会也培育出了一批绿色金融机构。作为一个非典型的 NGO,美国大自然保护协会分散化程度较高。1989 年之后,在麦肯锡前合伙人约翰·萨维尔(John Sawhill)的领导下它开始尝试以市场化的方法来推动环保工作。[145] 1995 年,在对弗吉尼亚海岸线地区(该协会于 1969 年购得)实施保护的过程中,该协会成立了一家名为弗吉尼亚东海岸可持续发展公司(Virginia Eastern Shore Sustainable Development Corporation)的营利性公司,旨在帮助创建 50 家小型企业,经营范围主要涉及生态旅游、有机农业和手工业,期望这些企业能在 4 年后有所盈利。将盈利与追求可持续性结合起来十分困难。很显然,追求三重底线的绿色创业公司无法在如此短的时间内击败传统企业并实现盈利。该公司于 1999 年宣布解散。值得注意的是,20 世纪 90 年代曾发生许多类似的案例,如美国国际开发署旗下的生物多样性保护网络(Biodiversity Conservation Network)曾雄心勃勃地资助了 48 家位于亚太地区具有环保意识的小企业,但由于执行问题,这些项目多数以失败告终。[146]

　　紧接着弗吉尼亚州试验的失败,由帕特丽夏·莱昂(Patricia Léon)领导的美国大自然保护协会与泛美开发银行共同组建了一个为期 10 年的生态企业基金(EcoEnterprises Fund)。塔米·纽马克(Tammy Newmark)此前在华尔街工作,这让她对于金融业对社区带来的潜在影响感到不满,后来她受聘来管理这个基金。[147]此后她在沃顿商学院完成了 MBA 的学习,并发表了一篇关于发展中国家企业家通过创造力来弥补资金困境的论文,她曾在支持企业家解决环境问题的机构中就职,如国际金融公司。随后,生态企业基金找到了她。[148]

　　虽然该基金自成立起就得到了美国大自然保护协会和泛美开发银行多边投资基金(MIF)的支持,纽马克仍需要更多的资本进行运作。她与 Social Venture Network 中的基金会和个人捐助者一起协作,却遭遇了许多人对非营利性机构运营一家营利性保护基金这一想法的普遍疑问。当基金在 2000 年推出时,它仍未得到充足的资金。在基金为期 10 年的生命周期中,纽马克和她的女性投资团队向 10 个拉美国家的 23 家创业公司共投资了 630 万美元。与 E＋Co 一样,生态企业基金不仅提供资金,还提供商业计划方面的帮助。然而,与 E + Co 不同的是,它一直专注于一个特定的区域,并利用美国大自然保护协会和 NGO 的资源进行投资项目筛选。[149]生态企业基金投资的一些企业大获成功,无论是在商业方面还是在为农村社区提供收入方面。该基金一共投资了 4 个生态旅游项目(前后审查了共 120 个同类型项目),其中一个项目位于该基金所在的哥斯达黎加。这些项目中,来自厄瓜多尔的一家名为 Terrafertil 公司成为全球领先的有机金色浆果——安第斯本地产的水果——供应商,该公司以 Nature's Heart 为主打品牌开发了一系列产品,把干热带水果、零食组合和果汁成功地卖到拉丁美洲、美国、欧洲和亚洲的广大市场。[150]

到 2009 年,纽马克自豪地宣称她的基金已经为社会创造了 2000 个就业机会和 2.9 亿美元的收入,并产生了 130 万英亩根据栖息地和生物多样性标准保存下来的土地的环境保护效益。[151]在运营期即将结束时(即全球金融危机爆发之时),生态企业基金并未盈利,但除去运营成本,它已经实现盈亏平衡,并证明了概念的有效性。在 2010 年成立的一个新项目中,生态企业 2 号基金(EcoEnterprises Partners II)获得 2050 万美元的资本金,该基金独立于美国大自然保护协会。[152]到 2016 年,由纽马克管理的这第二只基金已经几乎全部投资出去。但概念有效性的验证却和模拟预计的不相符。15 年后,生态企业基金背后的投资者仍是同一组专业机构和个人,并没有推出其他达到同等水平的基金。[153]

虽然拉洛可、辛格、纽马克及其他影响力投资领域的同行们在个人背景和运营方法上不尽相同,但他们都认为投入资本以支持绿色创业是促进可持续发展的重要手段。实现这一目标的途径并非一帆风顺。有的采取混合式的组织形式，包括与 NGO 和多边机构合作。有的尝试则彻底失败，例如弗吉尼亚东海岸可持续发展公司，它在执行过程中出现了许多无法解决的问题。

这些企业仍面临着许多的挑战，即如何找到合适的公司进行投资、如何有效管理其投资组合，一些公司在管理投资组合方面比其他公司做得要好。一个关键问题不容回避，尤其对于采取营利性模式的机构而言，绿色企业通常不是那种能快速实现盈利的机构，这主要是因为它们坚持采用新的模式直面传统挑战，并且也不涉及从地球的资源中寻租。生态企业基金的成功运营证明了这种商业模式是可行的。然而并没有随之出现大规模新兴企业和巨额资本流入可持续发展领域的现象，这仍然是一个利基而非主流的投资领域。虽然金融界的知名人士将新出现的影响力投资与20世纪60年代和70年代风险投资的早期阶段相提并论，[154]但实际上它仍然更像是一种美好的愿景，而非现实。

小　结

从20世纪80年代起，就有许多人尝试建立一系列机构，通过募集资金来协助可持续发展的业务。他们解决了一个重大问题：无论是在发达国家还是在发展中国家，筹集财务资源、汇聚管理能力来实现创业和发展业务是绿色企业家面临的最根本的挑战，在发展中国家更是如此。这些地区的传统金融机构未能提供足够的支持，它们从本质上怀疑可持续性与盈利能力的兼容性，并质疑更广泛的"盈利能力"的定义在现实世界中是否有意义。

　　重新思考一下金融服务的角色是将社会性银行家(如巴克霍夫)、社会责任投资指数(如巴伐利亚)和影响力投资人(如纽马克)联系起来的共同线索。尽管他们的动机、抱负和成就各不相同,但他们有着共同的理念:金融可以帮助而不是阻碍可持续性。许多带有试验性且看似较为激进的举措或许反映了这样一个事实,即与本书所讨论的其他行业不同,女性是这一领域最具影响力的关键人物。这些女性将她们对金融角色的大胆看法、耐心和有效的执行结合起来,这也往往涉及与不同主体之间的合作或协商。自学成才的资产管理经理巴伐利亚不仅创办了一家杰出的社会责任投资公司,同时也打造了一家行业协会和CERES,这些特质是与生俱来的。

　　这些努力虽取得了一定成效,但在当时社会还算不上是具有变革性的。新的金融产品的推出是为了给绿色企业提供相应资本,帮助其应对风险,但它们尚未成为业界主流。GLS、特里多斯银行和其他社会性银行都反映了用替代性手段开展商业银行业务和协助多家小型绿色企业开展业务的可行性。然而,在更广泛的商业银行领域,社会性银行仍处于边缘地位。FRDC、Good Bankers和其他先行者们消除了外界的怀疑,创建了一个价值万亿美元的社会责任投资产业,并间接孕育出了一批影响力的机构,包括CERES、环境报告和可持续发展指数。然而,社会责任投资基金仅占到总投资资金的一小部分,许多类似社会责任投资基金的执行情况使得该行业在许多方面都体现出可持续性所一直存在的争议性。得到广泛推广后,许多大型企业开始自觉提供环境报告,但关于报道的内容以及如何解读报告仍存在许多不确定性。

总的来看，尽管少数影响力投资者成功促成了数百家绿色企业的创建，尤其是在新兴市场中的这些绿色企业，但他们依然是金融领域的一个小众群体。

正如 2008 年所爆发的金融危机所表明的那样，尽管自 20 世纪 90 年代以来，银行将环境问题纳入其战略考量，但整个全球金融体系的发展仍然与可持续性背道而驰。金融领域的绿色企业家勾画了其他路径，但除了使用可持续发展的语言外，整个金融业是否会跟随他们以及如何跟随他们都不甚确定。虽然可持续发展事业通过借助金融市场为世人展示了令人瞩目的新机遇，但似乎愿意资助这些活动的重要绿色投资者和绿色储户这一群体的数量还远达不到预期。

本章注释　　　　　　　　　　　　　　　　　　　　　301

1. Stephan Schmidheiny and Federico Zorraquín, *Financing Change*: *The Financial Community*, *Eco-Efficiency*, *and Sustainable Development* (Cambridge, MA: MIT Press, 1996), p.4.

2. Siobhan Cleary, *Stock Exchanges and Sustainability*, United Nations Environment Programme, Inquiry into the Design of a Sustainable Financial System, Working Paper, December 2015, ⟨http://unepinquiry.org/wp-content/uploads/2015/12/Stock_Exchanges_and_Sustainability.pdf⟩, accessed July 17, 2016.

3. Schmidheiny and Zorraquín, *Financing Change*, p. 90; Matthew J. Kiernan, *Investing in a Sustainable World*: *Why Green Is the New Color of Money on Wall Street* (New York: AMACOM, 2009), chapter 2.

4. Harrison Hong and Marcin Kacperczyk, "The Price of Sin: The Effects of Social Norms on Markets," *Journal of Financial Economics* 93 (2009), pp.15-36.

5. John H. Langbein and Richard A. Posner, "Social Investing and the Law

of Trusts," *Michigan Law Review* 79 (1980), pp.72-112; Stephen Vieder-
man, "Fiduciary Duty," in Cary Krosinsky and Nick Robins (eds.), *Sus-
tainable Investing: The Art of Long-Term Performance* (London: Rout-
ledge, 2008), pp.189-99.

6. Kiernan, *Investing*, chapter 3; Interview with Matthew Patsky, Boston,
December 3, 2013; Interview with Ross Jackson, Birkerød, October
31, 2013.

7. Schmidheiny and Zorraquín, *Financing Change*, p.82.

8. Interview with Kohei Takashima, Tokyo, May 31, 2010.

9. Ron and Arnie Koss, *The Earth's Best Story: A Bittersweet Tale of Twin
Brothers Who Sparked an Organic Revolution* (White River Junction, VT:
Chelsea Green Publishing, 2010), p.231.

10. Ibid., p.308.

11. Paul Hawken, *The Ecology of Commerce* (New York: HarperCollins,
1993), p.150.

12. Schmidheiny and Zorraquín, *Financing Change*, p.13.

13. Raymond F. Mikesell and Lawrence F. Williams, *International Banks
and the Environment: From Growth to Sustainability: An Unfinished A-
genda* (San Francisco: Sierra Club Books, 1992).

14. Jan Jaap Bouma, Marcel Jeucken, and Leon Klinkers (eds.), *Sustainable
Banking: The Greening of Finance* (Sheffield, UK: Greenleaf Publishing,
2001), pp.390-400; "Events and Initiatives That Have Shaped the Role of
the Banking Sector in Sustainable Development," ⟨https://www.iisd.org/
business/banking/sus_timeline.aspx⟩, accessed January 8, 2016.

15. "Shorting the Climate: Fossil Fuel Finance Report Card 2016,"
⟨http://www.ran.org/shorting_the_climate⟩, accessed August 11, 2016.

16. Terry Macalister, "Green Investment Bank Could Be Snapped up by For-
eign Buyers," *The Guardian*, March 2, 2016.

17. United Nations Environment Programme, Inquiry into the Design of a
Sustainable Financial System, *The Financial System We Need*, October
2015, ⟨http://apps. unep. org/publications/index. php? option = com_
pub&task = download&file = 011830_en⟩, accessed June 27, 2015.

18. Steiner quoted in Christoph Lindenberg, *Rudolf Steiner: Eine Biograph-*

302

ie,vol. 2: 1915-1925 (Stuttgart: Verlag Freies Geistesleben,1997),p.699.

19. Olaf Weber,"Social Banks and their Development," *European Financial Review*,October 21,2014,⟨http://www.europeanfinancialreview.com/? p=3507⟩,accessed August 18,2015.

20. Roland Benedikter "Social Banking and Social Finance: Building Stones Towards a Sustainable Post-Crisis Financial System?" *European Financial Review*,February 12,2012,⟨http://www.europeanfinancialreview.com/? p=2027⟩,accessed May 2,2016.

21. ⟨https://research.stlouisfed.org/fred/series/TLAACBW027SBOG⟩,accessed March 8,2016.

22. Caspar Dohmen, *Good Bank : Das Modell der GLS Bank* (Freiburg: Orange Press,2011),pp.16-17.

23. Ibid.,p.27.

24. Ibid.,pp.17-18,23.

25. Ibid.,pp.15-16.

26. Ibid.,p.22.

27. ⟨https://www.gls.de/privatkunden/english-portrait/⟩, accessed August 13,2015.

28. Dohmen,*Good Bank* ,pp.38-9.

29. Ibid., pp. 13, 25; Eva Schneeweiss, " GLS Bank: Successfully Sustainable," in Heiko Spitzeck,Michael Pirson,and Claus Dierksmeier (eds.), *Banking with Integrity : The Winners of the Financial Crisis?* (Basingstoke: Palgrave Macmillan,2012),p.111.

30. Dohmen,*Good Bank* ,p.13.

31. Schneeweiss,"GLS Bank," p.109; Dohmen,*Good Bank* ,p.11.

32. Dohmen,*Good Bank* ,p.139.

33. Ibid.,p.66.

34. Paul Gosling,"Ethical Banks to Merge," *The Independent* ,January 30, 1994; Interview with Paul Ellis,Pam Waring,Gus Smith,Jim Walker,and Tony Weekes,Silsden,November 8,2013.

35. Interview with Thomas Steiner,Zeist,November 4,2013.

36. Katrin Käufer, *Banking As If Society Mattered : The Case of Triodos Bank* (Cambridge, MA: MIT CoLab, 2011), p.55, ⟨https://colab.mit.

303　edu/sites/default/files/Banking_as_if_Society_Mattered.pdf〉, accessed October 8, 2015; Rebecca Henderson, Kate Isaacs, and Katrin Käufer, "Triodos Bank: Conscious Money in Action," Harvard Business School Case No.9-313-109 (June 20,2013).

37. *Articles of Association of Triodos Bank*, *N.V.* (Zeist: Triodos Bank, n. d.), Preamble,〈http://docplayer.net/14936460-Articles-of-association-of-triodos-bank-nv.html〉,accessed August 10,2016.

38. Henderson,Isaacs,and Käufer,"Triodos Bank," pp.5-7; Käufer,*Banking*,pp.44-6; Frank Jan de Graaf,"Triodos Bank—Mission-Driven Success Pays Off: From Dutch Enfant Terrible to European Business Leader," in Spitzeck,Pirson,and Dierksmeier (eds.),*Banking*,p.161.

39. 〈http://www.triodos.com/en/about-triodos-bank/what-we-do/our-expertise-overview/sustainable-banking/peter-blom/〉,accessed July 14,2016.

40. De Graaf,"Triodos Bank," p.165; Henderson,Isaacs,and Käufer,"Triodos Bank," pp.7-8.

41. Theo van Bellegem,"The Green Fund System in the Netherlands," in Bouma,Jeucken, and Klinkers (eds.), *Sustainable Banking*, pp.234-44; Käufer,*Banking*,pp.60-2.

42. Käufer,*Banking*,pp.26.

43. De Graaf,"Triodos Bank," p.165; Käufer, *Banking*,pp.48ff.

44. Käufer, *Banking*,p.68.

45. Ibid.,p.58.

46. Interview with James Niven,Zeist,November 8,2013.

47. Henderson,Isaacs,and Käufer,"Triodos Bank," pp.4,8,13.

48. Interview with Thomas Harrtung,Barritskov,May 22,2013.

49. Dohmen,*Good Bank*,p.152; "Triodos und GLS Bank take m euro holding in Sekem Group," March 4, 2007,〈http://www.nna-news.org/cgi-bin/dada/mail.cgi? flavor = archive; list = news; id = 20070304152002〉, accessed June 8,2016.

50. Henderson,Isaacs,and Käufer,"Triodos Bank," pp.4,8,13.

51. Lars Pehrson and Henrik Platz,"Fra Græsrod til Professionel Bankvirksomhed," in Lars Pehrson et al. (eds.), *Merkur 25 År* (Copenhagen: Merkur Bank, 2007),pp.10-12.

52. Ibid., p.14; Interview with Ross Jackson, Birkerød, October 31, 2013; Pehrson, "Merkur fylder 30 år," *Pengevirke*, March, 2012, p.25.

53. Lars Pehrson, "Merkur gennem 15 år," *Sociale Penge*, March, 1997, p. 30; Merkur Andelskasse, Årsrapport 2015.

54. Interview with Tony Weeks, Silsden, November 8, 2013.

55. Interview with Paul Ellis, Silsden, November 8, 2013.

56. Interview with Tony Weekes, November 8, 2013. The book was Edward Harland, *Eco-Renovation* (Cambridge: UIT, 1993).

57. Russell Sparkes, *Socially Responsible Investment: A Global Revolution* 304 (Chichester: John Wiley, 2002), chapter 2; Peter D. Kinder, Steven D. Lydenberg, and Amy L. Domini, *Investing for Good: Making Money While Being Socially Responsible* (New York: HarperBusiness, 1993), p. 12; Steve Schueth, "Socially Responsible Investing in the United States," *Journal of Business Ethics* 43, no. 3 (2003), p.189.

58. Sparkes, *Socially Responsible Investment*, p. 51; 〈http://www. churchofengland. org/media/36534/gambling. pdf〉, accessed August 1, 2016;〈http://www.eccr.org.uk/module-htmlpages-display-pid-18.html〉, accessed July 2, 2016.

59. Myra Alperson et al., *Better World Investment Guide*, Council on Economic Priorities (New York: Prentice Hall, 1991), pp.2-3; Harvey D. Shapiro, "Doing Well While Doing Good," *New York Times*, August 7, 1983; Thomas Watterson, "Prospects for the Smaller Fund: Greater Opportunity and Risks," *Christian Science Monitor*, May 16, 1986.

60. Kinder, Lydenberg, and Domini, *Investing for Good*, chapter 5.

61. Sparkes, *Socially Responsible Investment*, p.280; Steven D. Lydenberg, *CEP's First Decade* (New York: Council on Economic Priorities, 1980), p.5.

62. David Vogel, *Lobbying the Corporation: Citizen Challenges to Business Authority* (New York: Basic Books, 1978), p.132.

63. Amy L. Domini, with Peter D. Kinder, *Ethical Investing* (Reading, MA: Addison-Wesley, 1984), pp.134-5; Sarah M. Gantz, "Luther E. Tyson, 85, Applied Social Activism to Mutual Fund Investing," *Boston Globe*, May 22, 2008.

64. Anon.,"Dreyfus Premier Third Century Approaches the Third Millennium," November 24,1999,〈http://www.socialfunds.com/news/save.cgi? sfArticleId = 87〉,accessed July 27,2015.

65. Sam Brownell and Sara Herald,"The Story of Calvert," in Cary Krosinsky(ed.),*Evolutions in Sustainable Finance*(Hoboken,NJ: John Wiley, 2011),p.91; Anon.,"Pioneers of Social Investing: John G. Guffey and D. Wayne Silby," *Wharton Alumni Magazine*(Spring 2007),〈https://www. wharton. upenn. edu/wp-content/uploads/125anniversaryissue/guffey-silby.html〉,accessed August 12,2016.

66. Anon.,"Creating an Impact on Investing: D. Wayne Silby, W'70," *Wharton Club of New York Magazine*(Winter 2013),p.16.

67. Brownell and Herald,"The Story of Calvert," p.92.

68. Jill Lawrence, "Socially Concerned Investors Are Offered Variety of Funds," *Reading Eagle*,November 29,1983.

69. 〈http://www.wharton.upenn.edu/125anniversaryissue/guffey-silby.html〉,accessed July 6,2015. 如今,卡尔弗特是美利达保险公司的子公司。

70. Peter D. Kinder,Steven D. Lydenberg,and Amy. L Domini,*Social Investment Almanac*(New York: Henry Holt, 1992),p. 398: Sparkes, *Socially Responsible Investment*,p.91.

71. Sparkes,*Socially Responsible Investment*,pp.91-2.

72. 〈http://www. svn. org/who-we-are/about-svn〉, accessed October 8,2015.

73. Interviews with Pat Davidson, March 5,2016, and Chris Clark,March 17, 2016,cited in Geoffrey Jones and Seema Amble,"Joan Bavaria and Multi-Dimensional Capitalism," Harvard Business School Case No. 9-317-028(September 6,2016).

74. Sandra Waddock, *The Difference Makers: How Social and Institutional Entrepreneurs Created the Corporate Responsibility Movement*(Sheffield, UK: Greenleaf Publishing,2008),p.69.

75. Quoted in Jones and Amble,"Joan Bavaria," p.3; Interview with Cheryl Smith and Stephanie Leighton(Trillium),Boston,December 3,2013.

76. Jones and Amble,"Joan Bavaria," p.4.

77. Stan Hinde, "Joan Bavaria's Crusade for the Environment,"

Washington Post，December 23，1990.

78. Kinder，Lydenberg and Domini（eds.），*Social Investment Almanac*，pp.
    245-7；也可见 Domini，with Kinder，*Ethical Investing*，pp.65-6。

79. Interview with Stephanie Leighton.

80. Jones and Amble，"Joan Bavaria，" p.9.

81. Interview with Cheryl Smith.

82. Ibid.

83. Waddock，*Difference Makers*，p.92.

84. Ibid.，pp.85，94-5，97-9.

85. Ibid.，p.99.

86. Colm Fay，"Domini and BP，" in Krosinsky（ed.），*Evolutions*，p.83；Jen-
    nifer F. Cheng，"Domini Social Investments：A CSR Case Study，" Gradu-
    ate School of International Relations and Pacific Studies，University of
    California at San Diego（Fall 2007），p.17；〈https：//www.domini.com/
    domini-funds/fund-performance〉，accessed June 8，2016.

87. Telephone interview with Tessa Tennant，February 6，2014.

88. Craig Mackenzie，"Ethical Investment and the Challenge of Corporate
    Reform：A Critical Assessment of the Procedures and Purposes of UK
    Ethical Unit Trusts，" University of Bath Ph.D.，1997.

89. Interview with Tessa Tennant.

90. Tom Willis，"The Final Days of London Bohemian Henry Tennant，"
    Evening Standard，February 23，2011.

91. Interview with Tessa Tennant.

92. Interview with Charlie Thomas（Jupiter Ecology），London，November
    7，2013.

93. Ibid.；Mark L. Trevitt，"Jupiter Ecology，" in Krosinsky（ed.），*Evolu-
    tions*，pp.17-19.

94. Trevitt，"Jupiter Ecology，" pp.11，24-5.

95. Interview with Tessa Tennant.

96. Interview with Mizue Tsukushi（The Good Bankers），Tokyo，April
    18，2014.

97. Ibid.

98. Interview with Mariko Kawaguchi（Daiwa Institute of Research），

306

Tokyo,April 17,2014.

99. Mizue Tsukushi,"Women's Finance Initiative Activities Japanese Economy: SRI's Growth Potential in Japan," *Japan Spotlight* (May/June 2010).

100. Interview with Mariko Kawaguchi.

101. Reto Ringger,"A Vision of a Sustainable Bank," TED Talk,October 23,2010,⟨http://www.youtube.com/watch? v = hw5fk-ko-k4⟩,accessed July 14,2016.

102. Neils Viggo Haueter and Geoffrey Jones,"Risk and Reinsurance," in Neils Viggo Haueter and Geoffrey Jones (eds.), *Managing Risk in Reinsurance: From City Fires to Global Warming* (Oxford: Oxford University Press,2017).

103. Thomas O. Murtha and Ashley Hamilton,"Sustainable Asset Management," in Krosinsky (ed.),*Evolutions*,p.55.

104. Ibid.,pp.53-7; Alois Flatz,Lena Serck-Hanssen,and Erica Tucker-Bassin,"The Dow Jones Sustainability Group Index," in Bouma,Jeucken,and Klinkers (eds.),*Sustainable Banking*,p.232.

105. Murtha and Hamilton,"Sustainable Asset Management," pp.54-5.

106. Global Sustainable Investment Alliance,"Global Sustainable Investment Review," 2014. 相比之下,在美国,个人投资者占社会责任投资者的1/4。

107. Paul Hawken, "Socially Responsible Investing" (October 2004), ⟨http://community-wealth.org/sites/clone.community-wealth.org/files/downloads/report-harkin.pdf⟩,accessed July 2,2016.

108. Ibid.,pp.21-3.

109. Oren Perez,"The Green Economy Paradox: A Critical Inquiry into Sustainability Indexes," *Minnesota Journal of Law, Science & Technology* 17,no. 1 (2016).

110. Aaron K. Chatterji and Michael W. Toffel,"How Firms Respond to Being Rated," *Strategic Management Journal* 31,no. 9 (2010),pp.917-45.

111. Alixis van Gelder,Dean Martucci,and Erika Kimball, "Highwater Global," in Krosinsky (ed.),*Evolutions*; Marc Gunther,"Paul Hawken's Winning Investment Strategy," *Huffington Post*,April 17,2010.

112. Daniel C. Apfel,"Exploring Divestment as a Strategy for Change: An

Evaluation of the History, Success, and Challenges of Fossil Fuel Divest-ment," *Social Research : An International Quarterly* 82, no. 4 (2015), pp. 913-37; "World's Biggest wealth Fund excludes 52 Coal-related Groups," *The Guardian*, April 15, 2014.

113. Joan Bavaria, "CERES and the Valdez Principles," in Kinder, Lyden- 307 berg, and Domini (eds.), *Social Investment Almanac*, p.138; Waddock, *Difference Makers*, p.130.

114. Halina S. Brown, Martin de Jong, and Teodorina Lessidrenska, "The Rise of the Global Reporting Initiative: A Case of Institutional Entrepre-neurship," *Environmental Politics* 18, no. 2 (2009), pp.182-200; Jones and Amble, "Joan Bavaria."

115. Bavaria, "CERES," pp.139-40.

116. Ibid., pp.140-1; Christopher McKenzie, "Environmental Investing: A Suggestion for State Legislation," in Kinder, Lydenberg, and Domini (eds.), *Social Investment Almanac*, p.42.

117. Hinde, "Joan Bavaria's Crusade."

118. 〈http://www.ceres.org/about-us/our-history〉; Waddock, *Difference Makers*, p.131.

119. Sparkes, *Socially Responsible Investment*, p.61.

120. Bob Massie, *A Song in the Night* (New York: Doubleday, 2012), p.218; Jones and Amble, "Joan Bavaria," p.12.

121. Jones and Amble, "Joan Bavaria," p.10.

122. Waddock, *Difference Makers*, p.188.

123. Ibid., pp.191-2.

124. Brown, de Jong, and Lessidrenska, "The Rise"; Joel Gehman, "The Global Reporting Initiative: 1997-2009," *SSRN Electronic Journal* (Feb-ruary 2011), doi: 10.2139/ssrn.1924439, accessed May 15, 2016.

125. David L. Levy, Halina S. Brown, and Martin de Jong, "The Contested Politics of Corporate Governance: The Case of the Global Reporting Ini-tiative," *Business & Society* 49, no. 1 (2010), p.88.

126. Christopher Marquis, Michael W. Toffel, and Yanhua Zhou, "Scrutiny, Norms, and Selective Disclosure: A Global Study of Greenwashing," *Organization Science* 27, no. 2 (March-April 2016), pp.483-504.

127. 〈https://www.globalreporting.org/network/GOLDCommunity/Pages/default.aspx〉,accessed May 28,2016.

128. Ans Kolk,"A Decade of Sustainability Reporting: Developments and Significance," *International Journal of Environment and Sustainable Development* 3, no. 1 （2004）, pp. 51-64; Levy, Brown, and de Jong, "Contested Politics"; Marquis, Toffel, and Zhou, "Scrutiny, Norms, and Selective Disclosure."

129. Guilbert Gates,Jack Ewing,Karl Russell,and Derek Watkins,"Explaining Volkswagen's Emissions Scandal," *New York Times*,April 28,2016.

130. Colin Dey and John Burns,"Integrated Reporting at Novo Nordisk," in Anthony Hopwood, Jeffrey Unerman, and Jessica Fries （eds.）, *Accounting for Sustainability: Practical Insights* （New York: Earthscan, 2010）,pp.216-17.

131. Robert G. Eccles and George Serafeim,"Corporate and Integrated Reporting: A Functional Perspective," in Susan Albers Mohrman,James O' Toole,and Edward E. Lawler （eds.）, *Corporate Stewardship: Achieving Sustainable Effectiveness* （Sheffield,UK: Greenleaf Publishing,2015）.

132. Antony Bugg-Levine and Jed Emerson, *Impact Investing: Transforming How We Make Money While Making a Difference* （San Francisco: Jossey-Bass,2011）,p.5.

133. Michael Kennedy,Debra McCoy,William F. Meehan,and Paul Pfleiderer,"Managing Value at the Global Environment Fund," Stanford Graduate School of Business Case F-285,February 2,2013; 〈http://www.globalenvironmentfund.com/category/portfolio〉,accessed June 1,2016.

134. Interview with Phil LaRocco,Syracuse,December 10,2013.

135. Christine Eibs Singer,"Impact Investing in Energy Enterprises: A Three-Act Play," *Innovations*,Special Edition for SOCAP11 （2011）, p.84.

136. Ibid.,pp.84-5.

137. Ibid.,pp.86-7; Interview with Phil LaRocco; Scott Baron and George Weinmann,"Innovations in Energy: E + Co's Investment in Tecnosol," in C. K. Prahalad （ed.）, *The Fortune at the Bottom of the Pyramid* （Upper Saddle River,NJ: Wharton School Publishing,2005）.

308

138. Baron and Weinmann,"Innovations in Energy," pp.14-15.

139. Ibid.,pp.16-18; Singer,"Impact Investing," pp.87,91,93; Interview with Phil LaRocco.

140. Interview with Phil LaRocco.

141. Baron and Weinmann,"Innovations in Energy," p.19; Interview with Phil LaRocco.

142. E + Co Annual Report 2009.

143. John Willman,"Brazilian Bank Wins Sustainable Award," *Financial Times*,June 4,2008.

144. David Bank,"E + Co Avoids Liquidation—Barely—And Emerges Persistent," 〈http://www.huffingtonpost.com/david-bank/eco-avoids-liquidation-ba_b_1932503.html〉,accessed August 10,2016.

145. Tammy Newmark and Michele Pena, *Portfolio for the Planet: Lessons from 10 Years of Impact Investing* (London: Earthscan,2012),p.8; Alice Howard and Joan Magretta,"Surviving Success: An Interview with the Nature Conservancy's John Sawhill," *Harvard Business Review* (September-October 1995).

146. Brian Babson, Peter Plastrik, and Richard Turner,"Lessons from the Life and Death of the Virginia Eastern Shore Sustainable Development Corporation," 〈http://www.washingtonpost.com/wp-srv/nation/shoulders/n2s1_independentreport.pdf〉,accessed December 18,2015; William Ginn, *Investing in Nature: Case Studies of Land Conservation in Collabo-* 309 *ration with Business* (Washington,DC: Island Press, 2005),pp.157-66.

147. Newmark and Pena, *Portfolio*,p.14-15.

148. Ibid.,p.122.

149. Ibid.,pp.25ff.,124.

150. Ibid., pp. 4, 42-5; Dan Weil, "EcoEnterprises Fund Grows Its Sustainable VC Investments in Latin America," in Thomson Reuters World Trade Executive,"Venture Equity Latin America 2013 Year-End Report," pp.6-7; European Investment Bank,"10 Things You Need to Know about the EIB and Climate Finance," 〈http://www.eib.org/projects/priorities/climate-action/road-to-paris/10-things-you-need-to-know-about-theeib-and-climate-finance.htm〉,accessed June 4,2016.

151. Tammy Newmark,"Green Venture Capital," *Americas Quarterly* 3, no. 4 (Fall 2009),p.96.

152. Newmark and Pena, *Portfolio*, pp. 138-9;〈http://www. womenyoushouldknow.net/earth-day-women-investing-in-our-environment〉,April 20,2012,accessed July 8, 2015.

153. Paola Pedroza,"EcoEnterprises Fund: Impact Investment at its Best," February 10, 2016,〈http://www. fomin. org/en-us/Home/FOMINblog/Blogs/DetailsBlog/ArtMID/13858/ArticleID/3353/EcoEnterprises-Fund-Impact-investment-at-its-best.aspx〉,accessed June 4,2016.

154. Sir Ronald Cohen and William A. Sahlman,"Social Impact Investing Will Be the New Venture Capital," *Harvard Business Review*,January 17,2013.

第八章 绿色组织:政府与商人

20世纪80年代后,政治家们与各国政府对环境问题日益重视。除了自然保护计划之外,之前政府在多数时候充当的是环境的破坏者,而非环境问题的解决者。为了推动经济发展、提高收入,政府运用一切必要的手段,为高产农业提供大量补贴,这也助长了杀虫剂的广泛使用。出于同样的动机——发展与增长——化石燃料和核能行业也得到了大量补贴。在垃圾处理方面,负责制定产业规则的地方政府更倾向于垃圾填埋,而非垃圾回收利用,在20世纪60年代前,没人对此提出任何疑义。

在1980年后,绿色产业才开始逐渐得到政府政策的支持,各地不同的政策如大杂烩一般相继涌现。在第五章中,我们曾提到有机农业的例子,欧洲政府愿意为农业有机化转型提供补贴,而与此形成鲜明对比的是,美国在这一方面并无作为。这种差异反映了一个更普遍的趋势。虽然美国从20世纪60年代开始便率先引领新的环境立法,但西欧在1990年前后超越了美国,成为积极环境立法的新领军者。这一转变反映了美国和西欧地区的总体政治走向。正如政治学专家大卫·沃格尔(David Vogel)所说,美国在许多环境议题上的突然政治化、两极分化是导致这种转变的原因之一,国内两大党派之一的共和党对监管持抵制态度。乔治·W.

311 布什总统在 2001 年就职后，单方面退出《京都议定书》的决定体现了共和党在这个问题上的新立场。石油、煤炭、汽车公司的轮番游说，以及共和党内最有影响力的两大团体——基督教保守派和枪械持有者对环境议题不感兴趣，最终造成了这一局面。[1]

美国与欧洲政党间的政策分歧还导致了其他方面的差异。风险评估指标也出现了分化。虽然环境激进主义正在稳步发展，但自 20 世纪 80 年代起，美国希望用更严谨的科学证据来论证新一轮监管措施的合理性。与之相反，欧盟于 1992 年将预防性原则纳入了《马斯特里赫特条约》（Maastricht Treaty）中，即使科学证据中还存在一些不确定性，监管措施仍得以生效。[2]

本章将考察 1980 年后的垃圾治理、风能和太阳能产业。我们认为，美国与欧洲在平衡商业利益和环保行动上的政策导向差异一直持续至今，并切实导致了美欧之间的不同走向。在美国、欧洲及其他地区，市一级以上的政府采取了更多干预性措施，直接推动了大型跨国垃圾治理公司的发展。在许多欧洲国家，政策制定者对回收利用的重视程度远远超过了美国，美国的垃圾回收利用水平与不少发达国家相比仍然很低。在可再生能源方面，美国的风能和太阳能产业之所以能达到今天的水平是因为 20 世纪 80 年代的政府政策，但从那时开始，欧洲对可再生能源的支持力度更大，政府政策也更具连贯性。

在美国和欧洲，政府都是市场的塑造者，也是快速扩张的回收利用、可再生能源产业的共同缔造者。政府所发挥的作用对这些产业的发展至关重要。此前，回收利用市场变幻莫测，引进新太阳能和风能技术产生的固定成本极高，涉足该行业的企业家们大都空手而归。外部因素,尤其是整体能源价格的变化会给行业带来难以预料的价格波动,公共政策则缓解了一些产业在风险管控方面所面临的巨大挑战。补贴、上网电价补贴、税收减免、鼓励回收利用的立法行动及其他鼓励投资新技术的政府政策让企业看到了将营利性与可持续性相结合的可能性。看似环保的企业和负责监管的政府之间的矛盾将会变得十分明显,与此同时,美国浪费了它在 20 世纪 60 年代在环保领域的领先优势,它的发展也越来越缺乏线性关系。

这些行业所提供的惊人证据揭露了政府政策的虚伪。诱人的合同及补贴导致了寻租行为;即使没有这类行为,结果也经常和预期不符。因为补贴是有特定时限的,公共政策只能在短期内奏效,难以推动企业的长线投资(这是可再生能源行业中的一大问题)。随着大公司成为这些行业的中坚力量,环保论调不仅确保企业能享受税收减免和其他福利,也成为其获得社会正当性的一种便捷手段。政府成了市场的塑造者、可持续业务的推动者,但同时也成了市场和行业的破坏者。无论环保策略得到了何种支持,公共政策从整体上看依然处于长期不"公平"的状态,例如,其很少尝试对化石燃料、塑料和其他破坏环境的环境外部性进行定价。

大有可为的全球垃圾治理

从 20 世纪 60 年代起,新立法推动了大型垃圾治理企业的发展,这是第四章的一大主题。政府在 20 世纪 80 年代后开始加强干预,同时干预手段也开始从地方和城市政策向国家监管转变。

随着全球变暖成为公众热议的话题,糟糕的垃圾处理所导致的负面环境后果变得越发刺眼。垃圾填埋场垃圾流中的有机部分产生的甲烷是温室气体的一大来源。垃圾治理逐渐成为政策制定者关注的焦点,这为大型垃圾治理公司的发展打下了基础。许多国家的大型国有垃圾治理公司需要遵从新的法律,多亏了他们的游说和帮助,这些法律才得以出台。

1978 年,几十年前倾倒在纽约州拉夫运河中有毒垃圾残余事件被曝光,这使得美国民众对由于危废处理监管缺乏所带来的健康风险开始高度关注。[3] 美国随即在 1980 年通过了《综合环境反应、赔偿和责任法案》(Comprehensive Environmental Response, Compensation, and Liability Act),即"超级基金"法,使环保局能有效清理这些受污染的场地,并迫使责任方履行清理职责或为环保局的清理行动买单。* 在 20 世纪 70 年代期间,美国全国固体垃圾治理协会针对联邦政府各项垃圾立法进行积极游说,此后又竭力确保联邦政府对垃圾治理的资助不会变成地方政府项目的补贴。[4]

20 世纪 70 年代,石油价格在产业刺激下出现了第二次上涨。政策制定者随即将焦点放在垃圾的大规模焚烧和垃圾发电上。此前,这些资金密集型的大型垃圾焚烧厂需要竭力为其生产的电力寻找市场,但上网电价补贴的到来(我们将在下节中提到)使它们拥有了更强的生存能力。垃圾发电厂的数量从 1980 年的 60 家增

---

* 超级基金污染场地(Superfund Site)是指美国境内因有害物质而造成污染的地区,也是需要得到长期整治净化的地区。美国环保局宣布,以 2014 年 2 月为准,全美国共有 1319 个污染场地,这些场地的治理过程均将被数据化。

长到 1987 年的 110 家。其中 4 家企业掌控了一半的市场份额。维尔贝莱特（Wheelabrator）于 1988 年投资了四大公司之一的垃圾治理公司，并在 2 年后取得多数控制权。[5] 相比之下，回收利用在多数情况下更像是公职人员和公司进行公关活动中的一环，而并不是为了带来积极的环境效应。20 世纪 90 年代初，比尔·克林顿（Bill Clinton）总统关于将环保局提升至内阁地位以及通过向石化行业收税来振兴"超级基金"的建议均被国会的保守修正案驳回。[6]

尽管没有国家政策，各种垃圾处理的方法依然在美国逐渐发展起来。总的来说，人们对垃圾发电的兴趣在 20 世纪 90 年代有所下降，一部分原因是人们担心垃圾焚烧产生的二噁英及其他有害物质对环境的影响。另一方面，大家都不希望在自家附近看到大型焚化炉。2016 年，86 个垃圾焚烧厂分布在美国的 25 个州，多数位于美国东北部。[7] 各州与市政共同制定了一系列循环回收利用法，这种做法可以追溯到 20 世纪 80 年代马萨诸塞州及美国西海岸的路边垃圾回收利用项目。还有一些州强制消费者每买一瓶啤酒或软饮料要付五美分押金，将饮料瓶交回后可退回押金。[8] 在 1994 至 2000 年期间，市政一级路边回收利用项目增长势头最为迅猛，共发起了 6108 个新项目。[9]

美国的产业结构继续朝着大公司主导的趋势演变。在 1992 314 年到 2011 年期间，地方政府在产业收入中占据的份额从 35% 下降到 22%。[10] 2016 年，美国最大的两家垃圾治理公司的收入占到固废产业收入的近 40%。仅垃圾治理公司一家就占据 16.7%，共和废物处理公司（Republic Services）排名第二，占据 12.5%。[11] 这两家公司均在世界各地进行积极的跨国投资。

　　这两家公司并非在一夜之间就成为行业的主导者。迪安·彭洛克创立的垃圾治理公司在 20 世纪 80 年代收购了成百上千家小公司,到 20 世纪 80 年代末,它的收入已超过 60 亿,成了全球最大的垃圾治理公司。[12]虽然该公司在市场营销活动中不断增加环保宣传,但其商业模式中却含有不少不可持续的元素。在 20 世纪80 年代期间,由于被指控公司的垃圾场违反了环境法,该公司为各类处罚及庭外和解支付了 4000 多万美元的费用。在拉夫运河丑闻曝光、联邦政府出台相应的监管政策后,收购危险垃圾处理领域的公司似乎是一个诱人的、有利可图的机会,但最终却事与愿违,因为代价高昂的诉讼很快就随之而来。[13]

　　由于股东们的怨声载道,1997 年,彭洛克离开了公司。不久后,公司涉嫌做假账、虚报 17 亿美元利润的丑闻曝光。美国证券交易委员会(SEC)指控彭洛克及其同事造假,该案最终在无人认罪的情况下达成了和解。[14]1998 年,该公司被一家更小的公司收购。新公司保留了垃圾治理公司的名字。[15]虽然在此之后公司治理和环保实践方面有了明显改善,但针对该公司的诉讼仍不绝于耳。[16]

　　在 20 世纪 80 年代,垃圾治理公司的主要竞争对手依然是BFI。通过并购,这家公司成长为价值数十亿美元的公司,但在买下了一家参与了拉夫运河清理行动的公司后,它也陷入了法律困境。[17]1999 年,一家位于总部亚利桑那州、规模较小的联合废品工业公司(Allied Waste Industries)和一些私募投资公司以 70 亿美元收购了这家公司。[18]在 2008 年,公司又被另一家规模较小的竞争者——共和废物处理公司收购,公司所有权再次变更,成为美国第二大废品公司。

总的来说,和德国、瑞典等欧洲富裕国家的垃圾治理体系相 315
比,巨型企业的复杂体系、高度分散的地方治理使得美国的垃圾治
理更依赖垃圾填埋。丹麦与荷兰是西北欧国家中较少采用垃圾填
埋的国家,日本也是如此。不过,英国、意大利和西班牙等南欧国
家、匈牙利和波兰等东欧国家的垃圾填埋率与美国基本持平或高
于美国(具体见图 8.1)。[19]

图 8.1: 2011 年部分国家城市固体垃圾处理情况

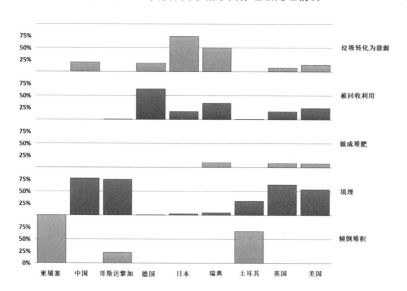

来源:Daniel Hoornweg and Perinaz Bhada-Tata, *What a Waste*: *A Global
Review of Solid Waste Management*(Washington,D.C.: World Bank,2012),Annex L,
〈https://openknowledge. worldbank. org/handle/10986/17388〉,accessed July 20,
2016; for China, *China Statistical Yearbook* 2012,〈http://www.stats.gov.cn/tjsj/
ndsj/2012/indexeh. htmor〉,accessed July 20, 2016; Germany, Statistisches
Bundesamt, *Abfallbilanz* 2013(Wiesbaden,2015),p. 25.

注:对于多数国家来说,还有一些"其他"类别。最突出的例子是德国,"其他"类别
的占比为 17.98%,这部分没有进行能源回收,而是直接进行垃圾焚烧。

图 8.1 相关数据展示了各国之间的差异，同时呈现了 2011 年
这些具有代表性的国家如何处理城市垃圾的。截至 2011 年，全球
316 每年在城市中产生的垃圾达到 13 亿吨。图 8.1 涵盖了一些全球
最大的垃圾生产国，例如美国每日城市垃圾的总量达 624700 吨，
中国是 520548 吨，而较小的垃圾生产国如生态旅游国家哥斯达黎
加每日垃圾总量仅为 3260 吨。[20] 对于这些数据的解读，需要提醒
的是：国家间的城市垃圾报告存在着诸多不一致性。虽然垃圾倾
倒和填埋被看作是两个类别，但事实上，露天倾废与卫生填埋的范
围随着它们之间并不清晰的界限的变化而不断延展。[21]

德国与美国的垃圾治理行业虽有显著差异，但也有一些相似
之处。1986 年出台的《垃圾治理法》(Waste Management Law)让
德国加大了对回收利用的重视。就垃圾循环利用而言，私人公司
通常比地方政府更有经验，《垃圾治理法》的出台使私人公司所具
备的优势更为明显。如果私人公司的运作非常高效，那它们将有
机会得到推荐。[22]一些德国城市开始将政府的垃圾回收部门转变
为由城市所有或城市与私人公司共同持有的公司。此等重大转
变，连同日益增长的环保合规成本、环保技术中的规模经济，以及
为东德(1989 年后统一)提供高效的垃圾治理服务的需求，共同推
动了大型垃圾治理公司的长远发展。

1989 年至 1993 年期间，并购浪潮席卷了德国垃圾治理行业。
德国最大的电力设施公司收购了许多大型垃圾处理公司。德国莱
茵集团于 1989 年买下了 Trienekens 公司的大部分股份，德国威
斯特法伦联合电力公司(VEW)于 1992 年买下了埃德霍夫公司
1/4 的股份，并在 2 年后买下了剩余的股份。[23]并非所有的并购都

能圆满收场。Trienekens 公司陷入大型贪腐丑闻,涉嫌贿赂科隆当地政客来让某家大型的焚化厂的投标获批通过。丑闻过后,莱茵集团拥有了 Trienekens 公司的全部所有权。[24]莱斯曼集团的业务在这个时期也得到了迅速增长并开始尝试多元化经营,涉足危险垃圾处理、滤水、回收利用等,同时开始进军海外市场。2004年,莱斯曼收购了莱茵集团垃圾治理部门,与自己的垃圾业务合并,改名为瑞曼迪斯(Remondis)[25]。莱斯曼成为该领域在德国市场的领导者,2015 年,公司活跃于 34 个国家,销售额达到 75亿美元。

大公司的成长和贪腐诉讼案似乎成了美国与德国共有的特征。但二者在垃圾治理的立法架构上差异很大:德国的立法架构是国家层面的,而不是州一级的,政府鼓励回收利用。1986 年的《垃圾治理法》允许联邦政府在全国范围颁布关于特定种类垃圾的法令。其中最重要的是 1991 年的包装法令,它提出了"生产者责任制"(Producer responsibility)的概念。该法令规定产品的初级包装、二次包装、运输包装都要由原生产商自费回收,用于循环再利用或再加工处理。[26]该法令有一个免责条款——初级包装押金体系备选项,生效的前提是私营机构处理能够达到"指令—控制"路径所期望的回收率。免责条款是信仰基督教的民主党环境部部长克劳斯·特普费尔(Klaus Töpfer)有意为之的策略,他希望与相关企业合作构思一个可行的方法,让私营机构能共同为包装的回收和再利用买单。在这样的背景下,相关包装业和垃圾治理公司都积极参与了立法的过程。[27]

该立法创造了一个"二元体系",由几百家私营制造商、包装商、零售商及垃圾治理公司组成的联盟开始收集包装垃圾,成了社区收集多种其他种类垃圾的有效补充。[28]该联盟成员包含了一家名为德国双元回收系统公司(DSD)的私营非营利性股份公司。该公司被授权在包装材料上使用"绿点"标志,以此来收取用于支付包装收集与运输的费用。这部分费用不包含其本身循环利用的成本,这些成本预计将通过二次包装材料的再销售来收回。[29]

最初,计划的推行并不总是那么顺利。政府与大型垃圾治理公司联系紧密,这吸引了环保活动家带有批判性的关注。[30]不过,德国双元回收系统公司之后的发展逐渐变得欣欣向荣。1995年,德国双元回收系统公司帮助打造了一个覆盖整个欧洲的组织,由其他地区类似"生产者责任"的组织构成,并将"绿点"标志对外授权,得到了德国以外地区的广泛认可。[31]

德国垃圾治理行业与德国政府继续保持协作关系。在1991年的包装法令生效后,下一部重要的立法是1994年通过的《物质封闭循环与废弃物管理法》(KrWG),也可称其为循环经济促进法。KrWG取代了1986年《垃圾治理法》,扩大了包装法令中生产者责任的概念范围,将许多其他种类的垃圾也纳入其中,强调用回收利用替代垃圾焚烧或填埋。[32]德国主要的行业协会德国垃圾治理联盟(BDE,即第四章提到的私营城市卫生行业协会,改名于1986)与特普费尔通力合作,以确保生产者责任制的引入不仅使私营公司更加关注其生产过程所带来的垃圾的环保成本,同时也进一步鼓励私有化的发展。[33]

在欧洲的其他地区,私有化和大公司的发展是大势所趋,但在产业结构和结局上则不尽相同。在瑞典,用于供电、特别是用于地区供暖的垃圾焚烧厂得到了大量投资者的青睐。暖气以集中化的方式统一生产，然后再分配到每家每户。在 20 世纪 80 年代初，20 家焚烧厂共处理了近 50% 瑞典家庭所产生的垃圾。[34] 与此同时，人们也开始强调循环再利用。1994 年通过的《生态循环法》（Ecocycle Law）规定包装垃圾的回收和处理是生产者的责任。[35] 瑞典制造商们建立了一个自我监管的组织并组织一些非营利性企业来收集垃圾。5 家由生产者牵头的非营利性循环再利用公司建立了一家与德国双元回收系统公司相似的生产者责任公司 REPA Registret AB。最终，成千上万家瑞典的包装生产商、制造商和零售商需要根据他们所生产的包装数量及种类，向其支付相应费用。[36]

在英国，私有化及强制招标的政府政策导致许多小型地区性企业纷纷加速合并，大型公共事业公司也开始涉足环保产业。到 21 世纪初，4 家公司控制了本国超过 1/4 的垃圾回收业务。[37] 不同于德国双元回收系统公司的运作方式，英国重点依靠税收优惠来抑制垃圾填埋，鼓励循环利用。但这并不能减少生产商所生产的垃圾，反而加剧了非法倾倒。[38] 正如图 8.1 所示，英国的垃圾填埋率高于美国，而回收利用率和垃圾发电率却更低。

在 21 世纪初，欧盟在出台应对日益增多的电子垃圾的相应政策措施上，已经远远领先于美国。在 2003 年，欧盟推出了废电子 319 电机设备指令（Directive on Waste from Electrical and Electronic Equipment），对被填埋的电子垃圾做出应对，提高电子垃圾回收利用量。这是对德国包装法令所倡导的生产者责任制的延伸。电子设备制造商被强制要求对电子垃圾进行回收再利用，要么将其自行收回,要么与他人合作。包括日本、韩国和中国在内的 10 个国家也加入了欧盟的这一行动,但美国却迟迟没有通过相应的国家立法。[39] 相反,加利福尼亚州于 2003 年率先出台相关法律,各州也通过制定各自的法律来规定产品回收再利用的生产者责任制。到 2013 年为止,32 个州颁布了类似法律,但其严格程度有所不同。[40] 包括如戴尔和 IBM 在内的一些大型制造商及零售商发起了自愿项目。在 2010 年,美国约有 27% 的电子垃圾被回收利用,欧盟则达到了 37%。[41]

　　日本垃圾治理行业的发展形式与西方不同。1980 年之前,日本在垃圾治理方面还相对落后。随着 20 世纪 50 年代日本经济的快速腾飞,垃圾数量激增,却鲜有环保监管措施出台。城市垃圾要么被倾倒,要么被堆积或填埋。直到 1970 年,日本才颁布了第一部关于工业垃圾的立法。那时,违法倾倒、堆积垃圾和其他不良行为,特别是与土地污染有关的活动十分猖獗。虽然污染事件促使政府推出了一些与水污染与空气污染的相关的监管措施,但政府对土地污染却视而不见。[42]

　　和其他地方类似,治理家庭垃圾是日本地方政府的职责。市政人员需要定期收集垃圾并运送到原本归政府所有的垃圾填埋场中进行处理。废弃的家具等较大的垃圾则由许多小型私人公司负责收集,它们可以因此获取一笔酬金。时至今日,这类活动仍由成千上万的小公司负责。即使环境监管力度有所加强,日本依然没有形成像西方那样的综合性垃圾治理公司。2015 年,日本有近 2 万家登记注册的家庭垃圾治理公司,绝大部分是小型家族企业。工业垃圾市场也被成千上万家小公司瓜分。到 2015 年,尽管一些大型公司有所发展,仍有约 14 万家小公司活跃在这一市场中。[43]

从 20 世纪 60 年代起,日本地方政府开始转向垃圾焚烧处理。320 随着时间的推移,日本逐渐成了垃圾焚烧和垃圾发电技术的全球领跑者,并用此技术处理了国内 3/4 的垃圾(见图 8.1)。随着日本本国二噁英排放水平在 20 世纪 90 年代不断升高,业界也开始关注更为清洁的技术并进行相关投资。有时,建筑师会刻意将熔炉设计建造于市中心,其产生的电力为当地市民所使用的运动设施及场馆供暖。[44]

20 世纪 90 年代期间,日本着手国家立法,1993 年颁布《基本环境法》(Basic Environment Law),开始逐渐形成垃圾治理体系。1995 年,首部要求地方政府回收再利用的法规获得通过。其他与生产者责任制相关的诸如家电、建筑材料、食物垃圾回收再利用等法规也相继出台。[45]

随着相关法规的陆续颁布,提供新服务的企业将迎来更好的利润前景。和德国一样,各行各业都积极参与了立法的过程。大型建筑垃圾公司 Takeei 公司的创始人三本守回忆了自己在 20 世纪 90 年代是如何积极参与行业协会的活动,与监督垃圾治理的卫生部、建设部等部门开展持续对话的。那个时候,他已经"能够预见到将会出台何种立法法规"。[46]

同和控股(集团)有限公司(Dowa Holding)的高管回忆了其参与土地污染相关立法的经历。同和控股是一家历史悠久的矿业与冶炼公司。1997 年,该公司开始尝试水循环再利用和垃圾治理业务。一位高管于 1994 年赴纽约考察时认识到垃圾治理公司的业务体量和如"超级基金"法等环保立法的规模后,公司开始大规模扩展这部分业务。[47] 一些人期望日本会效仿美国在工业垃圾治理、土地污染、回收再利用等方面的做法。"不难想象，这将会是一个巨大的市场，"同和控股负责环保管理的高管吉川广和说道，"但我们不清楚具体能回收利用多少种产品，也不确定我们能否收集到足够多的产品用于回收利用。"[48] 在 21 世纪初，同和控股与日本政府紧密合作，效仿美国，从健全立法体系入手。2003 年，日本制定并颁布了一部类似美国"超级基金"法的法律来应对土地污染。

321 吉川广和随后说道："我们的策略是通过立法让看不见的市场浮出水面，一旦市场变得触手可及，我们就要占领它。"[49]

1980 年之前，除了发达国家之外，其他地区几乎看不到规范的垃圾治理体系，许多国家仍存在着严重的垃圾问题，垃圾不受管制地被随意倾倒堆积，环保监管依旧缺位。1980 年后，随着一些国家经济的快速发展，垃圾数量不断上涨，环保监管与管理体系的缺失成了人们不得不面对的主要问题。中国在过去的 30 年里成长为全球第二大经济体，随之而来的是堆积如山的垃圾。在图 8.1 中，我们可以看到，中国与以柬埔寨、哥斯达黎加和土耳其为代表的其他非发达国家在垃圾处理上，采取的主要方式都是垃圾填埋、倾倒和堆积。值得注意的是，许多在发展中国家被称为或归为填埋的处理方式实际上更像是垃圾倾倒，而并非是西方国家那种经由管理严格的卫生填埋。

随着垃圾数量的激增，非洲、亚洲及拉丁美洲等国家的政府苦不堪言。它们经常向垃圾治理公司及法国的威立雅（Veolia）等西方垃圾治理公司求助。这两家公司已成为该领域的巨型跨国企业，2016 年，它们的市值分别达到了 280 亿美元和 110 亿美元。[50]

在一些国家中,地方性企业发展迅速。在中国,由文一波先生[*]创建的公司——桑德环境资源股份有限公司一度成为最大的私营垃圾治理公司。他是前政府部门资深工程师,拥有清华大学环境工程硕士研究生学位。该公司主营工业废水处理,于1993年在北京成立,随后成长为一家综合性的环保公司,并于2006年在新加坡证券交易所挂牌上市。不久后,公司也在中国其他交易所挂牌。尽管许多国有企业和外国跨国公司的子公司与之竞争,桑德环境资源股份有限公司成立20年后已拥有近70亿的市值,在中国经营着70家废水污水处理厂、城市生活垃圾治理公司和工业垃圾处理厂。2015年,众多对其参与重大欺诈的指控声导致该公司被摘牌[**51]

在新兴经济体中,中国在垃圾治理方面遇到了许多挑战。2015年全球共产生了14亿吨固体垃圾,其中中国占了3亿吨,大多数由城镇产生。它们未经分类就被回收、填埋或焚烧,监管不到位,焚化炉经常有毒烟冒出。填埋场与焚化炉坐落于城镇外围的郊区,在那里经济落后与污染并存。^{***} 然而,除了这些令人沮丧的 322 数据,还有一些与回收再利用有关的数据:560万拾荒者从垃圾堆中手工挑选出他们认为有价值的东西。[52]许多其他国家也存在这样的非正式拾荒者,拾荒不仅有利于垃圾的回收再利用,对于穷苦

---

   * 中文应为"文一波",原文拼音 Yen Yibo 有误。

  ** 该公司于2015年完成股东股权变更,更名为"启迪桑德环境资源控股有限公司"。

 *** 从2019年开始,中国政府在全国范围内正大力推行垃圾分类法,将有效抑制这一问题的产生。

的人来说也是他们重要的收入来源。据估计,全球有约 1500 万人
以拾荒为生。有时他们也会组织有序:据估计,2015 年拉丁美洲
约有 1000 家拾荒者合作社和拾荒者协会。[53]

当市政府把服务外包给跨国公司等现代企业,拾荒者会被排
挤出市场,发展中国家的垃圾回收利用率通常会下降,不过这也会
产生其他方面的环保效益。例如,巴西的圣保罗拥有两个全球最
大的垃圾填埋场,承包此项业务的私人公司将垃圾不断倾倒其中。
2005 年,垃圾处理"贡献"了巴西 1/4 的温室气体排放。随后,圣
保罗市与一家名为 Biogas、股东分别来自巴西与丹麦的跨国公司
签订了合同,公司负责建立热电厂,用燃烧填埋场中腐烂垃圾产生
的甲烷来生产清洁能源。2010 年,垃圾处理产生了大量能源,而
产生的温室气体仅占总排放量的 5%。[54]现代卫生填埋场与焚化炉
给人们的健康带来好处,减少了温室气体,但它们的出现却并不一
定能提高垃圾的回收利用率,甚至还降低了穷苦人民的就业率。

1980 年以后,全球化以及消费型社会的发展导致垃圾数量不
断增多,政府即使还保留着整体上的控制权,也开始向私人企业寻
求帮助。这样一来,无论是对小公司还是对像垃圾治理公司这样
的全球性企业,获利的机会日渐增多。垃圾回收突然成了一项吸
引风投、私募投资及富有的天使投资人的事业。2006 年,德国双
元回收系统公司被美国私募投资公司 KKR 收购,随后被卖给了
KKR 的管理层,4 年后又被卖给了英国私募投资公司 Solidus
Partners。在美国,共和废物处理公司和垃圾治理公司都成了亿
万富翁比尔·盖茨(Bill Gates)眼中有吸引力的公司。2014 年,
盖茨已持有共和废物处理公司 1/4 的股份,而比尔及梅琳达·盖

茨基金会（Bill and Melinda Gates Foundation）则持有垃圾治理公司 4% 的股份。[55]

　　然而直到 21 世纪第二个 10 年，垃圾问题仍未得到彻底解决。相比西方发达国家只有少数人住在不卫生的垃圾场附近，世界各地仍有大量居民受此困扰。德国、日本和瑞典等少数发达国家成为垃圾回收利用和能源回收再生方面的先行者。而源于德国政府与行业密切往来的生产者责任制是政府所推出的较为成功的一项政策。

　　事实证明，垃圾问题给全球气候变化和数十亿人的健康带来的影响不容小觑。政府与市政部门制定规则，鼓励企业签约，并为不尽如人意的结果承担相应的责任。政府的角色是必要的，却也成了更多问题的导火索。随着这一市场的不断成长，各类机会涌现，为了保住其所获得的合同，企业一方面高喊环保的口号，一边却游走于政府政策的灰色地带打擦边球。德国和瑞典等国的确取得了良好的环保成效，在这些国家中，企业的底线不只是追求盈亏，它们还与政府合作，共同制定有效的垃圾治理政策。而在多数其他国家中，盈利被摆在了可持续性的前面，政府与企业的合作不仅没能带来理想的结果，有时甚至还适得其反。

可再生能源的兴起

　　1980 年，风能和太阳能能源的产量依然极小，并且大部分来自美国。丹麦和日本也有一小部分风能和／或太阳能产能。从图 8.2 中，我们可以看出，2011 年，在这些国家中风能和太阳能都不

是重要的电力来源,更别说其他国家了。传统燃料(煤炭、石油和
天然气)为上述三个国家提供了超过 70% 的电力,丹麦甚至达到
了 100%。核能和水电则为日本和美国填补了剩余电力的缺口。

　　到了 2014 年,情况有了较大改观。与 1980 年相比,各地的发
电量均有所提升;在此期间,美国的发电量从 2286 千兆瓦上升至
4368 千兆瓦,日本从 552 千兆瓦上升至 1082 千兆瓦,德国则从
437 千兆瓦上升至 640 千兆瓦。2014 年,中国的发电量为 5431 千
兆瓦,印度为 1193 千兆瓦。从能源的来源上来看也有了重大的改
变。丹麦 2/5 的电力源自风能,德国为 9%,瑞典为 7%,美国则是
324 4%。在印度和中国,由于两国 1980—2000 年的数据空缺,风能预
估占 2.5%。这些国家的太阳能使用也有所增加,尽管涨幅不及风
能。太阳能为德国提供了超过 9% 的电力,日本为 2.4%,美国仅
为 0.6%,中国只有 0.1%。燃料对美国和中国这两大经济体依旧
很重要。第三大经济体日本在 2011 年福岛核电站事故之后,核
能发电曾彻底关闭过一段时间,日本对燃料的依赖程度甚至出
现了短暂上升。[56]此外,这些数据完全忽略了化石燃料(主要是石
油)在供暖及机动车上大量而持续的使用。电动汽车的广泛使
用及真正可行的新电池技术都还只是美好的愿景,离现实还有
很远的距离。

325　　这些国家的情况符合能源使用的一般模式,即向风能和太阳
能的转变较为缓慢,只有少数国家在这一过程中处于领先地位。
2014 年,从全球范围来看,风能供电占了 2.3%,太阳能仅占
0.4%。煤炭依然为全球提供了 40% 的电力:美国的比例为 39%,
印度为 71%,中国为 76%。与风能和太阳能相比,天然气(22.5%)、

图 8.2 1980－2015 年选定国家在基准年份的发电电力来源

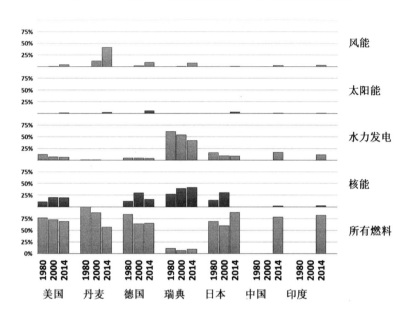

来源:经合组织、国际能源署、国际能源署电力信息统计。另见 China and India: *Energy Statistics Yearbook* , United Nations 2013。

水力发电(16.2%)和核能(10.9%)依然是全球电力的主要供应来源。[57] 无论哪种发电方式都会对环境产生不利影响。核能发电虽然不会产生温室气体,但核废料会留下巨大的环保隐患,核反应炉熔毁则会产生灾难性风险。同样的发电量,天然气发电带来的二氧化碳排放比煤炭发电少一半,却会产生大量甲烷,这也是一种温室气体。水力发电不直接产生温室气体,这便是为什么中美洲和拉丁美洲在发展中国家中排放量最少的原因——超过一半的电力来自水力发电,1/4 来自天然气。然而,大型水电大坝的建造也可能导致二氧化碳排放的增加(为了建水库,树木与植被被大量砍伐),还会破坏动植物的自然栖息地,对当地人文环境造成伤害。

关于能源战略,人们争论不休。随着对气候变化的担忧日益增加,政府也将越来越多的资源投入到转变能源结构上来。曾受到质疑的可持续性价值观如今不言自明。一些人认为水力发电、甚至天然气都应被归入清洁能源的范畴,这着实令人难以置信。[58]不同于天然气,风能与太阳能显然是清洁的可再生能源,它们不会直接产生温室气体。但这并不意味着随着其规模日益扩大,它们不会对环境造成负面的影响。太阳能电池板的制作需要稀有金属。同时太阳能电池板与风车的工业化制造过程会留下碳足迹。此外,太阳能电池板的制造离不开晶体硅,其制作过程中产生的"垃圾"包含四氯化物,这是一种会与水发生剧烈反应的有毒物质。同时产生的还有温室气体六氟化硫,它被用来清洁生产硅的反应器。太阳能发电厂与风车占据了大片土地,扰乱了当地动植物的栖息地。鸟类撞上风车会死。因为大多位于乡村地区,太阳能发电厂和风车还需要大量输电线路才能与电网相连。虽然风能和太阳能是可再生能源,风车和太阳能电池板却是不可再生的,并且回收处理起来相当棘手。[59]

326　　　最后,尽管可再生能源的推广在一些国家获得了一定成就,但我们也应注意到在全球范围内,公共政策失败了。在 1973—2012年期间,全球二氧化碳排放量翻了一番:在 2013 年,中国的二氧化碳排放量占全球 26%,美国占 16%,位列第二。[60]此外,考虑到太阳能和风能产业是从无到有,它们在 1980 年后有了实质性发展,同时,太阳能和风能产品制造及应用的地理位置也发生了重大转变。1980 年,全球太阳能光伏电池的年产量为 7 兆瓦,累计产量为 20 兆瓦。这些电池大多产于美国,用于美国。到了 2013 年,以上两组数据分别变为 44646 兆瓦和 184186 兆瓦；60% 产于中国大陆，22% 产于日本与中国台湾。至于它的使用情况，2013 年，德国（25%）和中国（13%）拥有全球最高的装机容量。美国位列第五（8%）。2 年后，中国太阳能发电量达 43200 兆瓦，超越德国，成为全球太阳能发电量最大的国家。[61] 风能的发电量与地理位置之间也经历了类似的转变。1980 年，美国的风能累计装机容量为 8 兆瓦，丹麦为 5 兆瓦，其他地方的风能累计装机容量几乎可以忽略不计。2014 年，全球累计风能装机容量达到了 368597 兆瓦。中国（31%），美国（17%）和德国（10%）的装机容量最高。[62] 改变仍在发生，向可再生能源转变的速度正在加快，但远不及气候变化带来危机的速度。

美国的第一次可再生能源热潮

在下面的章节里，我们将考量连续 3 次环保公共政策热潮的产生及其对环保事业的影响。每一轮的公共政策都改变了盈利和可持续发展间的平衡。政府的支持首次使得风能领域的投资变得有利可图。有时，对太阳能领域的投资会看似有利可图，但并非一直如此。在这一过程中，行业不断成长，超越了价值观所驱动的企业家定义范畴。为了创造市场，扩大产业规模，公共政策的作用得到了生动展现。但在经济繁荣与萧条的交替循环中，公共政策的缺点也同样突出。

在 1980 到 1990 年期间，美国的风能产量有了显著增长，从 8 兆瓦迅速提升至 1484 兆瓦，美国在全球共计 1930 兆瓦风能产能中占比超过 3/4。美国太阳能光伏的年发电量相对较低，但新政 327

策带来了发电量的实质性增长,从 2.5 兆瓦增长到了 14.8 兆瓦。

　　从 20 世纪 70 年代末开始,在吉米·卡特(Jimmy Carter)担任美国总统期间,相关立法的通过标志着一个新纪元的到来。其背景是伊朗伊斯兰共和国的出现及第二次石油价格上涨。1973年,第一次石油价格上涨未能激起人们对风能和太阳能的关注,但这次的情况不同。人们开始对风能和太阳能产生兴趣,部分源于1979 年 3 月美国宾夕法尼亚州三里岛核电站的核反应堆发生的事故。这是首次在民用核电站发生的重大事故,引发了大规模的民众抗议。[63] 6 月,卡特总统宣布了到 20 世纪末,可再生能源将为美国提供 20% 的电力。卡特把焦点放在了太阳能发电上。他在一封给国会的公开信中说道:"我们在太阳能发电上前进的每一步都将减少我们对进口石油这种不稳定资源的依赖。"[64] 1979 年,卡特宣布了一项耗资 30亿美元的太阳能研究项目,该项目准备在白宫里安装一个展示性的太阳能热水器。[65]

　　与政府早期试图在 NASA 资助下发展新技术不同,新政策旨在刺激人们对替代能源的需求。1978 年的《能源税法案》(Energy Tax Act)为使用太阳能和风能设备的居民用户提供 30% 的个税免税额度,并为使用太阳能、风能和地热技术的企业用户提供10% 的税收减免。[66] 更为关键的是,1978 年出台的《公用事业管制政策法案》(Public Utility Regulatory Policies Act,PURPA)打开了电力行业竞争的大门,它要求公用事业公司从可再生能源发电厂等"非公用事业机构"购买电力。这是 20 世纪 30 年代后,美国政府首次解除了对能源生产企业的管制。该立法成为上网电价补贴的起点。尽管补贴形式各异,但它们都遵循这一基本原则:基于长期、反映可再生能源成本的合约来保障电网接入许可。这绝对称得上是一大突破。此前,可再生能源企业始终无法把产品卖给控制美国电力供应的公用事业公司。[67]

《公用事业管制政策法案》要求各州的公用事业委员会执行这一规定。但能真正执行的州却寥寥无几。加州是一个例外,这里是嬉皮士、有机农户和环保激进主义者的庇护所。出于对空气污染的担忧,加州已禁止使用石油作为燃料发电,并停止燃煤发电厂的建设,之后的势头更为明显。[68]州长杰里·布朗被说服,支持可再生能源成为"适用技术部"项目的一部分,该项目由建筑师西蒙·范·德·瑞恩牵头,我们在第三章中曾提到过他。

1977 年,范·德·瑞恩将在旧金山绿谷农场禅学中心社区第一次遇到的泰隆·卡什曼(Tyrone Cashman)聘为该项目可再生能源部门的业务负责人。曾一心想成为天主教耶稣会牧师的卡什曼十分关心生态问题。1974 年,他完成了哥伦比亚大学的哲学博士论文,题为《人类在自然中的位置》("Man's Place in Nature"),随后在位于马萨诸塞州伍兹霍尔的"新炼金术"生态学研究中心(New Alchemy Institute)工作了一段时间。这是一个相对激进的小规模可持续性技术研究中心,研究内容包括有机农业、水产养殖和能源。他帮助"新炼金术"生态学研究中心在渥太华的客户建造了一台小型风力涡轮机。此后,他更加青睐风能事业,认为这是解决污染的一种途径。[69]

除了执行联邦政府政策之外,卡什曼在制定支持风能和太阳能发展有关的州一级政策上享有自主决策权。在随后的一次采访中,他说:"(他决定)剑走偏锋,打破正在扼杀我们的恶性循环。没有人愿意投资新能源技术。我们要做的就是使新能源技术变得足够有吸引力,这样投资者们才会愿意投资——即使有一天风力涡轮机无法运转。"[70]

卡什曼部署了好几个"炸药包"。加州立法机构已经开始考虑节能的提议,包括为家庭或游泳池安装小型太阳能加热系统实行州所得税减免。卡什曼争取的立法中也包括风能。这使风力发电系统的投资者不仅能在 1981—1985 年期间享受联邦政府提供的 25% 的投资税收减免,还能享受 25% 的州政府投资税减免。太阳能供暖系统等小型系统的投资者能享受 50% 的州所得税减免。[71]

329 最为重要的是 1983 年推出的暂行 ISO4 合同(Interim Standard Offer 4 contract)旨在为开发风能的非公用事业单位提供长期稳定的价格,帮助他们获得融资。建立在预估的长期成本基础上的上网电价补贴合约保障了 10 年期的固定价格,随后的 20 年价格可以自由浮动。[72]几乎所有新增风能产量都受益于这些合同。虽然加州为风能提供的税收减免幅度从 1985 年的 25% 减少到 1986 年的 15%,并最终取消,但 ISO4 合同在接下去几十年中依然有效。[73]

合同的延续及前 10 年固定的能源价格保障了从业者的收入。此前,银行不愿意为风能开发者提供资金。如今,风能开发者可以使用合同来获得融资。州政府所支持的资源研究也进一步促进了融资,研究为风力资源的可得性提供明确的证据,虽然加州的风力资源并非美国最多的,但这些条件为加州风能开发热潮奠定了基础。成千上万台风车被安装在了 3 座多风之山的山口:旧金山东部的阿尔塔蒙特山，加州东北的特哈查比，以及棕榈泉的桑哥弓尼奥峰。到了 1990 年，美国绝大部分风能装机容量及世界至少 3/4 的风能容量都源自加州。那时，风能为加州提供了 1.1% 的电力。[74]

虽说政府政策支持对这股热潮很重要，建造风电场的繁重任务是由企业家与企业承担的。4 家初创企业——US Windpower，Fayette，FloWind 和 Zond Systems——对加州风能产业的早期发展而言至关重要。在 20 世纪 80 年代中期，它们在装机容量上的占比超过了 50%。[75]可持续发展的倡导很多时候与经济激励措施相得益彰。我们曾在第三章中提到的罗素·沃尔夫和斯坦利·查伦在新罕布什尔州建立了全球第一个风电场。1981 年，他们将 US Windpower 的总部从新罕布什尔州搬到了阿尔塔蒙特附近的利弗莫尔。Fayette 公司由约翰·艾克兰(John Eckland)运营，他是美国中央情报局的退伍军人，出于对未来能源安全的担忧而对新能源产生了兴趣。他在 1977 年买下了一家位于宾夕法尼亚州的小型风能公司，并于 1981 年将其迁至阿尔塔蒙特。詹姆斯·代尔森(James Dehlsen)是一位连续创业家。1980 年，他在特哈查比创立了 Zond Systems 公司。他卖掉了经营状况良好的液体润滑剂公司来为这家公司提供资金——在拜读了艾默里·洛文斯关于软性能源路线的作品后，他认为可再生能源存在巨大的市场空间，而政府的税收优惠措施也使该领域的投资具备了经济上的可行性。[76]

随着风电场的不断投产运行，许多涡轮机质量低劣的问题逐渐暴露出来。为了快速得到补贴，美国风能产业内部竞争加剧。

在标准和测试方面缺少协作，与丹麦相比显得尤为明显。这些公司联合抵制质量标准的出台，他们害怕这类标准需要公司花费巨资修改他们急于出售的机器的设计。[77] 1986 年，美国有 60 家公司生产风力涡轮机。但在 3 年内，由于管理不善，加上维修费用、保修问题，以及来自客户的抱怨，公司数量急剧下降。Fayette 公司和 FloWind 公司在 20 世纪 90 年代不幸破产。[78]

事实上，加州风能热潮最大的受益者非丹麦风能产业莫属。在国内市场得到政府大力支持的丹麦公司在 Gedser 工厂设计的基础上制造了三叶逆风机器——增加了现代化的玻璃纤维叶片。他们得到了位于瑞索（Ris）的丹麦测试中心的认证，并有数据显示，他们的设计比美国公司的更可靠。面对美国模式的失败，在 20 世纪 80 年代前 5 年里，Zond Systems 从维斯塔斯那里为其特哈查比发电场采购了 3000 台风机。[79] 到了 1992 年，在加州的 15856 台风力涡轮机中，丹麦公司的供货量为 43%，日本为 4%，美国为 49%。[80]

产业到达巅峰之后，萧条随之而来。1981 年，罗纳德·里根总统从卡特手中接过了接力棒。他否决了太阳能研究所认为美国应提高可再生能源在能源生产中占比的提议，并辞退了研究所中 2/3 的人员。剩下的费用转向了核能。[81] 1986 年，在白宫翻修屋顶时，里根下令移除太阳能电池板。联邦的税收优惠也在 1985 年末到期。1983 年，州长杰里·布朗被共和党人乔治·多克梅吉安（George Deukmejian）替代。针对可再生能源的补贴也减少了。这一政策转变体现了共和党对于传统能源的支持，也反映了全球石油价格的下降，油价从 1980 年顶峰的 35 美元/桶，跌至 1986 年的 10 美元/桶。

1986 年,加州的风能产业受到重创,破产与财务动荡随处可见。[82]维斯塔斯公司破产了,它此前市场份额的 90% 由 Zond Systems 占据,因此不得不于 1987 年重组成维斯塔斯 Wind System 公司,其中股权大多由一家荷兰投资基金持有。[83]US Windpower 公司通过多元化策略进入建筑服务和能源管理服务行业,才得以存活。1988 年,公司更名为 Kenetech Corporation,收入达到近 5000 万美元。它通过自主研发制造了新的涡轮机,成为全球第二大涡轮机制造商,并开始走出加州,开展多元化经营。[84]在美林证券的支持下,它从机构投资者那里获得了大量融资。1993 年,它筹集到了约 1 亿美元,成为首家获得 IPO 的风能公司。然而新一代机器技术上的严重问题导致公司于 1996 年破产。[85]Zond Systems 公司成了行业中最后的幸存者,它从 1990 年起便开始自行研制涡轮机,但发现针对新技术的研发困难重重且开销繁重。1997 年,詹姆斯·代尔森说服安然公司成为公司的主要所有者。安然公司是天然气的生产商与经销商,由于受到联邦税收减免吸引而进入可再生能源领域。在安然公司的带领下,业务开始繁荣兴旺。2002 年,安然公司破产。Zond Systems 公司则成了行业巨头通用电气进军风能行业的基石。[86]

《公用事业管制政策法案》与加州税收减免这一做法也被引入太阳能行业,包括埃克森、美孚、阿莫科和大西洋里奇菲尔德石油公司在内的美国石油巨头均已投资创建了太阳能领域的创业公司。到了 1980 年,在美国销售的所有太阳能组件中,石油公司的采购量占到 70% 的市场份额。[87]来自美国的公司贡献了全球销售量的 85%。[88]

美国大型石油公司有财力将资本密集型的太阳能产业进一步规模化，在有利的政府政策帮助下更是如此。在 1977 年之后的10 年中，大西洋里奇菲尔德石油公司从比尔·耶基斯手中并购了太阳能科技国际公司，对其增加投资超过 2 亿美元，后来太阳能科技国际公司改名为 ARCO Solar。耶基斯预计 90% 的费用是通过税收抵免支付的。[89]他利用这些资金在一个占地 10000 平方英尺的生产车间中，新建了一个能容纳 100 人的研究实验室。1982年，公司在加州希斯皮里亚（Hesperia）附近的高地沙漠建造了首个由私人出资的太阳能光伏中央发电站。电站采用无人操作模式，将电力输送到南加州爱迪生公司的公用配电网络中。[90]1988年，公司的销售额达到 4000 万美元，一度成为全球最大的太阳能光伏制造商。

332 发展太阳能企业需要的不只是资金。一开始大西洋里奇菲尔德石油公司引进的一些管理人员不懂太阳能技术，他们一心想要开发薄膜硅技术，这在耶基斯看来是不可行的。1985 年，他离开了大西洋里奇菲尔德石油公司，重新回到他的前雇主波音公司。耶基斯后来提到："公司在被收购的 2 年里，就被这些管理层弄得一团糟。此前，电池的制造成本是 10 美元，每产生 1 瓦特的电力收取 15 美元，现在制造成本变成了 32 美元，而售价跌至 5 美元。"[91]5 年后，大西洋里奇菲尔德石油公司卖掉了一直未能盈利的太阳能产业板块。[92]1984 年，埃克森把太阳能电力公司卖给了 Solarex。10 年后，美孚公司将其太阳能业务卖给了德国的 ASE 公司。阿莫科参与投资的 Solarex 是比较成功的一家企业。正如公司联合创始人彼得·瓦拉迪所说，成功的部分原因在于，到达一定时间节点时，公司"决定不再只是与政府部门合作，而是寻找真正的客户，毕竟客户才是利润的来源"[93]。20世纪80年代初，石油价格下滑，再加上融资困难，Solarex于1983年被阿莫科全盘接手。瓦拉迪及联合创始人约瑟夫·林德梅尔一起离开了公司。阿莫科保留了Solarex公司的业务，直到1999年阿莫科被英国石油公司BP收购，不过瓦拉迪认为BP的经营管理能力很糟糕。[94]

公共政策的不断变化，以及财力雄厚的石油公司的出现加剧了新一代环保企业家所面临的挑战。他们大多位于加州，伊萨克·沙赫里亚尔（Ishaq Shahryar）便是其中的一位创业者。1956年，沙赫里亚尔获得阿富汗政府奖学金，来到美国求学。他进入加州大学圣塔芭芭拉分校学习化学专业，毕业后进入Spectrolab公司工作，他在那时研发的太阳能电池的丝网印刷技术一直沿用至今。沙赫里亚尔对他在阿富汗度过的少年时期记忆犹新：每当断电后，他不得不依靠烛光或煤油灯学习。他相信太阳能有帮助乡村穷人的潜力。"我的目标是实现乡村电气化，"他说道，"我希望学生们在夜里读书时，能有灯光的陪伴。"[95]当Spectrolab重新聚焦太空事业后，沙赫里亚尔于1975年决定创办自己的公司Solec International。[96]

在接下来的20年里，他一直努力筹措资金。1981年，沙赫里亚尔将公司80%的股份卖给了一家英国玻璃公司。5年后这家玻璃公司又将其售出，Solec近乎破产。1987年，Solec为发迹于护发品行业的千万富翁约翰·保罗·德约里尔（John Paul DeJoria）所制造的太阳能电动赛车提供太阳能电池。德约里尔是一个热心 333

于环保事业的企业家,他立即向 Solec 投资了 100 万美元,帮助 Solec 摆脱了破产的命运。[97]沙赫里亚尔希望聚焦利基市场,例如将太阳能电池板系统用于公交站和街道照明,使用单晶硅而不是造价高昂的薄膜技术,希望借此可以存活下来。到了 20 世纪 90 年代中期,沙赫里亚尔占据了美国太阳能发电市场 2% 的份额并开始盈利。但他仍需要更多资金来扩大规模。最终他将 Solec International 卖给了日本电子公司三洋电机和住友商事。[98]

当时最具远见的企业并没有出现在光伏电池行业,而是来自太阳能电池制造商 LUZ。该公司是阿诺德·戈德曼(Arnold Goldman)的智慧结晶。他出生于罗德岛,取得了南加州大学工程学硕士。1977 年,他把略有盈利的文字处理公司卖掉后赚了一笔钱,随后搬到以色列,写了一本关于哲学和社会理论的书。他想创立一个乌托邦式的城市,并将其命名为 LUZ。命名依据是圣经中雅各布向往拥有登上天堂阶梯的那座城市。城市由 12 个社区构成,整个城市外围被一堵墙所包围着,它能收集阳光并将其转化为能源。[99]

虽然打造乌托邦的构想并未得到太多的关注,但由于阿拉伯地区石油生产国对以色列的敌视,使以色列政府对太阳能萌生了兴趣。戈德曼与和帕特里克·弗朗索瓦(Patrick François)合作创建了 LUZ International,弗朗索瓦拥有法国和以色列双重国籍。他们想将 LUZ 的研发和生产部门放在以色列,但他们接洽的美国风险投资家并不打算为他们投资。戈德曼最终从早前资助过他的投资者中筹得了一些资金,建了一个小型太阳能收集系统来生产蒸汽和热能,并用电脑控制系统使其能对准太阳以收集能量。他还为一个基布兹(Kibbutz,以色列的一种集体社区)建造了一个用于工业生产的小型蒸汽发电机。当它获得成功后,LUZ 开始为美国东南部的纺织公司建造 3 个试点性的工业蒸汽系统。这一计划在现实中却行不通。在加州沙漠等光照最充足的地方,没有需要蒸汽的工厂,而有工厂的地区通常光照较少。[100]

得知菲利普石油公司的一家子公司也在生产蒸汽,并从公用事业公司南加州爱迪生公司那里拿到了订单,向其出售电力后,戈德曼决定重新聚焦加州市场。在 1984—1990 年期间,LUZ 从投资者手中筹集到了 10 亿美元,在莫哈韦沙漠建造了 9 个反射式太阳能集热器,它们能使阳光聚集于石油运输管道。石油流经管道时会被加热,产生的蒸汽供涡轮发电机使用。LUZ 运用上网电价补贴政策售卖电力资源,通过谨慎使用联邦太阳能税收减免政策,为投资者赢得了回报。但美国国会每年都会调整减税额度,这使得公司难以制订长期计划。为了获得减税,新工厂需要在给定年份的 12 月 31 日前投产,以便投资者能在纳税时使用免税额度进行抵扣。LUZ 每年都花大量时间游说国会,期待国会能延长税收减免期。[101]1990 年,LUZ 在加州已建造并安装了 9 个太阳能发电厂(SEGS),拥有近 94 万个反射镜。

LUZ 获得的财政支持开始逐渐减少。1989 年,国会仅将1990 年的太阳能税收减免期延长了 9 个月,这给建厂带来了巨大的时间压力。当第十个项目的计划正在推进时,加州的财产税减免政策戛然而止。与化石燃料相比,太阳能发电需要使用大量设备,此前这些设备被归为资产,因此无须缴纳财产税。州长多克梅吉安否决了保留税收减免的立法,戈德曼后来评论道:"他在任期的最后一段时间这么做无疑是很荒谬的。"[102] 由于财力不足,无法为在建的第十个项目提供资金,LUZ 于 1991 年申请破产。先前完工的太阳能发电厂继续运作,成了全球最大的太阳能站点,生产出的电力被卖给了南加州爱迪生公司。[103]

风能和太阳能产业逐步成熟,它们大多位于加州,这主要是得益于政府的长期支持。此前,核能和煤炭也享受过类似的优待。有了上网电价补贴政策和其他一系列补助,美国及全球公司都认为扩大行业规模是可行且诱人的。对于那些有远见的环保企业家以及在太阳能行业投资了成百上千万美元的大型石油公司而言,为了使太阳能和风能产业获得经济上的可行性,他们必须克服巨大的技术挑战。成效着实显著。在 1980—1990 年期间,全球风能装机容量从 13 兆瓦增长至 1930 兆瓦,其中 1494 兆瓦的装机容量来自美国,343 兆瓦则来自丹麦。全球太阳能光伏产量从 1989 年的 20 兆瓦上升至 1990 年的 275 兆瓦——1995 年达到了 7.8 万兆瓦,其中 3.5 万兆瓦来自美国。[104]

335　　然而,政府政策的时效性较短也造成了效率低下。处于萌芽期的美国风能产业竭尽全力争取减税和补贴,以至于它们的技术基础都较为薄弱。美国是太阳能产业的一大市场。里根总统执政时,政府突然取消对太阳能行业的资助这一事件向人们释放了某种信号,并导致该产业一度陷入"停滞状态"。[105]戈德曼的太阳能发电厂一直顽强地生存着,时至今日,它们依然在生产电力,但他的公司最终还是破产了。在 21 世纪初之前,再也没有新的热能部署。

美国新能源公共政策的波动性导致许多风能和太阳能技术的

领军企业离开美国。支持性政策仍然存在,但大多缺乏长效性,许多政府政策也只是州一级的政策。州政府推出了可再生能源标准,规定公共事业部门所使用的电力中,必须有一部分来自可再生能源。2000 年,12 个州实施了这一标准。到了 2015 年,这个数字已经上升到 29 个。背后的驱动因素有很多,民主党在州立法机构中的影响力便是其中之一。[106]白宫里的太阳能电池板被移除是政策波动的一个缩影。在里根总统移除前任总统留下的太阳能电池板约 20 年后,2003 年,乔治·W.布什总统为白宫重新购买了 167 块太阳能电池板。除了一些常规用途外,它们还被用于加热总统的泳池。2013 年,贝拉克·奥巴马(Barack Obama)总统安装了更多的太阳能电池板,为其住所供暖。[107]

欧洲的第二次可再生能源热潮

20 世纪 90 年代,随着对气候变化的担忧日渐提高,气候变化成了政策制定者们关注的焦点,欧洲出现了对风能和太阳能产业的第二波公共政策支持。许多政府开始采取激进的政策用于支持可再生能源,帮助其开拓市场。当欧洲多国政府开始提倡运用环境友好型、创新的方式对包装及其他垃圾进行回收再利用时,可再生能源产业的重心便从美国转移到了欧洲。与此同时,欧洲政府也对规模较小、更富远见的风能和太阳能环保初创公司提供支持,协助它们降低成本。

在 1990 年至 2000 年期间,欧洲开始主导全球风能产业。先行者丹麦的风能装机容量涨势迅猛,从 343 兆瓦提升到了 2417 兆瓦。更为惊人的是,德国和西班牙的风能产业迅速实现了从无到

有的转变。2000 年,德国和西班牙的风能装机容量分别为 6113
兆瓦和 2235 兆瓦。在全球 17400 兆瓦的风能装机容量中,这 3 个
欧洲国家的占比超过 3/5。20 世纪 90 年代,曾经主导风能产业的
美国也增加了风能装机容量,达到了 2578 兆瓦,但仅占全球风力
装机容量的 14%。欧洲的太阳能光伏产量并不高。2000 年,欧洲
唯一的太阳能生产大国德国,仅占全球年产量 277 兆瓦的 8%。
全球最大的两个太阳能生产国是日本和美国,分别占了 46% 和
27% 的份额。但就太阳能发电装机容量而言,德国的 76 兆瓦在全
球总量 1250 兆瓦中占到了 6%,仅次于日本的 26%。

当加州风能热潮正在发生时,丹麦政府也开始增加对风能产
业的支持力度。此前,丹麦的风能产业是在政府的反对而非支持
中逐渐发展起来的。1979 年,购买经过认证的风力涡轮机的买家
可以享受 30% 的投资补贴。但这一举措的效果并不明显,随后政
府将补贴提高到了 50%。公共事业公司与风力涡轮机制造商达
成了自愿协议,前者同意以有保障的最低价格付给风能所有者与
使用者一笔补助费用,并且与后者共同分担将涡轮机连接至配电
网的费用。[108] 伴随着激烈的社会运动,丹麦于 1986 年通过了一部
法律,该法律禁止在国内生产核能。不过丹麦依然从一家名为
Barsebäcks kärnkratsverk 的核电厂进口电力,这家建于 1975 年
的核电厂位于瑞典南部附近。

尽管加州的风能产业未能获得成功,丹麦政府依然选择继续
支持风能行业的发展。20 世纪 80 年代末,丹麦政府正式规划了
风力发电发展目标,并将其纳入减排战略。[109] 1992 年,公共事业公
司、风电制造商和涡轮机制造商之间的自愿协议联盟瓦解,政府推

出上网电价补贴政策,维持了此前购买风能的价格,但风力涡轮机的所有者需自行承担将涡轮机连接至低压配电网的费用。1991 337 年,风电制造商开始享受补贴。在这些政府政策的形成过程中,可再生能源组织继续发挥其强大的影响力。[110] 1994 年,政府要求地方政府规划未来的风力涡轮机建设,并开始为主动替换老旧、失效或噪音大的涡轮机的企业提供补贴。[111] 在那几年中,又出现了一种形式创新——1991 年,第一个海上风电场在温讷比(Vindeby)建成。

虽然从国土面积上看,两国差距明显,但丹麦的风能装机容量到了 2000 年已与美国大体相当,风能为丹麦提供了 12% 的发电电力,这一占比为全球最高。1996 年,在全球最大的风力涡轮机公司的清单上,维斯塔斯位列榜首,占全球装机总容量的 1/5,是当时接近破产的 US Windpower 公司的 2 倍。其他丹麦公司分别位列第三、第五、第六和第十。[112] 这些公司一同主导了海外市场,而不是单纯依靠国内市场的支持。20 世纪 90 年代,维斯塔斯活跃于全球 30 个国家,它所制造的 90% 风车都用于出口。[113] 1998 年,它在哥本哈根证券交易所挂牌上市,并用募集到的资本收购了丹麦风车零部件制造商及其他风能公司。1997 年,2 家涡轮机制造商 Micon 和 Nordtank 进行合并重组,成立了 NEG Micon 公司,该公司于 6 年后被维斯塔斯并购。

正如垃圾治理行业一样,德国风能产业在这个时期也经历了迅速扩张。20 世纪 90 年代见证了德国环保政策的发展,它超越了政党之间的斗争,反映了社会运动的力量。1986 年,切尔诺贝利核电站发生的重大核事故(切尔诺贝利事件)使得人们对核能安全顾虑进一步加深,也因此刺激了政府对可再生能源的支持力度。

政策措施的推出改变了可再生能源市场的格局。1990 年,德国首部针对上网电价补贴的立法《电力提供法案》(Electricity Feed Act)要求公共事业单位将新能源发电装置连接至配电网,并以历史平均零售价 80% 的协定费率向其采购电力。[114] 1990 年推出的"1000 个太阳能发电屋顶"(1000-roof program for PVs)得到联邦政府 50% 以及州政府 20% 的资金支持,让太阳能行业有了实质性突破。自此,个体消费者可以自行发电。该项目成了其他地方纷纷效仿的典范。1994 年,日本也发起了"1000 个太阳能发电屋顶"项目(Japanese Thousand Roofs program),使日本在 2000 年成为全球最大的太阳能生产基地。与美国不同,随着时间的推移,德国(对新能源)的政府政策变越来越有利,1998 年,社会民主党和绿党建立新政府后尤为明显。2000 年的《可再生能源法案》(Renewable Energy Sources Act)将上网电价补贴与零售价区分开来,根据生产费用发放补贴。新能源电力价格在 20 年内固定不变。1999 年,新一轮的"10 万个太阳能发电屋顶"项目开始实施。到 2008 年,德国已有约 50 万家庭装上了太阳能系统。[115]

环保活动家也助推了太阳能电力的发展。4 家大型公司为德国提供了 4/5 的电力,而剩下的电力则是由 1000 多家地方电力公用事业公司提供。20 世纪 90 年代早期,大型公司通过收购垃圾治理公司,借助垃圾发电来生产更多的电力,环保活动家则发挥作用影响剩余的地方电力公司。他们在市议会上进行游说,呼吁建立一个系统,使太阳能电力系统的私营公司可以将其生产的电力输送至公共配电网,以获得足够多的收入用于设备维护,并挣点小钱。在几个城镇试点后,1994 年,北莱茵—威斯特法伦州政府也认可了这一做法,并逐渐在全国推广开来。到了 1997 年,德国共有 42 个城镇采用了这样的系统。[116]

在公共政策变得利好前,新一代的风能企业家就已出现。风能领域最杰出的人物当属阿洛伊斯·沃本(Aloys Wobben)。20 世纪 70 年代初,在听完一个关于化石燃料局限性的讲座后,电子工程师出身的他猛然顿悟。[117] 1975 年,他与一个朋友在家中的后花园建造了首个风能发电厂。1984 年,他成立了 Enercon 公司,2 年后,他把生产出来的第一台风力涡轮机卖给了一个家具商。Enercon 的涡轮机最初安装在其生产地——下萨克森州的东弗里斯兰——周围。公司从一开始就为客户提供售后维修服务。这为 Enercon 公司提供了及时的市场反馈,帮助其不断改进风机的设计。1992 年,沃本发明了无须液压装置即可运行的无齿轮风车,不需要消耗石油来带动机器运转,因此显得更为环保。[118]

在上网电价补贴立法通过前,Enercon 公司的业务一直不温不火。立法通过后,公司的业务立即兴旺起来。政府不仅为可再生能源开辟了市场,还特别优待地方企业。在政府提供的支持中,2/3 的机会留给了本土公司而非丹麦供应商,这使德国公司能在市场中迅速扩大规模。[119] 在快速增长的德国涡轮机市场中,沃本占了约 1/3 的份额,德国绝大多数的出口机器也源自他的公司。1996 年,Enercon 公司已占据全球风能装机容量的 8%,成为全球第四大涡轮机制造商。沃本竭力倡导可持续发展的理念。在 2004 年的一次采访中,沃本说:"我们所居住的星球已被破坏,一些动物物种已经灭绝,大气层状态不稳定,我们必须要保护好剩下的一切,应该立即禁止任何人增加排放。"[120]第二梯队的涡轮机制造商也出现了,包括 Tacke、AN Wind 和 DeWind 等公司。一同发展起来的还有零部件制造商,如威能极(Winergy),它是世界领先的齿轮箱制造商之一。[121]

太阳能行业亦是如此。在政府政策变得有利之前,太阳能企业就已经在德国出现了。自 20 世纪 50 年代起,大型电子公司西门子便开始从事太阳能研究。1990 年,西门子收购了 ARCO Solar。西门子停止了国内的生产,转而发展其位于美国的工厂,并把重点放在供应发展中国家市场上。1996 年,西门子太阳能产业在全球太阳能装机容量中占到了 1/5 的份额。但市场占有率并没有转化为利润。2001 年,西门子将其旗下太阳能子公司卖给了壳牌石油公司。5 年后,壳牌石油公司又把太阳能公司卖给了 SolarWorld,一家成立于 1998 年的初创公司,弗兰克 H. 阿斯贝克(Frank H. Asbeck)是该公司的创始人。20 年前,他曾与人一同创立了德国的绿党。[122]

阿斯贝克是德国太阳能行业新一代企业家中的一员。这些企业家中的另一位代表人物是莱纳·雷蒙恩(Reiner Lemoine),一名航空工程师,早年投身于基于激进的伦理道德的环保社会活动。1978 年毕业后,他在柏林创办了一家名为 Wuseltronik 的工程公司,主要生产风能和太阳能的测量工具。这是一家严格遵循道德原则运营的集团,拒绝承接军工项目。1996 年,他与人合伙创办了另一家名为 Solon 的太阳能光伏组件装配公司。2 年后,公司上市,它的口号是"不要把这个星球留给愚蠢的人"。最初,Solon 公司计划在其位于柏林的工厂制造太阳能电池,但雷蒙恩无法筹集到充足的资金。当发现公司从外部供应商购买的太阳能电池质量参差不齐后,雷蒙恩及其同事便离开了 Solon,创办了自己的专业电池制造公司 Q-Cells。这是对传统的太阳能光伏产业结构的一种创新。在传统的光伏太阳能产业中,公司通常将晶片制造、电池生产和组件装配等业务整合在一起。[123]

　　虽然德国的政府政策偏向支持本土企业,但该国欣欣向荣的市场也影响了其他市场。例如,德国市场重新点燃了美国的太阳能产业。1984 年,非常成功的窗玻璃发明者哈罗德·麦克马斯特(Harold McMaster)在亚利桑那州创办的 First Solar 公司成了全球最大的太阳能光伏制造商。在卖掉玻璃公司跻身富人行列后,他有了扩大薄膜太阳能电池生产规模的野心,这样做是为了减少美国对进口石油的依赖。他召集了前一家公司研究团队的原班人马,在研究如何提升太阳能电池的效率上取得了长足的进步。1999 年被零售业巨头沃尔玛的所有人沃顿家族旗下的投资机构 True North Partners 有限责任公司收购后,该公司正式改名为 First Solar。First Solar 在德国的业绩表现涨势迅猛,并最终于 2006 年上市。[124]

　　欧洲在新能源领域的发展不仅只是依靠本国政府的支持。例如,西班牙在风能和太阳能制造安装方面的快速增长主要得益于欧盟的政策。在 20 世纪 90 年代前,可再生能源并未得到政府政策支持,但欧盟区域发展基金对可再生能源项目的补贴出现后,情况就变了。1997 年,欧盟委员会提议,到 2010 年,欧盟应达到可再生能源发电量占总发电量 12% 的目标,这又为可再生能源的发展提供了新的融资渠道。西班牙政府通过了《电力法案》(Electric

Power Act），竭力推进上网电价补贴政策。[125]西班牙的许多大城市也出台了相应法规，要求新建筑必须安装太阳能光伏系统，一些地区的电厂要优先使用太阳能光伏系统。[126]2000年，风能为西班牙提供了2%的电力，这一比例甚至高于德国。[127]伊比德罗拉旗下的西班牙第二大电力设施公司工程公司歌美飒开发了大型风力涡轮机业务，最初它采用的是维斯塔斯的技术。[128]另一家位于塞维利亚的工程公司阿本戈在创始人的儿子费利佩·本杰米亚（Felipe Benjumea）的影响下，成为一家大型太阳能光伏制造商。受到全球变暖警醒，本杰米亚决定让公司转型进入可再生能源领域，一开始主要服务于国外市场，后来因享受政府补贴而搭上了国内市场繁荣发展的快车。[129]

341　　欧洲不同国家之间最终在能源结构方面出现了巨大差异，这与资源禀赋无关。总体来说，欧洲西北部有强烈、稳定的西风，但引领风能产业成长的却是丹麦和德国，而不是瑞典或英国、法国。直到2000年，风能和太阳能在英法两国仍处于边缘化地位。德国在太阳能上的投资规模也并不是因为它充沛的阳光。反核运动及其他社会运动对丹麦和德国的政府政策产生了深远的影响。尽管瑞典有许多环保活动家，但最终仍要依靠核能和水力发电。产业结构能在一定程度上解释国别差异。与丹麦和西班牙不同，瑞典、英国、法国、德国的资本密集型工业部门需要大量且持续的电力供应。核能并不依赖于变化无常的风和太阳等自然资源。英国和法国都拥有核武器，这也助推了对民用核设施的投资。2000年，核电分别为法国和英国提供了76%、21%的电力。巨型国有电力公司垄断了两国的市场准入，政府政策对核电产业有所倾斜。[130]

此外,欧洲各国对于清洁能源和可再生能源的看法也存在着差异。2002 年,法国成立了一家风力发电公司,该公司创始人回忆道,当谈及这些项目时,他被当作"空想家"。"对于多数法国人来说,"他补充道,"风力涡轮机只是小玩意……我们在学校受到的教育一直强调核能是清洁、便宜且容易获得的。"[131]到了 20 世纪 80 年代,丹麦和德国对于核能的看法则截然不同。在 2011 年日本福岛核电站事故后,德国政府下令在 10 年内关闭所有的核电站。[132]

全球第二波可再生能源政策的热潮重塑了风能和太阳能产业。欧洲既是全球风能的创新中心,也主导了全球风能市场,同时还是太阳能行业的中坚力量。政府政策对行业的影响是显而易见的。2008 年全球金融危机使欧洲和其他地区的政府减少了对这些新兴产业的补贴,欧洲的风能和太阳能产业严重受挫,随后中国企业的加入也使得竞争局面变得更加复杂。2012 年,维斯塔斯经历了一次重大危机。当全球金融危机重创西班牙时,政府补贴严重缩水后,高度依赖补贴的可再生能源产业由盛转衰。2016 年,阿本戈公司负债 145 亿美元,不得不为其位于美国的子公司(根据美国破产法第十一章规定)申请破产保护。同年,歌美飒将其风能业务与西门子的风能业务进行重组合并,西门子持有约 60％ 的股权。[133]

在德国,政府政策对行业的影响越发明显。对太阳能的补贴促使大量私人住宅安装了太阳能设备:2013 年,仅巴伐利亚州的太阳能光伏装机量就比美国的总量还要多。对太阳能的补贴占到了对可再生能源补贴的一半,而太阳能在可再生能源发电中仅占

1/5。由于风能和太阳能无法持续发电,大规模储能技术尚未出现,燃煤电厂和核电站不得不继续运行以保证电力供应的稳定。结果,白天生产的电力过剩,电力现货价格被压得很低,以至于德国公共事业公司不得不关闭电厂,并打消了新建电厂的念头。相应的代价转而由用电者来承担,他们支付的电价是欧洲最高的。[134]

另外,接下来将会讨论的中国企业在这一领域的快速成长也严重打击了德国和美国的太阳能制造行业。在 2011 至 2012 年期间,包括 Solon、Solar Millennium 和 Q-Cells 在内的多数德国太阳能光伏制造商都破产了。Q-Cells 的薄膜电池部门被中国的汉能薄膜(Hanergy Thin Film)收购,其余部分则被韩国的韩华集团(Hanwha)收购。[135]

就像当时的加州一样,在 20 世纪 90 年代欧洲的可再生能源热潮中,公共政策创造市场以及孕育全国性领军企业的能力清晰地显现出来。包括莱纳·雷蒙恩和阿洛伊斯·沃本在内的一批有远见的环保企业家享受了新的上网电价补贴政策并从中受益。通过在自家屋顶安装太阳能电池板,绿色消费者为环保产业的成长贡献了一份力量。然而,第二次可再生能源浪潮也反映了这样一个事实:许多支持性政策是扭曲且代价高昂的,有时甚至产生了负面影响。

中国的第三次可再生能源热潮

来自中国的风能和太阳能公司的飞速成长开启了第三次可再生能源的热潮,公共政策依然发挥了重要的作用。2014 年,与美国相比,风能和太阳能并非是中国电力供应的主要来源,但实际上行业背后已经发生了惊天动地的变化。2000 年,美国和日本依然主导太阳能光伏组件的生产。而到了 2015 年,中国成了全球最大的太阳能光伏生产国,装机容量位列世界第一。全球太阳能电池板的平均成本从 1980 年的 9.70 美元/瓦下降至 2005 年的 3.03 美元/瓦。多亏了中国公司的规模化生产,到了 2015 年这一平均成本水平进一步降至 75 美分/瓦。[136]中国的风能装机容量从 2003 年的 0.567 千兆瓦猛增至 2013 年的 91 千兆瓦。2010 年,中国的风能装机容量正式超过美国。[137]

20 世纪 80 年代,中国安装的第一台风力涡轮机是由西方国家捐助的。[138]在 20 世纪 90 年代中期,中国政府签署了一系列国际性环保条约,《京都议定书》的签订使越来越多的外国政府和双边机构开始为中国提供资金和技术支持,帮助中国开发可再生能源项目。[139]虽然当时它们按规定需要和中国公司成立合资企业,但以维斯塔斯和歌美飒为首的西方国家主导了中国小型风力涡轮机产业。[140]

日益严重的空气污染间接证明了中国是全球最大的煤炭生产国和消费国,这也刺激了中国政府加大对可再生能源的支持力度。2005 年,中国颁布了首部《中华人民共和国可再生能源法》,它将发展非化石能源资源确立为战略重点,该法律的宏伟目标是到 2020 年,国家能源消费的 15% 将来自可再生能源。政府向所有用电者收取 0.029 美分/千瓦时的费用,用于补贴可再生能源。2009 年,《中华人民共和国可再生能源法(修正案)》出台,引进了上网电价补贴政策,要求电网公司购买可再生能源生产的全部电力。[141]

许多中国公司(通常是国有企业)发展迅速,但发展速度不平衡。它们得到严格的当地政府的保护,国有电力企业受到优待。2004 年到 2009 年期间,从中国风力涡轮机安装市场份额来看,外国公司占比从 78% 下降至 12%。全球前十的涡轮机制造商中,中国公司的数量从 2006 年的 0 家增长至 2010 年的 4 家。[142] 2015 年,新疆金风科技股份有限公司以微弱的优势超过了维斯塔斯公司,成了全球最大的风力涡轮机制造商。后者仍在努力从金融危机中恢复过来。

344 　　新疆金风科技股份有限公司的历史可以追溯到一家创办于 1986 年的风电场,它位于偏远多风、靠近中亚的地区。这家公司自成立之日起便得到了当地政府的支持以及丹麦公司的资助。位于公司幕后的创始人王文启发现,当自己为风能产业辩护,认为它能成为一种重要的能源资源时,他总被身边的其他人嘲笑。这也是风能行业的常态。但幸运的是,他身边聚集了一批看好风能行业发展的同仁,其中就包括 1998 年和他一起创办金风科技的武钢。公司的企业文化偏向技术领先型,与一些二线公司(通常是德国公司)建立联盟是公司获取先进技术的战略关键。[143] 2007 年,金风科技成功登陆深圳证券交易所中小企业板。2010 年,公司得以登陆 H 股,在香港上市,筹集到了约 10 亿美元的资金。公司最大的股东是国有企业,它还从国家开发银行获得了数十亿美元的信贷额度。[144]

　　同样,中国以快速的步伐进入并改变了全球太阳能光伏产业。2009 年提出的"金屋顶"计划为超过 50 千瓦的屋顶太阳能光伏系统提供了 2.93 美元/瓦的补贴,这相当于太阳能系统安装费用的一大半。与此同时,太阳能光伏电力项目可享受 0.16 美元/千瓦时的上网电价补贴。"金屋顶"计划也为大型太阳能电力项目的发展提供了资助,覆盖了近 50% 的项目成本,而位于更为偏远地区的项目则享受高达 70% 的资助。各个省份也为太阳能发展提供了相应的政策支持。[145]

由于太阳能生产所需原料被认为过于昂贵,中国政府将对国内市场的关注焦点放在了风能和生物质燃料上。不过,政府大力支持本土企业进军全球太阳能产业,为诸如英利绿色能源控股有限公司和天合光能有限公司等本土企业提供低息贷款和优惠的土地交易政策,以方便其买地建厂。在行业发展的初期,公司大量招聘海归硕士,在专业技能与知识积累上发展迅速。起初,中国公司通常只是西方企业的供应商,凭借低成本优势在市场上进行竞争,后来它们迅速建立起自己的品牌,并开始发展国际业务。[146]

与风能行业不同,中国的太阳能产业经历了明显的兴衰。2001 年,在无锡市政府的支持下,毕业于澳大利亚的施正荣创办了太阳能电池板制造公司——无锡尚德。2005 年,公司销售额达到了 2.26 亿美元,收入主要来自产品出口。当地政府、国家开发银行及中国其他商业银行为该公司的发展提供了资金保障。尚德还在纽约证券交易所上市,筹集到了 4.55 亿美元,成为全球最大的太阳能光伏组件制造商。[147]但尚德的成功吸引了新的参与者,它们也一样得到了地方政府和银行的支持。2006 年后,其他一些太阳能公司想方设法进入市场,本土多晶硅工厂也在迅速增加。施正荣通过长期合同保证了多晶硅(太阳能电池板的关键原料)的充足供给。2008 年至 2013 年期间,太阳能电池板价格下跌了 95%,尚德面临太阳能电池板价格下降和之前固定价格合同的双重制约。2013 年，负债累累的尚德宣告破产退市。[148]

当然行业内或还存在一些备受争议的商业行为：李河君创建的汉能集团曾是全球最大的太阳能上市公司，但在 2011 年至 2015 年期间经历了大起大落。该公司采用的薄膜发电技术与多数太阳能电池板所使用的晶体硅技术相比效率较低，最终人们发现其收入几乎全部来自集团内部销售，而且管理层还被指控对股价进行了操纵。[149]此外，某些企业的环保行为也存在争议。太阳能光伏制造在其生产过程中必然会对环境造成污染。快速成长的中国多晶硅制造商对制造过程中产生的污染物的处理极其不妥，部分企业在邻近的土地里直接倾倒有毒垃圾，类似的不文明行为还有很多。[150]

在中国，政府与有才华、有情怀的企业家及其公司一起打造可再生能源市场的生动故事不断上演。同样明显的是，巨额政府补贴和繁荣的市场假象容易导致无序的破产潮和个别企业的不道德行为。中国太阳能行业的兴盛改变了全球产业的成本结构，许多国外同行陆续破产。太阳能价格下跌幅度如此之大，以至于其成本首次与化石燃料达到了所谓的市电平价（grid parity，即太阳发电成本下降至与传统发电成本相当），而不再需要补贴。2015 年，中国每个小时就有 2 台新安装的风力涡轮机，而放眼全球，每天都有 50 万块新安装的太阳能电池板。[151]

小结

在 1980 年之前，企业家和发明家开创了新的关于垃圾治理、风能和太阳能等行业创新且环保的技术方法。但公共政策在那个时代却倾向支持填埋、化石燃料及核能发展。想要开辟新能源市场,筹集到充足的资金用于资助降低成本的技术创新在当时是极为困难的。1980年后,政府政策发生转变,明显转向鼓励垃圾回收利用及发展风能和太阳能产业。补贴和税收优惠使得兼顾盈利和可持续发展成为可能,行业内的公司得以大胆创新,最重要的是得以逐渐扩大规模。一些公司开始进入资本市场,在某些情况下,补贴和信贷起到了类似风险投资的作用。如果没有这些政府政策的出台,就不会有如今市场的繁荣:德国2/3的垃圾都得到了回收再利用,丹麦40%的电力由风能提供,中国企业大幅降低了太阳能电池组件的成本。

虽然各国政府都受到了气候变化危机的刺激,1997年《京都议定书》签订后尤为如此,但即使在发达国家之间,回收再利用率、太阳能和风能对发电的重要性也存在惊人的差异,这也体现了各国间政府政策的巨大不同。德国与美国在风能和太阳能产业路径上的对比值得人们深思。对于这些政府政策上的差异,存在着多方面的解释:社会运动的力量、国家的产业结构、国家政治制度都是造成这些差异的根本原因。正如我们所看到的,与欧洲相比,在许多关键性领域,美国在环境保护上的表现仍比较落后。2016年11月,将气候变化描述为骗局的唐纳德·特朗普(Donald Trump)当选美国总统,便说明了这种巨大的分歧。[152]

公共政策的差异再一次激起了各方对于可持续性意义的争辩。尽管现代垃圾治理公司在发展中国家的出现是为了促进可持续发展,它们也的确实现了减排,但穷苦的拾荒者有时能带来更高的回收利用率,他们微薄的收入对于这个社会群体的可持续性至关重要。风能和太阳能可以应付全球变暖,但风力涡轮机会伤害鸟类,太阳能光伏制造的过程中会产生污染和有毒垃圾。

公共政策的两面性作用不言自明。补贴、上网电价补贴、税收减免、提倡回收再利用的立法以及其他政策对新技术的发展都产生了积极影响,但也容易滋生寻租行为。垃圾治理行业的诸多丑闻便是最佳印证。就算没有寻租行为,有时结果也会事与愿违。太阳能和风能行业的兴衰体现了依靠补贴与税收减免的产业所面临的潜在风险。随着补贴和其他政策扶持可再生能源和垃圾治理行业的规模化,规模化带来的优势开始与传统企业的某些劣势相呼应。投资了太阳能行业的大型石油公司,以及投资了风能和太阳能行业的大型工程企业集团,既为世界提供了有利于可持续发展的技术,也带来了不容忽视的环境污染问题。他们对不断进步的技术保有耐心,但可再生能源业务仅仅抵消了这些公司其他业务所产生的污染中的一小部分。最让人啼笑皆非的是大型综合垃圾治理公司的发展有赖于全球源源不断产出的垃圾。如何在生产较少垃圾并消耗较少能源的前提下获取更多利润依然是一大挑战。

本章注释

1. David Vogel, *The Politics of Precaution* (Princeton: Princeton University Press, 2012), pp.133-7, 226.

2. Ibid., pp.33, 35-6.

3. Lois Marie Gibbs, *Love Canal and the Birth of the Environmental Health Movement* (Washington, DC: Island Press, 2011).

4. Timothy Jacobson, *Waste Management : An American Corporate Success Story* (Washington, DC: Gateway Business Books, 1993), pp.97-8.

5. Louis Blumberg and Robert Gottlieb, *War on Waste* (Washington, DC: Island Press, 1989), pp.39-41, 48-52.

6. Richard N. L. Andrews, "The EPA at 40: An Historical Perspective," *Duke Environmental Law & Policy Forum* 21 (Spring 2011), p. 244; Vogel, *Politics*, pp.223-4.

7. 〈https://www. epa. gov/smm/energy-recovery-combustion-municipal-solid-wastemsw〉, accessed July 11, 2016.

8. Blumberg and Gottlieb, *War on Waste*, pp.203-18.

9. Robert A. Bohm, David H. Folz, Thomas C. Kinnaman, and Michael J. Podolsky, "The Costs of Municipal Waste and Recycling Programs," *Resources, Conservation and Recycling* 54 (2010), p.864.

10. Waste Business Journal, *Waste Market Overview & Outlook* 2012 (San Diego: Waste Business Journal, 2012).

11. IBIS World, US Industry Reports, 〈http://clients. ibisworld. com. ezp-prod1. hul. harvard. edu/reports/us/industry/majorcompanies. aspx? entid = 1511 ♯ MP348500〉, accessed August 13, 2016.

12. Harold Crooks, *Giants of Garbage : The Rise of the Global Waste Indus-* 348 *try and the Politics of Pollution Control* (Toronto: James Lorimer, 1993), p.51; Lanny Hickman, *American Alchemy : The History of Solid Waste Management in the United States* (Santa Barbara: Forester Press, 2003), p.90.

13. Crooks, *Giants*, pp.88-102; Waste Management Inc., Final Report by Edward L. Miller, District Attorney for San Diego, March 1992, 〈http://infohouse.p2ric.org/ref/26/25041.pdf〉, accessed June 4, 2015.

14. 〈http://www. sec. gov/litigation/complaints/complr17435. htm 〉, accessed June 8, 2015.

15. Barnaby J. Feder, "Waste-Hauling Companies announce $13 Billion Merger," *New York Times*, March 12, 1998.

16. Jenna Russell, "Wheelabrator OK's Settlement of $7.5 Million," *Boston Globe*, May 3, 2011.

17. Crooks, *Giants*, p.37.

18. David Barboza and Laura M. Holson "A Trash Hauler is Buying a Much Bigger Rival, a Type of Deal that Makes Wall Street a Bit Nervous," *Wall Street Journal*, March 9, 1999; Hickman, *American Alchemy*, p.90.

19. Daniel Hoornweg and Perinaz Bhada-Tata, *What a Waste: A Global Review of Solid Waste Management* (Washington, DC: World Bank, 2012), Annex L.

20. Ibid., p.8. 图 8.1 中，日本每日城市垃圾排放量为 144466 吨，德国为 127816 吨，英国为 97342 吨，土耳其为 86301 吨，柬埔寨的日垃圾排放量暂无数据显示。

21. Ibid., pp.29, 32-3.

22. Raymond G. Stokes, Roman Köster, and Stephen C. Sambrook, *The Business of Waste: Great Britain and Germany, 1945 to the Present* (Cambridge: Cambridge University Press, 2014), pp.259-60.

23. Tina Emslander, *Das duale Entsorgungssystem für Verpackungsabfall* (Wiesbaden: Springer Fachmedien, 1995), pp.138-9.

24. Stokes, Köster, and Sambrook, *Business of Waste*, p.281.

25. Peter Mugay, Hermann Niehues, Reinhard Lohmann, and Claus Andreas, "*Verantwortung übernehmen und unternehmerisch handeln*": *Norbert Rethmann 60 Jahre* (Selm: Rethmann, 1999), pp.62-3, 67-70, 80.

26. Thomas Rummler and Wolfgang Schutt, *Verpackungsverordnung: Praxishandbuch mit Kommentar* (Hamburg: Behr's Verlag, 1991), pp.25-6; Lilo Fischer and Ulrich Petschow, "Municipal Waste Management in Germany," in Nicolas Buclet and Olivier Godard (eds.), *Municipal Waste Management in Europe: A Comparative Study in Building Regimes* (Dordrecht: Kluwer, 2000), pp.23-9; Bette Fishbein, *Germany, Garbage, and the Green Dot: Challenging the Throwaway Society* (New York: INFORM, 1994), pp.21-2.

27. Rummler and Schutt, *Verpackungsverordnung*, pp.26-8.

28. Christian Thywissen, *Die Abfallwirtschaft in der Bundesrepublik Deutschland* (Frankfurt: Peter Lang, 1995), p.128.

29. Gernot Klepper and Peter Michaelis, "Economic Incentives for Packaging Waste Management: The Dual System in Germany," in Alberto Curzio, Luigi Prosperetti, and Roberto Zoboli (eds.), *The Man-*

agement of Municipal Solid Waste in Europe：*Economic*，*Technological and Environmental Perspectives*（Amsterdam：Elsevier，1994），pp.175-6；Thywissen，*Abfallwirtschaft*，p.132.

30. Agnes Bünemann，"Duales System Deutschland—Ein Rückblick über die Entwicklung in Deutschland，" in Peter Kurth（ed.），*Ressource Abfall*：*Politische und wirtschaftliche Betrachtungen anlässlich des 50-jährigen Bestehens des BDE*（Neuruppin：TK Verlag，2011）；Fritz Vorholz，"Punkte gegen die Umwelt，" *Die Zeit*，January 7，1994.

31. Thywissen，*Abfallwirtschaft*，p.132；Stokes，Köster，and Sambrook，*Business of Waste*，pp.274-8.

32. Axel Seidel，*Kreislaufwirtschaft im Spannungsfeld zwischen Ökonomie und Ökologie in Deutschland*（Cologne：Wirtschafts- und Sozialgeographisches Institut der Universität zu Köln，2000），pp.130-65；Annette Fritz，*Die Entsorgungswirtschaft im Spannungsfeld zwischen Abfallpolitik und Kartellrecht*（Frankfurt：Peter Lang，2001），pp.114ff.

33. Seidel，*Kreislaufwirtschaft*，pp.130，133；Fritz，*Entsorgungswirtschaft*，pp.122ff.

34. H. Rylander，"Waste Management in Sweden：A National Report，" *Waste Management & Research* 3（1985），pp.81-7.

35. CSI Resource Systems，Inc.，"Environmental Legislation and the Regulation of Waste Management in Sweden"（Golden，CO：National Renewable Energy Laboratory，1995），pp.14-15.

36. Lennart Lundqvist，*Sweden and Ecological Governance*（Manchester：Manchester University Press，2004），p.70；OECD，*Improving Recycling Markets*（Paris：OECD，2006），p.121.

37. Stokes，Köster，and Sambrook，*Business of Waste*，pp.255-8，294；Steve Davies，"Politics and Markets：The Case of UK Municipal Waste Management，" *Cardiff University School of Social Sciences Working Paper* No. 95（November 2007）.

38. Stokes，Köster，and Sambrook，*Business of Waste*，pp.283-90.

39. Vogel，*Politics*，p.185.

40. Nathan Kunz，Atalay Atasu，Kieren Mayers，and Luk Van Wassenhove，"Extended Producer Responsibility：Stakeholder Concerns and Future

Developments," *INSEAD Social Innovation Centre Report* (2014),p.7.

41. "Facts and Figures on E-Waste and Recycling,"〈http://www.electron-icstakeback.com/wp-content/uploads/Facts_and_Figures_on_EWaste_and_Recycling.pdf〉,accessed June 10,2016; Kunz et al.,"Extended Producer Responsibility," p.8.

350 42. Interview with Mamoru Mitsumoto (Takeei Corporation),Tokyo,May 30, 2010.

43. Mitsubishi Research Institute,"Report on Global Warming Issues 2014: Prospects of Waste Management and Recycling Industry" (March 13, 2015); Japanese Ministry of Environment,March 25,2013.

44. Japan Ministry of the Environment,"Solid Waste Management and Recycling Technology of Japan: Towards a Sustainable Society" (2011), 〈https://www.env.go.jp/en/recycle/smcs/attach/swmrt.pdf〉, accessed October 23,2016.

45. Japan Ministry of the Environment,"History and Current State of Waste Management in Japan" (2014),〈https://www.env.go.jp/en/recycle/smcs/attach/hcswm.pdf〉,accessed June 8,2016.

46. Interview with Mamoru Mitsumoto. 2015 年,日本 Takeei 集团的收入为 2.5 亿美元。

47. Interview with Yoshita Koga (Dowa Holdings),Tokyo,May 31,2010.

48. Interview with Hirokazu Yoshikawa (Dowa Holdings), Tokyo, May 31,2010.

49. Ibid.

50. 关于威立雅,见 Veolia Environnement, *Veolia Environnement, 1853-2003: 150 ans au service de l'environnement* (Paris: Éditions Cercle d' Art,2003)。

51. "Sound Group's Wen Yibo: 'We Make Our Lives on Technology and Capability,'" Knowledge@Wharton,〈http://knowledge.wharton.upenn. edu/article/sound-groups-wenyibo-we-make-our-lives-on-technology-and-capability〉,accessed August 29,2012; "The House of Wen,"〈http:// www.emersonanalytics.co/downloads/Sound% 20Global% 20Pres entation%20v25.pdf〉,accessed June 2,2016.

52. Judy Li, "Ways Forward from China's Urban Waste Problem,"

February 1,2015,⟨http://www.thenatureofcities.com/2015/02/01/ways-forward-from-chinasurban-waste-problem⟩,accessed June 3,2016.

53. Martin Medina,*The World's Scavengers*:*Salvaging for Sustainable Consumption and Production*（Lanham,MD:AltaMira Press,2007）;Martin Medina,"Living off Trash in Latin America,"*ReVista*（Winter 2015）,pp.20-3.

54. ⟨http://www. nyc. gov/html/ia/gprb/downloads/pdf/SaoPaulo _ landfills.pdf⟩,accessed June 2,2016.

55. "Why Bill Gates Loves These 'Garbage' Stocks," June 30, 2014, ⟨http://www. nasdaq. com/article/why-bill-gates-loves-these-garbage-stocks-cm366259⟩,accessed July 8,2015.

56. 基于文中图 8.2 的数据。

57. 根据地球政策研究所(此后简称为 EPI)的数据,⟨http://www.earth-policy.org/data_center⟩,accessed June 15,2016。

58. Noel Maurer and Richard Vietor,"Note on Wind Energy," Harvard Business School Note 9-714-021（rev. October 24,2013）.

59. Dustin Mulvaney,"Hazardous Materials Used in Silicon PV Cell Produc- 351 tion: A Primer," ⟨http://www. solarindustrymag. com/online/issues/ SI1309/FEAT_05_Hazardous_Materials_Used_In_Silicon_PV_Cell_Production_A_Primer.html⟩,accessed June 23,2016; Paul Gipe,*Wind Energy Comes of Age*（New York:John Wiley,1995）,chapters 9 and 10.

60. ⟨http://www. iea. org/publications/freepublications/publication/Key-World2014.pdf⟩,accessed June 2,2016.

61. 根据 EPI 的数据;2015 年的数据来自"China to More Than Triple Solar Power Capacity in Five Years,"*Bloomberg News*,March 21,2016。

62. 根据 EPI 的数据。

63. International Atomic Energy Association,"50 Years of Nuclear Energy," ⟨https://www.iaea. org/About/Policy/GC/GC48/Documents/ gc48inf-4_ftn3.pdf⟩,accessed June 4,2016.

64. Jimmy Carter,"Solar Energy Message to the Congress," June 20,1979, ⟨http://www. presidency. ucsb. edu/ws/? pid = 32503⟩, accessed July 1,2016.

65. Travis Bradford,*Solar Revolution*:*The Economic Transformation of the*

Global Energy Industry（Cambridge,MA：MIT Press,2006）,p.98.

66. Janet L. Sawin,"The Role of Government in the Development and Diffusion of Renewable Technologies：Wind Power in the United States, California,Denmark and Germany," Tufts University Ph.D.,September 2001,pp.105-6；Alexis Madrigal,*Powering the Dream*（Philadelphia：Da Capo,2011）,pp.238-9.

67. Matt Hopkins,"The Makings of a Champion or,Wind Innovation for Sale：The Wind Industry in the United States 1980-2011," AIR Working Paper ♯13-08/02,2012.

68. Robert Righter,*Windfall：Wind Energy in America Today*（Norman：University of Oklahoma Press,2011）,pp.190-6.

69. Ibid.,pp.165-6.

70. Peter Asmus,*Reaping the Wind*（Washington,DC：Island Press,2001）, pp.124,72-6；Geoffrey Jones,"Entrepreneurship,Policy,and the Geography of Wind Energy," in Hartmut Berghoff and Adam Rome（eds.）, *Green Capitalism? Business and the Environment in the Twentieth Century*（Philadelphia：University of Pennsylvania Press, 2017）, pp. 219-20.

71. Asmus,*Reaping the Wind*,p.75；Righter,*Windfall*,pp.196-7.

72. Gipe,*Wind Energy*,pp.33-4.

73. Sawin,"Role," pp.205-8.

74. Ibid.,pp.200-20,205-8,216.

75. Ibid.,p.198.

76. Righter,*Windfall*,p.214；Asmus,*Reaping the Wind*,pp.86-7；Ion Bogdan Vasi,*Winds of Change：The Environmental Movement and the Global Development of the Wind Energy Industry*（Oxford：Oxford University Press,2011）,pp.161-3.

77. Sawin,"Role," p.213.

78. Asmus,*Reaping the Wind*,pp.97-100,151.

79. Righter,*Windfall*,pp.218-19.

80. Gipe,*Wind Energy*,p.36.三菱重工早在 1987 年便进入了加州市场,当时它将 660 台风电机组卖给了泰克佩风力发电场。

81. Bob Johnstone,*Switching to Solar*（New York：Prometheus Books,

2011),p.81.

82. Righter, *Windfall*, p.216.

83. Michael W. Handsen, Marcus M. Larsen, Torben Pedersen, and Bent Pe-
tersen, *Strategies in Emerging Markets: A Case Book on Danish Multina-
tional Corporations in China and India* (Copenhagen: Copenhagen Busi-
ness School Press, 2010), pp.141-2.

84. Asmus, *Reaping the Wind*, p.174.

85. Malcolm Salter, *Innovation Corrupted: The Origins and Legacy of En-
ron's Collapse* (Cambridge, MA: Harvard University Press, 2008), pp.
235-6.

86. Loren Fox, *Enron: The Rise and Fall* (Hoboken, NJ: John Wiley,
2003), pp.131-2; Hopkins, "Makings of a Champion."

87. John Perlin, *From Space to Earth: The Story of Electricity* (Ann Arbor,
MI: Aatec, 1999), p.68, n. 26.

88. "A Shakedown Shapes Up in Photovoltaics," *Chemical Week*, February
3, 1982, p.33.

89. John J. Berger, *Charging Ahead: The Business of Renewable Energy and
What It Means for America* (New York: Henry Holt, 1997), p.81.

90. Stephen W. Hinch, "Solar Power," *High Technology*, August 1984, p.46.
Polaroid, Box M 60.

91. James Bates, "Sale of Arco Unit Casts Shadow on Future of Solar Energy
Ventures," *Los Angeles Times*, March 7, 1989.

92. Berger, *Charging Ahead*, pp.80-8; Johnstone, *Switching to Solar*, p.82.

93. Interview with Peter Varadi, September 7, 2011.

94. Peter F. Varadi, *Sun Above the Horizon* (Singapore: Pan Stanford,
2014), pp.249-51.

95. Berger, *Charging Ahead*, p.68.

96. Ibid., p.69.

97. Ibid., p.70.

98. Ibid., pp.68-70.

99. Madrigal, *Powering the Dream*, pp.117-23; Berger, *Charging Ahead*, pp.
24-5; Ruthie Blum Leibowitz, "One on One: Reaching for the Sun," *The
Jerusalem Post*, June 12, 2008, ⟨http://www.jpost.com/Features/One-on-

One-Reaching-for-the-sun〉,accessed April 8,2015.

100. Madrigal,*Powering the Dream*,pp.123-6.

353 101. Ibid.,pp.126-30; Carl J. Weinberg and Robert H. Williams,"Energy from the Sun," *Scientific American* (September 1990),pp.147-55.

102. Leibowitz,"Reaching for the Sun."

103. Madrigal,*Powering the Dream*,pp.132-6.

104. Data from EPI.

105. Bradford,*Solar Revolution*,p.98.

106. "Wondering About Wind," *The Economist*,August 1,2015; Thomas P. Lyon and Haitao Yin,"Why Do States Adopt Renewable Portfolio Standards? An Empirical Investigation," *Energy Journal* 31,no. 3 (2010).

107. Katie Valentine,"Obama Administration Becomes the Third to Install Solar Panels on White House Grounds," *Climate Progress*, August 15,2013.

108. Vasi,*Winds of Change*,pp.68-9.

109. Ben Blackwell, *Wind Power: The Struggle for Control of a New Global Industry* (London: Routledge,2015),pp.14-16.

110. Vasi,*Winds of Change*,pp.70-5.

111. Svend Auken,"Issues and Policy: Answers in the Wind: How Denmark Became a World Pioneer in Wind Power," *Fletcher Forum on World Affairs* 26 (2002),p.149.

112. Peter Karnoe,"When Low-Tech Becomes High-Tech: The Social Construction of Technological Learning Processes in the Danish and the American Wind Turbine Industry," in Peter Karnoe,Peer Hull Krisensen, and Poul Houman Andersen (eds.), *Mobilizing Resources and Generating Competencies* (Copenhagen: Copenhagen Business School Press,1999).

113. Michael W. Hansen,Marcus M. Larsen,Torben Pedersen,and Bent Petersen, *Strategies in Emerging Markets: A Case Book on Danish Multinational Corporations in China and India* (Copenhagen: Copenhagen Business School Press,2010),p.141.

114. Vasi,*Winds of Change*,p.55.

115. Volker Lauber and Lutz Mez,"Three Decades of Renewable Electricity Policies in Germany," *Energy and Environment* 15,no. 4 (2004),pp.599-

623；Sawin,"Role," pp.289-91；Geoffrey Jones and Loubna Bouamane, "'Power from Sunshine': A Business History of Solar Energy," *Harvard Business School Working Paper*,No. 12-105,May 2012.

116. Johnstone, *Switching to Solar*,pp.170-6.

117. Kerstin Krupp,"Der Bill Gates von Ostfriesland," *Berliner Zeitung*, September 17,2005.

118. Gipe, *Wind Energy*,pp.56,219.

119. Ibid.,pp.39-40.

120. "Aloys Wobben,Chairman and Managing Director,Enercon," *Wind Directions*,May/June 2004.

121. Sawin,"Role," pp.293-4.

122. Varadi, *Sun*,p.328；Jones and Bouamane,"'Power from Sunshine.'"

123. Johnstone, *Switching to Solar*,pp.197-201.

124. Steve Gelsi,"For First Solar's Michael Ahearn,A Year in the Sun," *Market Watch*,December 6,2007.

125. Vasi, *Winds of Change*,pp.75-6.

126. Jordi de la Hoz,Oriol Boix, et al.,"Promotion of Grid-Connected Photovoltaic Systems in Spain: Performance Analysis of the Period 1998-2008," *Renewable and Sustainable Energy Reviews* 14 (2010),pp.2547-63.

127. IEA, *World Energy Outlook 2001* (Paris: IEA)；关于德国的信息,参见图 8.2。

128. Joanna I. Lewis,"A Comparison of Wind Power Industry Development Strategies in Spain,India and China," Center for Resource Solutions,July 17,2007.

129. 〈http://www.abengoa.com/web/en/compania/nuestra_historia〉,accessed June 19,2016.

130. Martin Chick, *Electricity and Energy Policy in Britain,France and the United States since 1945* (Cheltenham: Edward Elgar,2007),pp.7-11,29.

131. Interview with Philippe Vignal,WPD,April 8,2011.

132. Helen Pidd,"Germany to Shut All Nuclear Reactors," *The Guardian*, May 30, 2011.

133. Usha Haley and Douglas Schuler, "Government Policy and Firm Strategy in the Solar Photovoltaic Industry," *California Management*

354

Review 54, no. 1 (Fall 2011), p.20; Glenn Meyers, "Abengoa Granted Bankruptcy Protection in USA," CleanTechnica.com, May 4, 2016, ⟨https://cleantechnica. com/2016/05/04/abengoa-granted-bankruptcy-protection-usa/⟩; "Siemens and Gamesa to merge wind businesses," *Financial Times*, June 17, 2016.

134. Andrew Curry, "Can You Have Too Much Solar Energy?" ⟨http://www.slate.com/articles/health_and_science/alternative_energy/2013/03/solar_power_in_germany_how_a_cloudy_country_became_the_world_leader_in_solar.2.html⟩, accessed August 3, 2016.

135. 2011 年,许多美国太阳能企业纷纷破产,Solyndra 公司也未能幸免,此前它收到了联邦政府提供的超过 5.28 亿美元的绿色能源贷款担保。"The Solyndra Scandal: The FBI Raids a Beneficiary of Federal Loan Guarantees," *Wall Street Journal*, September 9, 2011.

136. Ed Crooks, "Swanson's Law Provides Green Ray of Sunshine," *Financial Times*, January 19, 2016; Matt Hopkins and William Lazonick, "Soaking Up the Sun and Blowing in the Wind: Clean Tech Needs Patient Capital," *AIR Working Paper* 13-08/01.

137. Richard J. Campbell, "China and the United States: A Comparison of Green Energy Programs and Policies," Congressional Research Service Report 77-5700, April 30, 2014.

355 138. Wen-Qiang Liu, Lin Gan, and Xi-Liang Zhang, "Cost-Competitive Incentives for Wind Energy Development in China: Institutional Dynamics and Policy Changes," *Energy Policy* 30, no. 9 (2002), pp.753-65.

139. Elizabeth C. Economy, *The River Runs Black: The Environmental Challenge to China's Future* (Ithaca: Cornell University Press, 2004), p. 18; H. Yu, "Global Environment Regime and Climate Policy Coordination in China," *Journal of Chinese Political Science* 9, no. 2 (2004), pp.63-77.

140. Ben Backwell, *Wind Power: The Struggle for Control of a New Global Industry* (New York: Routledge, 2015), p.40.

141. Yingqi Liu and Ari Kokko, "Wind Power in China: Policy and Development Challenges," *Energy Policy* 38 (2010), pp.5520-9.

142. Mark L. Clifford, *The Greening of Asia* (New York: Columbia Univer-

sity Press，2015），pp.48-51；Lewis，"Comparison."

143. Backwell，*Wind*，pp.44-51.

144. Clifford，*Greening of Asia*，pp.54-9.

145. Campbell，"China and the United States."

146. Gabrielle Meersohn and Michael W. Hansen，"The Rise of Chinese Challenger Firms in the Global Solar Industry," in Rolf Wüstenhagen and Robert Wuebker （eds.），*Handbook of Research on Energy Entrepreneurship*（Northampton, MA：Edward Elgar，2011），p.107；Christian Binz，"Low-Carbon Leapfrogging and Globalization：How China Developed Its Solar PV Industry," paper given at Energy Policy Seminar Series，Harvard Kennedy School，Spring 2015.

147. Clifford，*Greening of Asia*，pp.17-21.

148. Ibid.，pp.22-8.

149. Obert Kwong，Miles Johnson，and Cynthia O'Murchu，"Hanergy Unit Plunges 47% in Just 24 Minutes," *Financial Times*，May 21，2015.

150. Yingling Liu，"The Dirty Side of a 'Green' Industry,"〈http://www.worldwatch.org/node/5650〉，accessed June 25，2016.

151. International Energy Agency，"IEA raises its five-year renewable growth forecast as 2015 marks record year,"〈https://www.iea.org/newsroom/news/2016/october/iea-raises-its-five-year-renewable-growth-forecast-as-2015-marks-recordyear.html〉，accessed October 26，2016.

152. Erik Mack，"Most of you don't agree with Donald Trump that climate change is a hoax," *Forbes*，November 23，2016.

第九章 企业环保主义与
可持续性的边界

　　自 20 世纪 80 年代开始，环保企业的阵容日益壮大，同时也更加多样化。早期以价值为导向的绿色企业家所创办的企业日渐昌盛，规模与传统大型企业相当。同时，大型传统企业"披上了可持续性的外衣"。的确，在这个被一些学者称为"新企业环保主义"的时代，这些大型企业肩负起了解决全球环保难题的重任。[1]

　　与 100 年前相比，可持续性成为突如其来的主流着实引人注目。《企业骑士》(*Corporate Knights*)杂志是一家位于加拿大、聚焦可持续性的媒体及研究机构。2016 年，在它公布的全球最具可持续性公司的年度排行中，德国豪华汽车制造商宝马公司、法国软件公司达索系统(Dassault Systems)、芬兰施工验收公司奥图泰(Outotec)、商业银行澳大利亚联邦银行(Commonwealth Bank of Australia)、德国服装与运动品牌阿迪达斯名列前茅。[2] 到了 21 世纪初，全球大型公司的高管纷纷成了这个领域的领军人物，而此前只有像杰罗姆·罗代尔这样有远见的人才会受到如此待遇。2014年，瑞士消费品公司雀巢的董事长包必达(Peter Brabeck)登上了报纸的头版头条，宣称：虽然气候变化是个大问题，但水资源紧缺更迫在眉睫。他发出警告："人类正在以惊人的速度消耗着水资

源，早在石油资源消耗殆尽之前，水资源便会枯竭。"[3] 同年，在某
舆情调研咨询公司所开展的一项调查中，雀巢的竞争对手，旗下拥
有清洁剂、肥皂、人造黄油、冰淇淋等产品的英荷联合利华被评为
全球最具可持续性的公司，将 Natura 公司远远甩在身后。[4]

　　大型公司变得环保化的现象发生在各行各业中。中国国有企 357
业和西方电子企业集团开始主导风能和太阳能行业。2002 年，美
国通用电气公司以 3.58 亿美元的价格收购了安然公司的风能业
务，一举成为全球最大的风能公司之一。[5] 2003 年，通用电气公司
发起了"绿色创想"（Ecomagination）计划，将风能与核能发电技
术、化石燃料行业相结合，此举"在促进经济发展的同时，也为当今
的环保问题提供了创新的解决方案"。[6] 通用电气公司努力让"绿
色创想"符合其谨慎的税收筹划思路，使得它在美国本土无须缴纳
联邦税。[7] 2004 年，德国电子企业集团西门子先后通过收购丹麦的
Bonus 公司和位于德国的全球最大的涡轮机齿轮箱制造商威能极
公司，大步进军风能领域。2016 年，西门子与世界第五大风能公
司——歌美飒进行业务合并，进一步巩固了其作为全球最大涡轮
机制造商之一的行业地位。[8]

　　大型公司成为可持续发展的典范并非资本密集型产业所独有
的现象。2008 年，咖啡连锁品牌星巴克发起"共爱地球"（Shared
Planet）活动，"用对人类和地球友好的方式开展业务"。[9] 同年，巨
型零售商沃尔玛也宣布了它的可持续发展倡议（Sustainability In-
itiative）。该计划认为追求可持续发展"对企业自身、提高其竞争
力以及改善盈亏情况都有好处"。这一理念也得到了后续一项研
究的证实。[10] 2010 年，在新 CEO 保罗·波尔曼（Paul Polman）的带

领下,联合利华发起了可持续生活计划(Sustainability Living Plan),计划在 10 年内将企业规模翻倍,同时企业对环境的影响减半。[11]

对企业环保主义盛行的一种乐观解释是,传统企业、政府和消费者都意识到自工业革命以来,环境被破坏的程度不断加深,作为对于时代的回应,各方都开始转型。它是由约翰·埃尔金顿、保罗·霍肯和其他学者在 1980 年到 1990 年期间提出的。第五章提到的绿色资本主义的提议开始奏效。绿色企业技术研发的失败率较高,比起小型环保企业家,大企业显然更有能力投资技术创新,同时它们需要通过修复环境恶化问题来减轻其对于环境的影响。一些管理学者强调了大型公司和环保创业公司间协同作用的重要性。管理学者凯·霍克特斯(Kai Hockerts)和罗尔夫·维斯滕哈根(Rolf Wüstenhagen)将创业公司比作"崛起的大卫"(Emerging Davids),它们在追逐与可持续性有关的机会时会更激进,但缺乏打入主流市场的实力。学者们又将大型公司比作"正在环保化的巨人歌利亚"(Greening Goliaths),这些公司在环保和社会协调发展目标上没有太大的野心,但它们的目标达成能力显然更强。[12]

另一方面,悲观主义者认为大企业并非真正想要投身环保事业。彼得·道弗涅(Peter Dauvergne)和简·李斯特(Jane Lister)发起了一项名为《生态商业》(*Eco-Business*)的研究,研究得出的结论是:大公司采用可持续发展战略主要是为了取得竞争优势、提高效率,控制供应链以及增强品牌的合规性。它们的环境效益(如果有的话)被视作渐进的过程。[13]作家、活动家娜奥米·克莱恩(Naomi Klein)写了一本名为《这一次它将有所不同》(*This*

Time It Is Different)的书,探讨资本主义与气候变化的作用。该书认为缺乏监管的资本主义自身无法有效缓解气候变化,因为逐利的需求总会限制公司在可持续发展上的投入。"立法是必要的,"克莱恩总结说,"我们要利用严格监管、提高税收、收取高额专利权使用费这类手段来达到目的,哪怕它们总是被大公司所抵制。"[14]

大公司的规模让相信技术终会突破的人们看到了希望——当大型中国企业投资太阳能光伏电池技术后,太阳能光伏电池的成本大幅下降,这展现出了潜力——而其他人则倾向于 E. F. 舒马赫的观点,认为对于可持续发展来说,企业规模本身就是一个问题,而不是实现可持续发展的路径。这一论点是与彼得·柏格(Peter Berg)有关的生态运动(bioregional movement)的核心。在对 1972 年联合国斯德哥尔摩会议的幻想破灭后,彼得·柏格开始建议将世界分成若干个生态组合区或生物区,以达到可持续生存的目标。[15] 1989 年,意大利烹饪专家卡罗·佩特里尼(Carlo Petrini)发起的慢食运动(Slow Food Movement)也是为了响应避免规模化的指令。慢食运动主张在当地培育、购买"优良、清洁和公平的食物"。[16] 2000 年,费城餐饮企业家朱迪·薇克丝(Judy Wicks)与他人共同创立了地方生活经济商业联盟(Business Alliance for Local Living Economies),其核心理念是当地社会的努力对于实现可持续性而言非常重要。她对大型全球化公司变得环保化并不抱有太大期望,而是希望看到"一个去中心化的可持续性地方经济全球网络,该网络是由独立的、地方所有的、支持本地社区和生态系统的企业组成的。"[17]

359　　　无论被称为"新企业环保主义"还是"生态商业"（eco-business），大公司突然旗帜鲜明地支持可持续发展的理念意味着它们与过去的行为彻底决裂，但这样做的意义仍存有争议。本章将通过探索大企业与环保创业公司的互动来审视这一过程。作为一种业务模式，绿色企业的成功与否主要取决于追求利益能否与可持续发展相结合，以及二者在多大程度上能真正实现并驾齐驱。

企业的环保化

　　自 20 世纪 80 年代起，大企业的环保化浪潮以惊人的速度发展，但这是在早期主动或被动环保主义的基础上建立的。早在 20 世纪 60 年代，化工和石油等重工业企业就因其对环境造成的污染受到了外界的批评。随着批评变为监管，美国和欧洲企业相继推出了应对环境的策略。通常，大西洋两岸的管理人员都不希望因为受到监管而增加额外的成本，这些策略起初都只是迫于合规的压力。[18]

　　20 世纪 70 年代，德国的化学企业是首批主动采取环保策略的西方企业之一。这反映了德国社会和政府对环保议题给予了更为广泛的关注，但更确切地说，这是由拜耳公司和汉高公司总部所在地——莱茵河附近的北莱茵-威斯特法伦州所推动的。当地活动家和政治家将矛头直指公司高管，认为他们应对水污染和糟糕的空气质量负责，这些指责对用了一个多世纪才逐步树立起来的公司声誉构成了威胁。公司高管们认为：投资有利于生态环境的技术和产品虽然会增加公司的成本，但更能带来创造价值的机会，将自己定位为环保型企业不仅能提升公司的声誉,还能带来商业上的利益。[19]

企业环保主义的先驱不仅在德国出现。自 20 世纪 70 年代起,瑞典汽车公司沃尔沃开始在减少工业污染物和有毒物质方面进行投资,着手开发车用溶剂型涂料的安全替代品。在这背后有三大推动力:瑞典国家公民环保积极性的提高,联合国人类环境会议在斯德哥尔摩的召开,以及公司新任命的 CEO 培尔·吉林哈 360 默(Pehr Gyllenhammar)是环保主义的坚实拥趸。[20] 1974 年,当公司聘请前来开发安全涂料的工程师看到酸雨对瑞典乡村造成严重破坏,再加上瑞典土壤中本就缺乏能吸收酸雨的石灰岩而导致酸雨的破坏力变强时,他在环保方面深感担忧。[21]

自 20 世纪 80 年代起,大企业更明确地在公开场合表现出的环保化行为与过去相比,可谓大相径庭。没人能解释这背后的缘由。原因是多重且相互交织的。至少有 6 个互相关联、同时发生的事件能帮助我们理解彻底改变的原因。

第一件事发生在 1987 年。布伦特兰委员会重新定义了可持续性范畴下的环保议题。相较于对破坏环境的行为加以惩罚,可持续发展观中将社会议题和经济增长相结合的理念,尤其是在表面上认可那些可能对环境没有多大积极意义但可以通过提供就业等方式造福社会的做法,使其与大企业的发展理念更为兼容。随后,气候变化被视为全球性危机,这将可持续发展的地位提升至了像效忠宣誓一般的高度,每个人都需要遵循这一理念,大公司的 CEO 们也不例外。

第二,包括企业家在内的环保意见领袖们提供了相关论据、定义、认证及度量指标。比起商界以外的激进人士，这一做法使得可持续发展的设想更容易被企业所接受。例如，三重底线的概念就激发了全球顶尖公司 CEO 的共鸣。壳牌石油公司向其创始人约翰·埃尔金顿寻求指示，并在 1999 年的年报中使用了三重底线的概念。[22] 绿色认证和 GRI 为企业提供了度量指标，使大企业能向社会公开展示自己正朝着可持续发展的方向努力。商学院的学者们也开始关注可持续发展议题。哈佛商学院战略管理教授迈克尔·波特（Michael Porter）是一位颇具影响力的教授，自 20 世纪 90 年代中期起便提出可持续发展与盈利可以完全兼容的主张。[23] 顶尖的商学院纷纷开设了商业与可持续发展课程。[24]

独立作者和他们的著作有时会改变商界领袖的想法。例如保罗·霍肯的《商业生态学》对雷·安德森（Ray Anderson），大型美国商业地毯制造商 Interface 公司的创始人，产生了重大影响。安德森在 60 岁时读完了那本书，随即便成了环保主义的信徒。正如随后在自己书中回忆的那样，起初，安德森看到自己和其他企业领导"被指控为地球的掠夺者和破坏者"，感到非常惊恐。霍肯认为企业是"唯一规模足够大、财力足够雄厚、分布足够广、能力足够强的机构，能带领人类走出我们正在制造的乱局"。安德森对此深以为然、备受激励。他发起了一项运动，开始着手减少自己公司和所在行业对环境造成的影响，并宣扬"盈利与拯救地球并不矛盾"的这一观点。[25]

第三个导致传统企业环保化的因素是绿色消费者的出现。20 世纪 80 年代后，绿色消费者的群体不断发展壮大，并吸引了大批传统企业的消费者。尽管这些绿色消费者希望享用有机食品，在他们的屋顶安装太阳能电池板,对垃圾进行循环再利用,购买绿色住宅,待在生态度假区,但他们究竟愿意为此支付多少溢价仍是一个未知数。

随着绿色消费者群体日渐成熟,大企业感受到了从他们身上获利的可能性,或至少创造机会减少他们对负面环境影响的控诉。[26]打造企业环保化方面的积极形象成为公关行业的一大工作重点。截至 1995 年,美国企业在这方面大约共投入了 10 亿美元,用于获取建立企业绿色公信力的公关指导。越来越多的企业都争先恐后地将它们的品牌与世界地球日联系在一起。[27]

绿色消费者的真实需求也在一定程度上影响了企业除树立环保形象以外的策略。例如,20 世纪 80 年代末,曾有人爆料用于咖啡过滤器、厕纸等众多消费品的漂白浆的制造过程会形成有毒致癌物二噁英。于是瑞典纸浆造纸行业发明了无氯纸浆。1992 年,瑞典零售商、全球最大的家居生产商之一的宜家转向了新技术的研发,但像星巴克和麦当劳这样的美国公司拒绝这样做,它们认为客户需求量不足将导致新技术开发的成本难以收回。[28]

到了 21 世纪初,美国的传统公司也开始进入这一小众市场。曾被认为激进的理想主义者其自留地所生产的有机食品逐渐成了主流便是一个典型的例子。美国传统零售商,如全美最大的连锁超市克罗格(Kroger)于 21 世纪初进军有机市场,并最终成为有机市场的主力军。2010 年,这家传统零售商超越了全食超市等有机食品专门店:前者占有机食品总销售量的 54%,而有机食品专门零售商仅占 39%。[29]2014 年,沃尔玛开始销售首批有机食品,并宣称其价格与非有机食品保持一致。[30]

第四个因素是可持续性的吸引力延伸到了消费者群体之外。一些行业的未来收益已经在无形中与可持续性挂上了钩。随着气候变化成为不容置疑的事实,其潜在的负面影响也激发了企业环保主义。以瑞士再保险公司和慕尼黑再保险公司为首的几家大型公司主导的再保险行业率先意识到全球变暖的影响将对行业的发展构成长期威胁。它们的命运与和气候有关的保险风险息息相关。自从绿色和平组织于 1993 年发表了一份关于气候变化与保险业的开创性报告后,再保险行业和 NGO 开始协作,致力于让更多的人群意识到问题的严重性。[31] 1995 年,在柏林举办的《气候变化框架公约》缔约国第一次会议上,它们递交了政策文件,成为减少碳排放、采取措施适应全球变暖的早期倡导者。作为少数几个业务模式会延伸到未来几十年的行业之一,再保险对不断上升的海平面、降雨和温度模式的变化格外警觉。[32]

促成可持续性理念在大企业间传播的第五个因素是政府政策。政府颁布了越来越多的环保政策,并鼓励某些行业在改善可持续发展能力上进行投资。不论是风能、太阳能行业的上网电价补贴政策,部分政府建筑采用 LEED 认证体系和其他标准,又或是旅游部门对生态旅游的推广,还是政府对有机认证的支持,公共政策都致力于减少可持续发展的投融资障碍,有时它还能促使这一投资变得有利可图。

最后一个因素是,NGO 的数量不断增长,其影响力亦有所加强,通过公开曝光公司恶劣的环境行为使公司蒙羞,同时以合作为前提为公司提供改善声誉的机会,进而推动了传统资本主义的环保化进程。心系自然的 NGO 并不是在 1980 年之后才出现的,塞拉俱乐部的缘起可以追溯到第一波环保浪潮。"地球升起"和首个世界地球日见证了包括地球之友和绿色和平组织在内的新一代环保 NGO 的崛起。1980 年后，环保 NGO 的数量激增。1992 年 6 月的里约热内卢的联合国环境与发展大会上，有超过 2 万名 NGO 代表参会，他们来自 171 个国家的 9000 多个 NGO；在与政府层面讨论所同时进行的平行论坛上，NGO 代表们举行了 1000 场会议。[33]据联合国估计，截至 2000 年，全球共有约 3.5 万个大型 NGO，它们关注的议题跨度极大，包括了一系列社会和环保问题。[34]

　　大企业和一些 NGO 之间也开始合作，包括时间和金钱上的直接投入、让 NGO 为产品做认证、共同管理环保联盟以及处理诸如产品开发或供应链管理等问题。[35]快餐连锁品牌麦当劳因使用泡沫聚苯乙烯包装产生不可降解的垃圾而受到持续批评后，便和美国环保协会携手合作，改善公司自身的垃圾产生管理。1990 年美国环保协会首先抛出橄榄枝，促成了麦当劳公司减少垃圾的计划以及对垃圾循环再利用的承诺。[36]美国环保协会大力支持企业环保主义的发展，在 20 世纪 90 年代期间，他们主动与企业合作，采用市场化的方法解决环保问题。[37]在农业和林业原料采购中，NGO 与跨国公司的合作尤为明显。例如，1996 年联合利华与世界野生动物基金会联合创立了海洋管理委员会（Marine Steward-ship Council）。[38]

　　由于在环保问题上表现不佳而被 NGO 批评后，企业向 NGO 寻求帮助，并实现改进，这成了一种反复出现的模式。星巴克便是如此。从 20 世纪 90 年代中期起，星巴克因供应链政策，特别是其位于中美洲的供应商所雇用的工人工资低下、生活条件恶劣而备受指责。1997年，位于华盛顿特区的一家名为保护国际（Conservation International）的NGO找到星巴克，为其在墨西哥恰帕斯州启动的一个项目提供支持。该项目提倡小型生产商种植"遮荫咖啡"，这对土壤保护和野生动植物都有利。保护国际认为如果星巴克同意购买这种咖啡，那么广阔的市场前景将刺激小型生产商转型，而星巴克在保存地区生物多样性的同时也能获得长期、稳定且优质的咖啡原料供应。星巴克立即为项目拨付了资金。1999年，星巴克为该地区的产品创建了一个新的零售品牌。[39]

2004年，保护国际、星巴克和美国国际开发署正式组建了保护联盟（Conservation Alliance）。星巴克承诺在3年内将为该联盟提供150万美元的资助，而美国国际开发署提供120万美元资助。星巴克提出了一系列符合可持续发展理念的咖啡种植生产方案，并通过方案的不断调整来适应小型生产商的需求。2004年，星巴克与保护国际创立了咖啡与种植农公平惯例准则（Coffee and Farmer Equity Practices，CAFÉ），这是一个经由第三方认证、保障农民人权、维护环保标准的项目。截至2015年，星巴克购买的99%的咖啡都得到了CAFÉ准则或公平贸易的认证。与大部分认证项目一样，认证带来的影响往往喜忧参半。有证据表明CAFÉ准则提高了工资水平。由于参与的农场不会把森林改建成用于咖啡生产的庄园，因此也减少了植被损失。但这一标准只是鼓励、并未强制要求采用遮荫种植，而且只禁止使用危险的杀虫剂，但没有强制要求有机种植。[40]批评人士指出，NGO受到很强的利益驱动来让它们和著名品牌的合作成果变得积极正面，因为这有助于筹集资金和吸引会员。[41]

　　1995 年,绿色和平组织和壳牌石油公司就如何将废弃的布兰特史帕尔(Brent Spar)储油平台沉入北海发生争执,这成了 NGO 削弱全球化公司在环保问题正当性上的典型例子。激进分子围堵壳牌石油公司的作业平台,随后大批欧洲消费者联合抵制壳牌石油公司的加油站,无论提供怎样的科学证据,壳牌石油公司还是被外界舆论击垮了。[42]不过环保 NGO 通常将焦点放在影响、批评政府,而并非是攻击大企业。[43]关注人权和其他社会议题(而非生态议题)的 NGO 成了对传统大公司最有力的声讨者。例如,针对美国运动服装品牌耐克公司的反血汗工厂运动把焦点锁定在了耐克的亚洲工厂。[44]

　　企业环保主义的结果与推动这股潮流的因素都涉及多个方面。要把企业战略中的环保说辞与真相区分开来并非易事,而科学知识中的不确定性有时会让对最佳环保实践影响的判断变得更加困难。[45]但总的来说,全球范围内的大型公司普遍寻求一种能更高效地使用能源和水资源、减少垃圾的方法,大量投资太阳能和风能技术,建立气候变化的模型并发出相应警告,与 NGO 合作在咖啡种植和其他商品生产活动中采用更为环保的做法等举措确实产生了一定的积极影响。

　　环保企业家先锋有时会讽刺大企业的环保化,但也会为之感到欣慰。美国的一些传统零售商开始尝试销售有机食品,例如 Walnut Acres 公司的保罗·基恩在 1988 年描述了"大型跨国食品公司起初如何对真理的寻求者冷嘲热讽,随后又小心翼翼地颠覆自己……发现自己无力阻止未来的趋势后,他们决定顺势而为"。虽然他拒绝向大企业供应天然食品,也拒绝他的公司被人收购,但他承认"世界确实会因为大企业的改变而变得更好。仅靠 Walnut Acres 一家公司之力是无法满足全球食品供给的,大公司并非尽善尽美,但聊胜于无。"[46]

个别公司在可持续发展报告中记载的环保成效时常让人眼前一亮。例如,《星巴克 2014 年全球责任报告》(The Starbucks 2014 Global Responsibility Report)提到,星巴克旗下 500 家门店如今都得到了 LEED 认证,美国和加拿大 47% 的门店拥有店前回收利用设备,它使用的能源中 59% 是可再生能源,它的耗水量自 2008 年以来减少了 23%。[47]如果说大型公司是 19 世纪以来自然环境遭受破坏的罪魁祸首,那么它们理应成为减少伤害、修复地球环境的主体。

但企业环保主义的局限性也同样明显。可持续发展定义的延伸使企业能够接受这个理念,但同时也导致了理念价值本身的贬值。可持续发展排名为企业提供了吸引投资者的工具,但这仅限于一个谨慎界定的界限内,通常采用宽泛的标准,以至于一些企业竟出人意料地成了可持续发展的楷模。例如,在《企业骑士》杂志的全球最具可持续性公司排名中,4 个标准分别是能源、碳、水、垃圾,但还有其他 8 个标准,如纳税比例、养老基金水平、领导层多样性等。[48]

366　　　虽然可持续发展概念的外延在近几十年中不断扩大,使得豪车制造商也能在全球最具可持续性公司排名中高居榜首,但利润和成本的概念外延却没被扩大。事实上,如果有任何变化的话,那便是利和成本概念的范围被缩小了。这是因为在企业环保主义兴起的同时,"董事会的首要目的是股东利益最大化,而不是为较大范围的利益相关者服务"这一理念自 20 世纪 80 年代起开始传播。[49] 在新的世纪,分析师和机构股东要求董事会提供可观的季度回报,这给董事会带来了较大的压力。1955 年,美国证券交易委员会要求美国公司递交半年报告,1970 年,又要求其递交季度报告。自 20 世纪 80 年代起,"股东利益是企业存在的根本"这一理念深入人心,股价和季度收益开始受到投资分析师和 24 小时滚动的财经新闻频道密切关注。[50] 这种不断报告公司收益的行为限制了上市公司的长期战略愿景。2011 年,顶级管理咨询公司麦肯锡的负责人将此比作"短视主义的暴政"(tyranny of short-termism),并提出从"季度资本主义"(quarterly capitalism)转变为"长期资本主义"(long-term capitalism)的必要性。[51]

季度资本主义无法从根本上起到长期激励企业投资环保和可持续发展的作用。长期投资环保和可持续发展通常需要数年的时间才能对企业的盈亏产生积极影响,尽管它鼓励采取降低成本、提升企业形象等渐进式改变,而这些举措有望提高季度收入,又或者说至少不会减少季度收入。事实上,它确实带动了企业收益的增长。这种资本主义模式并不意味着 CEO 个人缺乏可持续发展的强烈意识,但企业战略很少会建立在 CEO 个人的承诺之上,企业战略容易受到领导层变更的影响。[52]

2009 年,保罗·波尔曼在联合利华发起了可持续生活计划(Sustainability Living Plan),并暂停发布季度收益报告,此举动导致公司当天的股价下跌 6%。[53] 直到 2014 年,英国金融行为监管局(Financial Conduct Authority)取消了上市公司必须发布管理层中期报表的要求后,其他一些大型英国上市公司才开始效仿。[54]
在美国,该国法律依然强制规定公司发布季度报告。

367 　　将真正激进的环保政策与上市结合起来似乎很难。美体小铺创始人安妮塔·罗迪克表示,虽然筹集到的资金使公司能快速扩张,但 1987 年进行 IPO 的决定并非明智之举。这意味着将控制权交给了"对我们想做的事不屑一顾的金融中介机构"[55]。

　　正是出于这个原因,许多杰出的环保企业家拒绝让他们的公司上市。1973 年由伊冯·乔伊纳德创立的高端户外服装品牌巴塔哥尼亚公司便是一例。这家位于加州的企业通过一系列包括使用亮色和穿戴底层、中层、外层的概念等创新,实现了业务增长和全球扩张。公司发展势头迅猛,1990 年的销售额达到 1 亿美元,2015 年达到 7.5 亿美元。同时公司逐渐开始实行环保政策。1986年,公司政策规定,每年将利润的 10% 捐给致力于环保的社会组织;后来又将这一比例上调至销售额的 1%。在之后的 20 年中,巴塔哥尼亚公司开始使用再生纸打印产品目录,开发再生聚酯。为了减少对环境的影响,它又弃用了防臭化学制品。到了 21 世纪初,公司呼吁关心环境的消费者减少购买它的夹克,并启动服装修补服务,延长产品寿命,同时它还自发向顾客回收旧衣物。巴塔哥尼亚公司开创并分享了把环境外部性并入传统会计报表的标准和方法。[56]

　　尽管"几乎每周"都有买家找上门来想让公司上市,乔伊纳德家族还是保留了公司全部的所有权。伊冯·乔伊纳德在 2005 年说道:"上市会束缚我们的运营,限制我们如何支配利润,并将我们置于不成功便成仁的风险中。我们希望保持私人控股公司的性质,以便我们能继续坚守我们的底线,即坚持做好事。"[57]

正是这些"枷锁"限制了企业环保主义的内涵。在一系列重大结构性改革的背景下,保罗·霍肯的《商业生态学》一书呼吁企业肩负起应对环境恶化的职责,同时也要求进行重大结构性改革,其中包括鼓励政府征收环保税,制止大企业通过游说影响政府政策的制定。[58]霍肯没有着眼于探讨有效的垃圾治理,而是希望企业"重新把自己定位成循环企业",即不产生垃圾的企业。[59]遗憾的是 368 企业环保主义并不打算这么做。竭尽全力节约水资源、推广循环利用的公司正是之前消费主义的驱动者,而消费主义也带来了许多新的环境问题。在季度资本主义的约束下,CEO 们除了创造收益、保住自己的饭碗,别无他法。

乐观主义者和悲观主义者都能在企业环保主义的传播中找到支持其立场的依据。尽管受到了季度资本主义的影响,从 20 世纪80 年代起,大企业确实开始采取更加环保的立场。它们这样做的原因在于通过企业变得更加环保并适当提高效率,能从消费者、政府身上获利,被视为污染者的企业则要付出企业声誉上的代价。然而,也有大量的夸张和霍肯所谓的"毫无意义的生态言论"(meaningless eco-speak)[60]。企业通过增加消费实现业务增长,依然是环境破坏的头号元凶,而季度资本主义的本质意味着心存善念的 CEO 们想减少企业对环境破坏的能力是有限的。

收购食品和美妆业的环保品牌

当大企业开始收购先锋企业时,企业环保主义与绿色企业家精神狭路相逢。在 20 世纪 70 年代，太阳能和风能行业的初创公司被石油公司和其他公司收购了。自 20 世纪 90 年代起，食品和美妆业的大企业开始收购环保和有社会责任感的品牌。这些收购证明了环保消费者群体的力量，也反映了大企业自身难以让环保消费者相信其品牌在环保方面具有正当性。这次并购潮也带来了关于可持续发展边界的新问题。因为大企业似乎成了品牌组合的协商者，旗下的一些品牌是环保的，一些品牌承担了社会责任，而另一些品牌则趋于常规。

表 9.1 记录了 1993 年到 2016 年期间，食品、饮料、美妆业的著名并购案。

369　　　**表 9.1 1993—2016 年间，天然食品、有社会责任感的食品**
与美妆品牌的重大并购案

年份	被收购方	收购方	价格（百万美元）	价格〔百万美元（2016 年）〕
1993	Hain Pure Food	Irwin Simon	—	—
1997	Aveda	Estée Lauder	300	449
1998	Earth's Best	Heinz	30	44
1998	Arrowhead Mills	Hain	80	118
2000	Celestial Seasonings	Hain	387	539
2000	Ben & Jerry's	Unilever	334	474
2001	Odwalla	Coca-Cola	181	245
2001	Lima N.V.	Hain	20	27
2001—2003	Stonyfield Farm	Danone	125（80%）	167

（续表）

年份	被收购方	收购方	价格（百万美元）	价格〔百万美元（2016年）〕
2002	WhiteWave	Dean's Foods	189	252
2003	Jurlique	Consolidated Press Holdings	26	34
2003	Walnut Acres	Hain Celestial	—	—
2003	Horizon Organic	Dean Foods	273	356
2005	Green & Black's	Cadbury Schweppes（现在的 Mondelez International）	33	41
2006	The Body Shop	L'Oréal	1147	1367
2006	Sanoflore	L'Oréal		
2006	Dagoba	Hershey	17	20
2006	Tom of Maine's	Colgate Palmolive	100	119
2006	Naked Juice	Pepsico	—	—
2007	Burt's Bees	Clorox	925	1072
2008	Melvita	L'Occitane	—	—
2008—2011	Honest Tea	Coca-Cola	43（2008年）	48
2010	Bare Escentuals	Shiseido	1743	1921
2012	Jurlique	Pola	279	292
2012	BluePrint	Hain Celestial	25	26
2013	Ella's Kitchen	Hain Celestial	—	—
2014	Earthbound Farm	WhiteWave	600	609

（续表）

年份	被收购方	收购方	价格（百万美元）	价格〔百万美元（2016 年）〕
2014	Annie's	General Mills	816	828
2015	Belvedere	Hain Celestial	—	—
2015	Empire Kosher	Hain Celestial	58	58
2015	REN Skincare	Unilever	—	—
2015	Applegate Farms	Hormer Foods	775	785
2016	WhiteWave	Danone	12500	12500

资料来源：Thomson SDC Platinum。

早期创立的美国环保品牌大多被来自美国和欧洲的大型消费370 品公司收购了。出生于加拿大新斯科舍省的欧文·西蒙（Irwin Simon）创办的天然食品和个人护理品牌海恩时富集团（Hain Celestial group）则是一个例外。2014 年，该公司成为全球最大的有机天然产品公司，总收益超过 20 亿美元，其中 3/5 来自美国市场，剩余 30% 则来自英国市场。

西蒙此前是一家消费品公司的市场专员，丢掉了 Slim Fast 纽约分公司的工作后便在 1993 年收购了一家生产犹太食品的公司，从此开启了创业之路。通过收购长期经营天然食品和食用油的 Hain Pure Food 公司，西蒙的公司规模扩大了近 4 倍，之后顺利上市。西蒙接着开始收购小众天然食品品牌，并用更为专业的方式加以管理。"人们认为我疯了，"他回忆道，"他们认为我是个环保狂或是怪人，如果你和天然、有机或格兰诺拉麦片脆有瓜葛，那么你会被看作是异类。许多人不把我当作行业中的一员，但我有自己的愿景。"[61]

西蒙的愿景是希望从健康食品市场的快速成长中获利。海恩集团在 1999 年收购了 Arrowhead Mills 公司,又在 2000 年收购了诗尚草本,随后公司更名为海恩时富。西蒙的公司陆续收购了许多小公司,它们大多位于美国,有些位于欧洲和加拿大,其中包括英国婴儿食品品牌艾拉厨房(Ella's Kitchen)和 Belvedere,以及主要在加拿大市场进行销售、拥有 200 多种产品的 Live Clean 公司。[62]重点在于品牌价值,而不是有机价值。"我从所谓的天然、有机环保狂手中买下了许多公司,"西蒙于 2007 年说道:"它们经营不善,我把它们的业务带到了一个完全不同的层次上。"[63]虽然利润比传统食品公司低,但该公司处于盈利状态,逐渐成长为全食超市的最大供应商,卡尔·伊坎(Carl Icahn)还一度成了最大的股东。[64]

其他一些大公司的战略性收购导致一些环保品牌被意料之外的买主收购。可口可乐和百事可乐的核心业务是碳酸饮料、炸薯片和含糖苏打水,它们收购了健康饮料品牌如奥德瓦拉(Odwalla),Naked Juice 和 Honest Tea。1998 年创建于马里兰州的 Honest Tea 推出了全球首款有机瓶装茶。[65]高乐氏公司(Clorox Corporation)的核心产品是漂白剂,许多环保主义者认为它对环境有害,而它后来收购了小蜜蜂(Burt's Bees)。多种加工食品(包括一款预先煮熟的肉罐头 Spam)制造商 Hormer Foods 收购了坚决不用抗生素的天然有机肉类供应商 Applegate Farms。"Hormer Foods 看起来不像是一个潜在的商业合作伙伴",Applegate Farms 的创始人在收购案宣布后曾这样说道。[66]

将绿色品牌出售给大型传统公司有时会使绿色品牌创始人背

上伪善的骂名。这些创始人通常都是高调的环保活动家,虽然他们的公司许多都已上市或有了意向投资人,却时常被看作是"出卖"公司以谋求富贵的人。例如,2001 年,当加里·赫什伯格把石原农场的多数股票卖给法国食品公司达能集团时,石原农场已有297 个股东,包括奶农、家人和朋友、雇员、天使投资人以及一位风险投资家。[67]

　　面对抛售公司的指责,创始人最常见的回应是,在大型传统公司中,他们依旧能推动可持续发展事业,或者甚至将大公司引向可持续发展的道路。用霍克特斯和维斯滕哈根的话来说,收购"崛起的大卫"通常可以帮助"正在环保化的巨人歌利亚"踏上可持续发展之路。霍斯特·瑞切尔巴赫回忆了当时把艾凡达卖给雅诗兰黛时的情景:"(许多人警告我)不要把公司卖给美妆业巨头,它会毁掉你的愿景,但我觉得恰恰相反。在我看来艾凡达本身体现的可持续发展理念、有社会责任感的企业行为和产品是它的道德底线,也是开展业务的基础,这能帮助雅诗兰黛改变其发展方向,如果成功了则其他美国企业也会因此受益。"[68]

　　在创始人谨慎地选择收购方并为"出卖"公司进行辩护时,他们经常会强调规模化的重要性。有机巧克力品牌 Green & Black's的联合创始人在将公司卖给英国巧克力公司吉百利史威士(Cadbury Schweppes)时,也是这么为自己辩护的。第三章讨论过的英国有机零售商先驱萨姆斯与他的妻子约瑟芬·费尔利(Josephine Fairley)在 1991 年共同创办了这家公司。[69]公司业务很成功,但在现金流方面一直存在问题,最终,公司的大部分股票在 20世纪 90 年代末卖给了连续创业家威廉·肯德尔(William Kendall)。费尔利提到，如果把公司卖给吉百利的竞争者雀巢公司的话，她会感到后怕，因为她"长期支持抵制雀巢婴儿奶粉的运动，以 372 抗议在第三世界推广昂贵的婴幼儿配方奶粉"。[70] 公司被收购后，萨姆斯依然是品牌的非执行总裁。萨姆斯在 2010 年的一次会议上说道："Green & Black's 带来的影响是，与我们打交道的可可种植户从 200 个增长到了 1 万个，我们看到了越来越多的农民转向了有机种植。"[71] 赛斯·戈德曼（Seth Goldman）在解释将 Honest Tea 卖给可口可乐时，也提出了相同的观点。他认为公司后来的成长使其有能力购买更多的有机原料，购买量从 2007 年的 80 万磅增至 2015 年的 670 万磅，而购买瓶子的平均成本则急剧下降，让公司能彻底转向购买公平贸易所认证的糖制品。[72]

对创业者和创始人伪善的指控经常被这样的事实所掩盖，即他们中的大多数会继续参与其他环保项目。瑞切尔巴赫在卖掉艾凡达的 10 年后建立了一家名为 Intelligent Nutrients 的新公司，对有机美妆产品的认证进行创新。在 2014 年去世前，他在遗留的信件上写道："为环保、健康、非暴力的星球而服务。"[73] 据传小蜜蜂的联合创始人罗珊·昆比（Roxanne Quimby），在把公司卖给高乐氏公司后赚了 3 亿美元，但她为了保护森林，用这笔资金买下了缅因州数万英亩的森林。[74]

但多数收购都未能修成正果，石原农场是为数不多的成功案例。在将石原农场多数股票卖给达能集团后，加里·赫什伯格仍担任 CEO 一职到 2012 年，之后担任公司主席。因致力于发展有机酸奶业务，达能集团授予石原农场发展的自主权，并接受了因只采购有机奶源而导致的低利润回报这一事实。有机酸奶品牌实现了规模化扩张,但也基本守住了自己的底线。[75]到了 2012 年,公司的销量已达 3.6 亿美元,产品开始销往欧洲,从养殖到包装,许多可持续发展计划陆续启动。[76]

更典型的结果是逐步对产品和业务实践加以调整,使之契合大企业的管理模式,并帮助品牌实现规模化发展。1978 年,本·科恩(Ben Cohen)和杰瑞·格林菲尔德(Jerry Greenfield)在佛蒙特州创立的冰淇淋公司 Ben & Jerry's 便是一例。他们的冰淇淋并非有机产品——事实上,由于饱和脂肪含量高,它根本就算不上健康的产品——但创始人坚信公司是社会变革的中介:他们是CERES 的首批签约方,并坚决反对为了提高牛奶产量而使用激素。[77]该公司于 1984 年上市,这与创始人的初衷相左。20 世纪 90 年代末,由于想要出价收购企业日渐增多,一位新任 CEO 决定出售公司。2000 年,联合利华收购了 Ben & Jerry's。这让推崇社会进步的企业界大为震惊。这也正是科恩的好朋友朱迪·薇克丝想要建立地方生活经济商业联盟的主要原因。她当时一度想不通:"这样一流的公司,怎么能沦为大型全球集团的附庸呢。"[78]

科恩和格林菲尔德分别从这笔交易中获得了 4100 万美元和950 万美元,但谈判的关键在于保留公司的社会使命。联合利华同意成立一个有法定权力的独立董事会,它将永久地保留社会使命,保障生产质量,并支付用于保障雇员生活的基本工资。[79]被收购的公司能获得这样正式的法律保护并不多见,这一安排被证实是行之有效的。

收购完成后,一个致力于提升 Ben & Jerry's 管理效率的流程随即启动。由于不认可联合利华任命的 CEO,联合创始人离开了独立董事会。他们与联合利华长期合约仍然保留，依旧是联合利华的员工，但他们不用承担太多的职责，也不需要为产品背书。由于乳脂含量降低及产品的其他变化，产品质量有所下降。该子公司由北美冰淇淋公司接管，公司的其他冰淇淋品牌也由其掌管。2008年，独立董事会就销售合同一事对联合利华进行反击，准备提起诉讼。2年后，双方达成协议，子公司继续拥有自治权，并维持其社会责任方面的价值理念。[80]

但早期环保企业能在大企业中"传道"的设想，似乎行不通。有机美妆品牌圣芙兰和美体小铺一起被欧莱雅收购，创始人鲁道夫·鲍尔茨对于大企业是否会向他的小公司学习心存怀疑。"问题在于，对于一个已拥有客户群的公司而言，转型做生物产品意味着巨大的财务风险，"他说道，"你不得不花钱推销，并向你的客户解释：'我们之前卖给你的产品没问题，但你为什么不试试我们新的有机产品系列呢？'"[81]美体小铺因为公司所有权变更而备受煎熬，2015年的销售额还不足欧莱雅的4%，利润在集团下属的所有374公司里也是最低的。[82]

有时候，被收购方和收购方间的关系会随着时间的推移而逐渐改变。被卡夫食品公司收购后，吉百利与Green & Black's创始人的关系逐渐恶化。萨姆斯依然是品牌的非执行总裁，但卡夫食品公司内部拆分却引发了轩然大波，Green & Black's成了新创立的亿滋品牌旗下众多品牌中的一员。在并购交易发生10年后，威廉·肯德尔公开表示，后悔将公司卖给了吉百利，急于使品牌快速扩张反而给公司发展带来了巨大伤害。尤其是在美国，诸如质问公平贸易标志价值的活动也被立即叫停，因为这被认为是"一个危险的领域"。[83]

此外,一些品牌价值还有可能会被稀释。Deans Food 公司及 2012 年从它分离出来的 WhiteWave 公司常常受到外界的批评。2002 年买下 WhiteWave 公司后,之前只生产有机大豆的品牌 Silk 公司迅速转向使用传统原料,到了 2014 年,有机大豆的比例仅为 6%。2013 年,Horizon Organic 公司也放弃了只生产有机产品的想法,开始销售"经典"款产品。[84] WhiteWave 的销售额为 40 亿美元。3 年后,它被达能集团以 125 亿美元收购。此举体现了有机食品行业在经历整合之后,被大型传统企业所逐渐掌控的局面。[85]

食品与美妆业中大公司并购环保品牌的事例再一次印证了环保消费者群体存在的重要性。与一般的企业并购类似,有些并购或能取得成功,但结果通常是小众品牌获得成长机会,进而增强了产品在市场上的表现。最理想的结果是,被并购的公司在更大的组织中保全了自己的一片天地,同时坚守自己的标准和价值理念。但我们找不到有力证据来证明并购这一行为在推动并购方环保化的过程中起到的变革性作用。相反,环保品牌变得更为传统了,有时它们会改变产品成分和制造过程,更直接地说,这是为了追求"成长"。他们提倡的观点只是企业管理众多观点中的一种,企业希望容纳尽可能多的主体,以便实现市场规模的最大化。有机产 375 品消费者协会出具了一份"叛徒品牌"清单,其中许多品牌都出现在表格 9.1 中,它们试图让美国食品行业强制推行转基因生物标识,但它们的母公司恰恰是这种标识的强烈反对者。[86]

漂绿

漂绿现象在最近几年里呈指数级增加。在最近的一项研究中，"漂绿"被定义为"误导人们对某个组织的环保行为或产品产生过度积极印象的宣传行为"。[87]这可能是一个不符合历史的假设，"漂绿"一词和可持续发展一样存在诸多漏洞，因此想要精确地勾勒出"漂绿"的历史难度很大。

可以肯定的是，这种现象可追溯至20世纪60年代，而在那之前企业宣称自己的环保立场并不能带来所谓的商业利益。在20世纪60年代末，前广告经理、社会批评家杰里·曼德尔（Jerry Mander）将一些大型美国企业假借环保包装宣传自己的行径描述为"别有用心的生态宣传"（eco-pornography）[88]。20世纪80年代中期，纽约环保活动家杰·韦斯特维德（Jay Westerveld）在萨摩亚研究齿嘴鸠。一次，他在一家旅馆的房间里捡起了一张卡片，上面写着：为了节约资源，如非必要，请勿频繁更换毛巾。由此，这种现象有了一个更吸引人的名字。卡片上印有由三个绿色箭头组成的回收利用标识。在韦斯特维德看来，与其说"节约毛巾"是为了拯救地球、节约资源，倒不如说是旅馆为了节省成本。1986年，他发表了一篇文章，提出"漂绿"一词。[89]随后"漂绿"一词流传到了其他国家，并逐渐出现了一些本土创造的同义词，德语里的"Grünfärberei"（使之变绿），瑞典语里的"grönmålning"（绿漆），以及拉丁美洲部分地区的"engaño verde"（绿色欺骗）和"mercadeo verde"（绿色营销）。

"漂绿"一词的流行清楚地表明了消费者已经认识到这一真实现象，但这个词语的真正内涵却说不清道不明。针对漂绿现象，学术界把重点放在了公司在年度报告和企业可持续发展报告中选择性披露其环境影响信息上。相关文献记载了大公司的一系列行为，但就公司在这些行为上为何会存在差异，学者们难以达成共识。某个社会学理论体系认为，一个组织的曝光度会影响其对环境报告压力的顺从程度。有证据显示，曝光度越高的组织越在意自己的正当性，越急于避免使自己看起来像在漂绿。但也有其他研究表明，一个组织的实力越强，就越能抵抗外部利益相关者向其施加压力。[90]

无论如何，选择性披露信息只是漂绿问题所体现出来的一部分，漂绿的形式还包括关于特定产品或服务环保性的误导性宣传、空洞的环保主张、误导性标签和视觉图像，或甚至将整个公司重新包装成环保企业。[91]大企业有能力一边改进可持续性，一边漂绿。例如，为了回应消费者关于食品添加剂、过度包装、生产废水的指责和对于健康的恐慌，联合利华早在 20 世纪 60 年代就开始制定环保战略。在接下来的 10 年中，它的战略越来越积极主动，但一直保持着低调，这很适合去中心化的、通常喜欢凸显多个品牌，而不是以单一品牌形象出现在公众面前的联合利华企业集团。[92]然而，该公司还是追随了消费品公司的大流，把"（天然）"一词嵌入了产品说明中。又比如在 20 世纪 70 年代期间，联合利华成功推出了洗发水品牌 Timotei，白色的瓶身，包装上的文字和盖子都是绿色的，印有绿白相间的椭圆形花草标志，"天然温和"成了产品的主要卖点。此外，它使用了站在田野间的模特作为广告形象。[93]

376

"天然"一词在个人护理和食品行业迅速流行起来,这在较大程度上是因为监管机构未给出对于天然产品的定义。"天然"一词缺乏实际意义,因此它是企业漂绿的理想工具。加里·赫什伯格轻蔑地把食品行业使用这个词的行径称为"把谷仓印在包装上"(barn on the package)。[94]

到了21世纪,几乎所有企业都在进行品牌重塑。英国BP石油公司的环保战略便是一个充满争议的例子。它将公司更名为"超越石油"(Beyond Petroleum),并被视为排放交易的先驱典范,在福布斯和全球咨询及标准机构AccountAbility联合发布的2007年全球最具环保责任公司年度排行中拔得头筹。[95]3年后,公司旗下Deepwater Horizon在墨西哥湾的油井设备发生爆炸,倾泻出的石油对当地环境造成了巨大的污染,夸夸其谈的花言巧语与现实间的差距彻底暴露在公众面前。据揭露,BP石油公司将降低成本放在生产安全和环境影响之前。随后,该公司从经营了40年的太阳能业务中完全退出。虽然公司保留了在美国的风电场,但还是大幅缩减了风能业务。[96]

在石油及其他行业倡导可持续发展的企业中,BP石油公司不是第一个抑或最后一个让公众大失所望的。2001年以后,菲利普·沃茨(Philipp Watts)出任壳牌石油公司的CEO,他高调支持可持续发展运动,并成为世界企业永续发展委员会的主席。2002年,他与斯蒂芬·斯密德亨尼合著了一本关于企业可持续发展的书,名为《言出必行》(*Walking the Talk*)。[97]2年后,公司夸大石油储量的真相浮出水面后,沃茨在被指控隐瞒事实后不得不提出辞职。[98]类似的例子还有很多。[99]任何宣称可持续发展的企业都可以被指责为虚伪,可持续发展的真正含义是什么? 可持续发展的含义随着时间推移会有怎样的变化? 这些问题都存在许多不确定性。参与社会责任投资的管理者也一直被这个问题困扰。"好产品是一个不断演变、发展的概念,"延龄草资产管理公司的斯蒂芬妮·雷顿在 2013 年时说道,"一个人眼中的 Ben & Jerry's(天然食品)在另一个人眼中可能就意味着高脂肪食品"[100]。

漂绿也是一个动态现象,它不断呈现出新的形式。有证据表明,来自社交网络和其他机构的监管变得日趋严格,它们都能在一定程度上遏制公开、蓄意的漂绿活动,但其他形式的漂绿却依旧屡见不鲜,且有增无减。术语"象征性企业环保主义"被用于描述这种情形:管理层虽没有主动误导大众,但漂绿行为仍是不争的事实。例如,即使公司未做出明确声明,委托建造一座经由 LEED 认证的公司总部会使人将公司形象和环保联系在一起。[101]

由于难以界定,因此想要真正量化商界漂绿程度的难度很大,但这显然是一个普遍存在的现象。采用环保语汇的现象在大企业中屡见不鲜,但花言巧语与现实之间的差距很大。这样做也有一个潜在的好处,当像 BP 这样的公司强调"超越石油"的重要性时,它们提高了人们对于环境挑战的意识。然而,漂绿是要付出代价的。它助长了大范围的混乱以及频繁出现的"冷嘲热讽",从而损害了消费者对可持续性理念的信心,让创建可持续性市场、教育消费者和政策制定者的工作变得更加困难。同时,如果每家公司都宣称自己是可持续的,环保企业家先驱就面临着一个新的艰巨挑战——让自己的声音被听见。

378

小结

从 20 世纪 80 年代起，企业环保主义的发展意味着形势发生了变化。从 19 世纪起，环保企业家便一直在寻求传统资本主义的替代品，并对其负面的环境影响做出回应——但大多数时候，他们的努力并没有取得回报。突然有一天，环保企业家和大企业似乎走上了一条同样的道路，而且似乎是充满希望的道路。大型全球化公司有推动技术创新的资源和实力。他们能开发新的方法来节水节电。政府和许多消费者都听信于他们。从理论上说，生物区域和地方经济似乎可以带来可持续性方面的巨大改善，但当今世界仍缺少切实可行的办法，来推动他们向前发展。

问题的症结在于企业环保主义的发展遇上了季度资本主义。当安娜图拉或巴塔哥尼亚的所有者准备接受低回报财务表现以换取可持续性时，大型上市公司的 CEO 们面临着季度回报的巨大压力，他们的个人薪资与公司财务表现挂钩，而与环保业绩无关。这意味着，即使他们意识到问题的紧迫性，他们也只能在产品消费者和持有他们多数股份的金融机构允许的范围内牺牲短期利润转向可持续发展战略。这股被乔伊纳德称为"束缚"的力量不容小觑。虽然消费者可能会多花一点钱为他们的孩子购买有机奶，但他们似乎不愿意多花钱来购买环保产品或服务。尽管早期社会责任投资和影响力投资都做出了一定努力，金融体系在导向上依然是极其传统的，受制于信托义务等相关规则。

一个朝着更高环保效率方向发展的体系应运而生。与过去相 379

比,该体系本身即意味着巨大的转变,但它们不太可能甚至无法采取真正激进的措施,如建议消费者少购买他们的产品和服务。然而,技术突破的前景依然是未知数,只有通过减少消费——主要是在富裕的西方——可持续发展才有可能取得较大进步。

与过去忽略环境挑战同样严峻的是企业的花言巧语与现实间的差距。关键并不在于用更快的速度完成更多的事。当环保成为新常态,可持续发展议题成为众多战略中的一个,人们发现这对营销活动有利,能够降低成本。许多环保先驱对可持续发展的理解通常被人们误解了。通过吃有机胡萝卜、住生态旅舍、让自己的房子获得 LEED 认证,消费者相信自己正拯救地球。各种认证、环境报告以及漂绿扩大了可持续发展概念的外延,任何企业都能宣称自己参与其中。相比之下,利润或投资者回报的概念外延并未扩大,不管是对保护环境的奖励,还是对破坏环境的惩罚都是如此。

虽然创业公司无法达到"正在环保化的巨人歌利亚"的影响力,它们依旧有能力将激进的新方法概念化。它们的"真实"使其能够影响一些人,让人们在生活方式上做出不同的选择。然而,可持续发展理念已经融为全球性企业的一个组成部分,与破坏环境的活动共存,导致很难带来根本性变化。一些企业的花言巧语也经常会掩盖事态的严重性。

本章注释

1. Linda C. Forbes and John M. Jermier, "The New Corporate Environmentalism and the Ecology of Commerce," *Organization & Environment* 23,

no. 4（2010），pp.465-81.

2. Kathryn Dill,"The World's Most Sustainable Companies 2016," *Forbes*, January 22,2016.

3. Pilita Clark, "Water Shortages More Pressing than Climate Change, Warns Nestlé Chair," *Financial Times*,July 15,2014.

4. "Unilever: In Search of the Good Business," *The Economist*, August 380 9,2014.

5. Christopher Mumma,"Firm Tells Bankruptcy Judge It Overpaid for Manufacturing Assets It Brought in May," *Los Angeles Times*, November 15,2002.

6. ⟨http://www. ge. com/about-us/ecomagination⟩, accessed August 10,2016.

7. David Kocieniewski,"G.E.'s Strategies Let It Avoid Taxes Altogether," *New York Times*,March 24,2011.

8. Joshua S. Hill,"Goldwind Edges out Vestas as World's Leading Wind Turbine Supplier," May 19,2016,⟨http://cleantechnica.com/2016/05/19/goldwind-edges-vestas-worlds-leading-wind-turbine-supplier⟩, accessed June 2,2016.

9. ⟨http://www.starbucks.com/responsibility/learn-more/starbucks-shared-planet⟩,accessed June 8,2016.

10. Edward Humes, *Force of Nature: The Unlikely Story of Wal-Mart's Green Revolution*（New York: Harper Business,2011),p.9.

11. Christopher A. Bartlett,"Unilever's New Global Strategy: Competing through Sustainability," Harvard Business School Case No. 9-916-414（rev. August 24,2016).

12. Kai Hockerts and Rolf Wüstenhagen,"Greening Goliaths versus Emerging Davids—Theorizing about the Role of Incumbents and New Entrants in Sustainable Entrepreneurship," *Journal of Business Venturing* 25（2010),pp.481-92.

13. Peter Dauvergne and Jane Lister, *Eco-Business: A Big Brand Takeover of Sustainability*（Cambridge,MA: MIT Press,2013),chapter 1.

14. Naomi Klein, *This Changes Everything: Capitalism vs. the Climate*（New York: Simon & Schuster,2014),p.254.

15. Peter Berg, *Envisaging Sustainability* (San Francisco: Subculture Books, 2009).

16. Stephen Schneider, "Good, Clean, Fair: The Rhetoric of the Slow Food Movement," *College English* 70, no. 4 (2008), pp.384-402; Slow Food, *Welcome to Our World* (2008).

17. Judy Wicks, *Good Morning, Beautiful Business* (White River Junction, VT: Chelsea Green Publishing, 2013), p.210.

18. Andrew J. Hoffman, *From Heresy to Dogma: An Institutional History of Corporate Environmentalism* (Stanford, CA: Stanford Business Books, 2001); Daniel Boullet, *Entreprises et Environnement en France de 1960 à 1990: Les Chemins d' une Prise de Conscience* (Geneva: Droz, 2006).

19. Geoffrey Jones and Christina Lubinski, "Making 'Green Giants': Environment Sustainability in the German Chemical Industry, 1950s-1980s," *Business History* 56 (2014), pp.623-49.

20. Sandra Rothenberg and James Maxwell, "Volvo: A Case in the Implementation of Proactive Environmental Management" (unpublished paper, November 1993).

381 21. Interview with Inge Horkeby (Volvo), Göteborg, February 16, 2010; Charles J. Hanley, "Acid Rain: Swedes Lead World in Fight against Pollution Threat," *The Courier*, May 27, 1983.

22. Keetie Sluyterman, *Keeping Competitive in Turbulent Markets, 1973-2007: A History of Royal Dutch Shell* (Oxford: Oxford University Press, 2007), pp.358-9.

23. Michael E. Porter and Claas van der Linde, "Toward a New Conception of the Environment-Competitiveness Relationship," *Journal of Economic Perspectives* 9, no. 4 (1995), pp.97-118.

24. John R. Ehrenfield, "Beyond the Brave New World: Business for Sustainability," in Pratima Bansal and Andrew J. Hoffman (eds.), *The Oxford Handbook of Business and the Natural Environment* (Oxford: Oxford University Press, 2012).

25. Ray C. Anderson, *Confessions of a Radical Industrialist* (New York: St. Martin's Press, 2009), pp.5, 14; Emily Langer, "Ray Anderson, 'Greenest CEO in America,' Dies at 77," *Washington Post*, August 10, 2011.

26. Gerald Markowitz and David Rosner, *Deceit and Denial: The Deadly Politics of Industrial Pollution* (Berkeley: University of California Press, 2002), pp.210-11.

27. Sharon Beder, *Global Spin: The Corporate Assault on Environmentalism* (Totnes: Green Books, 1997), chapter 8.

28. Ann-Kristin Bergquist and Kristina Söderholm, "Transition to Greener Pulp: Regulation, Industry Responses and Path Dependency," *Business History* 57, no. 6 (2015), p.875.

29. Dana Hunsinger Benbow, "Natural, Organic Items Grab Bigger Share in Supermarkets," July 7, 2012, 〈http://usatoday30.usatoday.com/money/industries/food/story/2012-07-07/natural-organic-groceries/56085280/1〉.

30. Andrew Martin, "Wal-Mart Promises Organic Food for Everyone," *Bloomberg*, November 6, 2014.

31. Jeremy Leggett, *Climate Change and the Insurance Industry: Solidarity among the Risk Community?* (Greenpeace, 1993), 〈http://www.greenpeace.org/international/en/publications/reports/leggett-insurance-climate〉, accessed July 2, 2016.

32. Niels Viggo Hauter and Geoffrey Jones, "Risk and Reinsurance," in Hauter and Jones (eds.), *Managing Risk in Reinsurance: From City Fires to Global Warming* (Oxford: Oxford University Press, 2016), pp.7-8, 44-5; Roman Lechner, Niels Viggo Haueter, and Lawrence Kenny, "Continuity and Change in Reinsurance," in Hauter and Jones (eds.), *Managing Risk*, pp.293-4.

33. Carrie A. Meyer, "Opportunism and NGOs: Entrepreneurship and Green North-South Transfers," *World Development* 23, no. 8 (1995), pp.1277-89.

34. David Lewis, "Nongovernmental Organizations, Definition and History," in *International Encyclopedia of Civil Society* (New York: Springer, 2010), pp.1056-62.

35. Esben Rahbek Gjerdrum Pedersen and Janni Thusgaard Pedersen, "Introduction: The Rise of Business-NGO Partnerships," *Journal of Corporate Citizenship* 50 (2013), pp.6-19; Dennis Rondinelli and Ted London, "How Corporations and Environmental Groups Cooperate: Assessing

Cross-Sector Alliances and Collaborations," *Academy of Management Executive* 17,no. 1 (2003),pp.61-76.

36. Edwin R. Stafford and Cathy L. Hartman,"Green Alliances: Strategic Relations between Business and Environmental Groups," *Business Horizons* 39,no. 2 (1996),pp.54-7.

37. 〈https://www.edf.org/about/our-history〉,accessed July 24,2015.

38. Jem Bendell (ed.), *Terms for Endearment: Business, NGOs, and Sustainable Development* (Sheffield, UK: Greenleaf, 2000), chapters 8 and 10.

39. Paola Perez-Aleman and Marion Sandilands,"Building Value at the Top and the Bottom of the Global Supply Chain: MNC-NGO Partnerships," *California Management Review* 51,no. 1,pp.30-3.

40. Margaret Badore, "Starbucks Says It Now Serves 'Percent Ethically Sourced Coffee.' So What Does That Mean?" *Treehugger*,April 9,2015, 〈http://www. treehugger. com/corporate-responsibility/starbucks-says-it-now-serves-99-percent-ethically-sourced-coffee-so-what-does-mean. html〉,accessed April 11,2016.

41. John Maxwell,"An Economic Perspective on NGO Strategies and Objectives," in Thomas P. Lyon (ed.), *Good Cop, Bad Cop: Environmental NGOs and Their Strategies toward Business* (Washington,DC: RFF Press, 2010); Christine MacDonald, *Green, Inc.: An Environmental Insider Reveals How a Good Cause Has Gone Bad* (Guilford, CT: Lyons Press, 2008); Ans Kolk,"Partnerships as Panacea for Addressing Global Problems?" in M. May Seitanidi and Andrew Crane (eds.), *Social Partnerships and Responsible Business: A Handbook* (London: Routledge,2014).

42. Ragnar Löfstedt and Ortwin Renn,"The Brent Spar Controversy: An Example of Risk Communication Gone Wrong," *Risk Analysis* 17,no. 2 (1997),pp.131-6; David Vogel, *The Market for Virtue* (Washington, DC: Brookings Institution Press,2005),pp.112-14; Frank Zelko, *Make it a Green Peace!: The Rise of Countercultural Environmentalism* (New York: Oxford University Press, 2013),pp.320-1; Sluyterman, *Keeping Competitive*,pp.335-9.

43. Donald Gibson, *Environmentalism: Ideology and Power* (Huntington,

NY: Nova Science,2002),p.65.

44. Ann Harrison and Jason Scorse,"Multinationals and Anti-Sweatshop Activism," *American Economic Review* 100,no. 1 (2010),p.249.

45. Keetie Sluyterman,"Royal Dutch Shell: Company Strategies for Dealing with Environmental Issues," *Business History Review* 84,no. 2 (2010); Ann-Kristen Bergquist and Kristina Söderholm, " Green Innovation Systems in Swedish Industry,1960-1989," *Business History Review* 85,no. 4 (2011).

46. Paul Keene, *Fear Not to Sow* (Chester,CT: Globe Peqot Press,1988), 383 p.61.

47. 〈 https://news. starbucks. com/uploads/documents/Starbucks _ GR _ Report_-_2014.pdf〉,accessed June 11,2016.

48. Chris MacDonald,"Corporate Knights Gets Sustainability Wrong: How and Why Words Matter," *Canadian Business*,January 23,2013,〈http:// www. canadianbusiness. com/companies-and-industries/corporate-knights-gets-sustainability-wrong〉,accessed June 28,2016.

49. Geoffrey Jones,"Debating the Responsibility of Capitalism in Historical and Global Perspective," *Harvard Business School Working Paper* 14-004 (2013).

50. David Benoit,"Time to End Quarterly Reports,Law Firm Says," *Wall Street Journal*,August 19,2015.

51. Dominic Barton,"Capitalism for the Long Term," *Harvard Business Review* (March 2011).

52. Vogel,*Market for Virtue*,pp.135-6.

53. Jo Confino,"Unilever's Paul Polman: Challenging the Corporate Status Quo," *Guardian*,April 24,2012.

54. Claer Barrett and David Oakley,"National Grid Pulls Plug on Quarterly Reporting," *Financial Times*,January 27,2015.

55. 〈 http://www. anitaroddick. com/readmore. php? sid = 547 〉, accessed June 4,2016.

56. Forest Reinhardt,Ramon Casadesus-Masanell,and Hyun Jin Kim,"Patagonia," Harvard Business School Case No. 9-711-020 (rev. October 10, 2010); Yvon Chouinard, Jib Ellison, and Rick Ridgeway, " The

Sustainable Economy," *Harvard Business Review* (October 2011); Geoffrey Jones and Ben Gettinger,"Alternative Paths to Green Entrepreneurship: The Environmental Legacies of The North Face's Doug Tompkins and Patagonia's Yvon Chouinard," *Harvard Business School Working Paper* 17-034 (2016).

57. Yvon Chouinard, *Let My People Go Surfing* (New York: Penguin, 2005),p.164.

58. Forbes and Jermier,"New Corporate Environmentalism."

59. Paul Hawken, *The Ecology of Commerce* (New York: HarperCollins, 1993),p.54.

60. Ibid.,p.128.

61. Gordon Pitts,"Hain Celestial's Irwin Simon: An Insatiable Appetite for Organic Foods," *The Globe and Mail*,July 26,2013.

62. There is a full list of acquisitions in David E Bell,Jose B. Alvarez,James Weber, and Mary Shelman, "The Hain Celestial Group," Harvard Business School Case No. 9-516-007 (December 22,2015),Exhibit 13.

63. "Competition Evolves in Natural Foods: Hain Celestial Fends Off Challenges from Mainstream Foes," May 7, 2007, 〈http://www.soyatech. com/print_news.php? id = 2591〉,accessed July 7,2016.

64. Clare O'Connor,"Juiced Up: Inside ＄3.5 Billion Organic Giant Hain Celestial,Whole Foods' Biggest Supplier," *Forbes*,July 24,2013.

65. Seth Goldman and Barry Nalebuff, *Mission in a Bottle* (New York: Crown Business,2013).

66. Statement from Stephen McDonnell, Founder, Applegate,〈http://applegate. com/statement-from-stephen-mcdonnell-founder-applegate〉, accessed August 15, 2016.

67. Nancy F. Koehn,Nora N. Khan,and Elizabeth W. Legris,"Gary Hirshberg and Stonyfield Farm," Harvard Business School Case No. 9-312-122 (rev. October 10,2012).

68. Horst M. Rechelbacher,*Minding Your Business: Profits that Restore the Planet* (San Rafael,CA: EarthAware,2008),p.125.

69. Craig Sams and Josephine Fairley, *The Story of Green & Black's* (London: Random House,2009).

384

70. Ibid.,p.212.

71. Natural Products News,April 19,2010,〈http://www.naturalproductson-line. co. uk/dont-punish-successful-pioneers-do-nurture-small-brands〉, ac-cessed July 4,2016.

72. Jay Moye,"Honest and Beyond: Seth Goldman on His Evolving Role at Honest Tea,New Challenge with Beyond Meat," November 4,2015,〈ht-tp://www.coca-colacompany.com/stories/business/2015/seth-goldman-s-evolving-role-at-honest-tea-new-challenge-with-b〉,accessed January 2,2016.

73. Horst M. Rechelbacher,Obituary,February 23,2014,〈http://www.star-tribune. com/obituaries/detail/14016588/? fullname = horst-m-rechel-bacher〉,accessed November 8,2016.

74. David Sharp,"Burt's Bees Icon Says Affair Led to Ouster," *Boston Globe*,June 5,2014; Michael Charles Tobias,"Maine vs Thoreau: The Roxanne Quimby Question?" *Forbes*,October 3,2011.

75. Gary Hirshberg,*Stirring It Up: How to Make Money and Save the World* (New York: Hyperion,2008),p.119.

76. Koehn,Khan,and Legris,"Gary Hirshberg."

77. Brad Edmondson,*Ice Cream Social : The Struggle for the Soul of Ben & Jerry's* (San Francisco: Berrett-Koehler,2008),pp.78-9; Ben Cohen and Jerry Greenfield, *Ben & Jerry's Double-Dip* (New York: Simon & Shuster,1997).

78. Wicks,*Good Morning*,p.203.

79. Edmonson, *Ice Cream*,chapters 9 and 10.

80. Ibid.,chapters 12 and 13.

81. Telephone interview with Rodolph Balz,April 13,2011.

82. Andrew Roberts,"Body Shop Heads Back to the Body Shop to Repair Battered Margins," *Bloomberg*,April 7,2016.

83. Rebecca Burn-Callander,"'I Wish I'd Never Sold Green & Blacks to Cadbury,'" *The Telegraph*,October 24,2015.

84. Cornucopia Institute,"Leading Organic Brand,Horizon,Blasted for Be-traying Organics," February 13, 2014,〈https://www.cornucopia.org/2014/02/leading-organic-brand-horizon-blasted-betraying-organics/〉.

85. The Cornucopia Institute,"Danone's Acquisition of WhiteWave Foods

Could Harm Ethical Dairy Farmers and Consumers," August 18, 2016, ⟨https://www. cornucopia. org/2016/08/danones-acquisition-of-whitewave-foods-could-harm-ethical-dairy-farmers-and-consumers⟩, accessed October 23, 2016.

86. Organic Consumers Association, "Boycott the Organic and 'Natural' Traitor Brands Whose Parent Companies Oppose Your Right to Know," ⟨https://www.organicconsumers.org/old_articles/bytes/ob343.htm⟩, accessed June 27, 2016.

87. Thomas P. Lyon and A. Wren Montgomery, "The Means and End of Greenwash," *Organization & Environment* 28, no. 2 (2015), p.223.

88. Joshua Kaliner, *The Corporate Planet : Ecology and Politics in the Age of Globalization* (San Francisco: Sierra Club Books, 1997), p.170.

89. Jim Motavalli, "A History of Greenwashing: How Dirty Towels Impacted the Green Movement," February 12, 2011, ⟨http://www.aol.com/article/2011/02/12/the-history-of-greenwashing-how-dirty-towels-impacted-the-green/19628686⟩, accessed July 4, 2016.

90. Pratima Bansal and Kendall Roth, "Why Companies Go Green: A Model of Ecological Responsiveness," *Academy of Management Journal* 43, no. 4 (2000), pp.717-36; Ilya Okhmatovskiy and Robert J. David, "Setting Your Own Standards: Internal Corporate Governance Codes as a Response to Institutional Pressure," *Organization Science* 23, no. 1 (2012), pp.155-76.

91. Lyon and Montgomery, "Means and End," pp.236-8.

92. Geoffrey Jones, *Renewing Unilever : Transformation and Tradition* (Oxford: Oxford University Press, 2005), pp.339-47.

93. Ibid., p.122.

94. Beth Kowitt, "The War on Big Food," *Fortune* 171, no. 7 (June 1, 2015).

95. David G. Victor and Joshua C. House, "BP's Emissions Trading System," *Energy Policy* 34 (2006), pp.2100-12; Vogel, *Market for Virtue*, pp.123-5.

96. Sylvia Pfeifer and Pilita Clark, "BP to Exit Solar Business after 40 Years," *Financial Times*, December 20, 2011; James Montgomery, "BP

Selling US Wind Unit, Pares Renewable Energy Interests to Fuels," *Renewable Energy World*, April 3, 2013.

97. C. O. Holliday, S. Schmidheiny, and Philipp Watts, *Walking the Talk*: 386 *The Business Case for Sustainable Development* (Sheffield, UK: Greenleaf, 2002).

98. Watts subsequently studied theology and became a minister of the Church of England. Michael Owens, "Former Shell Boss Turned Reverend to Begin New Church Post," *Maidenhead Advertiser*, February 8, 2013.

99. 关于理查德·布兰森(Richard Branson)和维珍集团(Virgin Group)的案例, 见 Klein, *This Changes Everything*, pp.238-48。

100. Interview with Stephanie Leighton (Trillium), Boston, MA, December 3, 2013.

101. Frances Bowen, *After Greenwashing*: *Symbolic Corporate Environmentalism and Society* (Cambridge: Cambridge University Press, 2014).

第十章　结论

关于绿色企业家悠久的历史可以追溯到 19 世纪。尽管绿色企业家在企业史中并未占据显要地位,但本书仍试图还原他们的历史。导致此种"忽视"最大的原因是第一代绿色企业家在这一时期里的大部分时间中都沦为边缘人物,故往往被同时代的人视为行为古怪或与众不同的人。然而他们的观点和论点放在今天来看也仍然具有先见之明,他们的经历对解释盈利和可持续性是否兼容以及如何兼容提供了令人信服的见解。

被喻为先行者的第一批绿色企业家很少受人关注的部分原因是随着时间的推移,他们所遇到的环境挑战的性质以及他们的表达方式都发生了显著的变化。学者们直到 20 世纪 90 年代才首次提及绿色企业家,但这并不意味着这些绿色企业家在早些时候甚至一个世纪之前不曾出现。企业家所处的不断变化的时代背景,对于理解他们选择所投资的行业和判断他们所做出的决策都至关重要,尽管我们已经看到,随着时间的变化,他们在不同时期的表现有着惊人的相似之处。

第一阶段,即 19 世纪中叶到 20 世纪 20 年代这段时间里,社会关注的主要焦点是由来自欧洲和美国的社会精英所主导的保护主义和浪漫的民族主义。这一趋势是由工业化对自然环境(尤其是对农村和鸟类等野生动物)造成的负面影响所驱动的,人们为此感到震惊。保护运动催生了第一个国家公园的建立和第一个NGO 的成立,用以保护自然环境。这几十年来,工业化所带来的威胁是自然环境保护的主要关注点。社会普遍认为,制造业和拥有这些产业的资本家是导致环境恶化的始作俑者——这看起来似乎非常正确。

那个时代作为先行者的绿色企业家是一个不同寻常、人数不多的群体,他们相信商业是用来帮助而不是用来摧毁可持续发展的。当时人们关注的焦点是人类的身心健康。西尔维斯特·格雷厄姆、约翰·哈维·凯洛格和约翰·亨利·库克等美英知名人士警告人们说,将化学技术应用于农业和食品加工存在着风险,所以他们试图提供更健康的替代品。他们的德国同行,如卡尔·曼和本尼迪克特·鲁斯特均建立了小型零售商店来销售健康食品,并宣扬自然疗法的好处。其中有一个特别有趣的人物——鲁斯特——即便因自身古怪的想法(包括裸体主义)被骚扰得不得安宁,但他仍把德国的自然疗法理念和印度的阿育吠陀思想引进到了美国。

不过与鲁道夫·斯坦纳相比,鲁斯特上述的怪诞行为真是过于温和。斯坦纳声称从小就能与死去的人交谈,他的思想通常被世人认为是异端。然而,斯坦纳的思想也为人智学的治愈需要提供了一种深刻而激进的视角,即以一种整体的方式感知人类社会的各个方面。他关于"经济精神式"企业的观点为寻求盈利的公司提供了一个新模式,但这只是为达到目的的一种手段而不是目的本身。正是因为斯坦纳提出了如此深奥的观点并提供了相应的解决方案,他的思想才能成为推动绿色企业家前进的灵感源泉。但即便如此,斯坦纳提出的许多解决方案,诸如生物动力学农业中使用的"制剂"及其带来的广泛影响究竟多少是有效的,世人仍对此一无所知。

这个时代也见证了一些人转向商界,为缺乏电力供应的社会就如何保持可持续发展这个新出现的问题制定切实可行的方案。其中波尔·拉库尔和弗兰克·舒曼对电力重要性的见解引人关注,他们认为风能和太阳能是除了化石燃料以外的一种可行性能源。拉库尔一生都在丹麦农村致力于可再生能源的事业,他为后人留下的遗产奠定了未来几十年现代风能产业的发展。而舒曼的足迹则遍布三大洲,他努力寻找资金和地点以实现建立一个可行的太阳能产业的梦想。他和当时的保护主义运动者一样,认识到化石燃料等自然资源是一种有限的资源,但同时他有更超前的想法,即决心找到一种切实可行的替代能源。

389　　第二阶段,在 20 世纪 30 年代到 60 年代期间,人们对于环境的普遍担忧被其他事件所压制。大萧条和第二次世界大战都是更耗费精力且更为紧迫的大事,没留下空间来讨论自然环境问题。紧接着发生了一系列的事,一方面廉价化石燃料推动的经济复苏导致人均收入上升,市场乐观情绪高涨;另一方面却是西方国家和日本的城市里垃圾堆积如山。与此同时,资本主义阵营和共产主义阵营爆发了一场争夺世界领导权的竞赛,其中包括了在核技术和太空计划中投入巨额资金进行角逐。人们对科学技术能够解决世界环境问题充满信心,而两大阵营为了能在对抗中获得胜利,有充分的理由增加在科学技术上的投入。

在这样的背景下,一部分绿色企业家脱颖而出,继续强调可持续发展的必要性。他们的立场十分引人注目,因为很少有人去了解或者购买他们所提供的商品或服务。杰罗姆·罗代尔作为一位标志性人物为世人熟知,与其说他在商业上的成功是源自他的企业,倒不如说是因为他洞悉了向消费者、农民和其他人证明自然环境存在需要被关注这一问题的重要性。虽然罗代尔最大的影响是帮助美国小型有机食品运动树立了产业形象,但值得注意的是,他的著作阐明了这样一个观点:正是消费社会本身的固有特性造成了许多环境方面的挑战。建筑师们站在了重塑人类与自然环境关系的最前沿。美国建筑师弗兰克·劳埃德·赖特、巴克敏斯特·富勒都是最好的例子,还有哈桑·法赛,他展示了传统建筑能够为更可持续的实践提供宝贵经验,并发现了西方式现代化进程所造成的文化侵蚀和社会不平等现象。

第三阶段,在 20 世纪 60 年代至 80 年代时期,随着蕾切尔·卡森等作家的作品和标志性照片"地球升起"重新唤醒人们对地球脆弱性的认识,环境问题再次引发关注。相比以前,在如今这个社会运动日益加剧的时代,环境问题在社会各阶层引起了更广泛的关注,有时甚至会导致大规模示威,比如 1970 年的首个世界地球日。美国与欧洲国家设立了相应的环境保护机构,成立了新的与环境相关的 NGO,并在瑞典斯德哥尔摩举行了第一次由联合国牵 390 头组织的相关会议。此外,20 世纪 70 年代初油价上涨突然终结了廉价的石油时代,这也导致了西方国家的政策制定者第一次解除了对太阳能和风能开发潜力的限制。

在这个时代,绿色企业的发展并没有得到突破。当时一些有影响力的环境思想家们认为,可持续发展的关键在于是否能完全取代自由市场和资本主义制度,而不是发展价值观驱动的营利性初创企业。其他大多数人把希望寄托在政府能加强对污染行业的监管上。有些人虽然性格有趣,有时也颇有远见,但他们的企业仍然处于所在行业的边缘。比如建筑学领域的伊恩·麦克哈格和西蒙·范·德·瑞恩,以及有机食品领域的久司道夫和克雷格·萨姆斯。直到20世纪70年代末,一些企业家才开始扩大自己的业务规模,比如天然美妆业的霍斯特·瑞切尔巴赫和安妮塔·罗迪克等。他们都以不同的方式参与了那个时代的反文化运动,这些人中还包括20世纪70年代对核能的危险性表示极度不满的丹麦风能企业家们(如埃里克·格罗夫·尼尔森)。

然而,这几十年来,有影响力的企业家并非都是反文化或社会抗议者。在光伏太阳能领域,埃利奥特·伯曼意识到了社会转型的潜在影响,而约瑟夫·林德梅尔和彼得·瓦拉迪则看到了太空计划之外的一个有利可图的市场;银行家威廉·恩斯特·巴克霍夫深受早期的人智学和基督教传统的影响;拉尔斯·埃里克·林德布拉德将传统的以自然为基础的旅游业提高到一个新的水平,他通过运行良好且富有教育意义的自然旅游产业,保持了自然环境的原有风貌(比如南极洲和加拉帕戈斯群岛)。

从20世纪80年代开始的绿色资本主义时代见证了环境问题主流化的过程,因为人为造成的环境破坏所带来的后果越来越严重,特别是对地球臭氧层的破坏,以及随后出现的气候变化。这个时期召开了许多重大的国际会议,许多重要协议陆续出台。1987年的《蒙特利尔议定书》明确禁止使用破坏臭氧层的氯氟碳化合物,取得了明显的成功。而从 1997 年的《京都议定书》开始,各国就朝着减少碳排放方向努力,可结果远没有那么成功。这在一定程度上是因为随着新兴经济体经历了快速的经济增长和城市化进程,该时期的全球经济发生了重大的结构性变化。尤其在中国,经济增长导致贫困率下降,但碳排放量也在急剧上升,亚洲和拉丁美洲特大城市数量的增长导致了严重的空气污染、水污染和水资源短缺问题。教皇方济各在 2015 年发布的通谕《愿你受赞谕》(*Laudato Si*)中强调了地球所面临环境问题的规模(其中气候变化是最紧迫的),同时也指出各国在解决这些问题方面取得的进展甚微。

　　绿色企业的前景在这一时期发生了转变。政府对绿色企业的态度从大力阻碍转向开始为其创造一些机会和出台相关激励措施,尽管各国间政府政策或是各国内部的政府政策之间存在着巨大的差异。从 20 世纪 80 年代前期的美国加州开始,公众通过上网电价补贴、减税或其他方式大力支持可再生能源,虽然这样的支持很少能一直持续下去。政府的这一支持使得风能和太阳能摆脱了边缘化的局面。在一些国家,可再生能源变得非常重要,比如丹麦 2/5 的电力来自风能。政府支持对有机农业、回收利用、绿色建筑等行业的正当性认证。另一大重要转变是绿色消费者的出现,特别是在美国和西欧国家,他们愿意购买绿色产品和服务。因此,绿色产品从微小的利基市场变成了重要的利基市场。在少数几个欧洲国家中,有机食品的销售额达到了食品总销售额的 7%。这个时期全球天然美容产品销售额为 300 亿美元,占全球市场的 6%。

　　在这个时代,经历了半个世纪的政策监管和对不受约束的资本主义的限制之后,营利性企业能够对环境的可持续性做出有意义的贡献这一理念逐渐成为自由主义意识形态复兴的重要组成部分。约翰·埃尔金顿、保罗·霍肯以及其他一些人证明了绿色企业是可行的,而不只是幻想,绿色企业在社会存在的正当性应该得到进一步的扩充。现在人们普遍认为,如果采用合理适当的商业模式,盈利和可持续发展是可以相容的。政府补贴和强制性上网电价等措施为斯坦利·查伦和罗素·沃尔夫、阿诺德·戈德曼、莱纳·雷蒙恩和阿洛伊斯·沃本等可再生能源行业的企业家提供了新的机遇,尽管他们的一些业务后来被不断变化的公共政策所影392 响。正如全食超市创始人约翰·麦基所展示的那样,可以通过进入资本市场的方式来扩大企业规模,尽管这在很大程度上仅适用于个别成功的企业。威廉·维达尔、大卫·戈特弗里德、梅根·埃普勒·伍德等人建立了支持可持续活动的机构和认证项目,而琼·巴伐利亚、鲍勃·马斯和艾伦·怀特等其他企业家则开发了衡量环境影响的指标。

　　在这几十年里,企业家的性别比例也发生了显著的变化。在此之前,绿色企业的创办历史大多数与来自美国或西欧的男性有关,但现在女性企业家也开始榜上有名,尤其是在服务行业。其中包括社会投资领域的琼·巴伐利亚、特莎·坦南特和筑紫瑞惠;建筑学领域的苏珊·马可西曼和盖尔·林德赛;建筑评级(Leed 认证)领域的克里斯汀·欧文。

　　最大的转变则是企业环保主义的异军突起,大型企业逐渐开始接受他们之前所嘲笑的产品和技术。在此过程中,他们收购了先锋绿色品牌。在全球最具可持续发展能力的公司中,豪华汽车制造商位居榜首。各类企业报告中的可持续发展措施比比皆是。尽管大气臭氧层正在恢复,但全球变暖仍在继续,全球水危机也日渐加剧,人类世时代的活动还在按部就班地推进中。

动机

就个人意向而言,参与创办绿色企业的企业家有两种类型:绿色企业家和传统企业家。这种区别的产生不是基于价值判断,更不是对结果的判断。但这并不意味着这两种企业家的类型没有区别。事实上,绿色企业家与传统企业家的特征与动机都不尽相同。

个人与制度原因都对本书所讨论到的许多产业的绿色企业家产生影响。在个人原因中,生活经历是影响他们创业动机的重要因素,比如对健康的担忧。亲身经历过生病或家人生病之后,企业家们会更重视相关行业的发展,尤其是对有机食品行业的企业家而言。如约翰·哈维·凯洛格是一名医生;本尼迪克特·鲁斯特在第一次访问美国时感染了肺结核;鲁道夫·斯坦纳与伊塔·韦格曼博士在用自然方法治疗疾病方面进行了基础性工作;杰罗姆·罗代尔小时候得过重病;莫·西格尔的母亲在他2岁时去世;20世纪50年代,年轻的伊恩·麦克哈格在哈佛大学就读时曾患重病,并经历了艰难的康复过程,这使他感知到了自然的治愈力量。疾病似乎不仅仅对企业家产生了影响。如作家蕾切尔·卡森在撰写《寂静的春天》时已身患癌症,生命垂危,因此她痛斥了滴滴涕对人类健康的影响。

除了上述因素,企业家早期与自然接触的经历也被证明是重要的。比如约翰·埃尔金顿回想了他夜间与小鳗鱼的相遇带来的影响;在马萨诸塞州乡村长大的琼·巴伐利亚是一名狂热的园丁,热爱大自然和动物;而埃普勒·伍德在沿着阿巴拉契亚山径散步的时候萌生了对大自然的兴趣。

在很多情况下,宗教对绿色企业家的动机也产生了重要的影响。宗教信仰对于增加人们对地球的责任感,以及鼓励人们投资无法在短期内获得巨大收益的企业等方面都发挥了重要作用。企业家中有很多基督徒,包括约翰·哈维·凯洛格、威廉·恩斯特·巴克霍夫、托马斯·哈通、克劳斯·希普、汉斯·穆勒和筑紫瑞惠。易卜拉欣·阿布列什是穆斯林,阿诺德·戈德曼是犹太人,而稻盛和夫是佛教徒。其他一些深奥的哲学思想也曾对个别案例产生过影响,如莫·西格尔和他的《地球之书》。

人智学在此时期出人意料地成为绿色企业的灵感源泉,在有机农业、食品零售业和自然医药领域表现得最为明显,其中生物动力学概念在全球有着一定的影响力。人智学的支持者们提供数据来帮助蕾切尔·卡森撰写《寂静的春天》,让埃及的沙漠复苏以及给哥本哈根的家庭送食品篮,等等。然而,斯坦纳的影响力尤为独特,几十年间其思想在建筑师、银行家和教育工作者们中引起了轰动。生物动力学家率先提出了认证理念及其严格的审核制度。他们创立了一系列独特的公司,其中包括 Sekem,Triodis 和维雷德,这些公司证明了不同的企业经营方式也可以是持久的。

绿色企业家群体中的一个特别的分支是工程师或是小型发明家,他们相信技术创新的潜力,要么是为了实现因宗教因素或其他社会因素而设定的目标,要么仅仅是出自于对机械的执着或痴迷。一类是早期从事风能和太阳能行业相关企业中的杰出人物,比如波尔·拉库尔和弗兰克·舒曼等,以及之后的埃利奥特·伯曼和沙赫里亚尔,当时他们认为太阳能是解决发展中国家贫困问题的一种方式。另一类是支持垃圾回收和堆肥的企业家,如拉乌尔·海因里希·弗朗西和安妮·弗朗西、库尔特·格尔森、卡伊·彼得森和亚瑟·舒里希等人曾强烈鄙视垃圾废物,并试图通过机器运作获取更多价值。

地理因素和时间环境对企业家意识的形成也很重要。虽然本文强调了企业家个体的重要性,但这并不代表着企业家应该被视作在真空中行动的孤独英雄。他们在不同的制度和地理环境中寻找机会。

对环保的承诺和绿色企业家精神源自人们对工业化影响人类健康和地球环境的担忧。目前绿色企业家仍主要集中在欧洲西北部和美国的工业化地区,因为早期城市化和污染所造成的环境问题最先在这里出现,并且这些地区仍旧使用化肥来种植粮食养活人口。这里消费者的收入足以保证他们未来的生活。在本书所讲述的绿色企业家史中,德国和美国似乎特别有代表性,但这主要是因为在这些国家经营企业要稍微容易一些。当然,我们也看到了许多来自其他地方的创业故事,其中包括欧洲的英国、丹麦和法国,以及西方世界以外的埃及和日本。从 20 世纪 80 年代开始,随着经济增长和繁荣所付出的环境成本变得越来越高(就像西方早些时候那样),受价值观影响的绿色企业家在全球范围内的崛起范围比过去要广泛得多。其中包括巴西的美容产品企业、哥斯达黎加的生态旅游、马来西亚的生态建筑和中国的可再生能源。

　　时代变迁对绿色企业家也有着重要的影响。20世纪30年代以及第二次世界大战结束后的几年对绿色企业来说都不是一个好时机，这时候的它们完全处于社会的边缘。20世纪60年代出现的反文化和社会运动则是一个不错的时机，许多新企业就是在这个时期涌现出来的，即使这些企业最初规模很小。然而，参与社会运动和绿色企业之间的关系并不总是那么简单直接。例如，哥斯达黎加生态旅游出现的一些有影响力的人物在加州都有反文化和环保运动背景。20世纪70年代丹麦风能初创企业的先驱受到丹麦社会运动的影响，而这项运动后来是在加州达到了一定规模。

　　就环保意愿来讲，在自然旅游和垃圾回收方面有着突出表现的传统企业家要比绿色企业家更加直接，因为这些产业所带来的商业盈利和减少对环境影响的努力大体上是一致的。19世纪铁路公司和旅馆的老板、经理们就是典型的例子，他们在开发美国西部自然旅游业的过程中，在对商业盈利有着迫切渴望的同时仍然夹杂着一些明显的环境保护动机。的确，人们从传统转变为更加"绿色"的趋势是很明显的。东非的外籍猎人们就很好地佐证了这一观点，比如弗雷德里克·塞卢斯和爱德华·诺斯·巴克斯顿，他们就从猎杀动物慢慢过渡到了动物摄影。

　　1980年后，随着企业环保主义的发展，传统企业在可持续发展方面所发挥的作用进一步增强，这是之前的垃圾回收业和自然旅游业远不能及的。大型跨国公司发布了可持续发展报告，CEO们进而披上了具有远见卓识的外衣。随着社会及政府对优先考虑环境问题的重视程度提高，情况再次发生转变。这种变化表现在两个方面：一是绿色消费者数量的增长，二是政府开始出台关于支持绿色企业和监管不良商业行为的政府政策。NGO 现在既需要审查监督大型企业，也开始寻求与它们合作的机会。可持续发展概念的推广开始于 1987 年布伦特兰委员会发布的报告，对形成上述转变十分重要，因为它驱使人们进一步将大型企业视为环境友好型。环保质量的认证和其他计划的推进提供了度量标准，使得企业能够证明他们在环保方面的努力……到了这个阶段，可持续发展开始被认为是有利可图的。

创造市场

从 19 世纪中叶开始，绿色企业家便开始着手创造新的市场、产品和类别。他们为这项艰巨的任务做了充分的准备，因为他们想象的世界与当前的世界是不同的。在此过程中，他们面临的主396要问题是，每一个行业都已有既定的传统企业，而这些企业总是以较低的价格提供现有的产品和服务。所以，创造新的市场就要向消费者和客户、有时还包括政策制定者解答一个疑问：为什么他们应该为已经存在的产品及相关服务支付更高的价格呢？

至少从某个角度来讲，"创造市场"涉及可持续发展的意义。这在一定程度上反映了人们对以下两个问题的认识正在发生深刻的变化：我们面临的主要环境问题是什么，以及可持续发展应该包括什么内容。人们最初的担忧来自威胁人类健康的环境污染、垃圾和化学制剂在农业上的应用，正是这些威胁促使人们形成一系列有关健康饮食和有机农业的观念。另一个主要挑战（担忧）是一旦无法获得化石燃料，如何维持电力的生产。这两个问题至今仍受人关注，除此之外还有其他问题，比如人体接触含有危险成分产品的风险，以及人们居住的建筑环境与自然环境的协调程度。从20 世纪 60 年代开始，生物多样性和热带雨林所面临的威胁、酸雨和臭氧层的损耗成为公众关注的问题。随后，从 20 世纪 90 年代开始，由碳排放引起的人为气候变化则演变成人类面临的主要环境问题。

世界正面临的环境问题的变化，是每一代绿色企业家都要直面的挑战。然而，在不断变化的环境问题中存在着一些可持续性的内涵，这些内涵是超越时间变迁的。产品所引发的联想或提出的主张会突显产品在可持续发展维度的特征，抑或增强其在这一方面的吸引力。比如有机食品有益于个人健康，即使这样的断言尚未被证实。人们又将其与更广泛的环境可持续性联系起来，但证实有机农业对气候变化的积极影响还只是一项正在开展的工作而已。早期销售纯天然植物制成的化妆品的尝试收效甚微，直到安妮塔·罗迪克等人将自然美的概念扩展到禁止动物实验、促进性别平等和支持环保 NGO 等问题上，这种情况才有所改变。

在其他情况下，人们在策划构想绿色产品时只强调其积极的一面，而忽略其消极的一面。虽然风能和太阳能是可再生能源，不产生碳排放，但制造风车和太阳能电池板的工业过程也会产生碳排放，最终处理这些设备时更是如此。此外，生态旅游不仅要强调对自然环境的尊重和保护，更要重申它如何能对来自本地的贫困社区居民收入做出积极贡献。事实证明，这种观点足以吸引大量游客，部分原因是它减轻了富有的西方游客在贫穷国家大肆消费的负罪感。但是这些积极因素并没有考虑到游客飞往遥远的景点，以及通过拥挤的城市和道路去游览这些景点时所产生的碳排放。在1980年之后的绿色资本主义时代，这种对可持续发展的设想，或者说社会建设，变得更加明确。为了确保得到广泛的接受，环保认证常常会涉及不同方面之间的妥协和权衡。比起"力争最优"，这更像是不断突破底线的"恶性竞争"。

与所有企业家一样，绿色企业家不仅需要销售他们的产品，还需要推广他们的"理念"。因此，绿色企业在培养消费者的成本方面就超过了传统企业。那些难以为继的有机食品小型零售商的商店里到处都是传单和向客户积极宣传理念的工作人员，他们急于告诉消费者购买有机食品的重要性。天然的美容产品商往往选择开设自己的店铺或者进行直销，因为他们想让消费者了解他们的产品与传统产品的不同之处。客户培养（对客户进行绿色理念普及）是优秀的生态旅游企业的核心业务。众多案例证明，从长期来看，培养消费者和确保企业正当性涉及广泛的制度创业，这包括建立贸易协会、制定标准和证书等措施。

对于那些短期内不大可能盈利的绿色企业，部分银行和投资者倾向于不给予资金支持，因此也应该针对这些银行和投资者进行教育引导。这一窘境直到20世纪80年代才有所改观，虽然当时一些成功的绿色企业有能力在资本市场上筹款，但依旧困难重重，原因是为非传统的、有着"绿色"观念的初创企业提供资金支持风险不小。基于上述原因，同时为了满足那些关心环境问题的个人投资者的需求，第一批绿色银行和投资基金应运而生。琼·巴伐利亚、特莎·坦南特、塔米·纽马克和他们的同行们深刻地认识到,资本可以用来支持可持续发展,而不是削弱可持续发展,尽管事实证明这一愿景并不容易实现。

398　　　绿色企业家在创造新的市场、产品和类别方面所面临的挑战意味着他们往往首先在小的地理区域内取得成功。这种在小区域聚集的特点在某些方面与绿色企业创办的初衷是相矛盾的,一方面是因为环境问题具有全球性特点,另一方面是许多企业家的动机受全球化意识影响,无论这种意识形态是来自宗教、生物动力学还是其他方面。尽管如此,这些集群提供了最初的客户、员工和理论观念,以及给位于其中的绿色企业带来了良好声誉。地理位置上毗邻的优势和彼此间的相互信任减少了这些小公司之间的交易和商业信息获取等其他成本。

　　这些企业家集群的产生通常具有偶然性,此外也受到少数成功先行者影响。山脉、雨林、风和农业用地的存在(或不存在)似乎是许多该类型集群产生的必要但不充分的条件,而地理因素在其中的影响绝不能被排除。绿色企业集群常常与惊人的自然美景相联系,如美国加州和科罗拉多让人联想起的就是它们那令人印象深刻的生物多样性,再如哥斯达黎加为外国环境爱好者提供了一些不同类型的企业形态以及一个可供他们进入的初创市场。集群在形成的早期,以开放的心态迎接世界各地的人们,包容各式各样的生活方式,这是令地理一阶效应变得重要的先决条件。

　　政治因素同样重要。20世纪80年代加州的风能产业集群就是州政府政策影响的结果。中美洲的哥斯达黎加之所以更受欢迎,是因为其政局相较于邻国更稳定——尽管它的许多邻国也拥有着同样惊人的生物多样性,但是这些国家长期存在着政局动荡、军事独裁、经济发展不稳定和极端的收入差距等问题，难以吸引外国游客和初创企业落脚。

相反，一些制度环境会使得企业的建立变得极其困难。新西兰的民众普遍认为自己的国家已经是"绿色环保又干净"，而该国的有机食品企业就是在与这样一个观念进行博弈。绿色企业家们面临的任务是挑战自己国家的固有形象。此外，国家的工业结构也是重要的影响因素。例如，20世纪70年代，丹麦国内几乎没有 399 能源密集型产业，可以想象，风能最终能够满足这样一个社会的能源需求是多么不易。而瑞典的风能企业家们则需要将风能提供给该国的钢铁、铜、铝、造纸和纸浆等资源密集型产业。这些产业需要大量的能源，更重要的是需要持续不断的能源供应，即使在没有风的时候。

创造新的市场也需要政府部门的参与。从以往的经验来看，在包括垃圾回收、风能和太阳能在内的所有领域，企业家在得到政府支持（有时甚至会出现政府不支持的情况）之前就创新了技术和产品。在垃圾处理方面，政府当局将公众卫生置于循环利用和缓解环境问题之上。在能源政策方面，政府对化石燃料的偏袒和大量补贴，以及后来对核能的补贴，极大限度地阻碍了企业家对太阳能和风能技术进行开发，因为他们面临着不可能获胜的竞争局面。

然而，从20世纪80年代开始，在各个行业中，公共政策的支持往往也是突破专营市场和边缘市场的关键。由于政府容易做出错误的决定（比如试图建造大型风车），因此最好的结果是企业和政府共同制定政策（比如德国双元回收系统和哥斯达黎加生态旅游业的发展）。在20世纪末，政府对有机食品标准制定的支持成为该行业得以发展的一个重要因素。这完全是通过该行业的持续不断的游说才实现的，而且在此之前行业内自行制定的标准已经执行了数十年。当然，企业在政策制定方面的游说并不是灵丹妙药，比如既得利益集团的游说是绿色企业过去面临与今后将继续面临的最严重障碍之一。

在太阳能和风能领域，政府的支持性政策是实现行业突破的最关键因素。1978 年范·德·瑞恩和杰罗姆·卡什曼（Jerome Cashman）说服加州州长杰里·布朗实施《公用事业管制政策法案》，并在州内提供其他公共政策支持，这既是风能产业的转折点，也对太阳能的发展影响巨大。当然，这些政府政策本身不会创造出新的产业：相关的技术基础之前早已建立，包括由丹麦和美国的许多小规模工程师团队建立的技术基础。他们也并没有解决建造风力发电厂和降低太阳能电池板在成本方面的困难。然而，这些政府政策促成了可再生能源产业的独特规模。紧随其后，德国和日本的太阳能屋顶项目对太阳能产业的发展起到了至关重要的作用。

依赖政府支持的企业都很脆弱，无论是在可再生能源领域还是其他领域，这种现象都很明显。政府的补贴和减税政策到位，太阳能和风能产业就一片繁荣，反之则衰败。不断变化和不可预测的政府政策带来破坏性影响的案例不胜枚举：加州风能发展热潮结束后，该行业遭到重创；美国风电企业长期表现不佳，都是由于企业为赶上最新公共补贴而盲目投资；21 世纪初的 10 年里，欧洲和美国的太阳能产业接连遭受重创。公共政策也长期是"不公平"的，例如，政府对于将外部环境因素纳入对化石燃料和塑料定价中的尝试就十分谨慎。

产 出

历史证明,盈利和可持续发展是很难调和的,到目前为止仍是如此,绿色环保很难带来经济回报。这是因为从工业革命中发展起来的现代工业社会非常高效,推动了经济的快速增长,这至少在欧洲和北美地区已得到成功印证。现代工业成功地解决了激增的人口所带来的衣食住行问题。但是这些让企业赚得盆满钵满的成功建立在忽视环境成本的基础上。那些试图解决不利环境后果的绿色企业先行者们发现,他们的产品和服务要比传统产业的同行们定价更高。拯救地球的费用太昂贵了,而传统企业并不愿意为其买单。

因此,许多在这里被列入讨论的企业既无法长期存在,也难以获得较大利润,这种情况并不奇怪。甚至相当多的企业最终走向破产。然而,商业上的失败并不代表整个绿色产业的失败。本书涉及的诸多绿色企业家与其所在公司构想了一个全新的世界,并为了这个目标的实现进行了多项创新。他们发明了有机食品以及相应的农业种植方法、早期的太阳能和风能技术、生态旅舍和绿色金融等。这些产业类别需要几十年的渐进式创新和不断改进,同样也需要很长时间去说服消费者和政府认真对待并接受它们。诸如人智学之类的思想观念启发了许多绿色企业家,在全球范围内产生了深刻的影响。重大制度创业显然也很重要。认证计划的推进使新的产业类别正当化。新标准的制定开启了衡量企业对环境影响的历程,诸如可持续发展指数等指标体系已成为评价全球商业环境的重要内容之一。

　　一些传统企业所带来的积极影响也不应被忽视。那些渴望开拓旅游市场的一众铁路公司共同创建了美国国家公园体系,这最早可以追溯到杰伊·库克和他的经理 A. B.内特尔顿在创建黄石国家公园中发挥的重要作用。美国集装箱公司是垃圾回收行业的大力支持者,并承担了全球回收标识的赞助和宣传任务。19 世纪欧洲和美国的拾荒者,以及今天许多发展中国家的拾荒者与绿色企业家扯不上任何关系,尽管他们都过着悲惨贫苦的生活,但他们实现了并将长期践行着垃圾回收循环利用的理念。

　　这些积极的贡献并不能掩盖前面提出的观点,即可持续性商业行为在一定程度上是一种社会或想象的构造,对自然环境的"真正"影响有时是有争议的,而且通常是"不全面"的。这部分是由于个别产业类别只处理环境问题的一个侧面。例如,回收是一个对环境有利且减少垃圾问题的办法,但它并没有解决通过消费制造垃圾的根本问题。事实上,回收产业的商业可行性取决于垃圾的产生,而不是减少或消除垃圾。尽管风能和太阳能在国家能源系统中的使用范围不断扩大,但现今还无法有效地储存电力,因此电力系统有时更加依赖煤炭和其他污染能源来保证可靠的供应。天然化妆品使消费者能够避免将潜在的有害成分涂抹在脸上,但它也是化妆品行业的一部分,这个行业投入巨资说服消费者购买主要用于"装饰"的产品。由美国绿色建筑协会建立并推行的 LEED 认证体系鼓励更多的可持续性建筑,但是仍然可能将那些建在不可持续的地方的房子认定为"绿色环保"的。

　　自 20 世纪 80 年代以来,绿色企业的成功和日益增加的知名

度也引发了一系列新问题,主要是绿色产业的规模问题。可持续
建筑的规模呈现积极的发展趋势,但建筑的发展和城市的扩张也
促使环境进一步恶化。太阳能产业的规模扩大将降低电池板的成
本,尽管在此过程中中国公司的产量激增使得该行业的市场结构
不得不面临重大调整,但整体上是积极的发展势头。尽管有机农
业和零售业的扩大使更多的消费者能够食用不含化学物质或添加
剂的食品,但这牵扯出有机食品的远距离运输问题。随着绿色产
业规模的扩大,这些根植于可持续发展理念的有机食品、风能、生
态建筑等产品和服务,往往脱离早期的价值理念,即力图通过这类
产品和服务的消费来缓解可持续发展问题。

　　企业环保主义尖锐地点明了问题的复杂性。鉴于大型传统公
司在过去是导致环境恶化的主因,现今的企业环保主义、减少碳排
放以及其他负面影响的企业战略都朝着积极的方向发展。然而,
随着大型传统企业成为可再生能源、有机农业等行业的核心参与
者,提倡环保的言论也就成为确保减税和产业正当性的一种便利
手段。即便最初的确是为了环境着想,但迫于季度资本主义的压
力,CEO 一方面推进能够减少环境影响的渐进战略,另一方面则
继续从事对地球产生负面影响的核心业务活动。全面推行可持续
发展的话术削弱了该理念的独特性和紧迫性。面对所有的企业都
在声称致力于改善环境的情形,消费者将对绿色理念感到困惑,甚
至厌烦。因此,那些追求更加彻底的理念和技术的绿色企业家们
在未来需要更加努力地为自己发声。

　　然而,上述观点都不应分散人们对本书中绿色企业家历史贡
献的注意力,他们最重要的历史贡献是:断言自然环境正面临着重

403 大挑战,并为问题的解决发挥着积极作用。在明确环境问题和设法找到解决办法方面,他们往往走在社会和政府的前面。杰罗姆·罗代尔和哈桑·法赛等人在 20 世纪中叶全社会对自然环境问题失去兴趣的情况下,仍旧坚持主张可持续发展。他们为错误的公共政策(比如在 20 世纪 70—80 年代建造大型风车)提供了富有成效的替代方案。更重要的是,通过说明有机食品、风能或更具可持续性的建筑对人类和地球的重要性,许多小型企业从个体层面影响了世人,让消费者成为更广泛意义上的公民,让他们更多地意识到环境问题的重要性,这也许是可持续发展得以长期实施的唯一途径,因为它标志着社会价值观、生活方式和投票优先级的必要改变。由于愿意"疯狂",愿意跳出传统的思维定式,绿色企业家为可持续发展开辟了新的思路。昨日的"疯狂"将最终成为未来可持续世界的历史根源。

参考书目

原始资料

在本书的写作过程中,作者借鉴了大量的档案收藏。哈佛商学院贝克图书馆的资料被广泛使用,以获得各行业的定量数据和定性信息。作者还查阅、参考了贝克图书馆历史馆收藏的宝丽来公司档案(The Polaroid Corporate Archives)、哈佛学院环境科学与公共政策档案馆的"彼得·S. 撒切尔的环境收藏"(1960-1996)(The Peter S. Thacher Environment Collection,1960-1996)。在德国,作者在德绍市(Dessau)联邦政府环境部的"艾哈德收藏"(The Sammlung Erhard Collection)和伊瑟隆市(Iserlohn)的城市公共卫生和垃圾治理档案馆(Sammlung aus Städtereinigung und Entsorgung gGmbH,SASE)中,发现了许多有关垃圾治理行业史的资料。

口述史料集具有宝贵的价值。加州大学伯克利分校图书馆班克罗夫特分馆下属的地方口述史办公室收藏有塞拉俱乐部的口述史系列,其中保存了许多重要的美国环保运动相关访谈内容。在美国有机农业方面,本书主要使用的是加州大学圣克鲁兹分校图书馆收藏的"发展一次运动:有关加州中部海岸可持续农业和有机农业的口述史系列"(Cultivating a Movement:An Oral History

Series on Sustainable Agriculture and Organic Farming on California's Central Coast）。而书中有关哥斯达黎加生态旅游产业的内容则主要使用的是位于俄勒冈州科瓦利斯市的俄勒冈州立大学的特色馆藏《罗亚尔·G. 杰克逊论文集》（*Royal G. Jackson Papers*）中的第二册第一章。其他珍贵的访谈资料来自哈佛商学院贝克图书馆历史馆所藏的"创建新兴市场计划"（Creating Emerging Markets，CEM）项目的访谈和其他资料。

　　作者在2010—2016年对从业人员进行了访谈，采访者还包括卢布纳·布瓦马内（Loubna Bouamane）、高正阳（Zhengyang Koh）以及安德鲁·斯帕福拉（Andrew Spadafora）。书中引用了许多人的访谈内容，其他人则为该书提供了重要的背景资料。本书所引用访谈的日期和地点则在章后注中标明。另外还要向以下人员表达感谢，他们是：何塞·阿巴斯卡尔（José Abascal）、易卜拉欣·阿布列什、奥斯瓦多·阿赛维多（Oswaldo Acevedo）、安娜·阿洛玛（Anna Aloma）、克劳德·奥伯特、鲁道夫·鲍尔茨、罗杰·巴纳特（Roger Barnett）、塔玛拉·巴道斯金、彼得·巴斯比、埃弗拉因·查孔、马里诺·查孔，克里斯·克拉克（Chris Clark）、吉姆·达玛拉斯（Jim Damalas），帕特·戴维森（Pat Davidson），保罗·埃利斯、杰克·尤因、富塚博文＊、乔纳森·弗雷（Jonathan Frey），帕特里克·弗里克（Patrick Frick），迈拉·古德曼（Myra Goodman）、约翰·汉森（John Hansen）、托马斯·哈通（Thomas Harrtung）、克劳斯·希普（Claus Hipp）、英格·霍克比（Inge

---

　　＊　原文为 Hirofumi Fezuka，此处按 Hirofumi Fuzuka 翻译。

Horkeby)，堀江英明、稻盛和夫、罗斯·杰克逊（Ross Jackson）、保罗·雅各布斯（Paul Jacobs）、诺埃尔·约瑟夫森（Noel Josephson)，川口真理子、迈克尔·凯耶（Michael Kaye）、吉姆·科贝尔（Jim Kebbell），古贺吉太，卡斯藤·肖特（Karsten Korting)，德夫内·科里雷克（Defne Koryürek)，朱丽叶·拉蒙特406（Juliet Lamont)、菲利普·拉洛可、斯蒂芬妮·雷顿（Stephanie Leighton）、林倬生、理查德·玛丽埃塔（Richard Marietta)，简·马滕森（Jan Martenson)，松浪雄二（Yuji Matsunami)、山姆·麦凯（Sam McKay)、三本守（Mamoru Mitsumoto)、恩里克·何塞·莫利纳（Enrique Jose Molina)，茂浦幸弘＊，诺埃尔·莫林（Noel Morrin)，克里斯·莫里森（Chris Morrison)，永田聪（Satoshi Nagata)，詹姆斯·尼文（James Niven)，马修·帕茨基（Matthew Patsky)、拉尔斯·佩尔松（Lars Pehrson)、罗伯特·奎因（Robert Quinn)，马尔科姆·兰兹（Malcolm Rands)、巴里·罗伯茨（Bary Roberts)、韦恩·罗伯逊（Wayne Robertson)，托马斯·罗兰（Thomas Roland)，谢丽尔·史密斯（Cheryl Smith)、格斯·史密斯（Gus Smith)、戴夫·斯帕特（Dave Spalter)、托马斯·斯坦纳（Thomas Steiner)、阿伊汉·苏梅利（Ayhan Sümerli)、高岛宏平、田村康史（Yasushi Tamura)、特莎·坦南特（Tessa Tennant)、查理·托马斯（Charlie Thomas)、筑紫瑞惠、詹·图尔汗（Can Turhan)、古斯塔沃·乌雷亚（Gustavo Urrea)、西蒙·范·德·瑞恩（Sim Van der Ryn)、彼得·瓦拉迪（Peter Varadi)、菲利

＊　原文为 Yukihiro Mora，此处按 Yukihiro Moura 翻译。

普·维格纳(Philippe Vignal)、吉姆·沃克(Jim Walker)、帕姆·华林(Pam Waring)、托尼·沃特金斯(Tony Watkins)、托尼·威克斯(Tony Weekes)、罗德尼·惠特洛克(Rodnie Whitlock)、梅根·埃普勒·伍德、马里昂·伍兹(Marion Woods),艾伦·耶茨(Alan Yates),和吉川广和。

第二文献

Abouleish, Ibrahim, *SEKEM: A Sustainable Community in the Egyptian Desert* (Edinburgh: Floris Books, 2005).

Asmus, Peter, *Reaping the Wind: How Mechanical Wizards, Visionaries, and Profiteers Helped Shape Our Energy Future* (Washington, DC: Island Press, 2001).

Backwell, Ben, *Wind Power: The Struggle for Control of a New Global Industry* (New York: Routledge, 2015).

Bansal, Pratima and Andrew J. Hoffman (eds.), *The Oxford Handbook of Business and the Natural Environment* (Oxford: Oxford University Press, 2012).

Baumgartner, Judith, *Ernährungsreform: Antwort auf Industrialisierung und Ernährungswandel* (Frankfurt: Peter Lang, 1992).

Beeman, Randal S. and James A. Pritchard, *A Green and Permanent Land: Ecology and Agriculture in the Twentieth Century* (Lawrence: University of Kansas Press, 2001).

Berger, John J., *Charging Ahead: The Business of*

Renewable Energy and What It Means for America (New York: Henry Holt,1997).

Berghoff,Hartmut and Adam Rome (eds.), *Green Capitalism? Business and the Environment in the Twentieth Century* (Philadelphia: University of Pennsylvania Press,2017).

Bergquist,Ann-Kristin and Kristina Söderholm, "Green Innovation Systems in Swedish Industry, 1960-1989," *Business History Review* 85,no. 4 (2011),pp.677-98.

Bergquist, Ann-Kristin and Kristina Söderholm, "Sustainable Energy Transition: The Case of the Swedish Pulp and Paper Industry 1973-1990," *Energy Efficiency* 9, no. 5 (2016),pp.1179-92.

Bergquist, Ann-Kristen and Kristina Söderholm, "Transition to Greener Pulp: Regulation, Industry Responses and Path Dependency," *Business History* 57,no. 6 (2015),pp. 862-84.

Boullet,Daniel, *Entreprises et Environnement en France de 1960 à 1990: Les Chemins d'une Prise de Conscience* (Geneva: Droz,2006).

Bradford,Travis, *Solar Revolution: The Economic Transformation of the Global Energy Industry* (Cambridge,MA: MIT Press,2006).

Brüggemeier,Franz-Josef, Mark Cioc, and Thomas Zeller (eds.), *How Green Were the Nazis?* (Athens: Ohio University

Press,2005).

Carson,Rachel, *Silent Spring* (Boston: Houghton Mifflin, 1962).

407 　　Conford,Philip, *The Development of the Organic Network* (Edinburgh: Floris Books,2011).

Conford, Philip, *The Origins of the Organic Movement* (Edinburgh: Floris Books,2001).

Cronin, William, *Nature's Metropolis: Chicago and the Great West* (New York: W. W. Norton,1991).

Crooks,Harold, *Giants of Garbage: The Rise of the Global Waste Industry and the Politics of Pollution Control* (Toronto: James Lorimer,1993).

Dalton, Russell J., *The Green Rainbow: Environmental Groups in Western Europe* (New Haven: Yale University Press, 1994).

Dauvergne, Peter and Jane Lister, *Eco-Business: A Big Brand Takeover of Sustainability* (Cambridge,MA: MIT Press, 2013).

Ditt,Karl and Jane Rafferty,"Nature Conservation in England and Germany 1900-70: Forerunner of Environmental Protection," *Contemporary European History* 5,no. 1 (1996),pp. 1-28.

Dobrow,Joe, *Natural Prophets* (New York: Rodale,2014).

Dohmen,Caspar, *Good Bank: Das Modell der GLS Bank*

(Freiburg: Orange Press, 2011).

Elkington, John, *Cannibals with Forks: The Triple Bottom Line of 21st Century Business* (Oxford: Capstone Publishing, 1997).

Elkington, John with Tom Burke, *The Green Capitalists* (London: Victor Gollancz, 1987).

Elkington, John and Julia Hailes, *The Green Consumer Guide: From Shampoo to Champagne, High-Street Shopping for a Better Environment* (London: Victor Gollancz, 1988).

Evans, Sterling, *The Green Republic: A Conservation History of Costa Rica* (Austin: University of Texas Press, 1999).

Fathy, Hassan, *Architecture for the Poor* (Chicago: University of Chicago Press, 1973).

Fritzen, Florentine, *Gesünder leben: die Lebensreformbewegung im 20. Jahrhundert* (Stuttgart: Steiner, 2006).

Frohn, Hans-Werner and Friedemann Schmoll, *Natur und Staat: staatlicher Naturschutz in Deutschland, 1906-2006* (Bonn-Bad Godesberg: Bundesamt für Naturschutz, 2006).

Fromartz, Samuel, *Organic, Inc.: Natural Foods and How They Grew* (New York: Harcourt, 2006).

Garud, Raghu and Peter Karnøe, "Bricolage Versus Breakthrough: Distributed and Embedded Agency in Technology Entrepreneurship," *Research Policy* 32 (2003), pp.277-300.

Gipe, Paul, *Wind Energy Comes of Age* (New York: John

Wiley, 1995).

Gottfried, David, *Greed to Green: The Transformation of an Industry and a Life* (Berkeley: Worldbuild Publishing, 2004).

Gould, Kira and Lance Hosey, *Women in Green: Voices of Sustainable Design* (Bainbridge Island, WA: Ecotone, 2007).

Guha, Ramachandra, *Environmentalism: A Global History* (New York: Longman, 2000).

Guthman, Julie, *Agrarian Dreams: The Paradox of Organic Farming in California* (Berkeley: University of California Press, 2004).

Hawken, Paul, *The Ecology of Commerce* (New York: HarperCollins, 1993).

Hawken, Paul, Amory Lovins, and L. Hunter Lovins, *Natural Capitalism: Creating the Next Industrial Revolution* (Boston: Little, Brown and Company, 1999).

Hickman, Lanny, *American Alchemy: The History of Solid Waste Management in the United States* (Santa Barbara: Forester Press, 2003).

Hipp, Claus, *Das Hipp Prinzip: Wie wir können, was wir wollen* (Freiburg: Herder, 2012).

Hockerts, Kai and Rolf Wüstenhagen, "Greening Goliaths Versus Emerging Davids—Theorizing about the Role of Incumbents and New Entrants in Sustainable Entrepreneurship,"

408

Journal of Business Venturing 25，no. 5 (2010)，pp.481-92.

Hoffman，Andrew J.，*From Heresy to Dogma：An Institutional History of Corporate Environmentalism* (Stanford，CA：Stanford Business Books，2001).

Honey，Martha，*Ecotourism and Sustainable Development*，2nd edn. (Washington，DC：Island Press，2008).

Hussey，Stephen and Paul Thompson (eds.)，*Environmental Consciousness* (New Brunswick：Transaction Publishers，2004).

Isaak，Robert，"Globalization and Green Entrepreneurship," *Greener Management International* 18 (1997)，pp.80-90.

Jacobson，Timothy C.，*Waste Management：An American Corporate Success Story* (Washington，DC：Gateway Business Books，1993).

Johnstone，Bob，*Switching to Solar：What We Can Learn from Germany's Success in Harnessing Clean Energy* (Amherst，NY：Prometheus，2010).

Jones，Geoffrey，*Beauty Imagined：A History of the Global Beauty Industry* (Oxford：Oxford University Press，2010).

Jones，Geoffrey，"Entrepreneurship，Policy，and the Geography of Wind Energy," in Hartmut Berghoff and Adam Rome (eds.)，*Green Capitalism？Business and the Environment in the Twentieth Century* (Philadelphia：University of Pennsylvania Press，2017)，pp.206-30.

Jones，Geoffrey，*Renewing Unilever：Transformation and*

Tradition (Oxford: Oxford University Press, 2005).

Jones, Geoffrey and Christina Lubinski, "Making 'Green Giants': Environment Sustainability in the German Chemical Industry, 1950s-1980s," *Business History* 56, no. 4 (2014), pp. 623-49.

Jones, Geoffrey and Simon Mowatt, "National Image as a Competitive Disadvantage: The Case of the New Zealand Organic Food Industry," *Business History* 58, no. 8 (2016), pp. 1262-88.

Klein, Naomi, *This Changes Everything: Capitalism vs. the Climate* (New York: Simon & Schuster, 2014).

Koepf, Herbert H. and Bodo von Plato, *Die biologisch-dynamische Wirtschaftsweise im 20. Jahrhundert: Die Entwicklungsgeschichte der biologisch-dynamischen Land-wirtschaft* (Dornach: Verlag am Goetheanum, 2001).

Lachman, Gary, *Rudolf Steiner: An Introduction to His Life and Work* (New York: Penguin, 2007).

409　　Lee, Brandon H., "The Infrastructure of Collective Action and Policy Content Diffusion in the Organic Food Industry," *Academy of Management Journal* 52, no. 6 (2009), pp.1247-69.

Lockeretz, William (ed.), *Organic Farming: An International History* (Wallingford: CAB International, 2007).

Lovins, Amory B., *Soft Energy Paths* (New York: Ballinger, 1977).

McHarg, Ian L., *Design with Nature* (New York: American Museum of Natural History, 1969).

Mackey, John and Rajendra Sisodia, *Conscious Capitalism: Liberating the Heroic Spirit of Business* (Boston: Harvard Business School Press, 2013).

McNeil, John R., *Something New Under the Sun: An Environmental History of the Twentieth-Century World* (New York: W. W. Norton, 2000).

Madrigal, Alexis, *Powering the Dream. The History and Promise of Green Technology* (Cambridge, MA: Da Capo, 2011).

Marquis, Christopher, Michael W. Toffel, and Yanhua Zhou, "Scrutiny, Norms, and Selective Disclosure: A Global Study of Greenwashing," *Organization Science* 27, no. 2 (March-April 2016), pp.483-504.

Medina, Martin, *The World's Scavengers: Salvaging for Sustainable Consumption and Production* (Lanham, MD: AltaMira, 2007).

Melosi, Martin, *Garbage in the Cities: Refuse, Reform, and the Environment*, rev. edn. (Pittsburgh: University of Pittsburgh Press, 2005).

Pfister, Christian, "The '1950s Syndrome' and the Transition from a Slow-Going to a Rapid Loss of Global Sustainability," in Frank Uekötter (ed.), *The Turning Points of Environmental History* (Pittsburgh: University of Pittsburgh

Press,2010),pp.90-118.

Plato, Bodo von (ed.), *Anthroposophie im 20. Jahrhundert: Ein Kulturimpuls in biografischen Porträts* (Dornach: Verlag am Goetheanum,2003).

Righter,Robert W., *Wind Energy in America: A History* (Norman: University of Oklahoma Press,1996).

Righter, Robert W., *Windfall: Wind Energy in America Today* (Norman: University of Oklahoma Press,2011).

Rodale,Jerome I., *Our Poisoned Earth and Sky* (Emmaus, PA: Rodale Books,1964).

Rome,Adam, *The Genius of Earth Day* (New York: Hill & Wang,2013).

Rosen,Christine Meisner, "Businessmen against Pollution in Late Nineteenth-Century Chicago," *Business History Review* 69,no. 3 (1995),pp.351-97.

Schaper,Michael (ed.), *Making Ecopreneurs: Developing Sustainable Entrepreneurship* (Aldershot: Ashgate,2005).

Selg,Peter, *Dr. Oskar Schmiedel, 1887-1959: Der erste anthroposophische Pharmazeut und Weleda-Direktor. Eine Dokumentation* (Arlesheim: Ita Wegman Institut,2010).

Selg,Peter, *Rudof Steiner: Life and Work*, vol. 1 (Great Barrington,MA: Steiner Books,2014).

Sine, Wesley D. and Brandon H. Lee, "Tilting at Windmills? The Environmental Movement and the Emergence of the U.S. Wind Energy Sector," *Administrative Science Quarterly* 54 (2009),pp.123-55.

Sluyterman, Keetie, " Royal Dutch Shell: Company 410 Strategies for Dealing with Environmental Issues," *Business History Review* 84,no. 2 (2010),pp.203-26.

Steele,James, *Ecological Architecture: A Critical History* (London: Thames & Hudson,2005).

Stokes,Raymond G.,Roman Köster,and Stephen C. Sambrook, *The Business of Waste: Great Britain and Germany, 1945 to the Present* (Cambridge: Cambridge University Press, 2013).

Strasser, Susan, *Waste and Want: A Social History of Trash* (New York: Metropolitan,1999).

Tucker,Richard P., *Insatiable Appetite: The United States and the Ecological Degradation of the Tropical World* (Berkeley: University of California Press,2000).

Uekötter,Frank, *The Age of Smoke* (Pittsburgh: University of Pittsburgh Press,2009).

Uekötter,Frank, *The Green and the Brown: A History of Conservation in Nazi Germany* (Cambridge: Cambridge University Press,2006).

Uekötter,Frank, *The Greenest Nation? A New History of German Environmentalism* (Cambridge,MA: MIT Press,2014).

United Nations, *Report of the World Commission on Envi-*

ronment and Development：*Our Common Future*（New York：United Nations 1987）.

Van der Ryn，Sim，*Design for Life*：*The Architecture of Sim Van der Ryn*（Salt Lake City：Gibbs Smith，2005）.

Varadi，Peter F.，*Sun Above the Horizon*：*Meteoric Rise of the Solar Industry*（Singapore：Pan Stanford，2014）.

Vasi，Ion Bogdan，*Winds of Change*：*The Environmental Movement and the Global Development of the Wind Energy Industry*（Oxford：Oxford University Press，2011）.

Vogel，David，*The Market for Virtue*（Washington，DC：Brookings Institution Press，2005）.

Vogel，David，*The Politics of Precaution*（Princeton：Princeton University Press，2012）.

Vogt，Gunter，*Entstehung und Entwicklung des ökologischen Landbaus im deutschsprachigen Raum*（Bad Dürkheim：Stiftung Ökologie & Landbau，2000）.

Ward，Barbara and René Dubos，*Only One Earth*：*The Care and Maintenance of a Small Planet*（New York：W. W. Norton，1972）.

Weart，Spencer R.，*The Discovery of Global Warming*（Cambridge，MA：Harvard University Press，2008）.

Werner，Uwe，*Anthroposophen in der Zeit des Nazionalsozialismus*，*1933-1945*（Munich：Oldenbourg，1999）.

Werner，Uwe，*Das Unternehmen Weleda*，*1921-1945*：*En-*

tstehung und Pionierzeit eines menschengemässen und nachhaltig ökologischen Unternehmens (Berlin: BWV, 2014).

Williams, Neville, *Chasing the Sun* (Gabriola Island, BC: New Society Publishers, 2005).

Windmüller, Sonja, *Die Kehrseite der Dinge: Müll, Abfall, Wegwerfen als kulturwissenschaftliches Problem* (Münster: LIT, 2004).

Zimring, Carl A., *Cash for Your Trash: Scrap Recycling in America* (New Brunswick, NJ: Rutgers University Press, 2005).

索引

（索引中页码为原书页码，请参照本书边码使用）

译后记

本书原为哈佛商学院杰弗里·琼斯教授（Geoffrey Jones）所著，2017 年由牛津大学出版社出版，属于企业史研究范畴，研究的主题是"绿色企业家"。自 2012 年党的十八大以来，我国政府大力倡导生态文明建设理念，2020 年以习近平同志为核心的党中央又做出了实现碳达峰、碳中和目标的重大战略决策，本书的选题与上述目标高度契合，为我们提供了全球"绿色"企业方面的历史演化过程以供借鉴，对于深入探讨碳中和大变革时代下如何应对国际新变局、构建新发展格局、落实新发展理念具有重大的现实意义。

自 1927 年企业史学科成为一个独立研究领域以来，哈佛商学院一直是世界企业史研究的重镇，亦是倡导企业史"管理学范式"的发源地。琼斯教授现担任哈佛商学院第五任伊斯德尔·斯特劳斯（Isidor Straus）企业史教席教授，为当今世界企业史研究的领军人物。他曾在英国剑桥大学获得历史学的学士、硕士及博士学位，并先后担任过欧洲企业史协会（EBHA）与美国企业史学会（BHC）主席，著作等身，其研究领域为企业家精神、全球化、国际商务、企业与环境等问题。经琼斯教授同意并授权，我与我的企业史博士生、闽江学院黄蕾副教授共同承担了本书的翻译任务。译书的过程实际上也是一个再学习的过程，由此，我们总结了本书的几个特点：

特点之一是对钱德勒范式的反思。在西方企业史学界，钱德勒所开创的大企业研究范式长期以来被世界企业史学界奉为圭臬，但琼斯教授等"后钱德勒时代"企业史学家认为，该范式过于局限在那些依靠密集型资本投资、大众化营销推广以及大规模生产来发展的行业上，并不适合数量众多的中小型和创业型企业。在这些行业中，真正起决定性作用的是创新能力，而不是层级化的管理以及日常的行政管理。因此，本书是琼斯教授这一思想的体现，即关注企业家个体而非大型企业。这些企业大多规模较小，无利可图，而且存活期较短。他想通过本书告诉读者：那些被同时代的人们视为"怪异"甚至"疯狂"的企业家个体，是如何通过创新影响人类个体行为乃至改变整个世界的。

特点之二是倡导企业史研究的管理学导向。与史学和经济学范式相比较，管理学范式强调从企业管理实践中发现问题、解决问题，既强调构建理论过程中的概述与比较方法，又重视企业档案、口述档案等史料的梳理。该书内容虽然与钱德勒所提倡的"概括和概念"（Generalizations and Concepts）风格不尽相同，但在使用口述资料方面的特点却十分突出，琼斯教授宣称"它并不是一部基于对企业档案深入研究后撰写的企业史"。为此，本书"没有相应的档案用来支撑研究分析，反而要通过一些诸如采访之类的非传统方式获取材料"。于是，他的足迹遍布亚洲、欧洲、拉丁美洲和北美的许多绿色企业，共采访了 81 位企业家。如书中涉及的现代企业史部分，特别是 1980 年以后的企业，口述访谈资料则成为主要的史料来源甚至是唯一的来源，这在以前的企业史著作中是不可想象的。

特点之三是坚持企业史研究的历史学本位。管理学范式的企业史著作不等于没有历史学色彩，只是浓淡而已。我在《中西比较视域下的中国企业史管理学范式研究》一文中曾提及从事管理学范式研究的学者可分为两种类型：第一类被称为"具有管理学思维的历史学家"，是指那些受过历史教育和训练，但在研究中倾向于使用管理学范式的人；第二类被称为"具有史学思维的管理学家"，是指那些教育背景是管理学，但在研究中倾向于使用历史学方法的人。琼斯教授无疑属于前一种类型。该书传统史学的基本特征还是十分明显的。如以历史学视野的纵向研究为基本方法，强调"随时间演变"（Change over Time）。再如坚持叙事的写法，这在第二次世界大战后美国社会科学新史学派中属于较少见的现象。该学派采用跨学科社会科学研究方法居多，量化研究已然成为主流，琼斯教授的定性写作手法较之反而显得与众不同。

特点之四是全球史视野。全球史的视野一直是哈佛企业史学派的特点，也一直是琼斯教授本人引以为傲的研究方向。哈佛商学院在全球企业界的知名度以及国际化的校友资源，为琼斯教授获得世界各地的企业资料，遍访商业领袖，从全球史的角度对绿色企业家群体进行整体研究提供了很好的便利条件。该书所涉足的研究领域包括可再生能源、有机食品、美容、生态旅游、建筑乃至金融业等不同行业，研究范围涵盖世界六大洲的主要国家。据统计，本书内容共涉及 35 个国家与地区，出现的总次数为 364 次，偏重于欧美等发达的资本主义国家。其中在书中出现的次数最多的是美国（145 次），紧随其后 10 次以上的分别是德国（25 次）、英国（20

次）、法国（17 次）、瑞士（16 次）、丹麦（13 次）、瑞典（10 次），欧美以外中国（20 次）与日本（16 次）出现的次数最多。值得一提的是，本书正式出版时琼斯教授临时增加了有关中国绿色企业的内容，为绿色主题添色不少。

改革开放以来，中国企业史学界曾数次与国际同行进行了对话，如在史学范式方面，引进费维恺（Albert Feuerwerker）、高家龙（Sherman Cochran）、陈锦江（Wellington K. K.Chan）、曾小萍（Madeleine Zelin）等美国历史学者研究中国近代企业史的专著。经济学范式方面，在海外制度经济学的传播与国内企业制度改革的双重背景下，部分学者开始用制度变迁、交易费用、产权等新制度经济学理论研究中国企业史。相比之下，对钱德勒模式的推介与介绍仅限于他个人以及企业史"三部曲"，且与管理学范式关联度不高。因此，本书的顺利出版，相当于国内企业史学界与哈佛企业史管理学学派的一次实质上的直接交流，也是近年福建师范大学企业史研究团队与国际企业史学界交流的成果之一。此时此景，我不禁回想起 2016 年 3 月底的一件往事。当时我与黄蕾博士参加了在波特兰召开的美国企业史学会年会，会中我们约琼斯教授到会场附近的一家中餐馆共进了午餐。正是在这次会面中，我们第一时间获悉了本书即将完稿的消息。席间我们表达了希望把本书翻译为中文的愿望，琼斯教授欣然同意，他认为中国企业未来在节约资源和保护环境方面将发挥越来越重要的作用。回国后，接下来的一切似乎水到渠成：2017 年该书的英文版由牛津大学出版社正式出版，随后我们着手翻译，虽然在寻找出版社阶段遇到一些问题，但该项目一直在向前推进。与此同时，我们与琼斯教授的交流还在继续。2017 年 3 月,琼斯教授应邀访问了福建师范大学,并发表了《论企业史研究重要性》的演讲,同时还应福建省社会科学联合会、东南学术杂志社邀请参加了"企业史研究与经济全球化"研讨会。期间,我们还陪同琼斯教授到福州、上海等地考察大型互联网企业,访问上海图书馆等学术文化机构。

此后,福建师范大学企业史研究团队与国际企业史学界的学术交流日益频繁。在琼斯教授的推荐下,我们加入了日本经营史学会(BHSJ),参加了第 52 届与第 54 届日本经营史学会全国大会。日本经营史学会会长橘川武郎随后应我之邀于 2017 年 10 月访问了福建师范大学。我们高兴地看到,近年来,中国企业史研究颇有异军突起之势,正如中国经济史学会会长魏明孔研究员在2020 年 9 月"中国企业史研究的未来"专题学术对话会开幕式致辞所言:"中国企业史研究在经济史研究中最活跃。"近期比较有代表性的会议如 2017 年 10 月,由福建师范大学社会历史学院、东南学术杂志社、中国社科院经济所《中国经济史研究》编辑部联合主办的"范式与方法:首届中国企业史研究 Workshop"在福建师范大学举办;2019 年 11 月,"'一带一路'背景下的跨学科对话:第二届中国企业史研究 Workshop"在广西师范大学举办;2021 年 8月,"全球视野与中国经验:第三届中国企业史研究 Workshop"在内蒙古大学举办(后因新冠疫情改为线上召开)。在国际交流方面,我们一方面"请进来":这三次会议我们均邀请了一些国外著名企业史学家来华参会,如泽井实(日本经营史学会会长)、特蕾莎·洛佩兹(美国企业史学会前任会长、现任欧洲企业史学会主席)、黑泽隆文(日本经营史学会富士会议国际交流委员会委员长)等。另一方面"走出去",我们应邀参加了 2021 年第二届世界企业史大会、2022 年欧洲企业史年会等国际学术会议,与更多的国际学者包括海外研究企业史的中国留学生群体建立了联系,扩宽了国际学术交流的广度与深度。以上交流活动,均为我们在翻译本书过程中如何更好地把握国际学术前沿,更好地表达作者的企业史学思想提供了良好的学术氛围。

未能免俗,我要感谢为本书出版付出辛勤劳动的诸位人士。本书的翻译出版,黄蕾博士劳苦功高。她不但事无巨细地负责联系本书出版的几乎所有事宜,还承担了本书的大部分翻译工作(我翻译了本书的序言、导语与第十章结论这三部分,其余章节均为黄蕾翻译)。我为福建师范大学企业史研究团队培养出这样敬业而努力的博士感到欣慰与骄傲。此外,本书的出版还要感谢吕柏仁、吕柏松两位企业家的大力赞助;感谢浙江大学管理学院陈凌教授、章迪禹助理研究员的指导和细心校对,没有他们的帮助本书恐怕无法这么快与读者见面;感谢中国社会科学院经济研究所高超群研究员、中央财经大学经济学院经济史学系主任兰日旭教授、日本弘前大学林彦樱教授等企业史研究同仁们一直以来的关心与鼓励;感谢商务印书馆三位编辑在版权引进及出版过程中给予的大力支持;感谢厦门大学外文学院方文弘先生为翻译提供的大力帮助。此外,福建师范大学企业史研究团队的研究生王祚刚、李兆涵、雷松峰、王小培、于腾、江雨洋等同学在编制索引、全文校对等方面出力甚多,特表感谢。

这本小书只不过是中国企业史研究国际化道路上的一个小小的印记,但我始终坚信,星星之火,可以燎原。"登石峦以远望兮,路眇眇之默默。"未来中国企业史研究之路还很艰辛,还需要走很长一段时间,但比起十年前,路上已经有了许多国内外的同道之人,企业史研究之路再也不会像以前那么孤单与寂寞了,甚慰。

是为记。

林立强

壬寅年二月十一搁笔于福州品田居

图书在版编目(CIP)数据

盈利与可持续发展：一部关于全球绿色企业家精神的
历史/(美)杰弗里·琼斯著；黄蕾，林立强译.—北京：
商务印书馆,2023
　(企业与企业家丛书)
　ISBN　978-7-100-22543-4

　Ⅰ.①盈…　Ⅱ.①杰…②黄…③林…　Ⅲ.①世界经
济—绿色经济—经济发展—研究　Ⅳ.①F113.3

中国国家版本馆 CIP 数据核字(2023)第 136050 号

本丛书由吕柏仁、吕柏松兄弟与
金水家族企业家学院建设基金会提
供出版支持

企业与企业家丛书

盈利与可持续发展

一部关于全球绿色企业家精神的历史

〔美〕杰弗里·琼斯　著

黄蕾 林立强　译

陈凌 章迪禹　校

商　务　印　书　馆　出　版
(北京王府井大街 36 号　邮政编码 100710)
商　务　印　书　馆　发　行
北京市白帆印务有限公司印刷
ISBN 978-7-100-22543-4

2023 年 10 月第 1 版　　　　开本 710×1000　1/16
2023 年 10 月北京第 1 次印刷　印张 38½
定价：160.00 元